Die Ära der Datafizierun

Kira Krüger

Die Ära der Datafizierung

Medieninnovation als Wandel der Medientypologien

Springer Gabler

Kira Krüger
Berlin, Deutschland

Dissertation an der Humboldt-Universität zu Berlin, Kultur-, Sozial- und Bildungswissenschaftliche Fakultät

ISBN 978-3-658-34018-6   ISBN 978-3-658-34019-3 (eBook)
https://doi.org/10.1007/978-3-658-34019-3

Die Deutsche Nationalbibliothek verzeichnet diese Publikation in der Deutschen Nationalbibliografie; detaillierte bibliografische Daten sind im Internet über http://dnb.d-nb.de abrufbar.

© Der/die Herausgeber bzw. der/die Autor(en), exklusiv lizenziert durch Springer Fachmedien Wiesbaden GmbH, ein Teil von Springer Nature 2021
Das Werk einschließlich aller seiner Teile ist urheberrechtlich geschützt. Jede Verwertung, die nicht ausdrücklich vom Urheberrechtsgesetz zugelassen ist, bedarf der vorherigen Zustimmung der Verlage. Das gilt insbesondere für Vervielfältigungen, Bearbeitungen, Übersetzungen, Mikroverfilmungen und die Einspeicherung und Verarbeitung in elektronischen Systemen.
Die Wiedergabe von allgemein beschreibenden Bezeichnungen, Marken, Unternehmensnamen etc. in diesem Werk bedeutet nicht, dass diese frei durch jedermann benutzt werden dürfen. Die Berechtigung zur Benutzung unterliegt, auch ohne gesonderten Hinweis hierzu, den Regeln des Markenrechts. Die Rechte des jeweiligen Zeicheninhabers sind zu beachten.
Der Verlag, die Autoren und die Herausgeber gehen davon aus, dass die Angaben und Informationen in diesem Werk zum Zeitpunkt der Veröffentlichung vollständig und korrekt sind. Weder der Verlag, noch die Autoren oder die Herausgeber übernehmen, ausdrücklich oder implizit, Gewähr für den Inhalt des Werkes, etwaige Fehler oder Äußerungen. Der Verlag bleibt im Hinblick auf geografische Zuordnungen und Gebietsbezeichnungen in veröffentlichten Karten und Institutionsadressen neutral.

Planung/Lektorat: Anna Pietras
Springer Gabler ist ein Imprint der eingetragenen Gesellschaft Springer Fachmedien Wiesbaden GmbH und ist ein Teil von Springer Nature.
Die Anschrift der Gesellschaft ist: Abraham-Lincoln-Str. 46, 65189 Wiesbaden, Germany

Danksagung

In unserer gesellschaftlich konstruierten Welt voller wertebestimmender Zeichen und bedeutender Symbole ermöglicht nur der Weg über eben diese Zeichen eine Kommunikation von Mensch zu Mensch (vgl. Pross 1996, S. 32). Demnach möchte ich die folgenden (Schrift-)Zeichen nutzen, um einige der für mich sehr wichtigen Menschen zu erreichen und mich bei ihnen für die jahrelange Unterstützung während der Bearbeitung dieser Dissertation zu bedanken.

Großer Dank gebührt meinem Doktorvater Prof. Dr. Wolfgang Mühl-Benninghaus, der mir die Freiheit gab, mein eigenes Thema bedingungslos zu entwickeln und von Beginn an sowohl in diese Arbeit als auch in mich vertraute. Er hat mir in den richtigen Momenten hilfreichen Rat gegeben, stand mir mit seinem akademischen Wissen immer zur Verfügung und hat mich in stockenden Zeiten zum Schreiben ermutigt.

Außerdem möchte ich besonderen Dank an Dr. Eleonore Kalisch für ihre spontane Hilfsbereitschaft aussprechen. Es freut mich sehr, dass sie als Dozentin, die bereits meine Masterstudienzeit geprägt hat, kurzfristig dazu bereit war als wichtige Zweitgutachterin zu fungieren und dem hier Geschriebenen ausreichend Zeit und Raum zu schenken.

Ebenfalls möchte ich mich bei Jens Stahlkopf bedanken, der mir nicht nur geholfen hat einige Zeichen an den ordnungsgemäßen Platz zu bringen, sondern mir auch über seine grandiose Arbeit als Lektor hinaus viel Freude in der außergewöhnlichen Zusammenarbeit bereitet hat.

Ein großer Dank gebührt natürlich meinen Freund*innen, die dieses Vorhaben von Beginn an unterstützt haben (ihr alle wisst, wer ihr seid). Zwei gilt es an dieser Stelle gesondert zu nennen. Zum einen Laura, die mich bis auf die letzten Promotionsmeter begleitet hat und immer für einen anregenden Austausch zur Verfügung stand. Ohne unsere gemeinsame Entschlossenheit und unseren Zusammenhalt wäre dieser Weg von Beginn an viel steiniger gewesen.

Zum anderen Julez, die bereits meinen damaligen ersten Schritt als Bachelorstudentin in ein Universitätsgebäude händchenhaltend begleitet hat und noch heute als beste Freundin jeden noch so kleinen (Fort-)Schritt als dauerhaft motivierender Beistand gemeinsam mit mir geht. Vielen Dank euch beiden!

Insbesondere die letzten Jahre wären allerdings ohne eine Person in meinem Leben nicht möglich gewesen. Mein Freund Matt hat mich in den wohl schwierigsten Phasen dieser Promotion und gleichzeitig in der Lockdown-geprägten Zeit, ohne Fluchtmöglichkeiten (primär für ihn), mit seinem Zuspruch, seiner Geduld und seiner bedingungslosen Liebe immer unterstützt. Vielen Dank für all die noch so kleinen Momente der letzten Jahre mit dir, die voller Bedeutungen für mich sind.

Abschließend möchte ich mich bei meiner Familie bedanken, die immer an mich geglaubt hat. Bei meinem Großvater, der die treibende Motivation war, diese Arbeit zu einem Abschluss zu bringen und der all die Jahre in meinem Studium jedes Wort, selbst die URLs, Korrektur gelesen hat. Schließlich bei meiner Mutter und meinem Vater, ohne die keines dieser Zeichen je möglich gewesen wäre, denn nur durch ihr uneingeschränktes Vertrauen und ihre liebevolle Unterstützung in all den Jahren findet auch der letzte Punkt seine richtige Stelle.

Zusammenfassung (englisch)

The Era of Datafication – Media Innovation as a Transition of Media Typologies

In an age of algorithmic decisions, where accurate forecasts and personal recommendations are calculated by data-driven devices, everyday life is no longer purely mediatized, dematerialized or digitally transformed, but for several years has been subject to a dataficated process of transition. New technologies such as big data analysis, the use of smart objects and smart services, and AI developments, including machine-learning approaches, are advancing the development of increasingly intelligent and powerful media.

At the same time, these media have grown into hunters and gatherers of data. They are able to save huge amounts of data, analyze them and use them profitably for further processes. With their new functionalities, they expand the possibilities of communication and have a lasting influence on the sender and recipient. They construct social reality, shape both professional and private life and thereby have long term effects on the economy, politics, culture and society.

Although these media transitions appear to be recent, profound changes, they are actually part of a permanent, more complementary process. The concept of media innovation as the driving force behind these changes serves as an ideal starting point for describing fundamental, far-reaching media development.

In this regard, the thesis argues that innovation, specifically media innovation, is not only responsible for transitions in the past, but is currently leading to new forms of media and related communication. The emphasis is placed on a theoretical supplement to the classification of media typologies (primary, secondary, tertiary and quaternary media) established by Harry Pross (1972) and expanded by Manfred Faßler (1997); a classification of media that is firmly established in media and communication studies. The aim is to determine and to define that society has arrived in a dataficated age, which is shaped by a new form of media and based upon the classification of media typologies: the quintary media.

Finally, with an interdisciplinary approach, including an analysis and presentation of the associated media transition through media innovation, this media classification is brought into a scientific context for the first time. Furthermore, after more than 20 years, it is to be proven that Faßler's quaternary media must be expanded upon. The era of datafication with the quintary media has already begun.

Zusammenfassung (deutsch)

Die Ära der Datafizierung – Medieninnovation als Wandel der Medientypologien

In einem Zeitalter der algorithmischen Entscheidungen, in dem präzise Prognosen und persönliche Empfehlungen mittels datengetriebener Geräte berechnet werden, vollzieht sich der menschliche Alltag längst nicht mehr nur mediatisiert, dematerialisiert oder digital transformiert, sondern unterliegt seit einigen Jahren einem datafizierten Wandlungsprozess. Neuartige Technologien wie Big-Data-Analysen, der Einsatz von Smart Objects und Smart Services oder KI-Entwicklungen einschließlich Machine-Learning-Ansätzen befördern die Entwicklung von intelligenten sowie leistungsfähigen Medien.

Zugleich sind diese Medien zu Jägern und Sammlern von Daten herangewachsen. Sie sind in der Lage, riesige Datenvolumina zu speichern, zu analysieren und für weitere Prozesse gewinnbringend zu verwerten. Mit ihren neuen Funktionalitäten erweitern sie die bisherigen Möglichkeiten einer medial vermittelten Kommunikation und beeinflussen dabei Sender und Rezipienten nachhaltig. Sie konstruieren die soziale Wirklichkeit, gestalten das berufliche sowie private Leben und verändern dadurch langfristig Wirtschaft, Politik, Kultur und Gesellschaft.

Obwohl dieser mediale Wandel als gegenwärtige, tiefgreifende Veränderungen erscheinen, sind sie Teil eines dauerhaften, komplementäreren Prozesses. Das Konzept der Medieninnovation als Triebkraft dieses Wandels dient hierbei als idealer Ausgangspunkt zur Beschreibung von grundlegender, aber ebenso weitreichender Medienentwicklung.

Hinsichtlich dessen wird hier die These vertreten, dass Innovationen, konkret Medieninnovationen, für mediale Wandlungsprozesse verantwortlich sind, die bereits in der Vergangenheit, aber insbesondere aktuell zu neuartigen Medien und medial vermittelter Kommunikation führen. Dabei liegt der Fokus auf einer theoretischen Ergänzung der von Harry Pross (1972) aufgestellten und von Manfred Faßler (1997) erweiterten Klassifikation von Medientypologien (Primär-, Sekundär-, Tertiär- und Quartärmedien); einer in der Wissenschaft fest etablierten Differenzierung von Medien. Mithilfe dessen soll eruiert werden, dass die Gesellschaft längst in einem datafizierten Zeitalter angekommen ist, das in Anlehnung an die Klassifikation der Medientypologien von einer neuen Form von Medien geprägt wird, nämlich von den sogenannten Quintärmedien.

Schließlich wird diese Medieneinteilung für einen interdisziplinären Ansatz inklusive einer Analyse und Darstellung des damit einhergehenden Medienwandels durch Medieninnovation erstmals in einen medienwissenschaftlichen Sinnzusammenhang gebracht. Hierdurch soll nach über 20 Jahren bewiesen werden, dass Faßlers einstige Ergänzung durch die Quartärmedien inzwischen selbst eine Erweiterung erfahren muss. Denn die Ära der Datafizierung mit den Quintärmedien hat längst begonnen.

Inhaltsverzeichnis

1 **Einleitung** 1
  1.1 Die Ära der Datafizierung 1
  1.2 Wissenschaftlicher Forschungsstand und Vorgehensweise in der Arbeit 4

2 **Medien und die medial vermittelte Kommunikation** 19
  2.1 Medien und Kommunikation 19
  2.2 Medien als Rahmenbedingung für Kommunikation 30
    2.2.1 Medien als Mittel 32
    2.2.2 Medien als komplexe Systeme 37
    2.2.3 Medien als raumzeitliche Abhängigkeit 40

3 **Innovation** 49
  3.1 Klassisches Innovationsmodell 49
  3.2 Digitaler Innovationsprozess 56
  3.3 Digitale Innovation vs. digitale Transformation 68

4 **Medieninnovation als Wandel** 73
  4.1 Die Indikatoren für Medieninnovation 73
  4.2 Medieninnovation als Antrieb für Medienentwicklung 82
  4.3 Wandlungsprozesse durch Medieninnovation 86

5 **Die vier Medientypologien** 91
  5.1 Die Klassifikation der Medien 91
    5.1.1 Primärmedien 93
    5.1.2 Sekundärmedien 97
    5.1.3 Tertiärmedien 102
    5.1.4 Quartärmedien 107

5.2 Die vier Medientypologien und der medial vermittelte
Kommunikationsprozess im Überblick 119

6 Quintärmedien 125
  6.1 Digitale Medien im Wandel 125
  6.2 Die fünfte Medientypologie 132
    6.2.1 Das Charakteristikum Big Data 141
    6.2.2 Web 3.0 und Web 4.0 als Datenquellen 146
  6.3 Datafizierte Medieninnovationen als neue
     Rahmenbedingungen 151
    6.3.1 Erweiterung durch Quintärmedien 152
      6.3.1.1 Intelligente Vernetzung 153
      6.3.1.2 Bilateraler Nutzen 158
    6.3.2 Entgrenzung durch Quintärmedien 165
      6.3.2.1 Ubiquitäre IT-Infrastruktur 165
      6.3.2.2 Neue raumzeitliche Konfiguration 177
  6.4 Veränderung des Kommunikationsprozesses 182
    6.4.1 Die Datafizierung der Kommunikation 184
    6.4.2 Der Rückkopplungskanal der Quintärmedien 193
  6.5 Der datafizierte Wandel und seine Auswirkungen 203
    6.5.1 Interdisziplinäre Folgen 206
      6.5.1.1 Das datengetriebene Wirtschaftssystem 207
      6.5.1.2 Der Einsatz von datafizierten Medien
              in weiteren Teilsystemen 213
    6.5.2 Potenziale, Herausforderungen und Risiken 217
    6.5.3 Die datafizierte Lebenswelt 223

7 Schluss 227

Literaturverzeichnis 247

Abbildungsverzeichnis

Abbildung 1.1	Beschleunigte Medieneintwicklung bis Beginn des 21. Jahrhunderts	5
Abbildung 2.1	Medial vermittelter Kommunikationsprozess	31
Abbildung 3.1	Digitaler Innovationsprozess im Überblick	67
Abbildung 4.1	Das Medieninnovationssystem von Saxer	78
Abbildung 5.1	Die medial vermittelte Kommunikation durch die vier Medientypologien	121
Abbildung 6.1	Medial vermittelte Kommunikation durch Quintärmedien	132
Abbildung 6.2	Die sieben Vs von Big Data	144
Abbildung 6.3	Medienrevolutionen im Überblick	150
Abbildung 6.4	Medialer Rückkopplungskanal der Quintärmedien	199

Tabellenverzeichnis

Tabelle 2.1	Mediendefinitionen im Überblick	26
Tabelle 5.1	Die vier Medientypologien im Überblick	120
Tabelle 6.1	Übersicht der Analyseansätze zur fokussierten Auslese digitaler Informationen	173
Tabelle 6.2	Die fünf Medientypologien im Überblick	205
Tabelle 6.3	Die sechs primären Aktivitäten der Big-Data-Wertschöpfung	213

Einleitung 1

1.1 Die Ära der Datafizierung

Mit der Ausbreitung der digitalen Technologien im 21. Jahrhundert wurden viele Bereiche des menschlichen Alltags dematerialisiert, mediatisiert oder digital transformiert. Die Omnipräsenz digitaler Endgeräte standardisiert mobile Kommunikation sowie den dauerhaften Informationszugriff für das soziale Leben. Dabei können erfolgreiche Social-Media-Plattformen und Kommunikations-Apps schon lange nicht mehr als innovativ eingestuft werden. Vielmehr ist die Digitalisierung mit ihren etablierten Produkten, Prozessen und vernetzten Geräten lediglich zur Grundvoraussetzung für moderne Technologieentwicklungen geworden.

Die Gesellschaft ist in einem Zeitalter angekommen, in dem sich auf algorithmische Entscheidungen verlassen wird, im Internet präzise, individuelle Empfehlungen präsentiert werden und technologiebetriebene Geräte sichere Prognosen treffen können. Virtuelle Assistenten helfen bei der Suche der preisgünstigsten Versicherung oder dem geeignetsten Kredit, Sprachbefehle und mobile Bedienung ermöglichen die effiziente Steuerung von Haushaltsgegenständen aus der Ferne, Autos parken selbstständig ein und der digitale Newsfeed wird benutzerbezogen modifiziert. Medien sind zum ubiquitären Begleiter des Individuums geworden.[1] Sie kontrollieren, steuern, beeinflussen, aber formen, erweitern und bereichern auch die soziale Wirklichkeit.

Vor wenigen Jahren überzeugten digitale Medien noch aufgrund ihrer damals innovativen Charakteristiken wie Vernetzung und Interaktivität. Gegenwärtig sind

---

[1] Zugunsten einer besseren Lesbarkeit wird im Folgenden ausschließlich die maskuline Form verwendet. Es sind allerdings stets alle Geschlechter angesprochen.

© Der/die Autor(en), exklusiv lizenziert durch Springer Fachmedien Wiesbaden GmbH, ein Teil von Springer Nature 2021
K. Krüger, *Die Ära der Datafizierung*,
https://doi.org/10.1007/978-3-658-34019-3_1

es Entwicklungen mit Datenanalysetools und Technologien künstlicher Intelligenz, denen neuartige Merkmale zugesprochen werden. Sie sind Teil einer neuen Generation von Medien, die Einzug in die beruflichen sowie privaten Lebensbereiche erhalten haben, sich dort exponentiell schnell verbreiten und gleichzeitig unentbehrlich machen. Sie repräsentieren die gegenwärtigen Medieninnovationen, bei denen es um mehr geht als die einfache Datensammlung, -analyse und -weiterverarbeitung. Der neue Umgang mit Daten verspricht nicht nur neue Einblicke, sondern auch neue Erkenntnisse.

Daten entstehen mit jedem Klick im Internet, mit jedem neuen Onlinekauf und mittlerweile selbst mit jedem Schritt, den der Mensch in der realen wie virtuellen Welt geht. Denn durch den einfachen Internetzugang[2], das dauerhafte Mitführen von mobilen Endgeräten sowie die wachsende Infrastruktur von digital verbundenen physischen Gegenständen und virtuellen Produkten unterliegt die Gesellschaft zum zweiten Mal in diesem jungen Jahrhundert einem medialen Wandel, nämlich der Datafizierung der Welt.

Im direkten Vergleich zu den rein materiellen sowie elektronischen Medien vor Beginn der Digitalisierung, stellen digitale Medien heute eine komplexe Verknüpfung von Hardware, Software und Datenspeicherung dar. Sie werden intelligenter, leistungsfähiger, integrieren unterschiedliche Prozesse und erste Indizien für Innovationen lassen sich nicht mehr ausschließlich an einer offensichtlichen Geräteveränderung konstatieren. Aus wissenschaftlicher Perspektive erfordern diese aktuellen Medienentwicklungen ein überdachtes beziehungsweise erweitertes Verständnis von Medien.

Einige Forschungen setzen für die Beschreibung von medialen Veränderungen bei „Innovationen" an, die als Treiber dafür verantwortlich gemacht werden, dass das Individuum immer schneller agiert, vielfältiger kommuniziert und flexibler arbeiten kann. In der Wissenschaft werden Innovationen „eine wesentliche Rolle für Wandlungsprozesse zugeschrieben" (Dogruel 2012, S. 99, vgl. auch Braun-Thürmann 2005), ihnen „unbestritten höchste innovative Bedeutung für die gesamte gesellschaftliche Entwicklung zuerkannt" (Hauschildt und Salomo 2011, S. 11) und nicht zuletzt „schöpferische Zerstörung" (Schumpeter 2006 [1912], S. 157) zugesprochen.

Obwohl der Terminus Innovation von seiner Entstehung an in direktem Bezug zu medialen Wandlungsprozessen gesetzt wurde, fand erst vor wenigen Jahren mit der Etablierung neuer Medienentwicklungen die Begriffsspezifizierung Medieninnovation Einzug in wissenschaftliche Auseinandersetzungen (vgl. Kinnebrock

---

[2]Die Zahl der Internetnutzer in Deutschland beläuft sich im Jahr 2019 auf 62,9 Millionen, damit liegt der Anteil der Onliner ab 14 Jahren bei 89 Prozent. Vgl. ARD & ZDF 2019.

1.1 Die Ära der Datafizierung

et al. 2015, S. 13). Seitdem dient das Konzept der Medieninnovation auch vereinzelt der Beschreibung von medialen Umbrüchen oder der Erläuterung ihrer eigenen „Rolle als Träger medialer Wandlungsprozesse" (Dogruel 2013, S. 380). Dieser mediale Wandel vollzieht sich allerdings nicht erst aufgrund von aktuellen Technologien, sondern soll als tiefgreifender Veränderungsprozess sowie als Grund für fortwährende Medienentwicklung verstanden werden.

Vor diesem Hintergrund wird in dieser Arbeit die These vertreten, dass Innovationen, konkret Medieninnovationen, für mediale Wandlungsprozesse verantwortlich sind, die gegenwärtig zu neuartigen Medien sowie medial vermittelter Kommunikation führen. Dabei liegt der Fokus der Untersuchung auf einer medientheoretischen Ergänzung der von Harry Pross (vgl. Pross 1972) aufgestellten und von Manfred Faßler (vgl. Faßler 1997) erweiterten Klassifikation von Medientypologien; einer in der Wissenschaft fest etablierten Differenzierung von Medien. Es soll bewiesen werden, dass die Gesellschaft in einem neuen datafizierten Zeitalter angekommen ist, das in Anlehnung an die Klassifikation der Medientypologien von einer neuen Form von Medien geprägt wird, dass der sogenannten Quintärmedien.

Bislang wurde diese Medieneinteilung für einen interdisziplinären Ansatz inklusive einer Analyse beziehungsweise Darstellung des damit einhergehenden Medienwandels durch Medieninnovation in keinen medienwissenschaftlichen Sinnzusammenhang gebracht. Zudem ergänzte Faßler die vierte Medientypologie lediglich zu Beginn der kommerziellen Verbreitung des Web 2.0 am Ende des 20. Jahrhunderts. Weitere digitalmediale Entwicklungen wurden seither nicht weiter berücksichtigt.

Insofern empfiehlt es sich, zuerst eine ergänzende Analyse der Primär, Sekundär-, Tertiär- und Quartärmedien vorzunehmen, bevor sich umfangreich den Quintärmedien gewidmet werden kann. Hinsichtlich des gegenwärtigen technologischen Fortschritts, basierend auf Big Data, Machine Learning und Smart Services, soll zudem eruiert werden, dass die aktuellen Medienentwicklungen nicht mehr zu den Quartärmedien zählen, sondern bereits eine fünfte Typologie bilden. Schließlich bieten diese neuen Formen ebenfalls einen andersartigen Umgang mit Kommunikation und haben weitreichende Veränderungen in Gesellschaft, Politik und Wirtschaft zur Folge.

Ausgehend vom grundlegenden Ansatz der Medientypologien von Pross, sind mediale Entwicklungen nicht als neuzeitiges Phänomen zu identifizieren, sondern als fortdauernde Begleiter der Menschheit zu interpretieren. Sie repräsentieren den Verbund uralter menschlicher Ausdrucksweisen in einem neuartigen technischen System (vgl. Pross 1972, S. 17). Die theoretischen Auseinandersetzungen mit medialen Formen reichen daher schon Jahrhunderte zurück. Dennoch zeigt ein Blick auf die Medienhistorie, dass Medienentwicklungen seit Mitte des 20. Jahrhunderts rasant angestiegen sind. Unter anderem lässt sich dies auf den beschleunigten Wandel im Technologiebereich zurückführen. Die damit einhergehenden medialen Erweiterungen führen auf der einen Seite zu wachsender technologischer Komplexität, die auf der anderen Seite das Ziel von Effizienz und Entlastung des menschlichen Alltags verfolgen. Dadurch werden Medien zunehmend präsenter und mediatisieren zusätzliche Lebensbereiche.

Aus medienwissenschaftlicher Sicht muss mit der Entstehung und Etablierung neuartiger Medieninnovationen hinterfragt werden, wie es grundsätzlich dazu kommt, dass sich Medien und Kommunikation derart wandeln und ihnen ein steigender Einfluss auf den menschlichen Alltag zugeschrieben wird. Wo genau liegen die Unterschiede zu bestehenden Medientypologien und welche Auswirkungen hat ein solcher erneuter Wandel auf die Klassifikation von Medien? Wie lassen sich die neuen datenbasierten Konstrukte definieren, was zeichnet sie aus und welche weitreichenden Potenziale, Herausforderungen, aber auch Risiken halten die Entwicklungen für Wirtschaft, Politik und Gesellschaft bereit? Und schlussendlich: Hat es die Welt im Sinne von Pross' und Faßlers Medieneinteilung nicht schon längst mit einer neuen, fünften Medientypologie zu tun?

1.2 Wissenschaftlicher Forschungsstand und Vorgehensweise in der Arbeit

Der Wandel von Medien und die damit einhergehenden Kommunikationsprozesse haben in den letzten Jahren zu einem anhaltenden Diskurs in der Kommunikations- wie auch Medienwissenschaft geführt. Neue innovative Technologieentwicklungen bedürfen neuer Forschungsansätze und zwingen bestehende Theorien zur Erweiterung oder Anpassung. Mit Harry Pross' erster Dreiteilung der Medientypologien und Manfred Faßlers Ergänzung 25 Jahre später soll nunmehr nach über 20 Jahren erneut die Frage gestellt werden, ob es sich durch die gegenwärtigen Entwicklungen bereits um eine fünfte Typologie der Medien einschließlich veränderter Kommunikation handelt.

Denn mittlerweile werden nicht mehr nur Digitalisierung, Vernetzung oder Globalisierung für die umfangreichen Wandlungsprozesse in Wissenschaft und Praxis verantwortlich gemacht. Zunehmend verschiebt sich der Fokus auf die aufgrund von moderner Mediennutzung entstehenden Mengen von computerisierten Daten, deren Speicher- und Verwaltungsmöglichkeiten ebenso wie einer gezielten Datenweiterverarbeitung.

1.2 Wissenschaftlicher Forschungsstand und Vorgehensweise ... 5

In den vergangenen Jahren haben sich mit rasender Geschwindigkeit Medienformate mit datengetriebenen Merkmalen gebildet, die zwangsläufig zu neuen Rahmenbedingungen innerhalb der medial vermittelten Kommunikation und zu radikalen Veränderungsprozessen für Wirtschaft, Politik und Gesellschaft führten. Doch schon bevor sich datenbasierte Medien innerhalb des menschlichen Alltags etablierten, stieg die dynamische Entwicklung medialer Geräte und der damit zusammenhängenden Technologien bis Beginn des 21. Jahrhunderts rasant an (vgl. Abbildung 1.1).

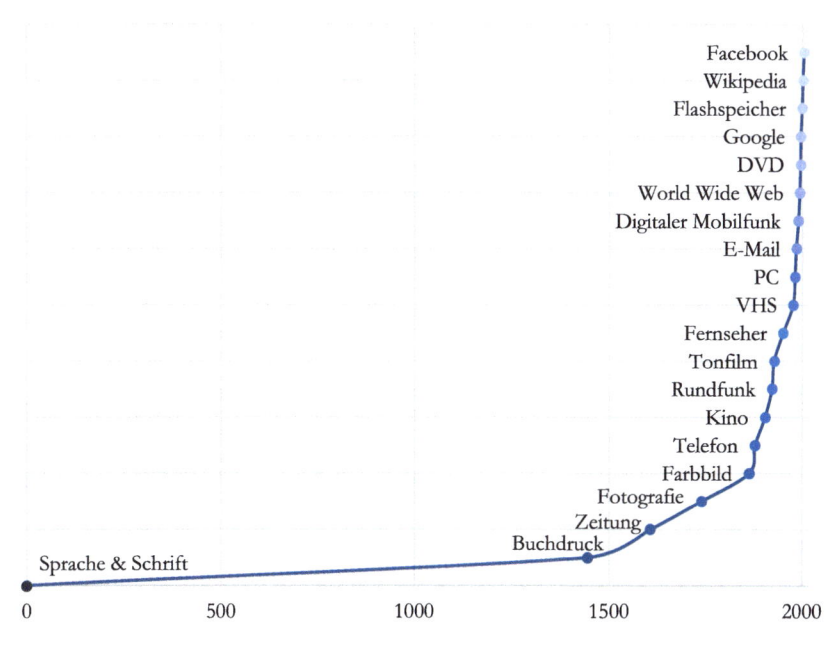

Abbildung 1.1 Beschleunigte Medieneintwicklung bis Beginn des 21. Jahrhunderts (eigene Dartstellung)[3].

---

[3] Alle für die Grafik verwendeten Daten basieren auf medien- beziehungsweise kommunikationswissenschaftlichen Forschungsständen sowie Basisliteratur der jeweiligen Disziplinen. Vgl. Merten et al. 1994, Faulstich 2000, Löffelholz und Quandt 2003, Roesler und Stiegler 2005, Dittmar 2011.

Unter Berücksichtigung dieser Grafik und entsprechend ähnlicher Parabelgrafiken (vgl. Merten 1994, Schrape 1995, 2014) könnte kritisiert werden, dass die Darstellung zum einen nicht zwischen den einzelnen Medientypen unterscheidet und zum anderen Erneuerungen einzelner Medien nicht weiter einbezieht. Mit dem Verständnis des medientypologischen Modells von Pross und Faßler sowie der noch zu erläuternden Einflussnahme von Medieninnovation auf die Medienentwicklung können jedoch durchaus zeitliche Entwicklungsstufen vorgenommen werden. Außerdem können anhand der Abbildung das „jugendliche Alter" der medialen Welt, die Beschleunigung „der Medienevolution" (Schrape 2014, S. 99) und die Entwicklung einer gerätegebundenen Kommunikation abgelesen werden.

Demzufolge stellt sich die Frage nach einer fünften Medientypologie nicht nur aufgrund der technologischen Entwicklung, sondern ebenso angesichts der Veränderungsprozesse im fächerübergreifenden Zusammenhang. In der Arbeit wird daher ein interdisziplinärer Ansatz verfolgt, um erstens die Lücke von Innovation und Innovationsprozess aus medienwissenschaftlicher Perspektive zu schließen, zweitens Medieninnovationen als Grund für Medienwandel sowie Medienentwicklung zu belegen, drittens in der Wissenschaft erstmals mittels medien- sowie innovationstheoretisch fokussierter Kategorien eine Gegenüberstellung beziehungsweise Übersicht der bestehenden Medientypologien zu geben und letztendlich viertens die neuen Medienentwicklungen umfassend zu erläutern, um die Herausbildung der Quintärmedien ausreichend darlegen und tatsächlich beweisen zu können.

Hierfür soll im ersten Teil der Arbeit, in den Kapiteln zwei bis fünf, in Anlehnung an bekannte medien- sowie kommunikationswissenschaftliche Untersuchungen eine theoretische Grundlage des Medienverständnisses sowie des damit medial vermittelten Kommunikationsprozesses erörtert werden, bevor im Anschluss ein Verständnis von Innovation und Innovationsprozess, mit anschließender Spezifizierung von Medieninnovation zur Erörterung von medialem Wandel, erarbeitet werden kann. Darauf aufbauend, erfolgt eine Darstellung der vier bekannten Medientypologien, die mithilfe von erarbeiteten Merkmalen schließlich tabellarisch gegenübergestellt werden. Anhand dessen lassen sich die Erweiterungscharakteristika einzelner Medientypologien und der Verlauf der medialen Gesamtentwicklung aufzeigen, bevor der Fokus im zweiten Teil der Arbeit, im sechsten Kapitel, auf die fünfte Medientypologie gelegt wird. Unter Berücksichtigung dieser Zweiteilung soll die folgende Erläuterung einen ersten Überblick über die zu behandelnden Forschungsfelder der einzelnen Kapitel geben und gleichzeitig die konkrete Vorgehensweise in der Arbeit veranschaulichen.

Medien und die medial vermittelte Kommunikation

„Kommunikation ist das Zauberwort der Postmoderne geworden, das in vielerlei modischen Schattierungen den Blick für die Komplexität des Objekts offensichtlich flächendeckend verstellt hat" (Merten 1993, S. 188 f.). Ob beruflich oder privat, in der Politik, der Wirtschaft oder der Wissenschaft – Kommunikation ist fester Bestandteil des individuellen Alltags. Dabei reiht sich der Begriff Kommunikation neben Medien und Innovation in eine Reihe von Termini ein, die sich im wissenschaftlichen Kontext sowie im täglichen Sprachgebrauch hoher Beliebtheit erfreuen, dadurch allerdings vielfach unbedacht verwendet werden.

Speziell der Kommunikationsbegriff täuscht häufig über die damit verbundene Prozesskomplexität hinweg, obwohl der eigentliche Kommunikationsprozess sowohl für den alltäglichen Gebrauch als auch für die ideologische Theoriebildung von besonderer Bedeutung ist. Seit Jahrzehnten befassen sich diverse wissenschaftliche Disziplinen mit diesem Themenfeld, den damit bedingten Abläufen, Methoden sowie Techniken und einer noch spezifischeren Kohärenz zum jeweiligen Fachgebiet. Die fachübergreifende Auseinandersetzung mit dieser Thematik führte in der Vergangenheit dazu, dass sich ein eigenes Feld, die „Kommunikationswissenschaft", etablieren konnte.

Die folgende Auseinandersetzung zielt jedoch nicht auf die in der Fachliteratur zur Genüge vorgenommenen, grundlegenden sowie historischen Untersuchungen von Kommunikation und Kommunikationstheorien ab, sondern möchte vielmehr aus medienwissenschaftlicher Perspektive eine theoretische Grundlage und einen relevanten Abriss in Bezug auf medial vermittelte Kommunikation liefern. Diesbezüglich offenbart sich ein ähnliches Problem der unaufhörlichen Zunahme von Medienanalysen trotz der im Vergleich zu anderen Wissenschaftsfeldern noch recht jungen Medienwissenschaft. Dieser Anstieg von Mediendefinitionen kann unter anderem durch die Verlagerung von wissenschaftlichen Interessensschwerpunkten aufgrund des medientechnologischen Fortschritts begründet werden. Neue Felder erschließen sich, der Einfluss auf andere Forschungsdisziplinen wird größer; und ob aus medienökonomischer, -geschichtlicher oder -soziologischer Perspektive betrachtet, alle verwandten Bereiche unterliegen einer notwendigen Berücksichtigung der zunehmenden Medienausbreitung. In Anbetracht dessen sollen ausschließlich Aspekte und Theorien behandelt werden, die für die grundlegende Darstellung von medial vermittelter Kommunikation relevant sind.

Hinsichtlich der Tatsache, dass sowohl die Medienforschung beziehungsweise -wissenschaft als auch die Kommunikationswissenschaft sich in den letzten Jahren als rasant wachsendes Wissenschaftsfeld offenbaren und diverse Ansätze zur Untersuchung von Medien bereithalten, soll dennoch besonderes Augenmerk auf bestehende und anerkannte Theorien gelegt werden, um Medien als zentralen Terminus dieser Arbeit ausreichend eruieren zu können. Hierbei geht es nicht um eine neue Definitionsfindung, sondern darum, einen kurzen Überblick über die bestehenden Definitionen in relevanten Forschungsdisziplinen zu geben, um infolgedessen Abgrenzungen vornehmen sowie Schwerpunkte setzen zu können. Dazu zählen neben der von Faßler umfassenden Auseinandersetzung mit Kommunikation (vgl. Faßler 1997) und Pross' semiotisches, medientechnisches Verständnis von Medien (vgl. u. a. Pross 1972, 1976) ebenso Theorien von Gerhard Maletzke (vgl. Maletzke 1963, 1998), Ulrich Saxer (vgl. u. a. Saxer 1997a, 2012) und Klaus Beck (vgl. u. a. Beck 1994, 2012).

Im Gegensatz zu wissenschaftlichen Ansätzen, die besagen, dass Medien, insbesondere Massenmedien, primär als Unterhaltungsmedien oder zur Herstellung von Öffentlichkeit dienen (vgl. Holzer 1994, Burkart 1998), sollen alle hier fokussierten Medien nicht nur als „formale, informierende oder manipulierend inhaltliche Vermittlungsträger" definiert, sondern hinsichtlich eines systemtheoretischen, medien- und kommunikationswissenschaftlichen Verständnisses ebenso als „konstruierende und aktivnahe Gegenstandsbereiche" und als sozialer Handlungsraum verstanden werden (vgl. Faßler 1997, S. 129).

Im Zuge dessen soll ein für das weitere Vorgehen der Arbeit grundlegender, basisorientierter Überblick zu Medien und medial vermittelter Kommunikation geschaffen werden (vgl. Abschnitt 2.1). Mit der Erarbeitung einer modellhaften Darstellung sowie der Darlegung eines grundlegenden Verständnisses von Medien und Kommunikation sollen einzelne Rahmenbedingungen, bedingt durch Medien als Mittelpunkt innerhalb eines Kommunikationsprozesses, konkretisiert werden (vgl. Abschnitt 2.2). Dafür wird erstens mit medientechnologischem beziehungsweise semiotischem Blick durch Pross und mit Ergänzungen von Thomas Mock (vgl. Mock 2006) das Medium als Mittel zum Zweck der Kommunikation erörtert (vgl. Abschnitt 2.2.1). Zweitens wird aus kommunikationssoziologischer Perspektive, insbesondere durch Saxers Theorien, das Medium als komplexes System interpretiert (vgl. Abschnitt 2.2.2), um die mehrteilige Rolle von Medien innerhalb der Gesellschaft darstellen zu können. Unter Berücksichtigung von multidisziplinären, medien- und kommunikationswissenschaftlichen Ansätzen wird drittens auf die raumzeitlichen Abhängigkeiten eines medial vermittelten Kommunikationsprozesses (vgl. Abschnitt 2.2.3) eingegangen.

Anhand dieser Aufschlüsselung zeigt sich die Vielschichtigkeit sowie das Wechselverhältnis, das zwischen Medien und Kommunikation besteht. Mit dieser grundlegenden Untersuchung von Medien und medial vermittelter Kommunikation können zum einen die Kategorien *Medium als Mittel, Wahrnehmung, Verständigung, Verbreitung, Technik, Speicher-Information-Wissen, Zeit, Raum* und *Interaktion*

1.2 Wissenschaftlicher Forschungsstand und Vorgehensweise ...

abgeleitet werden, die für die spätere Analyse sowie Gegenüberstellung von Medientypologien behilflich sind. Zum anderen sollen sie als Basis dienen, um im weiteren Verlauf das Phänomen von Medieninnovation zu ergründen. Dafür muss neben der Auseinandersetzung mit Medien und Kommunikation jedoch zuerst eine grundlegende Untersuchung des Themenfeldes Innovation erfolgen.

Innovation

Der Begriff Innovation, abgeleitet vom lateinischen innovare, wird im Allgemeinen für Neuartigkeiten jeglicher Art sowie Form verwendet und dient oftmals als Synonym für die Umschreibung von Neuerungen, Neugestaltungen, Neuordnungen oder Veränderungen. Demzufolge ist die grundlegende Definition beziehungsweise Wortherkunft jeder Innovation mit einem zu definierenden Neuheitsgrad verbunden. Dieser Neuheitsgrad kann auf unterschiedlichen Ebenen interpretiert werden und ermöglicht im späteren Verlauf der Erörterung eine Abgrenzung zur digitalen Transformation und Adaption (vgl. Larbig et al. 2012, S. 8).

Für die Arbeit wird Innovation als das Einführen von etwas Neuem verstanden. Sie impliziert damit einen dazugehörigen Innovationsprozess und bildet die Bedingung für Entwicklung und Veränderung. Da im Folgenden Medieninnovation als Phänomen des Wandels bestimmt wird, deren Ziel auf Zukünftiges ausgerichtet, die Realisierung zwar empirisch gesichert, jedoch erst nachträglich beobachtet sowie bewertet werden kann, soll zunächst eine generelle Annäherung an die Innovationsthematik erfolgen. Hierbei ist die hohe Relevanz von Innovation in unterschiedlichen Forschungsansätzen unumstritten. Speziell in Hinblick auf moderne wirtschaftswissenschaftliche Untersuchungen wird Innovation eine wesentliche Bedeutung für Wandlungsprozesse zugeschrieben (vgl. Braun-Thürmann 2005, Hauschildt und Salomo 2011, Bormann et al. 2012, Dogruel 2012, Kinnebrock et al. 2015).

Bereits zu Beginn des 20. Jahrhunderts befassten sich einzelne Analysen mit Innovation. Da die ersten wissenschaftlichen Auseinandersetzungen auf den Ökonomen Joseph Schumpeter zurückzuführen sind, gibt es vor allem umfassende wirtschaftliche Analysen zu dieser Thematik (vgl. u. a. Barthel 2001, Voßkamp 2002, Burr 2004, Braun-Thürmann 2005, Hauschildt und Salomo 2011, Albers und Gassmann 2011, Nagel 2012a). Schumpeters Verständnis sowie seine betriebswirtschaftliche Auseinandersetzung mit Innovation dienen noch heute vielen wirtschafts-, geistes- oder sozialwissenschaftlichen Theorien als Grundlage. Daher soll sein Ansatz ebenfalls im Zuge der Erarbeitung von digitaler Innovation herangezogen werden (vgl. Abschnitt 3.1).

Mittlerweile gibt es unzählige weitere Innovationstheorien in diversen Forschungsdisziplinen, die allerdings keinem einheitlichen Begriffsverständnis unterliegen. Ferner wird die in der Wirtschaftswissenschaft oftmals vorgenommene Trennung zwischen Produkt- und Prozessinnovationen aufgrund neuzeitiger Entwicklungen immer fragwürdiger beziehungsweise unterliegt zunehmd verschwimmender Grenzen (vgl. Amelingmeyer und Harland 2005, Hauschildt und Salomo 2011, Albers und Gassmann 2011).

Folglich orientiert sich die vorliegende Arbeit an Hauschildts und Salomos These: „Die Bestimmung dessen, was innovativ genannt werden soll, darf nicht dem Zufall überlassen werden. Wissenschaft und Praxis sind gut beraten, diese Einordnung anhand klar bestimmter Kriterien unmissverständlich vorzunehmen" (Hauschildt und Salomo 2011, S. 4). Insbesondere weil die Medien- wie auch Kommunikationswissenschaft kaum fachspezifische, grundlegende Innovationstheorien bieten, diese dennoch als zentrale Triebkraft für den medialen Wandel verstanden werden (vgl. Latzer 2013, S. 94), soll vorerst ein Basisverständnis von Innovation entwickelt werden (vgl. Abschnitt 3.2), bevor eine Präzisierung anhand von Medieninnovationen erfolgen kann. Mit Fokus auf neue digitale Technologien gibt es jedoch mittlerweile vereinzelt medien- und kommunikationswissenschaftliche Analysen zum Innovationsbegriff (vgl. u. a. Stöber 2008a, 2008b, Rammert 2008, Wolling et al. 2011, Dogruel 2012, Garncarz 2016).

Darüber hinaus unterliegen Innovationen sowie Medieninnovationen einer Doppelrolle. Zum einen werden sie als Formate, Produkte oder Konstrukte verstanden, die innovativ wirken und Veränderungen mit sich bringen. Zum anderen kann genauso der gesamte Innovationsprozess als einzelne Innovation interpretiert werden (vgl. Goldhar 1980, S. 284, Dosi 1988, S. 222, zitiert nach: Hauschildt und Salomo 2011, S. 7, Specht und Beckmann 1996, S. 15, Burr 2004, S. 25). Für die folgende Untersuchung und zur Ergänzung des bisherigen Forschungsstandes gilt es ebenfalls, den Innovationsprozess zu erläutern. Hierbei ist der Forschungsstand abhängig von dem jeweiligen Fachbereich.

Trotz des fast einhundert Jahre alten Begriffs und der Gewissheit, dass Innovation kein rein digitales Konstrukt ist, sind Differenzierungen zwischen analogen und digitalen Innovationen sowie damit verbundenen Innovationsprozessen in diversen Forschungsansätzen kaum aufzufinden. Obwohl in der Medienwissenschaft umfangreich über die Unterscheidung von analogen und digitalen Medien oder analogen sowie digitalen Märkten diskutiert wird, bleibt eine solche Differenzierung von Innovationen meistens aus. Aufgrund der Thematisierung der Medientypologien, wovon nur eine von Beginn an der Digitalisierung zugeordnet werden kann, ist es ein zusätzliches Anliegen der Arbeit, eine Unterscheidung zwischen analogen und digitalen Innovationen sowie eine Abgrenzung zur digitalen Transformation zu treffen (vgl. Abschnitt 3.3). Diese Differenzierung ist für den Wirkungszusammenhang zwischen dem technologischen sowie sozialen Wandel von besonderer Bedeutung und wird zur späteren Erläuterung einzelner Entwicklungsübergänge der Medientypologien unterstützend hinzugezogen. Darüber hinaus stellt die basisorientierte Analyse von Innovation einen Ausgangspunkt für die daran anschließende Darstellung von medialen Wandlungs- sowie Entwicklungsprozessen durch Medieninnovationen dar.

Medieninnovation als Wandel

Ausgehend von der Erläuterung des Innovationsbegriffs, einer umfangreichen Darstellung des Innovationsprozesses mit analoger und digitaler Differenzierung sowie einer Abgrenzung zur digitalen Transformation, soll in Anbetracht des hier verfolgten medienwissenschaftlichen Ansatzes mit der Präzisierung von *Medien*innovation eine subsidiäre Spezifikation vorgenommen werden. Sie dient als Ausgangspunkt für die Darstellung von Medienentwicklung und Medienwandel und ermöglicht eine erste Zusammenführung der wissenschaftstheoretischen, bis zu diesem Zeitpunkt grundlegenden Auseinandersetzung mit Innovation sowie Medien und medial vermittelter Kommunikation.[4]

Die Untersuchung von Medieninnovationen stützt sich insbesondere auf die Arbeiten von Leyla Dogruel (vgl. Dogruel 2012, 2013), die mit ihrer Analyse von Medieninnovation einen wichtigen Beitrag für die Medien- und Kommunikationswissenschaft geleistet hat. Mithilfe ihres Ansatzes werden einzelne Indikatoren (*Neuartigkeit, Verwertbarkeit* und *kommunikative Folgen*) für Medieninnovation bestimmt, die im späteren Verlauf der Arbeit ebenfalls als Bestimmungsmerkmale zur Gegenüberstellung der Medientypologien dienen (vgl. Abschnitt 4.1).

Neben diesen Indikatoren soll außerdem ein Verständnis für Medieninnovationen als System entwickelt werden, um die Bedeutung von Medieninnovationen und ihre Rolle als Träger von medialen Wandlungsprozessen weiter herauszustellen (Dogruel 2013, S. 380). Darüber hinaus wird der Charakterisierung eines Medieninnovationsprozesses besondere Relevanz zugesprochen, um aus analytischer Sicht

---

[4]Zur weiteren thematischen Abgrenzung soll hier zusätzlich eine Differenzierung von Innovationskommunikation vermerkt werden. Darunter wird die „[…] systemische Initiierung von Kommunikationsprozessen mit internen und externen Stakeholdern [verstanden], in denen technische, ökonomische oder soziale Neuerungen befördert werden sollen a) durch den interessengeleiteten Aufbau, die Revision oder Zerstörung sozial geteilter Bedeutungsmuster und kommunikativer Ressourcen und b) durch die Stimulierung inhaltlicher Impulse für die Entwicklung sowie durch die professionelle Vermittlung von Neuheiten". Zerfaß 2009, S. 42.

„Medieninnovation als einen Prozess des Wandels" zu skizzieren (vgl. Dogruel 2013, S. 317). Von diesem Medieninnovationskonzept geht ebenso ein zu eruierendes Verständnis für Medienentwicklung sowie Medienwandel einher. Dabei soll gezeigt werden, dass Medieninnovationen nicht erst seit Beginn des digitalen Zeitalters als Ursache für ökonomischen, kulturellen und gesellschaftlichen Wandel betrachtet werden können, sondern schon früher für die Herausbildung von analogen Medien verantwortlich waren. Der hier aufgestellten These von Medieninnovationen als Wandel kann sich mit einem revolutionstheoretischen Ansatz angenähert werden (vgl. Abschnitt 4.2). Dabei soll keine mediengeschichtliche Analyse erfolgen, sondern das weitere Bestimmungsmerkmal Revolution für Medieninnovationen als Wandel der Medientypologien herausgearbeitet werden.

Unter Berücksichtigung der drei Indikatoren, dem Konzept von Medieninnovation als System, dem revolutionstheoretischen Ansatz als Verständnis für Medienentwicklung kann schließlich das Phänomen von Medieninnovationen als Grund für mediale Wandlungsprozesse dargelegt werden. Dafür wird sich auf das Konzept der Mediatisierung gestützt, um Medienwandel aus medien- und kommunikationswissenschaftlicher Perspektive als komplementären Prozess von Medien zu erörtern (vgl. Abschnitt 4.3). Dazu dient insbesondere der Mediatisierungsansatz, etabliert durch Friedrich Krotz (vgl. Krotz 2001) und spezifiziert durch Maren Hartmann und Andreas Hepp (vgl. Hartmann und Hepp 2010a), als theoretische Grundlage. Anhand des Konzepts der Mediatisierung kann auf konkrete Veränderungsprozesse eingegangen werden, ohne dass der Stellenwert von Medien als Mittel zum Zweck der Kommunikation, als System und vorgegebene Rahmenbedingungen für Kommunikation außer Acht gelassen wird (vgl. Krotz 2014, S. 10). Erst infolgedessen offenbart sich eine ausreichende theoretische Grundlage für die anschließende Darstellung der Klassifikation von Medientypologien einschließlich der merkmalfokussierten Gegenüberstellung der Medientypologien durch die hierdurch zusätzlich abgeleiteten Kategorien: *Revolution, Verwertbarkeit, kommunikative Folgen* und *Innovationsbeispiele*.

Die vier Medientypologien

Unter Bezugnahme der geleisteten Auseinandersetzung mit Medien und des medial vermittelten Kommunikationsprozesses, der Darstellung von Innovation, des Verständnisses von Medieninnovation und des dadurch bedingten medialen Wandels sowie komplementärer Medienentwicklung sollen die einzelnen Medientypologien, basierend auf den Theorien des Publizistikwissenschaftlers Harry Pross und des Medienwissenschaftlers Manfred Faßler, dargestellt werden (vgl. Abschnitt 5.1).

1.2 Wissenschaftlicher Forschungsstand und Vorgehensweise ...

Die Besonderheit darin liegt in der angereicherten Auseinandersetzung mit den Primär-, Sekundär-, Tertiär- und Quartärmedien, die in wissenschaftlichen Untersuchungen derartig noch nicht vorgenommen wurde. Sie soll auf inhaltlicher sowie formaler Ebene als eine medienwissenschaftliche Ergänzung der Klassifikation von Medientypologien dienen, damit sich die spätere Weiterentwicklung um eine fünfte Medientypologie ausreichend begründen lässt. Neben angrenzenden Theorien wird weiterhin Pross' medienspezifischer Ansatz der Medienforschung verfolgt, um die einzelnen Medientypologien angemessen zu erörtern. Schließlich erkennt Pross einen interdisziplinären Ansatz als ebenbürtig an, um Medien nicht isoliert zu betrachten, sondern unter Berücksichtigung des Themenfeldes der Kommunikationsforschung ebenfalls „[...] die Prozesse durchsichtig zu machen, in denen diese Geräte vorkommen" (Pross 1972, S. 14).

Daher sind in den einzelnen Analysen die als Medieninnovationen resultierenden Medien ebenso relevant wie die damit verbundenen medial vermittelten Kommunikationsprozesse (vgl. Abschnitt 5.1.1 bis 5.1.4). Zur ausreichenden Darstellung der vier Medientypologien wird sich an den zuvor herausgearbeiteten Kategorien von Medien, medial vermittelter Kommunikation sowie Medieninnovation orientiert. Mithilfe dieser werden nicht nur medienspezifische Charakteristika herausgestellt, sondern auch medieninnovative Merkmale, eine historisch-revolutionäre Einordnung und der konstante Prozess der Erweiterung genauso wie des Wandels aufgezeigt. Diese werden schließlich in einer tabellarischen Gegenüberstellung zusammengefasst. Darüber hinaus wird das zu Beginn entwickelte allgemeingültige Modell der medial vermittelten Kommunikation um die vier Medientypologien erweitert (vgl. Abschnitt 5.2).

Mit ausreichender Skizzierung der Quartärmedien wird sich zeigen, dass die Kriterien der Medientypologie für eine Zuordnung von neuzeitigen Medieninnovationen nicht mehr genügen. Demzufolge soll bewiesen werden, dass die Gesellschaft längst im zweiten digitalen Zeitalter angekommen ist, in dem die sich gegenwärtig entwickelnden Medien nicht mehr zu den Quartärmedien gezählt werden können, sondern eine neue Klassifizierung von Medientypologien beanspruchen. Der durch Medieninnovationen bedingte Wandel führt zur Entwicklung der Quintärmedien.

Quintärmedien

In Faßlers umfangreichem Versuch, die Frage „Was ist Kommunikation?" zu beantworten, im Zuge dessen erstmals die Bestimmung der Quartärmedien vorgenommen wird, erkennt er, dass Kommunikation ein evolutionär bedeutsamer Prozess ist, der konstant neue Diskussionen von Empirie und Theorie erfordert (vgl. Faßler 1997, S. 283).

Ebenso erkannte Marshall McLuhan schon Jahrzehnte zuvor, dass Technologieentwicklungen, unabhängig von ihrem Inhalt, neue Formen der Kommunikation bewirken und unbekannte Wirklichkeiten konstruieren. Diesbezüglich erlangt die These von John Culkin beziehungsweise McLuhan: "We shape our tools and thereafter our tools shape us" (Culkin 1967, S. 70) in Hinblick auf die gegenwärtigen medialen Veränderungen eine neue Tragweite.[5] Schließlich bietet die exponentiell wachsende Technologieentwicklung nicht nur eine Fülle von unterschiedlichen Medien und Kommunikationsmöglichkeiten, sondern es bilden sich parallel und zunehmend, unabhängig vom Menschen, mediale Funktionalitäten heraus, die Neues erschließen, Altes beeinflussen sowie das Dazwischen intelligent miteinander verknüpfen. Neben dem theoretisch fundierten ersten Teil dieser Arbeit soll, darauf aufbauend, sich im zweiten Teil mit der Annahme einer fünften Medientypologie beschäftigt werden. Ferner soll belegt werden, dass die Gesellschaft mit der Entwicklung von beispielsweise maschinellem Lernen, künstlicher Intelligenz und Big Data in einem datafizierten Zeitalter angekommen ist.

Unaufhörlich entfalten sich durch die Digitalisierung neue diametrale Kräfte, die weder für Laien noch für Experten kaum zu überschauen sind. Trotz steigender Komplexität durch den Anstieg von technologischen Entwicklungen und damit einhergehender interdisziplinärerer Theorien, die oftmals eher Prognosen darstellen, als dass sie tatsächliche Beweise für einen möglichen bereits entstandenen oder noch entstehenden Medienwandel aufweisen können, sind sich die meisten Forschungsstände über einen Sachverhalt einig: Durch die sukzessive Transformation analoger Prozesse in die digitale Welt, durch eine neue Datenökonomie und die Fähigkeit, immer größere Datenmengen zu sammeln und zu speichern, zeichnet sich ein neuer Umgang mit Daten, eine neue Form von Medien als System und damit ein neues Feld wissenschaftlicher Analysen ab. Thesen wie „media equal real life" (Reeves und Nass 1996, S. 5), „mediation of everything" (Livingstone 2009) oder „mediatization has entered a new stage" (Hepp und Hasebrink 2018) und Terminologien wie „datafication" (Couldry und Hepp 2017) oder „deep mediatization" (Hepp et al. 2018) sind nur einige von oftmals zitierten wissenschaftlichen Untersuchungen, die in den letzten Jahren zu neuen kommunikations- und medienanalytischen Perspektiven geführt haben.

---

[5]Das Zitat wird fälschlicherweise oftmals Marshall McLuhan zugeschrieben. Jedoch formulierte John Culkin, ein Professor of Communication at Fordham University in New York, erstmals diese These. Er war enger Vertrauter von McLuhan und veröffentlichte diese Aussage im Zuge seiner Arbeit über McLuhan. Daher wird diese oftmals McLuhan zugeordnet, obwohl Culkin sie veröffentlicht hat.

Es ist keine zu beweisende These mehr, dass sich der menschliche Alltag und der Mediengebrauch einander annähern. Jedes Individuum, das im Besitz eines Smartphones oder internetfähigen Computers ist, unterliegt den Bedingungen dieses neuen Zeitalters. Immer tiefer greifen Medien in die alltägliche Produktion sowie Reproduktion von Kultur, Sozialität oder symbolischen Sinnwelten ein und ermöglichen zeitgleich einen Prozess mit handlungspraktischen, mediatisierten Kommunikationsformen (vgl. Gentzel und Koenen 2012, S. 207). Zusätzlich kommt es durch moderne digitale Infrastrukturen zu weiteren Verschmelzungen von Kommunikation und Medien. Aus medienwissenschaftlicher Forschungsperspektive wandelt sich parallel zu jedem Mediatisierungsschub ebenso die medial-kommunikative Beziehung. Eine Zusammenführung dieser beiden Disziplinen ist auch auf internationaler Ebene in Form von „media and communications" oder „media and communication studies" immer häufiger der Fall (vgl. Hepp 2016, S. 229).

Dieser Zusammenschluss lässt sich unter anderem durch den steigenden Einfluss von medialen Konstrukten, die wachsende Verwobenheit in den gesellschaftlichen Alltag und die zunehmende Angebotsvielfalt, wie zum Beispiel durch Social-Media-Anwendungen, begründen. Damit sind schon lange nicht mehr nur die durch die quartären Medien bekannten Möglichkeiten von Interaktion, Partizipation und Vernetzung gemeint. „Es geht um die Durchdringung unserer alltäglichen Lebenswelt und ihrer Konstruktion durch Daten und deren algorithmische Verarbeitung" (Hörtnagl 2019, S. 137), oder wie es Roger Burrows formulierte: "[…] the 'stuff' that makes up the social and urban fabric has changed – it is no longer just about emergent properties that derive from a complex of social associations and interactions. These associations and interactions are now not only mediated by software and code, they are becoming constituted by it" (Burrows 2009, S. 451, zitiert nach: Hörtnagl 2019, S. 137).

In Anbetracht dessen können moderne Datenanalysen neue Einsichten in gesellschaftliche, politische oder wirtschaftliche Sachverhalte liefern. Daten werden für die Arbeit als Rohstoff verstanden, mit der die Welt sich in Kategorien und Maße abstrahieren lässt. Es werden Zeichen, Zahlen, Symbole, Bilder, elektromagnetische Wellen und Bits erzeugt, die die Bausteine für Information und Wissen bieten. Daten stellen demnach den wichtigsten Input für verschiedene Analysemodi dar, die Individuen, Unternehmen, Institutionen und Organisationen sowie die Wissenschaft benötigen, um die Welt besser zu verstehen, zu erklären und wiederum für neue Innovationen zu verwenden (vgl. Kitchin 2014).

Big Data ist zur Sammelbezeichnung für moderne umfangreiche Datenbestände geworden und zum beliebten Schlüsselbegriff in neuzeitigen Auseinandersetzungen mit der Medienentwicklung herangewachsen. Demzufolge liegt die Vermutung nahe, dass sich die Gesellschaft im Prozess einer digitalen Revolution eines zweiten Maschinenzeitalters befindet, in dem sich nach dem mooreschen Gesetz alle 18 Monate die Rechnerkapazität eines Computers verdoppelt und kein Ende der Erweiterung in Sicht ist (vgl. Brynjolfsson und McAfee 2015, S. 13). Die damit einhergehende Datenexplosion wächst dabei ins Unermessliche und gleichzeitig entstehen laufend weitere, scheinbar medieninnovative Funktionalitäten.

Parallel dazu steigen die Zahlen der aktiven Nutzer auf Social-Media-Plattformen wie Instagram mit über einer Milliarde oder WhatsApp mit über 1,5 Milliarden Nutzern unaufhaltsam weiter an (vgl. DataReportal 2019). Es zeigt sich, dass die für das 21. Jahrhundert repräsentierenden Kommunikationsmittel, wie in den Jahrzehnten zuvor, von besonderer Bedeutung für Mensch, Kultur und Gesellschaft sind und sich eine Weiterentwicklung auf mehreren Ebenen beschreiben lässt.

Neben der an dieser Stelle bereits geleisteten theoretischen Auseinandersetzung mit Medien, medial vermittelter Kommunikation, Innovation sowie Medieninnovation sollen zur Unterstützung der Analyse der Quintärmedien weitere datenfokussierte medien- sowie kommunikationswissenschaftliche Untersuchungen (vgl. u. a. Hepp et al. 2018, Reichert 2018a, 2018b, Sendler 2018, Sieber 2019, Gentzel et al. 2019a) sowie einzelne ökonomische, populärwissenschaftliche sowie interdisziplinäre Arbeiten herangezogen werden (vgl. u. a. Gartner 2013, Mayer-Schönberger und Cukier 2013, van Dijck 2014, Brynjolfsson und McAfee 2015, Kolany-Raiser et al. 2018).

Die verschiedenen theoretischen Ansätze dienen hier einerseits der zu leistenden interdisziplinären Forschungsarbeit für eine umfassende Herausstellung konkreter Charakteristika und Beschreibungen der Quintärmedien einschließlich der bedingten systemtheoretischen Dimensionen von Medien. Andererseits wird das Ziel einer Identifikation der fünften Medientypologie anhand der aufgestellten Kategorien im Vergleich zu den bislang bestehenden vier Medientypologien verfolgt. Dafür wird sich primär auf aktuelle datenbasierte technologische Entwicklungen sowie datengetriebene Medieninnovationen fokussiert.

Anhand eines Wandels von der vierten zur fünften Medientypologie kann eine erste Ableitung der Quintärmedien geschehen (vgl. Abschnitt 6.1). Die einst technologischen Innovationen der Quartärmedien, wie das World Wide Web (seit

1.2 Wissenschaftlicher Forschungsstand und Vorgehensweise ...

1990), digitale Netzwerke und interaktive Plattformen[6] (seit Beginn der 2000er-Jahre), werden als Grundlage für die Quintärmedien verstanden. In Hinblick auf die tabellarische Darstellung beziehungsweise merkmalsfokussierte Gegenüberstellung aller Medientypologien zeigen sich bereits erste ergänzende Entwicklungen. Erst mit der Gegenüberstellung von Quartär- und Quintärmedien wird der grundlegende Unterschied zwischen Digitalisierung und Datafizierung mit den zugehörigen Medien beziehungsweise Medieninnovationen deutlich. Infolgedessen können erstmals die Quintärmedien umfangreich definiert und neue medientypologische Merkmale herausgestellt werden (vgl. Abschnitt 6.2). Hierbei werden die thematischen Schwerpunkte insbesondere auf das Charakteristikum Big Data (vgl. Abschnitt 6.2.1) sowie die neuartigen Technologien und ihre vielfältige Einsetzbarkeit gesetzt, die im Zuge des Internets der Dinge sowie des Internets der Services einhergehen (vgl. Abschnitt 6.2.2).

Darauf aufbauend, können angesichts des komplementären Prozesses der Medienentwicklung und zur Bestimmung von datafizierten Medieninnovationen als neue Rahmenbedingungen (vgl. Abschnitt 6.3) spezifische Indikatoren als quintäre Erweiterungsformen (vgl. Abschnitt 6.3.1) identifiziert werden. Hierfür liegt der Fokus auf der intelligenten Vernetzung und des bilateralen Nutzens durch Quintärmedien (vgl. Abschnitt 6.3.1.1 und 6.3.1.2). Ferner soll bewiesen werden, dass es neben dem Erweiterungsverständnis der Klassifikationen von Medientypologien erstmals zu wandelnden Formen der Entgrenzung als Charakteristika der fünften Medientypologie kommt (vgl. Abschnitt 6.3.2). Diese werden unter Berücksichtigung der ubiquitären IT-Infrastruktur und einer neuen raumzeitlichen Konfiguration gesondert erläutert (vgl. Abschnitt 6.3.2.1 und 6.3.2.2).

Anschließend an die Darstellung der neuen Medientypologie und einer Erörterung der einzelnen erweiternden sowie entgrenzenden medieninnovativen Merkmale soll zusätzlich eine gesonderte Analyse der Veränderung von Kommunikation durch Quintärmedien erfolgen (vgl. Abschnitt 6.4). Schließlich manifestiert sich durch einen erneuten Medienwandel ebenfalls ein neuer Umbruch in der medial

---

[6]Eine einheitliche Definition zu Plattformen steht bislang aus. Hierbei kann jedoch auf Adelmann verwiesen werden, der Plattform allgemein wie folgt definiert: „Die Plattform als ein kleinster gemeinsamer Nenner eines architektonischen, sozialen oder kommunikativen Raumes. Aus dieser Begriffsverwendung kommend, zieht der Pattform-Begriff in die Welt der digitalen Medien ein. Hier können Plattformen bestimmte Chiparchitekturen, Betriebssysteme, Programmiersprachen oder Computerspielsysteme bezeichnen, die gleichzeitig etwas ermöglichen und ausschließen." Adelmann 2018, S. 40. Zudem nimmt er eine Konkretisierung in Bezug auf Internetplattformen vor und sagt, dass diese Kommunikation anregen und vereinfachen, aber auch Kristallisationspunkte von Interaktion und Kommunikation sind. Vgl. Adelmann 2018, S. 44.

vermittelten Kommunikation. Dementsprechend werden einerseits die Datafizierung von Kommunikation und andererseits die durch die Quintärmedien entstandene, datengetriebene Rückkopplung untersucht (vgl. Abschnitt 6.4.1 und 6.4.2). Letzteres stellt eine quintärmediale Erweiterung des klassischen Sender-Empfänger-Modells, basierend auf den zuvor erarbeiteten Erkenntnissen, dar. Dadurch soll gezeigt werden, dass mit den Quintärmedien die Kommunikationsmöglichkeiten zwischen Sender und Rezipienten nicht nur erleichtert werden, sondern die Medien mit ihrem spezifischen Leistungsvermögen den bisherigen medial vermittelten Kommunikationsprozess einflussreich ergänzen, Teilprozesse sogar übernehmen und ihren eigenen Rückkopplungskanal bilden.

Anhand der umfangreichen Darstellung der Quintärmedien und ihrer medial vermittelten Kommunikationsmöglichkeiten lässt sich eine immer offensichtlichere Auflösung bestehender Rahmenbedingungen sowie eine Verschmelzung der einzelnen, abhängigen Teilsysteme beobachten. Demzufolge wird das Zusammenspiel von Medien und Kommunikation trotz der neuartigen Veränderungen weiterhin als Abhängigkeitsgefüge verstanden, das in direkter Verbindung zu wirtschaftlichen, kulturellen und gesellschaftlichen Entwicklungen gesetzt werden muss. So soll bewiesen werden, dass Quintärmedien zum aktiven Bestand des sozialen Umfelds heranwachsen und die soziale Wirklichkeit auf eine Art und Weise mitgestalten, wie es zuvor noch keine Medientypologie getan hat.

Mit Abschluss der Darstellung der Quintärmedien wird die tabellarische Gegenüberstellung der bisherigen Medientypologien um eine fünfte Typologie ergänzt (vgl. Abschnitt 6.5) und auf einzelne Auswirkungen auf wirtschaftlicher, politischer, kultureller sowie gesellschaftlicher Ebene hingewiesen (vgl. Abschnitt 6.5.1). Davon ableitend, ist es ein letztes Anliegen der Arbeit, besondere Potenziale, Herausforderungen sowie Risiken herauszustellen, die sich durch den datafizierten Wandel ergeben (vgl. Abschnitt 6.5.2 und 6.5.3). Schlussendlich kann damit bewiesen werden, dass gegenwärtige Medieninnovationen zu einem erneuten Wandel geführt haben und es längst an der Zeit ist, eine Erweiterung der von Pross und Faßler definierten Klassifikation von Medientypologien in Form von Quintärmedien für die Wissenschaft vorzunehmen.

Medien und die medial vermittelte Kommunikation

2.1 Medien und Kommunikation

Medien sind zum kognitiv unterstützenden, wirtschaftlich und politisch relevanten, materiellen sowie immateriellen Element für die Gesellschaft geworden. Medien ermöglichen private sowie öffentliche Kommunikation, Kommunikation wiederum führt zur Entwicklung und Etablierung von Medien. Dieses reziproke Wechselspiel lässt sich weit bis in die Menschheitsgeschichte zurückverfolgen und wissenschaftliche Auseinandersetzungen mit dem Terminus Kommunikation können in Anbetracht der theoretisch-fundamentalen sowie praxisbezogenen Relevanz mit Beginn der Wissenschaft des Menschen rekonstruiert werden. Von Aristoteles' „Rhetorik" über die Philosophie aller Jahrhunderte bis hin zur Soziologie, Kulturanthropologie, Psychologie, Psychiatrie, Kybernetik, Informationstheorie, Politikwissenschaft, Linguistik, Phonetik oder Literaturwissenschaft dieser Zeit (vgl. Maletzke 1998, S. 19) untersuchen zahlreiche Forschungsansätze disziplinunabhängig sowie interdisziplinär die Bedeutung und Reichweite dieser Begrifflichkeit auf nationaler sowie internationaler Ebene. Demnach scheint eine einheitliche Definition ausgeschlossen.

Indes wird deutlich, dass das Konstrukt Kommunikation als hochkomplexes Phänomen zu verstehen ist, dem eine vereinfachte Definition nicht gerecht werden würde. Im Folgenden wird sich daher auf Theorien, Modelle und Analysen zur Skizzierung von Kommunikation mit kommunikations- beziehungsweise medienwissenschaftlichem Schwerpunkt berufen, um daran anknüpfend ein ausreichendes Verständnis zu entwickeln und eine bestmögliche Verbindung zum ebenso zu behandelnden Themenschwerpunkt Medien zu schaffen.

© Der/die Autor(en), exklusiv lizenziert durch Springer Fachmedien
Wiesbaden GmbH, ein Teil von Springer Nature 2021
K. Krüger, *Die Ära der Datafizierung*,
https://doi.org/10.1007/978-3-658-34019-3_2

Um eine allgemeingültige und gleichzeitig ausreichende Grundlage von Medien und medial vermittelter Kommunikation darzulegen, sind die theoretischen Arbeiten von Pross und Faßler ein solides Fundament. Zur weiteren Darstellung beider Teilbereiche sowie ihres Abhängigkeitsgefüges wird sich zusätzlich auf anerkannte Theorien, unter anderem von Ulrich Saxer, Klaus Beck oder Gerhard Maletzkes Arbeiten inklusive des Modells der Massenkommunikation, bezogen.[1]

Für Maletzke handelt es sich in seinem Überblick der Kommunikationswissenschaft weniger um eine Erstellung neuer Definitionen, sondern vielmehr um das von bestehenden Theorien abgeleitete Verständnis von Kommunikation als einen „Prozess der Zeichenübertragung" (vgl. Burkart und Hömberg 1992, S. 11, zitiert nach: Maletzke 1998, S. 37 f.). Zum einen beschreibt er Kommunikation als einen wechselseitigen Verstehensprozess zwischen Individuen, bei dem Sender und Empfänger auf einen gemeinsamen Symbolvorrat (engl.: shared codes) als „minimum communale aller Kommunikation" zugreifen (vgl. Graumann 1972, S. 1180, zitiert nach: Maletzke 1998, S. 38). Zum anderen bezeichnet er es als einen Vorgang, der auf Gemeinsamkeiten zwischen unterschiedlichen Subjekten beruht und zur Signalübertragung, Informationserstellung und Ableitung von Wissen sowie Erfahrung einschließlich weiterer Folgen dient (vgl. Schulz 1994, S. 140, zitiert nach: Maletzke 1998, S. 39).

Von dieser These ausgehend, wird Kommunikation als ein Prozess verstanden, in dem zwei Seiten für den Vollzug von Kommunikation existieren. Der Monolog beziehungsweise das Selbstgespräch mit einer imaginären Person als Gegenüber wird in der Untersuchung nicht berücksichtigt.[2] Der Akt des reziproken Austausches mit mindestens einem Gegenüber wird als soziale Interaktion interpretiert. Interaktion wiederum wird als fester Bestandteil in Gesellschaftsdefinitionen und als Grund sowie Fundament für das Zusammenleben in Gruppen angesehen. „Eine

---

[1] Diesbezüglich wurde in der Vergangenheit vereinzelt kritisiert, dass, aufgrund von medienbedingten Unterschieden zwischen Massen- und Individualkommunikation, Maletzkes Theorie nicht zur basisorientierten Auseinandersetzung mit der Thematik Kommunikation dient. Da im späteren Verlauf jedoch Massenmedien sowie Individualmedien durch Harry Pross in ein und dieselbe Kategorie der Medientypologien zugeordnet werden, nämlich in die der Tertiärmedien, und beide Medienformen ausreichend Gemeinsamkeiten aufweisen, unterstützt Maletzkes Analyse der Massenkommunikation durchaus den hier zu skizzierenden Diskurs. Bei der Berücksichtigung mit eingeschlossen ist Maletzkes Werk „Kommunikationswissenschaft im Überblick". Vgl. Maletzke 1998 und 1963.

[2] Der Monolog im Rahmen eines Mediums, zum Beispiel innerhalb eines Theaterstücks oder eines Films, wird wiederum als zweiseitiger Kommunikationsprozess verstanden, denn obwohl das Publikum nur auf der Metaebene adressiert wird, lässt sich der Zuschauer oder Zuhörer dennoch als Adressat des Monologisierenden beobachten.

2.1 Medien und Kommunikation

Gesellschaft besteht aus Individuen, die miteinander interagieren. Die Aktivitäten der Mitglieder erfolgen vorwiegend in Reaktion oder in Bezug aufeinander" (Blumer 2013, S. 71). Diesbezüglich sind Interaktion und Kommunikation zwei Terminologien, die oftmals synonym für den Prozess einer Verständigung verwendet und im alltäglichen Sprachgebrauch als zwischenmenschlicher Austausch verstanden werden. Allerdings soll hier folgende Unterscheidung getroffen werden: In Bezug auf die Wortherkunft meint Verständigung grundlegend Kommunikation, wobei sich Interaktion speziell auf das soziale Handeln bezieht. Gemäß des Kommunikationswissenschaftlers Michael Schenk besteht hierbei jedoch durchaus eine Wechselbeziehung: „Während Kommunikation allgemeine Vorstellung für soziales Handeln, für die wechselseitige Beeinflussung und reziproke Verhaltensorientierung von Individuen ist, werden durch die Interaktion die Formen und der Ablauf kommunikativer Handlungen angezeigt, d. h. Kommunikation und Interaktion bedingen sich gegenseitig" (Schenk 1995, S. 173, zitiert nach: Maletzke 1998, S. 43). Das damit implizierte, wechselwirkende Verständnis kann ebenso in anderen wissenschaftlichen Modellen identifiziert werden, obgleich nur wenige Theorien davon ausgehen, dass Interaktion der übergeordnete Begriff und Kommunikation der untergeordnete ist (vgl. Graumann 1972). Insofern soll sich für das weitere Vorgehen an folgender Differenzierung orientiert werden: „Interaktion wird als Synonym für soziales Handeln und Kommunikation als Interaktion vermittels Symbolen definiert" (Burger 1984, S. 7 f., zitiert nach: Maletzke 1998, S. 44).[3] Davon ableitend, kann das Verständnis der medial vermittelten Kommunikation dargestellt werden.

Unter Berücksichtigung der Medientypologien wird die Annahme vertreten, dass es sich bei Kommunikation nie um einen medienfreien Prozess handeln kann, unabhängig von angesichtiger oder technisch basierter Kommunikation zwischen mindestens zwei Individuen.

Für das weitere Vorgehen werden diese zwei Individuen in Anlehnung an bekannte theoretische Kommunikationsmodelle als Sender und Empfänger beziehungsweise Rezipient betitelt.[4] Hierbei kann und soll trotz des Anspruchs

---

[3] Maletzke lehnt diese Definition an die Definition des sozialen Handelns von Max Weber an.
[4] Der Terminus Rezipient wird in der Kommunikationswissenschaft meist einheitlich verwendet und bezeichnet damit eine Person, die eine Nachricht empfängt, entschlüsselt und interpretiert. Der Empfänger wird hier vielmehr als Adressat verstanden, der zwar ebenso entschlüsseln kann, allerdings nicht zwingend zurücksendet. Zudem ist zu unterscheiden in die Gesamtheit aller Personen, die sich einer bestimmten Aussage zuwenden. Dabei wird meist im Falle der Massenkommunikation von einem „dispersen Publikum" gesprochen. Vgl. Maletzke, 1998, S. 55.

einer allumfassenden Auseinandersetzung keine Untersuchung aller bestehenden Kommunikationsmodelle der letzten Jahrzehnte erfolgen. Vielmehr sollen nur die Modelle zur Skizzierung einer allgemeingültigen Darstellung eines medial vermittelten Kommunikationsprozesses mit Fokussierung auf das Medium als Kommunikationsmittel in die Analyse einbezogen werden. Dennoch lassen sich mit Bedacht auf die Kontinuität des kommunikativen Aktes durchaus Deckungsgleichheiten aufzeigen. Durch unterschiedliche Variablen wie übermittelte Botschaft oder Kommunikationsbeteiligte darf jedoch die Tatsache nicht unberücksichtigt bleiben, dass jeder Prozess individuell verläuft. Trotzdem gilt laut Pross, dass Kommunikation beobachtbar ist und aufgrund von Wiederholungen gewisse Annahmen getroffen werden können (vgl. Pross 1972, S. 19).

"Who says what in which channel, to whom, with what effect?" (Lasswell 1948) – Zu Beginn aller Modellbildungen in der medien-, kommunikations-, aber auch sozialwissenschaftlichen Forschung, insbesondere in Bezug auf die Massenkommunikationsforschung, werden meist die in den 1940er-Jahren entwickelte Formel von Harold Dwight Lasswell sowie das Sender-Empfänger-Modell von Claude E. Shannon und Warren Weaver genannt. Die Lasswell-Formel hilft bei der Entschlüsselung eines Kommunikationsprozesses, der ansonsten als ein abgeschlossener Verlauf betrachtet wird. Er kann in fünf Grundeinheiten eingeteilt werden: Kommunikator (who says), Aussage (what), Medium (in which channel), Rezipient (to whom) und Wirkung (with what effect). Dieser Ansatz bietet nach Maletzke zwar einerseits Raum für die Kritik, da angesichts der Elementarhaftigkeit der Formel eher von einer theorielosen mechanistischen Betrachtungsweise ausgegangen werden müsste (vgl. Maletzke 1998, S. 58 f.). Andererseits darf nicht außen vorgelassen werden, dass dieser einseitig-lineare Ansatz nie als umfassende Kommunikationstheorie formuliert wurde, sondern lediglich dazu dienen sollte, einzelne Untersuchungsfelder der Kommunikationsforschung abzudecken. Zum anderen wird nicht einbezogen, dass die Ganzheitlichkeit nur verstanden werden kann, wenn, wie im ursprünglichen Sinne des Wortes „Analyse", ebenso die Einzelkomponenten betrachtet werden, allerdings immer im Zusammenhang des Ganzen (vgl. Maletzke 1998, S. 58 f. und S. 105).

Dementsprechend lässt sich das Sender-Empfänger-Modell nach Shannon und Weaver ähnlich aufgliedern, wobei hier die Elemente Aussage und Wirkung ausgegrenzt werden. Dies begründet sich in der ursprünglichen Intention des

---

Im weiteren Verlauf wird sich meist auf die Rolle des Rezipienten bezogen und nur in wenigen begründeten Fällen ist der passive Empfänger gemeint. Dies wird in Anlehnung an Pross insbesondere mit der Klassifikation von Sekundär- und Tertiärmedien und der damit bedingten Einweg- oder Zweiwegkommunikation abhängig gemacht. Vgl. Abschnitt 5.1.2 und 5.1.3 und Pross 1976, S. 115.

2.1 Medien und Kommunikation

Modells, das nicht als Analyse der Humankommunikation, sondern primär als mathematisch-technisches Modell der Signalübertragung entwickelt wurde (vgl. Beck 2015b, S. 20). Daher berücksichtigt das Modell auch den Aspekt der Störung. Da der Sender Signale codiert, über einen Kanal transportiert und der Empfänger diese wieder decodiert, gehen sie davon aus, dass der Übertragungskanal störanfällig ist.

In Bezug auf die Humankommunikation ist die Störanfälligkeit jedoch nicht alleinig von der Übertragung abhängig, sondern kann ebenso von anderen Umständen beeinflusst werden. Einzelne Aspekte werden im späteren Verlauf noch genauer skizziert. Vorab lässt sich diesbezüglich anmerken, dass Kommunikation immer etwas überliefert und dadurch nie raumzeitlich entkontextualisiert funktioniert. Bestimmte Einflüsse und Faktoren, die auf eine Kommunikationssituation einwirken, können daher durchaus Störung erzeugen.

Sowohl das Sender-Empfänger-Modell als auch die Lasswell-Formel sind als einseitig lineare Modelle anzusehen. Kommunikation kann jedoch auch als „doppelseitiges Geschehen" verstanden werden, indem nicht nur der Sender die aktive Rolle des Sendens übernimmt und der Empfänger als abhängiger passiver Teil erscheint, sondern es sich um eine wechselseitig durchgeführte Informationsvermittlung handelt (vgl. Burkart 1998, S. 59 f., zitiert nach: Dittmar 2011, S. 21). Dieser sendet nicht nur eine Antwort, sondern kann zum Beispiel im Prozess der Massenkommunikation den Medieninhalten auch Widerstand entgegenbringen. „Dieses Konzept vom aktiven Rezipienten hat die Lehre von der Massenkommunikation grundlegend verändert" (Maletzke 1998, S. 55). Dennoch werden die Begriffe Sender und Empfänger in der Wissenschaft weiterhin synonym verwendet und implizieren eine mögliche Aktivität auf Empfängerseite. Andere Theorien sprechen ansonsten vom Kommunikator und Rezipienten (vgl. Maletzke 1998, S. 48 und S. 54).

Grundsätzlich kann bestimmt werden, dass Kommunikation zum einen immer eines Senders bedarf, der einen Text auf Basis eines Zeichenrepertoires codiert und ihn mittels eines Mediums, Kanals oder Trägers zu einem Empfänger oder Rezipienten transportiert. Hierbei muss die Mitteilung sich den technischen sowie dramatischen Besonderheiten des Mediums anpassen (vgl. Maletzke 1998, S. 65). Zum anderen sollte der Rezipient wiederum mithilfe eines verwendeten Zeichensystems die jeweilige Botschaft decodieren können. Dabei müssen die Zeichenvorräte der beteiligten Kommunikationspartner nicht deckungsgleich sein, sondern lediglich einen „Überschneidungsbereich (eine Schnittmenge) zur Verständigung" aufweisen (vgl. Aufermann 1971, S. 13, zitiert nach: Beck 2015, S. 30).

Die Folge des Prozesses ist die Wirkung, die als Rückkopplung oder Rückkanal, Feedback, gesendet wird. Diese Aufschlüsselung zeigt die gleichen Bestandteile wie die Lasswell-Formel auf, allerdings mit dem zusätzlichen Faktor Feedback, der sich unter anderem ebenfalls im „Rückkopplungsmodell" von Westley und MacLean (vgl. Westley und MacLean 1957, S. 36) oder Schramm (vgl. Schramm 1954, S. 21) wiederfinden lässt. Im Vergleich dazu beschränkt Maletzke den Faktor der sich vollziehenden Wirkung nur auf die Rezipientenseite seines Modells (vgl. Maletzke 1998, S. 81). Bei den Begrifflichkeiten wie Rückkanal, Feedback oder Antwort soll in diesem Zusammenhang angemerkt werden, dass eine Rückmeldung eine potenzielle Einleitung einer Interaktivität zwischen Sender und Empfänger darstellen kann. In anderen Worten: „Prinzipiell geht es um die Möglichkeit, daß der Zuschauer nicht nur passiver Konsument eines vorgefertigten Programms ist, sondern selbst aktiv eingreifen kann, im besten Fall sogar selbst zum Produzenten/Sender eigener Programminhalte wird" (Roesler und Stiegler 2005, S. 218).

Dabei wird das gemeinsame Ziel von Verständigung (Konsens) sowohl auf Sender- als auch auf Empfängerseite verfolgt (vgl. Dittmar 2011, S. 21). Die inhaltliche Verständigung darf allerdings nicht als Erfolgskriterium angesehen werden. Vielmehr geht es um das Ziel, dass der Empfänger die Botschaft verarbeiten und „[...] den Text interpretierend, selektierend, organisierend unter der Bedingung seiner Kompetenzen, Interessen und fremdbestimmten, auszuhandelnden, selbstbestimmten Nutzungsspielräume" (Faßler 1997, S. 62) verwerten kann.

Auf welche Art und Weise diese Verwertung stattfindet, hängt vom Verbindungsglied zwischen Sender und Empfänger ab. Das Medium, das die Botschaft übermittelt, trägt individuelle Eigenarten in sich, die wiederum kommunikative Rahmenbedingungen für einen Kommunikationsprozess inkludieren. Hier wird auch vom „Zwang des Mediums" gesprochen, da jedes Medium Bedingungen für Sender und Empfänger bereithält und bei der Gestaltung einer Botschaft die medienspezifischen Bedingungen berücksichtigen muss (vgl. Maletzke 1998, S. 73). Da im Folgenden genauer auf das Medium als zentraler Teil des Kommunikationsprozesses eingegangen wird, um später die Unterschiede der einzelnen Medientypologien detaillierter herauszuarbeiten, soll der Medienbegriff ebenso erläutert werden.

2.1 Medien und Kommunikation

"Asking, 'what is a medium?' can easily be perceived as mere academic hairsplitting" (Fornäs et al. 2007, S. 48). In der Kommunikationswissenschaft sind Medien immer noch konzeptuell unterentwickelt und die meisten der klassischen Ansätze führen zu dem mathematischen Modell von Shannon und Weaver wie auch zur Lasswell-Formel zurück (vgl. Lepa et al. 2014, S. 115). Mit Blick auf die vielen publizierten Medientheorien wird schnell ersichtlich, dass es diverse wissenschaftliche Auseinandersetzungen mit dem Medienbegriff gibt. In Anbetracht dessen unterteilt beispielsweise Faulstich in vier Schwerpunkttheorien: Einzelmedientheorien, kommunikationstheoretische Medientheorien, gesellschaftskritische Medientheorien und systemtheoretische Medientheorien (vgl. Faulstich 2000, S. 22).

Grundsätzlich ist anzumerken, dass die vorliegende Arbeit nicht als allumfassende Analyse der unterschiedlichen Wissenschaften und Untersuchungen mit dem Konstrukt Medium dienen soll. Vielmehr wird die Absicht verfolgt, die Bedeutung eines Mediums in Zusammenhang eines Kommunikationsprozesses, als dynamisch wandelndes und weiterentwickelndes Phänomen und als Konzept für die später zu analysierenden Medientypologien zu begreifen. Dementsprechend geht es, anlehnend an Harry Pross, hierbei genauso wenig um die isolierte Analyse von Fernsehen, Radio oder Zeitung, sondern darum, die einzelnen Prozesse sowie Systeme aufzuschlüsseln, in denen diese Geräte verwendet werden (vgl. Pross 1972, S. 14). Schließlich sind Kontextualisierung, historische Medienentwicklung sowie die damit einhergehende Veränderung ebenso relevant für eine Definitionsentwicklung wie die Beeinflussung der jeweiligen Forschungsrichtung. Die Vielschichtigkeit, die mit dem Medienbegriff einhergeht, hat zu einer Fülle von unterschiedlichen Definitionen geführt. Daher lassen sich nicht immer eindeutige Abgrenzungen zwischen den wissenschaftlichen Disziplinen vornehmen. Umso bedeutsamer ist bei der Begriffsdefinition das jeweilige Erkenntnisinteresse oder die übergeordnete Fragestellung zu berücksichtigen.

Mit besonderem Augenmerk auf kommunikationstheoretische Medientheorien soll die folgende Definitionsübersicht (in alphabetischer Reihenfolge, vgl. Tabelle 2.1) zum allgemeinen Verständnis des Medienbegriffs in Bezug auf Kommunikation beitragen und einige der bekanntesten Mediendefinitionen nennen. Darüber hinaus spiegelt sie die Komplexität dieses Phänomens wider.

Tabelle 2.1 Mediendefinitionen im Überblick (eigene Darstellung)[5].

Jean Baudrillard (1978)	„[…] die Medien sind dasjenige, welches die Antwort für immer versagt, das, was jeden Tauschprozeß verunmöglicht, es sei denn in Form der Simulation einer Antwort, die selbst in den Sendeprozess integriert ist" (Baudrillard 1978, S. 91).
Manfred Faßler (1997)	„Medien sind nicht nur formale, informierende oder manipulierend inhaltliche Vermittlungsträger; sie sind – vor allem im computertechnologischen Bereich – auch konstruierende und aktionale Gegenstandsbereiche. Diese bilden inzwischen nicht nur ein hardware- und softwaretechnisches Marktsegment. Sie sind sozialer Handlungsraum" (Faßler 1997, S. 129).
Werner Faulstich (1998, 1. Aufl.)	„Ein Medium ist ein institutionalisiertes System um einen organisierten Kommunikationskanal von spezifischem Leistungsvermögen mit gesellschaftlicher Dominanz" (Faulstich 2000, S. 27).
Jochen Hörisch (1998)	„Medien speichern und/oder transportieren über unterschiedliche Kanäle (wie Bücher, Telefonleitungen, Tonbänder und Disketten) Mitteilungen und Informationen" (Hörisch 1998, S. 28).
Friedrich Kittler (1985, 1. Aufl.)	„Das Wort Aufschreibesysteme […] kann auch das Netzwerk von Techniken und Institutionen bezeichnen, die einer gegebenen Kultur die Adressierung, Speicherung und Verarbeitung relevanter Daten erlauben" (Kittler 2003, S. 501).
Friedrich Krotz (2001)	„Medien werden als technische Gegebenheiten verstanden, über die bzw. mit denen Menschen kommunizieren – sie sind in einer spezifischen Gesellschaft und Epoche in Alltag, Kultur und Gesellschaft integriert (und dadurch soziale Institutionen), und die Menschen haben soziale und kommunikative Praktiken in Bezug darauf entwickelt" (Krotz 2001, S. 33)
Niklas Luhmann (1995, 1. Aufl.)	„Mit dem Begriff der Massenmedien sollen im folgenden [sic!] alle Einrichtungen der Gesellschaft erfaßt werden, die sich zur Verbreitung von Kommunikation technischer Mittel der Vervielfältigung bedienen. […] [D]er Grundgedanke ist, daß erst die maschinelle Herstellung eines Produktes als Träger der Kommunikation – aber nicht schon Schrift als solche – zur Ausdifferenzierung eines besonderen Systems der Massenmedien geführt hat" (Luhmann 1996, S. 10 f.).

(Fortsetzung)

---

[5]Die Auswahl der einzelnen Definitionen orientiert sich an medien- und kommunikationswissenschaftlicher Grundlagenliteratur. Vgl. u. a. Beth und Pross 1976, Bentele und Beck 1994, Holzer 1994, Faßler 1997, Burkart 1998, Maletzke 1998, Faulstich 2000, Beck 2003, Hickethier 2003, Löffelholz und Quandt 2003, Röpke und Stiller 2006, Dittmar 2011.

2.1 Medien und Kommunikation

Tabelle 2.1 (Fortsetzung)

Gerhard Maletzke (1963)	„Unter Massenkommunikation verstehen wir jene Form der Kommunikation, bei der Aussagen öffentlich (also ohne begrenzte und personell definierte Empfängerschaft) durch technische Verbreitungsmittel (Medien) indirekt (also bei räumlicher oder zeitlicher oder raumzeitlicher Distanz zwischen den Kommunikationspartnern) und einseitig (also ohne Rollenwechsel zw. Aussagenden und Aufnehmenden) an ein disperses Publikum vermittelt werden" (Maletzke 1963, S. 32).
Marshall McLuhan (1964)	"The Medium is the message." (McLuhan 1964)
Thomas Mock (2006)	„Medium in diesem Zusammenhang ist also zunächst eine Bezeichnung für die unterschiedlichsten Gegenstände[6], mit deren Hilfe sich Kommunikation herstellen lässt. Medien sind das, was zwischen die Menschen tritt und sie miteinander verbindet" (Mock 2006, S. 183).
Stefan Münker (2008)	„Ein Medium ist ein Mittel zur Übertragung von Informationen. Das gilt evidenterweise für Kommunikationsmedien wie Telefon, E-Mail oder Brief; es gilt aber auch für Unterhaltungsmedien wie Kino oder iPod, für Speichermedien wie Bücher und Festplatten oder die Massenmedien Presse, Radio und Fernsehen; es trifft für physikalische Übertragungsmedien wie Luft und Wasser nicht weniger zu als für das parapsychologische Medium spiritualistischer Séancen – und es gilt, mutatis mutandis, auch für alles andere, was im Zug der Karriere des Begriffs als Medium bezeichnet wurde: Geld, Macht, Mode, Strom, die Liste ist bekanntlich sehr lang. In jeder seiner Verwendungsweisen, und sei sie prima facie noch so ungewöhnlich, ist im Medienbegriff die Idee eines Informations- oder Datentransfers, wenn man sie nur weit genug fasst, virulent – und damit zugleich die Vorstellung, dass das Medium als Mittel der Übermittlung auch in der Mitte des Transferprozesses situiert ist" (Münker 2008, S. 322).
Harry Pross (1972)	„[…] wenn wir die Medien als Transportmittel begreifen, die psychische Tatbestände, nämlich die Aussagen von Leuten, transportieren, wie Robert Escarpit (La Révolution du Livre, Paris 1965) vom Buch gesagt hat, unsere Epoche setze es in seine wahre Bestimmung ein, nicht Monument, sondern Transportmittel zu sein" (Pross 1972, S. 14).

(Fortsetzung)

---

[6]Mock vermerkt hier: „*Gegenstand* meint alles, worüber sich eine Aussage machen lässt, bezieht sich also auf Phänomene, Sachverhalte, Objekte, Konkretes oder Abstraktes, Wirkliches oder Gedachtes etc." Mock 2006, S. 183, Hervorh. im Original.

Tabelle 2.1 (Fortsetzung)

Alexander Roesler und Bernd Stiegler (2005)	„Erst der Gebrauch des Wortes Medium im Plural bezeichnet also Medien als Träger- bzw. Vermittlungssysteme (von der Tafel über das Buch bis hin zu den audiovisuellen und digitalen Medien) für die gesellschaftlich relevanten Prozesse der Information und Kommunikation. Von den drei grundlegenden Funktionen der Medien, nämlich Daten jedweder Art zu speichern, zu übertragen und zu verarbeiten, privilegiert der im weitesten Sinne kommunikationswissenschaftliche Forschungsansatz also primär die Funktion der Medien als Mittel der Übertragung" (Roesler und Stiegler 2005, S. 150).
Ulrich Saxer (1997)	„Medien sind also, erstens, Kommunikationskanäle, geeignet, bestimmte Zeichensysteme mit unterschiedlicher Kapazität zu transportieren. Besonders wichtig ist in diesem Zusammenhang die allzu oft von Untergangspropheten verkannte Tatsache, daß einmal bewährte massenmediale etablierte Kommunikationstechnologien, etwa diejenigen des Films oder des Buches, von neuen Marktbewerbern, z. B. dem Fernsehen, nicht verdrängt, sondern bloß zur funktionalen Anpassung an die veränderte Konstellation veranlaßt werden. Zum zweiten sind Medien Organisationen, d. h. zweckerfüllende Sozialsysteme, denn nur so kommt die jeweilige Medientechnik effizient zum Tragen. Weil Medienkommunikation das Resultat von Herstellungs-, Bereitstellungs- und Empfangsvorgängen ist, bilden Medien, drittens, komplexe Systeme, freilich in unterschiedlichem Maß: Zwischen einer kleinen Landzeitung und einer großen Fernsehstation bestehen offenbar sehr beträchtliche Komplexitätsunterschiede. Medienkommunikation, da sie, viertens, in alle erdenklichen Schichten des gesellschaftlichen Seins hineinwirkt, zeitigt in unbegrenzt vielfältiger Weise Auswirkungen, funktionale wie dysfunktionale. Und um dieses umfassenden Funktionspotentials willen werden Medien, fünftens, in das gesellschaftliche Regelungssystem eingefügt, werden sie institutionalisiert" (Saxer 1997a, S. 21).
Winfrid Schulz (1971)	„Im Kern bezeichnet der Begriff Medium die technischen Mittel, die für die Massenkommunikation notwendig sind" (Schulz 1971, S. 96).
Hartmut Winkler (2008)	„Medien sind Mittler und bilden eine Sphäre der Vermittlung. Medien treten dazwischen. Zwischen die Kommunizierenden, und zwischen sie und die Welt. Wie alle Mittler sind die Medien freundlich-verbindliche Diener und unüberwindliche Trennung/ Barriere. Sphäre der Moderation, der Verständigung und des Ausgleichs, machtvoll-unumgängliche Zwischeninstanz, Ort der Verfälschung, Umleitung, des Mithörens und der Zensur" (Winkler 2008, S. 24).

2.1 Medien und Kommunikation

Neben diesen und weiteren Definitionen hat sich der Terminus Medien einflussreich im alltäglichen Sprachgebrauch durchgesetzt.[7] Insbesondere mit dem Aufkommen der Digitalisierung wurde er zum postmodernen omnipräsenten Modewort. Aus kommunikationswissenschaftlicher Perspektive hingegen war der Medienbegriff lange Zeit lediglich in Verbindung mit technischen Verbreitungsinstrumenten in Gebrauch. Erst mit der Etablierung der Medienwissenschaft, Ende der 1970er- und Anfang der 1980er-Jahre, wurden ebenfalls „[...] die Medien in ihren vielfältigen Zusammenhängen mit anderen Phänomenen, etwa gesellschaftlicher, politischer, wirtschaftlicher, kultureller und ästhetischer Art [...]" (Maletzke 1998, S. 25) wahrgenommen. Manfred Rühl fasst die hier aufgezeigte Schwierigkeit einer inhaltlichen Abgrenzung und einer einheitlichen Definition sowie der immensen Reichweite von Medien wie folgt zusammen:

> „Medien stehen nahezu für alles mögliche: (a) für technologische Artefakte (Kabel, Satelliten, Druckaggregate, Bildschirme, Lichtsatz oder Band-Schneidemaschinen, (b) für gesellschaftsabhängige publizistische Arbeitsorganisationen (Redaktionen, Nachrichtenagenturen, Rundfunkorganisationen, Pressedienste, Vertriebssysteme), (c) für ‚die Berichterstattung‘, das sind die verbreiteten Ergebnisse redaktioneller Auswahl- und Entscheidungsprozesse, (d) für die Formatierung von Darstellungen und Codierungen (Marshall McLuhan), (e) für individuell schematisierte Informations-Verarbeitungsmuster (z. B. gatekeeping), (f) für die ‚symbolisch generalisierten Kommunikationsmedien‘ Geld, Liebe, Wahrheit, Macht, Werte u. a. (in den Soziologien Talcott Parsons und Niklas Luhmanns), (g) für jene ‚Orte‘, die – nach Meinung von ‚politicing professors‘ – von ‚politicing journalists‘ beherrscht werden" (Rühl 1993, S. 79, zitiert nach: Maletzke 1998, S. 51).

Erneut liegt eine Begrifflichkeit vor, die der Schwierigkeit einer einheitlichen Definition unterliegt. In Bezug auf die Verwendung des Wortes Medien wird in einigen Forschungsansätzen zusätzlich zwischen einem engen Medienbegriff sowie einem weiten Medienbegriff unterschieden.[8] Darüber hinaus belegt die tabellarische Definitionsübersicht wie auch Rühls Zusammenfassung, dass es signifikante Unterschiede in wissenschaftlichen Auseinandersetzungen mit

---

[7] Roesler und Stiegler vermerken in Bezug auf den allgemeinen Sprachgebrauch des Wortes Medium zuvor: „Erst der Gebrauch des Wortes Medium im Plural bezeichnet also Medien als Träger- bzw. Vermittlungssysteme (von der Tafel über das Buch bis hin zu den audiovisuellen und digitalen Medien) für die gesellschaftlich relevanten Prozesse der Information und Kommunikation." Roesler und Stiegler, 2005, S. 150.

[8] Nach Dittmar zählen beispielsweise Baudrillard, Kittler und Winkler zu Vertretern des engen Medienbegriffs: „So ist das Mediale bei Winkler an den Prozess der Zeichenbildung gekoppelt, bei Kittler an den Prozess der Datenverarbeitung, bei Baudrillard an den Prozess der Simulation." Dittmar 2011, S. 37.

Medien gibt. Nach Roesler und Stiegler zeigt sich jedoch eine Gemeinsamkeit aller theoretischen Ansätze, nämlich eine grundlegende Übereinstimmung im Medium als das Dazwischen: „Zeichen und Medien eröffnen ein Spektrum von Differenzen. Medien sind Unterscheidungen, die einen Unterschied machen. Wo es Medien gibt, muß es Distanz gegeben haben. Medien stellen einen Spielraum von möglichen Formbildungen dar" (Roesler 2003, S. 39, zitiert nach: Roesler und Stiegler 2005, S. 153).

In Anbetracht dieser unterschiedlichen Perspektiven auf einen doch (fast) kongruenten Diskussionsgegenstand erscheint es umso wichtiger, eine Eingrenzung auf die sich zu beziehenden Mediendefinitionen und eine Erörterung des hier vertretenen Medienverständnisses vorzunehmen.

Diesbezüglich lässt sich vorwegnehmen, dass Medien für Kommunikation hier nicht nur als Informationsübermittlung zwischen zwei Seiten definiert werden, sondern als Machtgefüge eines komplexen kognitiven Prozesses, als Konstruktion von Wirklichkeit und als rollenspezifische, soziale Handlungsräume verstanden werden. So wird sich neben Pross und Faßler speziell auf Saxer bezogen, der passend dazu Medien als problemlösende oder problemschaffende sowie komplexitätsreduzierende oder komplexitätsproduzierende Systeme erörtert hat (vgl. Saxer 1997b, S. 74).

2.2 Medien als Rahmenbedingung für Kommunikation

Nach Manfred Faßler ist Kommunikation keinem Ordnungsverfahren unterlegen, sondern alle Beteiligten bilden sich ihre eigene Ordnung beziehungsweise Zuordnung zur gegenwärtigen Situation oder Sozialität. Dabei setzen Medien konstant neue Bedingungen, Standardisierungen sowie Normierungen und vernetzen, trennen oder koppeln Menschen von den „medientechnologischen Gegebenheiten" (Faßler 1997, S. 32 f.).

Im Folgenden sollen daher die Gegebenheiten von Kommunikation durch Medien diskutiert werden. Unter Berücksichtigung der anstehenden Auseinandersetzungen sowie der bereits benannten Kommunikationsmodelle bietet die Analyse des medial vermittelten Kommunikationsprozesses[9] (vgl. Abbildung 2.1)

Wohingegen McLuhan den weiten Medienbegriff vertritt, da er alle Artefakte, die zur Infrastruktur von Humankommunikation dienen, als Medien definiert. Vgl. Dittmar 2011, S. 37.

[9] Um einen Kommunikationsprozess durch und mit Medien bestmöglich zu benennen, wurden in der Vergangenheit von bekannten Vertretern der Medien- und Kommunikationswissenschaft verschiedene Termini zur Beschreibung dieses Sachverhaltes entwickelt. Faßler spricht

2.2 Medien als Rahmenbedingung für Kommunikation

einen ersten zusammenfassenden Überblick sowie eine Grundlage für das weitere Vorgehen der Untersuchung. Ferner ist das recht allgemeingültige Modell für spätere Erörterungen wie die Darstellung der Medientypologien bedeutsam (vgl. Abschnitt 5.2, 6.2 und 6.4). In Bezug auf alle in der Arbeit erstellten Abbildungen mit Fokus auf einen medial vermittelten Kommunikationsprozess soll vorweggenommen werden, dass die Illustrationen zwar gradlinig skizziert sind, dennoch Abweichungen des Prozesses stets möglich sind. Somit soll der Hinweis „Störung" auf potenzielle Unterbrechungen ebenso wie auf eine potenziell nicht durchweg reibungslose Linearität im Prozess hinweisen.

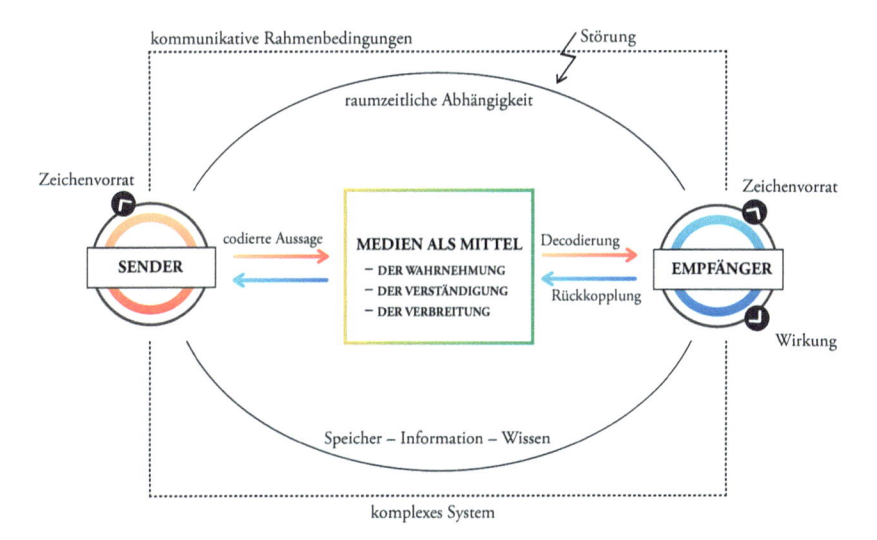

Abbildung 2.1 Medial vermittelter Kommunikationsprozess (eigene Darstellung).

---

beispielsweise von einer mediengebundenen Kommunikation, Hepp und Hasenbrink im Zusammenhang mit digitalen Medien von einer mediengestützten Kommunikation und Krotz und Kollegen verwenden insbesondere unter Berücksichtigung der Globalisierung den Begriff der Medienkommunikation. Vgl. u. a. Faßler 1997, Hepp und Hasenbrink 2017, Hepp, Krotz und Winter 2005.
  Für die folgende Arbeit wurde sich jedoch anlehnend an Pross' Medien als Kommunikationsmittel (Pross 1976, S. 109) für einen allgemeingültigeren Begriff der medial vermittelten Kommunikation entschieden, um einerseits den einzelnen Analysen von Medien und Kommunikation unter Berücksichtigung aller Medientypologien gerecht zu werden und andererseits die unabdingbare Wechselbeziehung dieser beiden Themenbereiche innerhalb des kommunikativen Prozesses einmal mehr zu verdeutlichen.

2.2.1 Medien als Mittel

Mit kontinuierlich neu entstehenden, wissenschaftlichen Überlegungen zum Medienbegriff, unter anderem aufgrund der medialen Veränderungen in der Kommunikation, scheint es umso relevanter, ein grundlegendes Verständnis zu entwickeln und sich dabei trotzdem weiterhin auf die geleisteten, wissenschaftlichen Arbeiten der letzten Jahrzehnte zu besinnen. Obwohl einige der angeführten Theorien nicht mehr den aktuellen Zeitgeist repräsentieren, bleiben die definierten Kernthesen fortwährend aktuell. Deshalb wurden Medien bislang und werden noch heute als „Mittel zum Zweck der Kommunikation" begriffen (vgl. Pross 1991, S. 151, zitiert nach: Beck 2018b, S. 68).

Harry Pross hat sich in Bezug auf die durch das Medium bedingten Vermittlungsinstanzen eingehend mit der Semiotik befasst.[10] Die Semiotik, auch Semasiologie oder Zeichenlehre genannt, setzt an der Stelle des Prozesses an, an dem sich dem materiellen Modus von Zeichen zugewendet wird. Das Medium übernimmt dabei die Schlüsselfunktion. In Anlehnung an die Zeichen- und Symboltheorien, wie beispielsweise von Ernst Cassirer (Cassirer 1953) oder Charles Sanders Peirce (Peirce 1974), erläutert Pross die Wichtigkeit von Medien als Träger von Zeichen:

> „Die relationistische Zeichentheorie liefert mit ihrer Definition ein Zeichen sei etwas, das für etwas anderes stehe und von jemanden verstanden oder interpretiert werde, einen Hinweis der uns dem Kern der Sache näherbringen kann: die vage Bestimmung ‚etwas' kann ein Ding sein mit besonderen Merkmalen, ‚etwas' kann eine körperliche Bewegung sein, wie wir sie gestikulierend ausführen, ‚etwas' kann sogar eine Zeit sein, worauf z. B. die Möglichkeit beruht, eine Schweigeminute einzulegen, um etwas anderes zu bezeichnen. Die Allgemeinheit von ‚etwas' schließt nur eine Bestimmung aus: etwas ist nicht ‚nichts'. Wo etwas ist, kann zwar etwas sein, das uns nichts bedeutet, aber da stellt sich die Frage nach der Bedeutung, die auf die Interpretation zielt, nicht auf das Mittel. Daß etwas für etwas anderes steht, kann nur heißen, daß etwas da ist und nichts da ist, und daß außerdem noch etwas da ist, und auch dort nicht nichts" (Pross 1974, S. 16).

Demnach ist das Verständnis der Zeichen von dem menschlichen Erkenntnisvermögen abhängig, das durch das Objekt und das interpretierende Bewusstsein bestimmt wird (vgl. Pross 1974, S. 15). Erst diese Determiniertheit von Zeichen

---

[10]Zusätzlich erwähnt Pross eine mögliche Einteilung in Unterdisziplinen: „*Semantik* untersucht die Bedeutung der Zeichen; *Syntaktik* nicht die Bedeutungen, sondern Kombinationen von Zeichen und deren Transformationen; und die *Pragmatik* hat die Entstehung, Anwendung und Auswirkung der Zeichen zum Gegenstand." Pross 1976, S. 85, Hervorh. im Original.

2.2 Medien als Rahmenbedingung für Kommunikation

und Bewusstsein formt beispielsweise das Papier mit spezieller Beschaffenheit einschließlich spezieller Bedruckung zur Banknote und aus der Kombination Papier, Unterschrift und Stempel konstruiert sich eine Beglaubigung. In diesem Prozess der Kontextualisierung wird die Mitteilung zum Signal. Wohingegen Zeichen, sofern sie Werte transportieren, sich mittels eines ausreichenden Bewusstseins zu Symbolen[11] herausbilden (vgl. Pross 1996, S. 32). Mit Gebrauch von Medien als Transport von Zeichen und Symbolen ist der Mensch in der Lage, sich seine symbolisch geprägte Welt zu erschaffen. Er ist befähigt, auf eingehende Mitteilungen konvertierbare Antworten zu geben. Damit wird er selbst Teil des Prozesses von Mitteilung und Antwort, der das gesellschaftliche wie private Leben konstituiert (vgl. Pross 1991, S. 152 f.).

Nach Pross ist die Wirklichkeit der Zeichen die Wirklichkeit von sozialen Relationen und erst durch die „künstlichen Medien" entwickelt sich eine durch Zeichen erfahrene und vergegenständlichte Wirklichkeit. Der Mensch „[...] lebt so sehr in sprachlichen Formen, in Kunstwerken, in mythischen Symbolen oder religiösen Riten, daß er nichts erfahren kann, außer durch Zwischenschaltung dieser künstlichen Medien" (Pross 1974, S. 23 f.). Diese künstlichen Medien betitelt er unter Berücksichtigung der audiovisuellen Medien auch als „technische Symbolträger" (Pross 1974, S. 118).[12] In späteren Arbeiten ergänzt Pross, dass Medien als Mittel der zwischenmenschlichen Kommunikation ebenso an der Mitteilung von Wertvorstellungen sowie Konstruktion der sozialen Identität unmittelbar beteiligt sind (vgl. Pross 1991, S. 151 f.).

Mit dem semiotisch geprägten Ansatz wird ersichtlich, dass, trotz der Perspektive auf Materialität und gerätebedingter Beschaffenheit, Medien als sozial konstruierende Mittel verstanden werden müssen. Die Bedingtheit der Zeichen und Medien bestimmt die Möglichkeiten des medial vermittelten Kommunikationsprozesses. Demzufolge definieren Medien die kommunikativen Rahmenbedingungen. Dabei sind die Bedeutungen der Zeichen allerdings nicht endgültig fixiert, sondern durch die individuellen Unterschiede der Menschen konnotiert und assoziiert. Die codierten Zeichen können vom Rezipienten anders als vom

---

[11] Pross bezieht sich zur Definition von Symbolen auf die Definition von Anatol Rapoport: „Als Symbol bezeichne ich etwas, was drei Bedingungen genügt: Erstens muß dieses Etwas als Ding wahrgenommen werden. Zweitens muß es für etwas anderes stehen. Drittens kann das, wofür es stehen soll aus dem Symbol selbst erschlossen werden; dies ist eine Sache der Gewohnheit, der gesellschaftlichen Übereinkunft oder des Herkommens." Rapoport 1972, S. 18.

[12] Insbesondere in Zusammenhang mit der politischen Symbolik schreibt Pross den technischen Symbolträgern besonders hohe Wichtigkeit zu: „Symbolträger halten die politische Ordnung aufrecht. Ritualisierte Kommunikation verleihen ihr Dauer." Vgl. Pross 1974, S. 118.

Sender angedacht decodiert werden (vgl. Dittmar 2011, S. 31). Diesbezüglich sind die Verwendungsweisen und Einbindungsmöglichkeiten von besonderer Relevanz. Ein damit impliziertes Verständnis von Medien als System wird im Anschluss genauer erläutert. Vorweg sollen Medien als Mittel der Kommunikation erläutert werden. In diesem Zusammenhang kann Thomas Mocks Frage, „Was ist ein Medium?" (vgl. Mock 2006), hier gestellt werden.

Unter Berücksichtigung verwandter Disziplinen wie Sprachwissenschaft und Semiotik differenziert er zwischen Medien als Mittel der Wahrnehmung, der Verständigung und der Verbreitung. Ferner betont er, dass sich diese drei „Arten" von Medien als Mittel von Kommunikation nicht trennen lassen, sondern sich gegenseitig bedingen (vgl. Mock 2006, S. 193). Demgemäß sollen nach Mock und mit wichtigen Ergänzungen durch Pross' semiotisches Verständnis diese Mittel wie folgt interpretiert:

Medien als Mittel der Wahrnehmung: Hierbei wird sich primär auf die menschliche Wahrnehmung bezogen, die mithilfe von physikalischen Medien die Voraussetzung für Kommunikation bilden. Dabei werden die unterschiedlichen Medien den menschlichen Sinnen zugeordnet und als Wahrnehmungs- oder Kommunikationskanäle[13] konzipiert. Die Wahrnehmung läuft meist auf mehreren Kanälen ab und einzelne Sinne beziehungsweise Wahrnehmungen lassen sich nur schwer voneinander trennen oder einem „Kanal" zuordnen: „Die meisten Phänomene werden mit mehreren Sinnen gleichzeitig wahrgenommen" (Mock 2006, S. 190). Das bedeutet wiederum, dass Medien eigenen Grenzen beziehungsweise Kanalreduktionen[14] unterliegen, da sie nur eingegrenzte Kanalkapazitäten besitzen und auf ein konkretes Zeichensystem zurückgreifen. Pross formuliert in Bezug auf Wahrnehmung: „Wenn die Formen der direkten Wahrnehmung, die durch die Sinnesorgane eingehen, durch diese differenziert, ausgewählt, mit Bedeutungen

---

[13] Mock vermerkt in Bezug auf die Begriffsverwendung Kanal folgerichtig, dass Kanal hier „[…] als Metapher für gedachte Transportwege von Signalen sowohl der Bezeichnung von Kontaktmaterien als auch von Sinnesmodalitäten dient". Mock 2006, S. 189 f.
Dabei unterteilt Mock in:
(1.) Sinn: Sehen – Kanal: optisch/visuell,
(2.) Sinn: Hören – Kanal: akustisch/auditiv,
(3.) Sinn: Riechen – Kanal: chemisch/olfaktorisch,
(4.) Sinn: Schmecken – Kanal: chemisch/gustatorisch,
(5.) Sinn: Fühlen/Tasten – Kanal: mechanisch/taktil.
Vgl. Mock 2006, S. 190. Darstellungsform in Anlehnung an Dittmar 2011, S. 13.

[14] Zudem sagt er, dass von Kanalkapazitäten immer noch gesprochen werden soll, wenn es sich um technische Medien handelt. In Bezug auf die Wahrnehmung von Menschen sind stets alle Sinne innerhalb eines Kommunikationsprozesses beteiligt. Vgl. Mock 2006, S. 190.

2.2 Medien als Rahmenbedingung für Kommunikation

belegt sind, die aus früheren Eingängen durch Vergleich gewonnen werden, ist anzunehmen, daß diese unbewußten Abstraktionen von Sinn zu Sinn differieren" (Pross 1976, S. 83).

Medien als Mittel der Verständigung: Dabei sind Zeichen und Zeichensysteme als Bestandteile von Mitteilungen impliziert, die die Bedeutungen in „materielle, übertragbare bzw. wahrnehmbare Signale" und dadurch gleichzeitig die konventionalisierte Bedeutung übertragen. „Menschliche Kommunikation lässt sich in diesem Sinne auch grundsätzlich als Zeichenprozess bzw. symbolisch vermittelte Interaktion kennzeichnen" (Mock 2006, S. 191). Diesbezüglich lässt sich das von Pross genannte interpretierende Bewusstsein ergänzen, das erst die Übertragung von Bedeutungen ermöglicht. Mock, in Anlehnung an Peirce, sowie Pross gehen zudem davon aus, dass die Zeichenbedeutung primär auf sozialer Konvention beruht und somit „als drittes Element der Zeichenbenutzer hinzugenommen werden" (Peirce 1986, S. 360, zitiert nach: Mock 2006, S. 191) muss beziehungsweise „[...] die Kenntnis von drittem nötig ist, um verstehen zu können, daß etwas für anderes steht und von jemandem verstanden wird" (Pross 1974, S. 14).

Medien als Mittel der Verbreitung: Darunter werden alle Medien verstanden, die zur Verbreitung von kommunikativen Mitteilungen über raumzeitliche Grenzen hinweg dienen. Mock bezieht sich hierbei insbesondere auf die damit jeweils eingebundene Technik[15] des Mediums und sagt, dass anhand dieser technischen Artefakte als Mittel der Verbreitung ebenso die (technischen) Signalstrecken von Kommunikation definiert werden. Darüber hinaus ist das Verhältnis von Technik und Mensch, oder auch sozialem und technischem Medium, als Konzeption von „Technik als Institution" gekennzeichnet, wonach Technik sozial konstituiert ist und soziale Verhältnisse bestimmt. „[...] Das technische Artefakt ist als Maschine, Gerät, technisches System etc. eine gesellschaftliche Erscheinung, es hat nicht lediglich gesellschaftliche ‚Folgen'" (Hennen 1992, S. 43 f., zitiert nach: Mock 2006, S. 192).

---

[15] In Bezug auf die Begriffsverwendung von Technik führt Mock die Definition zu Technik von Werner Rammert an: „Unter Technik ist die Gesamtheit derjenigen kreativ und kunstfertig hervorgebrachten Verfahren und Einrichtungen zu verstehen, die in Handlungszusammenhänge als Mittler eingebaut werden, um Tätigkeiten in ihrer Wirksamkeit zu steigern, um Wahrnehmungen in ihrem Spektrum zu erweitern und um Abläufe in ihrer Verläßlichkeit zu sichern. [...] Technik umfaßt sowohl das Inventar an gegenständlichen Instrumenten und Installationen als auch das Repertoire an Kunstfertigkeiten und Kenntnissen, im Umgang mit der Umwelt intendierte Zustände zu erzielen und unerwünschte zu vermeiden." Rammert 2000, S. 42, zitiert nach: Mock, 2006, S. 192.

In Anbetracht dieser drei Arten von Medien als Mittel soll jedoch, wie bei Mock, darauf verwiesen werden, dass die Trennung nur aus analytischen Gründen durchführbar ist. Im medial vermittelten Kommunikationsprozess handelt es sich um untrennbarere, systematische Elemente, die gleichzeitig die Voraussetzung für weitere Elemente konstituieren. Mock fasst diesbezüglich zusammen: „Zeichen/Zeichensysteme als kognitiv-materielle Komponente und Kontaktmaterie/Sinnesmodalität als materiell-sensorische Komponente bilden die Grundlage des gesamten medialen/kommunikativen Prozesses, da durch sie Mitteilungen überhaupt erst möglich werden, die ihrerseits, insoweit sie an technische Medien gebunden sind, untrennbar mit jenen verbunden sind" (Mock 2006, S. 193). Demgemäß ist das Medium als technisch basiertes Zeichensystem die Grundlage für Übermittlungs-, Transfer- oder Konstruktionsleistungen. Es ist das Instrument zur Herstellung und Rezeption von Zeichen, Signalen und Symbolen und die notwendige Voraussetzung für Kommunikation.

Es lässt sich auf Klaus Beck verweisen, der angesichts der Bedeutung von Symbolen den Begriff Code verwendet. Unter Berücksichtigung des medien- und kommunikationswissenschaftlichen Ansatzes sollen Codes einerseits als System der technologischen Verschlüsselung und Übertragung von Nachrichten und andererseits ebenfalls als Symbole verstanden werden, die auf sozialen Konventionen, auf medienästhetischen Normen und technischen Standards beruhen. Sie repräsentieren das Resultat von sozialen Aushandlungsprozessen (vgl. Beck 2003, S. 74). „Die Bedeutung der Zeichen ist also nicht nur Sache der subjektiven Wahrnehmung, sondern Erfassen der Bedeutung, die das Zeichen in einem Code hat" (Pross 1976, S. 88).

Auf die medial vermittelte Kommunikation übertragen, sind Medien daher mittels ihrer technischen Beschaffenheit für die Übermittlung von Informationen und Verbreitung von Wissen zuständig. Hierbei spielt der Kommunikationskanal eine wichtige Rolle. Er fungiert als Bereitstellungsmerkmal der Medientechnik. Damit einher gehen insbesondere die Techniken beziehungsweise Kapazitäten von Speicher; demnach erstens der Umfang von Zeichen, der wahrgenommen, zweitens die Information, die vermittelt, und drittens das Wissen, das verbreitet werden kann. Mock spricht hinsichtlich dessen von Medien als Mittel der Übertragung beziehungsweise der Speicherung und leitet dazu zusätzlich technisch-mediale Aspekte, wie Aufnahme, Reproduktion, Wiedergabe oder Verbreitung, ab (vgl. Mock 2006, S. 192).

Diese speicher-, informations- und wissensformenden Kriterien sind essenzielle Bestimmungen der kommunikativen Rahmenbedingungen, die ebenso einen abgesteckten Rahmen und damit Begrenzungen implizieren. Kommunikation kann nur soweit realisiert werden, wie es die Beschaffenheit des Mediums zulässt.

Wie sich noch anhand einzelner Kategorien der Medientypologien zeigen wird, kann es dabei zu großen Abweichungen innerhalb des Kommunikationsprozesses kommen.

Medien sind somit Praxis für Speicherung, Verbreitung und Verarbeitung von symbolischen Codierungen, sie ermöglichen Transformation von Information, Variationen oder Neubestimmungen der Bedeutungsbreiten codierten Wissens und führen somit zu einer mediengestützten Welterwartung (Faßler 1997, S. 32). Obwohl medial vermittelte Kommunikation unterschiedlich ausgestattet, aufbereitet und auf verschiedene Kompetenzen zugreift, beeinflussen die jeweiligen Medien das tatsächliche Verhalten und Handeln der Menschen. Genauer gesagt, bilden Medien komplexe Systeme, die durch ihre kommunikativen Möglichkeiten das Individuum sowie andere Gesellschaftssysteme massiv beeinflussen.

2.2.2 Medien als komplexe Systeme

Ausgehend von dem gegliederten Konzept von Medien als Mittel und dem damit medientechnischen Potenzial, bilden sich bestimmte Sozialsysteme um die Medien herum (vgl. Burkart 2002, S. 42). Davon lässt sich ein systemtheoretisches Verständnis von Medien ableiten.

Nach Pross geben Medien zusätzlich Aufschluss über die Beziehung von Mensch, vermittelten Zeichen und interpretierendem Bewusstsein: „Die Art und Weise, wie wir uns Zeichen aneignen, und welche Zeichen wir uns aneignen, stellt zugleich einen Bezug her zu dem Zeichensystem, dem die jeweiligen Mittel zugehören, wie zu den Subjekten, die eben dieses Zeichen sich aneignen" (Pross 1974, S. 22). Damit einhergehend können Medien zusätzlich eine „soziales Gewicht" (Pross 1974, S. 22) und institutionelle sowie organisatorische Bedeutung zugesprochen werden. Sie werden zum Teil eines komplexen Systems. Als passende Ergänzung dient daher die Definition von Saxer (vgl. Saxer in Tabelle 2.1) mit folgender Differenzierung:

- „Kommunikationskanäle bzw. Medientechniken, welche Zeichensysteme transportieren, um eine bestimmte Bereitstellungsqualität zu übermitteln;
- Organisationen, die bestimmte Ziele verfolgen und dafür eine bestimmte Organisationsstruktur ausbilden;
- ein komplexes Gefüge von Strukturen, in denen verschiedene Medienorganisationen aufeinander bezogen werden;
- als soziale Institutionen in die politischen, sozialen, ökonomischen und kulturellen Verhältnisse der Gesellschaft eingebunden;

- und sie haben funktionale und dysfunktionale Wirkungen auf andere Gesellschaftssysteme wie Wirtschaft, Politik oder Kultur, wobei die elementarste Funktion die Vergegenwärtigung von Abwesendem darstellt" (Künzler et al. 2013, S. 14).

Davon abgeleitet, werden Medien als „komplexe, institutionalisierte Systeme um organisierte Kommunikationskanäle von spezifischem Leistungsvermögen" (Saxer 2012, S. 52) verstanden. Demnach können Medien abhängig von den kommunikativen Bedingungen institutionalisiert werden oder sogar als konkrete Sozialgebilde funktionieren.[16] Mit dem Prozess der Institutionalisierung ist insbesondere die Herausbildung von kulturellen sowie rechtlichen, nicht formalbestimmten Regeln, Strukturen oder Prozessen gemeint (Meyer et al. 1987, S. 13, zitiert nach: Beck 2003, S. 74). Medien besitzen damit ein gesellschaftliches Potenzial und sind je nach Form und historischem Zeitpunkt in die Gesellschaft medienspezifisch eingebettet (vgl. Künzler et al. 2013, S. 17). Dadurch werden Medien und medial vermittelter Kommunikation, je nach politischer und wirtschaftlicher Einbindung, unterschiedliche Dienste und Rollen zugeteilt und es lässt sich zwischen „[…] einer autoritären, liberalen, totalitären und demokratisch kontrollierten Institutionalisierung unterscheiden" (Burkart 2002, S. 43 f.).

Beispielsweise verfügt das Massenmedium Fernsehen als Institution über konkrete Normen und anerkannte Regeln, die innerhalb dieser Medienform gelten und vergleichsweise für die Produktion von Fernsehbeiträgen eingehalten werden. Vom Sendeformat bis hin zum Zuschauer vollzieht sich der Kommunikationsprozess unter Berücksichtigung sozialer, kultureller und gesellschaftlicher Normen. Medien als Institution können daher als dauerhafte soziale Regelsysteme angesehen werden, die die Art und Weise der menschlichen Kommunikation prägen und dafür sorgen, dass Normen, Rollen sowie Skripts nicht ständig neu ausgehandelt werden müssen (vgl. Beck 2003, S. 75).

Neben der Institutionalisierung werden Medien genauso als Organisation begriffen. Denn Medien müssen in der Lage sein, ihre kommunikativen Rahmenbedingungen wirksam einzubringen und so zu organisieren, dass sich Kommunikation erfolgreich vollziehen kann. Dabei übernehmen sie auf unterschiedliche Art und Weise Funktionen, die beispielsweise gesellschaftliche Integration oder politische Sozialisation unterstützen (vgl. Burkart 2002, S. 44 f.). Nach Alfred Kieser und Peter Walgenbach können Medien als Organisationen wie „soziale

---

[16]Nach Saxer sind Medien als Institutionen aufzufassen, wenn sie als „[…] relativ dauernde gesellschaftliche Regelungsmuster, die auf Sinndeutungen basierend und vielfach mit materiellem Substrat ausgestattet, durch Begründungen korrespondierender Erwartungen und Verhaltensweisen die Befriedigung wichtiger menschlicher Bedürfnisse sicherstellen". Saxer 1980, S. 532, zitiert nach: Neuberger 2013, S. 97.

2.2 Medien als Rahmenbedingung für Kommunikation

Gebilde" angesehen werden, die formale Strukturen vorgeben, um die Aktivitäten der Mitglieder auf ein fokussiertes Ziel auszurichten (vgl. Kieser und Walgenbach 2003, S. 3). Dadurch wird ihnen unter bestimmten Voraussetzungen hohe gesellschaftliche Einflussnahme sowie Leistungspotenzial zugesprochen. „Da ihnen ganz andere finanzielle, zeitliche und administrative Ressourcen als Einzelpersonen zur Verfügung stehen und ihre Inhalte unabhängig von der persönlichen Situation einzelner Produzenten hergestellt werden können, ist eine kontinuierliche, an Aktualität orientierte Inhaltsproduktion möglich, die sich am Anspruch der Wahrheit und Nicht-Fiktionalität orientiert" (Künzler et al. 2013, S. 19).

Hierbei können Medien funktionale oder dysfunktionale Wirkung entfalten, die schlussendlich zu einer Wechselwirkung der einzelnen gesellschaftlichen Teilsysteme in Politik, Kultur und Wirtschaft mit den zugehörigen Objekten Macht, Sinn und Güter/Dienstleistungen führen. Die Symbolisierungsfunktion der Medien wird infolge von Informationen auf Basis von Zeichen, Signalen und Symbolen zur elementaren Funktion der Vergegenwärtigung von Abwesendem interpretiert und fördert einzelne Gesellschaftssysteme. „Das politische System bringt die allgemeinverbindlichen Entscheidungen hervor, derer die Gesellschaft zu ihrer Steuerung bedarf. Das System Kultur, mit Institutionen der Erziehung, Kunst und Region, vermittelt den Sinnhorizont der Gesellschaft, und das System Wirtschaft ordnet die Versorgung der Gesellschaftsmitglieder mit Gütern und Dienstleistung" (Saxer 2002, S. 3).

Mit dem Verständnis von Medien als System wird in einigen wissenschaftlichen, meist systemtheoretischen Ansätzen auch von Mediensystemen gesprochen, die nach Merten als Teil des Kommunikationsprozesses einer Gesellschaft begriffen werden und mit basaler Funktion das universale Informationsangebot der Gesellschaft bereitstellen (vgl. Merten 1999, S. 396). Darüber hinaus erkennt Saxer Mediensysteme als ein „hyperkomplexes, d. h. durch sehr viele Subsysteme gekennzeichnetes System" (Saxer 1997b, S. 75) an. Künzler spricht von einer Wechselbeziehung der Medien sowie von Akteuren der Teilsysteme (Politik, Wirtschaft, Kultur), infolgedessen er das Mediensystem als „Infrastruktur der Gesellschaft" definiert (vgl. Künzler 2005, S. 9 ff., zitiert nach: Beck 2018a, S. 7). Ferner spricht Beck in Bezug auf dieses Systemverständnis von Medien als Handlungssysteme, die sich zwischen den Polen Fremdsteuerung (Allopoiesis) und Selbstorganisation (Autopoiesis) bewegen (vgl. Beck 2018a, S. 9).

Mit diesen Mediensystemdefinitionen offenbart sich die mehrdimensionale Komplexität von Medien und führt zum hier vertretenen Ansatz der Medien als komplexes System. Es hat Einfluss auf das gesellschaftliche Regelsystem und ermöglicht, aber beschränkt auch soziales Handeln. Ferner kann es nicht nur Probleme lösen, sondern genauso verursachen. Medien werden demnach als gesellschaftlich relevante Machtspeicher verstanden, deren Nutzung oder Verbreitung an gewissen Verfügungsrechten sowie -möglichkeiten gebunden sind (vgl. Faßler 1997, S. 131).

Das wiederum vollzieht sich nicht nur auf der Organisations- und Systemebene, sondern genauso auf der Ebene des Individuums. Die aktive Rolle des Individuums soll daher explizit genannt werden. Als Sender, Empfänger, Rezipient, aber auch als Konsument oder Prosument, darauf wird im späteren Verlauf der Arbeit noch gesondert eingegangen (vgl. Abschnitt 5.1.4 und 6.3.1.2), wird das Individuum zum kommunizierenden Subjekt oder zum kommunizierten Objekt. Die Rolle ist neben der wissenschaftlich gewählten Perspektive, dem fachspezifischen Sachzusammenhang oder dem zu untersuchenden Gegenstandsbereich von der sozialen Gruppenzugehörigkeit abhängig.[17] Wie sich insbesondere mit Darstellung der einzelnen Medientypologien zeigen wird, verändert sich diese Rolle durch das jeweilige Medium. Ohne das weite Wissenschaftsfeld der Mediennutzung und -akzeptanz oder andere soziologische wie sozialwissenschaftliche Theorien an dieser Stelle zu vertiefen, soll sich auf Pross und seine Medienforschung bezogen werden: „Unsere Hypothese lautet, daß Mitteilung, indem sie erfolgt, stetig ihre Bedeutung wandelt und daß der Mensch, der mitteilt und dem mitgeteilt wird, selber als ein Medium differenzierter Kräfte zu verstehen sei" (Pross 1972, S. 81).

2.2.3 Medien als raumzeitliche Abhängigkeit

Mit dem Verständnis von Medien als Mittel zum Zweck der Kommunikation sowie als komplexes System zeigt sich die mediale Verbundenheit zu den Kommunizierenden in einem bereits genannten Raum des Dazwischen (vgl. Roesler und Stiegler 2005, S. 153). Faßler spricht diesbezüglich von einem Zwischenraum: „Der Gebrauch von Medien läßt einen Zwischenraum entstehen, in dem medial gefaßte Ideen, Modelle, Entwürfe, Informationen in ‚Bewegung' gesetzt werden" (Faßler 1997, S. 130). Diese Bewegung ist neben der spezifischen Beschaffenheit des Mediums als Mittel genauso von der medialen Kopplung von Raum und Zeit abhängig. Wie bereits erwähnt, kann Kommunikation aufgrund des Mediums nie raumzeitlich entkontextualisiert funktionieren. Die Faktoren Raum und Zeit formen daher den spezifischen Zwischenraum und gleichzeitig die kommunikativen Rahmenbedingungen.

---

[17] Aufgrund des interdisziplinären Ansatzes wird im (medien-)wirtschaftlichen Kontext an einigen Stellen der Arbeit zusätzlich von Akteur gesprochen.

2.2 Medien als Rahmenbedingung für Kommunikation

„Kommunikation bildet in sich per Definition eine zeitliche und räumliche Beziehung aus" (Faßler 1997, S. 105 f.). Räumlichkeit sowie Zeitlichkeit lassen sich wie die Termini Kommunikation und Medien aus unterschiedlichen, wissenschaftstheoretischen Gesichtspunkten betrachten und unterliegen damit oftmals einem hohen Grad der Generalisierung. Dabei lassen sich die Faktoren Raum und Zeit in Bezug auf Medien und Kommunikation grundsätzlich nicht voneinander trennen, sondern sie bedingen sich gegenseitig. Diesbezüglich ist allerdings nicht die populär-philosophische Fragestellung impliziert, ob es Raum ohne Zeit und Zeit ohne Raum geben würde. Für die vorliegende Arbeit wird nach Kant oder Einstein von einer untrennbaren Beziehung von Zeit und Raum ausgegangen.[18] Für ein vorerst rein physischen Raumverständnis kann sich zusätzlich auf Pross' Annahme von Raum und Zeit als konstitutive Größen der Kommunikation bezogen werden:

> „Der Raum, in dem Kommunikation stattfindet, ist begrenzt. Die Unterscheidung von innen und außen bezeichnet die Grenze. Der Innenraum ist wahrnehmbar als Höhle, Unterschlupf, Haus, an der Stadtmauer, Staatsgrenze, beweglich als Automobil, Fahrzeug, Flugzeug, Verbreitungsgebiet von Sprache, einer Zeitung, Reichweite von Radio und Fernsehen, Hörweite, Sehweite in ihrer jeweiligen Beziehung zu psychischer Selektion. Der Außenraum ist der jeweils andere, in den der Mensch hinaustritt, sich hinausbegibt. Die Grenze zwischen innen und außen kann physisch überschritten werden oder psychisch, indem bei unverändertem Standort mit Hilfe von physischen Übertragungsmitteln der Außenraum im Innenraum reflektiert wird. [...] Die Ungewißheit der möglichen Räume, die unterscheidbar erscheinen als Räume in Räumen, der alle Kommunikation unterliegt, verhält sich zur Dauer als dem Zwischen der Erfahrung von Vorher und Nachher. Räumlicher Abstand wird zeitlich wahrgenommen, und Dauer erscheint zunächst als eine Abfolge von Augenblicken in einem Raum. Raum ist begrenzter Raum, Zeit ist gebrochene Zeit, gebrochen durch veränderte Abstände im Raum" (Pross 1972, S. 21).

Neben einer Überschreitung eines Raumes als dreidimensionale, geografische Entität, soll Raum vorwiegend als Ordnungskonstrukt für soziale Handlungen verstanden werden. Gegenwärtige Wissenschaften sprechen in diesem Zusammenhang von einem „spatial turn"[19], der Raum als kulturelle Größe versteht. Für

---

[18] Die Theorien vertreten die Annahme, dass Raum und Zeit in einer Wechselbeziehung zueinander stehen oder sich gegenseitig beeinflussen. Raum und Zeit sind nach Einstein als relativ anzusehen. Denn durch die Raumerfahrung mit jeder Bewegung verstreicht auch Zeit. Zeit wiederum ist abhängig von Ereignissen beziehungsweise ebenso Nicht-Ereignissen eines physischen Daseins.

[19] Der spatial turn wird zum Ende der 1980er-Jahre auch als raumkritische Wende verstanden, indem vor allem in kultur- wie sozialwissenschaftlichen Ansätzen Raum als kulturelle Größe

den ausgewählten Untersuchungsgegenstand von Medientypologien wird Raum demgemäß als ein integrierter Raumbegriff interpretiert, bei dem Kommunikation von den räumlichen Rahmenbedingungen des Mediums bedingt wird. Um dabei räumliche Differenzierungen vornehmen zu können, wird in Anlehnung an Faßlers „Raumschichtungen" (vgl. Faßler 1997, S. 106 ff.) in folgende Räume unterteilt:

Sinneswahrnehmbarer Raum: Ein sinneswahrnehmbarer Raum oder auch bekannt als „körperlicher Raum" (Faßler 1997, S. 106) bezieht sich auf Räume, die im Rahmen der direkt körperlich wahrnehmbaren menschlichen Sinne in kurzer Zeit begehbar sind. Anthropologisch betrachtet, wird davon ausgegangen, dass der erste Raum, den ein Mensch bewohnt und erlernt, der eigene Körper ist. Sinneswahrnehmbare Räume beziehen sich auf die Räumlichkeit des Körpers beziehungsweise den Körper als Räumlichkeit (vgl. Peskoller 2014, S. 395). Sie ermöglichen die direkte Kommunikation zwischen zwei Menschen und sind als räumliche Körperwahrnehmung zu verstehen.

Medialer Raum: Ein medialer Raum basiert auf der externalisierten Speicherung von Zeichensystemen oder Codierungen auf einem Trägersystem. Historisch gesehen, ist dieser „[…] an analoge Medien gebunden, die zu anderen Orten transportiert dort über ihre Nutzung die Korrespondenz und die Verbindung zum Herkunftsort herstellen" (Faßler 1997, S. 106). Dabei ist die räumliche Distanz zwischen den Kommunikatoren unerheblich. Sie ist jedoch außerhalb der direkten Sinneswahrnehmung und kann daher keine angesichtige Kommunikation unterstützen.

Elektronischer Raum: Im elektronischen Raum werden durch elektronische Intervalle Nachrichten durch Impulse über lange Distanzen hinweg übermittelt. Die Fernanwesenheit, wie Faßler die Erfahrung des gleichzeitigen Zuhörens sowie Sprechens nennt, wird hier durchführbar. „Sie wird Kern einer neuen Kommunikationskultur" (Faßler 1997, S. 106). Direkte Kommunikation vollzieht sich hier durch physisch-räumliche Entfernung und durch den elektronischen Raum sowie mechanische Speichermedien realisiert.

Kybernetischer Raum: In Anlehnung an Faßlers Definition eines kybernetischen, sozialen Raumes wird unter diesem Raumkonstrukt eine nicht-real physische

---

bestimmt wird. In medientheoretischen Ansätzen findet sich der spatial turn ebenso wieder. Dabei gilt er bei den Befürwortern dieser Theorie oftmals als eine relevante Korrektur zur gelegentlich in der Medienwissenschaft unterstellten „Raumignoranz". Für die Kritiker hingegen meint der spatial turn eine notwendige Hyperkorrektur. Vgl. Döring und Thielmann 2008, S. 14 f.

2.2 Medien als Rahmenbedingung für Kommunikation

Umgebung verstanden, die keine körperliche oder territoriale Verbindung hat und auf elektromagnetischen Speicher- und Impulstechnologien beruht. „Sie sind Raumensembles und zugleich ein eigenes Gebilde elektronischer Virtualität" (Faßler 1997, S. 107). Es handelt sich demnach beispielsweise um einen computertechnologisch erzeugten Raum. Oftmals wird in diesem Zusammenhang der „Cyberspace" assoziiert oder dem Terminus gleichgesetzt. Unter dem Begriff Cyberspace wird allgemein und gemäß Daniel T. Kuehl der globale Interaktionsraum verstanden, der aufgrund der Computernetzwerke, der Verwendung von Elektronik und des elektromagnetischen Spektrums das Erstellen, Speichern, Tauschen, Modifizieren sowie Verwerten von Daten ermöglicht (vgl. Kuehl 2009, S. 28).[20] Gleichzeitig entziehen sich die Kommunikatoren im Cyberspace den Fixierungen, denen sie in der stofflich-physikalischen Welt ausgesetzt sind. Wissenschaftliche Erörterungen, wie die von Sherry Turkle (vgl. Turkle 1995), betrachten den Cyberspace als „Spielraum", in dem das Individuum sich von den sozialen Rollen und den damit einhergehenden normativen Zwängen lösen kann, die ansonsten metonymisch in den Rollenerwartungen manifestiert sind (vgl. Kergel 2018, S. 95 f.).

Diese räumliche Unterteilung ist allerdings nur unter Rücksichtnahme der zeitlichen Rahmenbedingungen erdenklich. „Räumlicher Abstand wird zeitlich wahrgenommen, und Dauer erscheint zunächst als eine Abfolge von Augenblicken in einem Raum. Raum ist begrenzter Raum, Zeit ist gebrochene Zeit, gebrochen durch veränderte Abstände im Raum" (Pross 1972, S. 22). Infolgedessen können diese Räume nur existieren, weil sie zeitlich erfahrbar und nutzbar sind. Zeiterfahrung kann dabei nur gegenwärtig wahrgenommen werden, für alle anderen Zeitdimensionen bedarf es eines Bewusstseins von Erinnerung und Erfahrung.

Hierbei geht es jedoch nicht um einzelne Zeittheorien, die in fachspezifischen Wissenschaften, insbesondere der Naturwissenschaft, bestehen, sondern um das Verständnis von medialer Zeitordnung. Der Begriff mediale Zeitordnung wird an dieser Stelle gewählt, um eine zeitliche Differenzierung mit Fokus auf die im späteren noch zu analysierenden Medientypologien zu ermöglichen. Denn in vielen medien- und kommunikationswissenschaftlichen Auseinandersetzungen finden Bestimmungen von Zeitordnung in Bezug auf Medien und Kommunikation kaum Berücksichtigung. Zu den wenigen Arbeiten mit zeitlichem Ansatz

---

[20] Kuehls Definition: "Cyberspace is a global domain within the information environment whose distinctive and unique character is framed by the use of electronics and the electromagnetic spectrum to create, store, modify, exchange, and exploit information via interdependent and interconnected networks using information-communication technologies." Kuehl, 2009, S. 28.

oder einer Bezugnahme auf den Faktor Zeit zählen: die Zeitlichkeit von Medien (vgl. Faulstich 2002) und Ansätze wie der Temporalen Logik (vgl. Prior 1957), Beschleunigung (vgl. u. a. Virilio 1992, Rosa 2005) oder soziale Konstruktion (vgl. Beck 1994). Ferner gibt es, im Gegensatz zum erwähnten spatial turn, keinen vergleichbaren „temporal turn" (Wurm 2012, S. 103 f.), der ein disziplinspezifisches Interesse an der Konstruktion von Zeit indiziert.

Dennoch soll sehr wohl auf die Zeit im Zusammenhang mit medial vermittelter Kommunikation eingegangen und als Pendant zu Raum betrachtet werden. Als Ausgangspunkt zur weiteren Ausführung dient Klaus Becks Analyse „Medien und die soziale Konstruktion von Zeit" (Beck 1994) mit seinen drei Untersuchungsperspektiven:

Metaperspektive: untersucht die Aussagen über Zeit und deren Verarbeitung. Dabei steht konkret das Zeitbewusstsein, die Zeitvorstellung und Zeitperspektive des gesellschaftlichen Wissens im Fokus und sowohl wissenschaftliche wie auch philosophische Zeitkonzepte können hier thematisiert werden (vgl. Beck 1994, S. 169).

Makroperspektive: fokussiert die Auseinandersetzung mit Zeit innerhalb des kulturellen, sozialen und technischen Wandels der Gesellschaft. „Auf der Ebene des individuellen Medienhandelns führt eine temporalisierte Betrachtungsweise zur Konstruktion von Medienbiographien" (Beck 1994, S. 168).

Mikroperspektive: thematisiert das eigentliche Medienhandeln der Kommunikatoren und das damit einhergehende Zeitbewusstsein, also meint „die Zentralperspektive der temporalisierten Betrachtungsweise von Medienkommunikation". Hierbei zeigen sich mediale Zeitordnungen sowie ein rollen- beziehungsweise situationstypisches Zielbewusstsein (vgl. Beck 1994, S. 171).

Die ersten beiden Untersuchungsperspektiven werden aufgrund des thematischen Umfangs nicht weiter berücksichtigt. Relevant ist hingegen die Mikroperspektive mit ihrem sozial-konstruktivistischen Blick, wodurch ein Prozesscharakter ersichtlich werden kann, der sich nur aufgrund von medialer Produktion und Rezeption zeigt. Dabei entstehen mediale Zeitordnungen und ein kognitiv abhängiges Zeitbewusstsein. Mit Beck soll ebenfalls auf Pross' semiotischen Ansatz verwiesen werden, der vom Konstrukt sozialer Wirklichkeit durch Medien spricht: „Was dem Menschen ‚Wirklichkeit' heißt, wird von ihm durch die künstlichen Medien der Zeichen erfaßt, so daß es keine Wirklichkeit für ihn gibt als die durch Zeichen erfahrene und vergegenständlichte" (Pross 1974, S. 23, zitiert nach: Beck 1994, S. 172). Davon abgeleitet, ist nach Beck die soziale Wirklichkeit

2.2 Medien als Rahmenbedingung für Kommunikation

als Voraussetzung eines Kommunikationsprozesses von der Zeitordnung der verwendeten Kommunikationsmedien und deren Eigenschaften sowie formgebenden Produktionsweisen abhängig (vgl. Beck 1994, S. 172). Es formt sich eine medial konstruierte Wirklichkeit infolge der medial vermittelten Kommunikation.

Darüber hinaus soll der Mensch sich über die Zeitlichkeit eines Mediums bewusst werden, um seinen Kommunikationsprozess dahin gehend anpassen zu können. Dafür muss das Individuum als soziales Wesen das Konstrukt Zeit mittels kognitiver Fähigkeiten, seiner biologischen Notwendigkeiten und kulturspezifischen Besonderheiten erlernen, da es über kein Sinnesorgan für Zeit verfügt (vgl. Beck 1994, S. 165). Dieses Zeitbewusstsein wird wiederum während des Umgangs mit Medien abgerufen und ermöglicht Kommunikation. Dabei stehen Zeit und Kommunikation in einer Abhängigkeit zueinander. Kommunikation beansprucht Zeit und Zeit wiederum überdauert durch den Prozess der Kommunikation. In anderen Worten: „Hierbei spielt Kommunikation eine zentrale, wenn nicht die entscheidende Rolle [...]. Zeit ist mit Kommunikation elementar verbunden: Kommunikation braucht – wie alle Handlungen –Zeit. Das heißt in ihr entfaltet sich Zeit, sie konstruiert Zeit" (Beck 1994, S. 165). Dabei ist das Zusammenspiel des konstruierten Wissens von Zeitordnung und -bewusstsein auf Sender- sowie Empfängerseite (vgl. Steininger 2002, S. 35) ebenso relevant wie die vorgegebene Zeitgestaltung durch das verwendete Medium.

Das medial abhängige Zeitverständnis offenbart sich hierbei in unterschiedlichen Formen. Es ist bekannt, dass Medien abhängig von ihrer Erzählform in der Lage sind, durch Montagetechniken Zeitraffungen, -dehnungen oder -sprünge vorzunehmen. In Bezug auf die mediale Zeitordnung geht es jedoch nicht um die inhaltliche Zeitgestaltung der Botschaft, sondern in erster Linie um die jeweilige zeitliche Wahrnehmung während medial vermittelter Kommunikation.

Grundsätzlich lässt sich festhalten, dass es sich innerhalb eines Kommunikationsprozesses um eine lineare Zeitwahrnehmung handelt (vgl. Hickethier 2002, S. 111). Unabhängig von dem Erreichen einer Botschaft, ist das Senden einer Nachricht als Teil des Prozesses anzusehen. Schließlich nimmt der Sender das Erstellen einer Botschaft immer als zeitlich gegenwärtig wahr. Die Unterscheidung der medialen Zeitordnung liegt demzufolge im medialen Übertragen und Erreichen der Nachricht auf Empfängerseite, der wiederum diese in der Gegenwart entschlüsselt. Hierbei handelt es sich sowohl um die reale Zeitdauer als auch um die semiotische Zeit.[21]

---

[21] Während sich die reale Zeit auf die Zeit in der realen Welt bezieht, also sich mit der Zeitdauer der äußeren Welt befasst (ein Tag besteht aus 24 Stunden), meint die semiotische Zeit die konkrete Dauer, die ein Individuum benötigt, um beispielsweise einen Satz zu sprechen oder

In Zusammenhang mit einem Kommunikationsprozess, in diesem Fall der Face-to-Face-Kommunikation, kann darüber hinaus von einer Gleichzeitigkeit auf beiden Seiten beziehungsweise einer Synchronisierung des Prozesses gesprochen werden. Desgleichen wird bezüglich eines technisch-medialen Kommunikationsprozesses von einer synchronen Kommunikation ausgegangen, jedoch muss hierbei eine konkrete Einschränkung getroffen werden, nämlich die der zeitlichen Verzögerung. Knut Hickethier veranschaulicht diese Verzögerung, im skizzierten Kommunikationsprozesses (vgl. Abbildung 2.1) als Störung benannt, wie folgt:

> „Gleichzeitigkeit heißt Synchronisierung der Wahrnehmung mit Blick auf ein gemeinsames Ereignis – und wie sehr wir heute schon an diese Gleichzeitigkeit gewohnt sind, können wir jeden Abend bei Ulrich Wickert in den ‚Tagesthemen' erleben, wenn Wickert mit einem Korrespondenten in Washington, Moskau oder Tokio spricht, und wir zu den Bildern des Korrespondenten Wickerts Fragen an diesen hören und dabei zugleich sehen, wie dieser offenbar noch nicht hört, was wir doch eben schon hörten. Diese kleine zeitliche Verzögerung in der Übertragung des Tons macht uns bewusst, dass die medial erzeugte Gleichzeitigkeit durchaus nicht so selbstverständlich ist, wie wir es annehmen, sondern eben ein Medienprodukt darstellt" (Hickethier 2002, S. 119).

Ferner lässt sich die hier erörterte Gleichzeitigkeit auf weitere Medienformen übertragen. Obwohl es aus technologischer Perspektive immer eine zeitliche Versetzung gibt, wird beispielsweise eine E-Mail, abhängig von den Rahmenbedingungen wie Kanalkapazität, Datenrate und Bandbreite des Internetzugangs, innerhalb weniger Sekunden bis hin zu Millisekunden übertragen. Diesbezüglich wird die Verzögerung von der menschlichen Zeitwahrnehmung kaum noch kognitiv nachempfunden. Daher soll neben der Gleichzeitigkeit ebenfalls von synchroner Kommunikation gesprochen werden.

Bei einer synchronen Kommunikation geht es primär um die gefühlt gleichzeitige Wahrnehmung des Menschen, der solche technologisch bedingten Zeitunterschiede aufgrund der eingeschränkten Möglichkeiten der menschlichen Sinne nicht wahrnehmen kann. Bei einer Verzögerung oder einer bewusst zeitlichen Verlagerung hingegen wird im medialen Kontext von einer Asynchronalität oder asynchronen Kommunikation gesprochen.

Ob synchron, gleichzeitig oder in Echtzeit – Kommunikationsprozesse, bei denen insbesondere digital-technologisch basierte Medien zum Einsatz kommen, werden unabhängig von äußeren Variablen, wie beispielsweise durch eine örtlich bedingte andere Zeitzone, von den Kommunizierenden als zeitliche Übereinstimmung empfunden. Relevant dafür ist lediglich die beidseitige

---

zu lesen. Demzufolge herrscht die semiotische Zeit immer auf Sender- sowie Empfängerseite vor, unabhängig davon, welcher Zeitordnung das Medium als Vermittler unterliegt.

2.2 Medien als Rahmenbedingung für Kommunikation

Medienpräsenz. Unabhängig vom Medium unterliegt die medial vermittelte Kommunikation jedoch immer einer medienabhängigen Zeitbindung. Demgemäß wird das Medienhandeln der Kommunikatoren genauso an die mediale Zeitordnung gebunden (vgl. Beck 1994, S. 178). Infolgedessen soll zwischen zeitgebundenen und zeitungebundenen, Beck spricht hier von „zeitfreien" (Beck 1994, S. 178), Medien unterschieden werden.

Ersteres meint Medien mit zeitlicher Vorgabe, damit sie als Vermittlung fungieren können. Dazu zählen vor allem Medien, die an konkrete Uhrzeiten, Zeitpläne oder „kalendarische Riten" (Pross 1974, S. 128) gebunden sind. Sie geben nicht nur den Beginn der Kommunikation vor, sondern auch das maximale Ende, sofern der Rezipient nicht selbst zuvor über das Ende entscheidet. Zeitgebundene Medien sind oftmals an physisch-räumliche Instanzen gekoppelt und unterliegen einer stärkeren raumzeitlichen Abhängigkeit als zeitungebundene Medien. Diese lösen sich im Gegensatz zu den zeitgebundenen Medien von einem zeitlichen Bezug ab, um freieres Walten innerhalb eines Kommunikationsprozesses zu ermöglichen. Die Entscheidungsfreiheit der Nutzung des jeweiligen Mediums unterliegt dem Sender oder Rezipienten und geht oftmals mit einer unabhängigen Verfügbarkeit, zumindest auf Rezipientenseite, einher.

Insgesamt lässt sich in Bezug auf medial vermittelte Kommunikation festhalten, dass raumzeitliche Abhängigkeiten durch das Medium als kommunikative Rahmenbedingungen zu interpretieren sind. Dabei können Störungen ebenso raum- und zeitbedingt sein. Das bereits genannte Kommunikationsmodell von Shannon und Weaver berücksichtigt Störungen. Faßlers Theorie eines Medienkalküls kann hier ebenso angeführt werden. Unter Kalkül versteht er die Entscheidung, welches Medium abhängig von der jeweiligen Kommunikationssituation verwendet wird, um etwas darzustellen oder zu vermitteln (vgl. Faßler 1997, S. 109).

So sind Raum und Zeit als konstitutive Größen für eine medial vermittelte Kommunikation besonders relevant. Sie sind zu berücksichtigende Rahmenbedingungen in der Wahl des Mediums für Kommunikation. An dieser Stelle soll aus Mediennutzersicht von einer medialen Skalierung gesprochen werden, die insbesondere der Sender mit Wahl des Mediums vornimmt. In Anbetracht dessen hat Luhmann einst angemerkt: „Natürlich limitieren Medien das, was man mit ihnen anfangen kann. Sie schließen, da sie ja ihrerseits aus Elementen bestehen, Beliebigkeit aus. Aber das Arsenal ihrer Möglichkeiten bleibt im Normalfalle groß genug, um nicht auf wenige Formen festgelegt zu werden" (Luhmann 1987, S. 170, zitiert nach: Thye 2013, S. 23).

Innovation 3

3.1 Klassisches Innovationsmodell

Um Medieninnovation als grundlegenden Wandel von Medientypologien und als Entwicklung der Quintärmedien zu identifizieren, bedarf es, neben den im späteren Verlauf noch zu erörternden Forschungsansätzen von Medieninnovation, vorerst einer wissenschaftstheoretischen Grundlage von Innovation. Erst anhand einer ausreichenden Analyse von Innovation und der Darstellung eines Innovationsprozesses ebnet sich ein theoretisches Fundament für das weitere Vorgehen der Arbeit.

Darüber hinaus kann die folgende Untersuchung als relevanter Beitrag zur bisherigen Medien- und Kommunikationswissenschaft in Bezug auf Innovation betrachtet werden, da es bislang nur wenige aufschlussreiche Arbeiten in diesem Zusammenhang gibt.[1] Die meisten innovationstheoretischen Auseinandersetzungen unterliegen bislang den Wirtschaftswissenschaften. Demzufolge muss sich, trotz des hier übergeordneten Schwerpunkts auf Medien und Kommunikation, zunächst an allgemeinere, wirtschaftswissenschaftliche Untersuchungen orientiert werden. Ferner unterstützt die folgende Analyse zwar sehr wohl die nachstehenden Auseinandersetzungen mit Medieninnovation sowie einzelnen Medientypologien, allerdings soll sich zur Entwicklung eines Grundverständnisses vorerst auf

---

[1] Teile des Kapitels 3 wurden zur Auseinandersetzung mit Innovation und Innovationsprozessen im Rahmen des Aufsatzes „Digitale Innovationsprozesse – Was moderne Markenführung von digitaler Innovation lernen kann" vor Abgabe der Dissertation an der Humboldt-Universität zu Berlin, Kultur-, Sozial- und Bildungswissenschaftliche Fakultät bereits veröffentlicht. Vgl. Krüger 2020.

© Der/die Autor(en), exklusiv lizenziert durch Springer Fachmedien
Wiesbaden GmbH, ein Teil von Springer Nature 2021
K. Krüger, *Die Ära der Datafizierung*,
https://doi.org/10.1007/978-3-658-34019-3_3

die Unterscheidung zwischen analogen und digitalen Innovationen beziehungsweise Innovationsprozessen beschränkt und medientypologische Merkmale sollen außen vor gelassen werden.

Infolgedessen wird sich für eine theoretische Grundlage von Innovation auf den bekannten, österreichischen Nationalökonomen und Politiker Joseph A. Schumpeter berufen. Dieser definierte 1912 erstmalig in seinem Buch „Theorie der wirtschaftlichen Entwicklung" (vgl. Schumpeter, 1. Aufl. 1912, zitiert nach: 2006) den Terminus Innovation, ohne diesen jedoch tatsächlich zu nennen. Erstmals verwendet er den Begriff Innovation 1939 in seinem Buch „Konjunkturzyklen" (Schumpeter, 1. Aufl. 1939, zitiert nach: 2010) und gibt damit seiner bereits zuvor ausführlich formulierten Entwicklungslogik[2] einen Namen.

Schumpeter definiert Innovation vorerst „als die Aufstellung einer neuen Produktionsfunktion" und betont gleichzeitig, dass Innovation entweder neue Ware, die Erschließung von neuen Märkten als auch neue Organisationsformen zur Folge hat (vgl. Schumpeter 2010, S. 94). Die Produktionsfunktion beschreibt hierbei die Kombination unterschiedlicher Faktoren, woraus etwas Unbekanntes, etwas Neues, entstehen kann. Zudem impliziert sie den Zusammenhang zwischen Faktoreinsatzmengen, dem sogenannten „Input", sowie den Ausbringungsmengen, also dem „Output" (Schumpeter 1970, S. 149).

Eine Innovation kann ein neuartiges Produkt sein, eine, in der betriebswirtschaftlichen Terminologie, „Kombination" aus neuen, aber auch alten wirtschaftlichen Faktoren, die eine neue Verarbeitungsmethode verfolgen, jedoch ebenso die Konstruktion eines Produkts, das einen neuen Markt eröffnet. Die reine Ausweitung bestehender alter Kombinationen, die das Ziel einer rein quantitativen Erweiterung verfolgt, würde Schumpeter nicht als Innovation ansehen (vgl. Schumpeter 2010, S. 101). Demnach sei das Auftreten einer (wirtschaftlichen) Veränderung die Folge einer Innovation und die daraus resultierende Reaktion die Anpassung des Systems.

Doch was löst diese Veränderung aus und welche Faktoren sind dafür verantwortlich? Nach Schumpeter ist es die „Durchsetzung neuer Kombinationen der vorhandenen wirtschaftlichen Möglichkeiten", die eine Störung hervorruft und eine Veränderung zur Folge hat (vgl. Schumpeter 2006, S. 158). Mit der Verdrängung bekannter, eingespielter Prozesse oder Produkte findet eine „schöpferische bzw. kreative Zerstörung" statt. Diese erfolgt nicht fortwährend über gleiche

---

[2]Schumpeter definiert wirtschaftliche Entwicklung wie folgt: „Unter ‚Entwicklung' sollen hier nur solche Veränderungen des Kreislaufs des Wirtschaftslebens verstanden werden, die die Wirtschaft aus ‚sich selbst heraus' erzeugt, nur eventuelle Veränderungen der, sich selbst überlassenen, nicht von äußerm [sic!] Anstöße getriebenen, Volkswirtschaft." Vgl. Schumpeter 2006, S. 103.

Mechanismen oder identische Verfahren, lässt sich jedoch immer auf einen abgeschlossenen Innovationsprozess zurückführen. Hierbei ist anzumerken, dass die Störung von außen auf das einmal hergestellte wirtschaftliche Gleichgewicht einwirkt und die wirtschaftliche Entwicklung beeinträchtigt. Dabei funktioniert keine wirtschaftliche Entwicklung einzig und allein von innen heraus. „Wenn keine Störungen eintreten, ändert sich auch nichts. Die Wirtschaft entfaltet aus sich selbst heraus keine Impulse zur Veränderung. [...] Sie verfügt über keine Mechanismen der Veränderung" (Röpke und Stiller 2006, S. XVIII). Demzufolge liegt eine Innovation dann vor, wenn eine Entwicklung nachhaltig durch die Durchsetzung einer Produktkombination beeinflusst wurde und eine Veränderung auslöst beziehungsweise ein Output generiert wird.

Um Innovation, nach Schumpeter, verwirklichen zu können, kommen unterschiedliche Akteure zum Einsatz. Es wird in vier Typen differenziert, die allesamt für den Innovationsprozess relevant sind: der Grundherr, der Arbeiter, der Unternehmer und der Bankier. In Bezug auf die klassische Innovationsdefinition und den Prozess einer Innovation genügt allerdings vorerst die Skizzierung des Unternehmers – des „Mannes der Tat" (vgl. Schumpeter 2006, S. 132). Er handelt „außerhalb der Bahnen", ist für das „schöpferische Gestalten der Wirtschaft" zuständig und versucht aktiv, Veränderung zu schaffen (vgl. Schumpeter 2006, S. 132 f.). Der Unternehmer ist für die Durchsetzung des Innovationsprozesses verantwortlich. Seine Aufgabe ist es, die Produktionsfaktoren zu erkennen, sie den statischen Verwendungen zu entziehen und in neue Bahnen der Volkswirtschaft zu leiten (vgl. Schumpeter 2006, S. 189).

Für Schumpeter bedeutet der Anormalitätsbegriff Störung den Bruch einer vorherrschenden Normalität und somit die Beeinflussung des wirtschaftlichen Gleichgewichts, das konstant die Wiederherstellung eines stabilen Zustandes anstrebt. So geht er davon aus, dass ohne eine Störung auch keine Veränderung auftreten kann und die Wirtschaft als solche nicht in der Lage ist, aus sich selbst heraus Impulse zur Veränderung zu generieren. Schließlich verfolgt diese keine „Mechanismen der Veränderung", sie ist perfekt in sich organisiert und bedarf aus sich heraus keiner Veränderung (vgl. Röpke und Stiller 2006, S. XVII f.). Diese Störungen und damit wirtschaftlichen Entwicklungen basieren somit auf Innovationsmechanismen, die eine „Normänderung" (Schumpeter 1932) zur Folge haben und innerhalb eines Wirtschaftssystems einer „Basisinnovation" entsprechen (vgl. Röpke und Stiller 2006, S. XXII).

Abgeleitet von Schumpeters „Theorie der wirtschaftlichen Entwicklung" und der Einführung von Innovation, kann im Folgenden dieses Verständnis der Basisinnovation als „analoge Innovation" verstanden werden. Hierbei soll angemerkt werden, dass Innovationsprozesse nicht zwangsläufig linear verlaufen, sondern durchaus abweichende Wege nehmen. „Rekonfigurationen" können allerdings nicht unbegrenzt oder beliebig stattfinden (vgl. Weyer 1997, S. 26 f., zitiert nach: Barthel 2001, S. 69, Marin und Mayntz 1991). Daher können ein Modell von Innovation und die Unterscheidung in Phasen innerhalb des Prozesses[3] helfen, einen Verlauf zu skizzieren. Der im Folgenden beschriebene klassische Prozess einer Innovation soll daher in Ideenphase, Entwicklungsphase und Etablierungsphase gegliedert werden. Das hat den Vorteil, dass zum einen zwischen den analogen und digitalen Innovationsprozessen die Gemeinsamkeit des Prozesses in drei Teilen dargestellt und zum anderen auf einzelne Unterschiede eingegangen werden kann, die bei der noch folgenden Untersuchung der Medientypologien, insbesondere der Quintärmedien, nützlich sind (vgl. Abschnitt 6.3.1.2).

Beginnend mit dem Moment der Nachfrage oder einer Idee, der späteren verantwortlichen Störung des Gleichgewichts, dem Drang nach Veränderung oder einer geplanten Verwendung neuer Kombinationen (vgl. Schumpeter 2006, S. 158), wird der Grundstein einer späteren Innovation gelegt. Dieser Moment steht „dem Moment des [bestehenden] Angebots" gegenüber und kann als unabhängige Ursache und dadurch als „neues Phänomen" angesehen werden (vgl. Schumpeter 2006, S. 134). Nach Schumpeter kann der Innovationsprozess jedoch erst eingeleitet werden, „[...] soweit schöpferisches Gestalten in Frage kommt, [dann] gibt es einen eigentlichen Entwicklungsvorgang, d. h. einen die Kontinuität unterbrechenden Übergang zu neuen wirtschaftlichen Niveaus" (Schumpeter 2006, S. 155). Diesen Moment beschreibt er als „Moment der Tatenlust". Das bloße Bedürfnis oder andere Ansichten reichen hingegen nicht allein aus – „der kraftvolle Entschluss allein bringt Neues, bringt Entwicklung ins Leben" (Schumpeter 2006, S. 155 f.). Oftmals wird aus wissenschaftlicher Perspektive der Beginn einer Innovation mit der Begrifflichkeit Invention gleichgesetzt (vgl. Burr 2004,

---

[3] Burr unterscheidet zudem zwischen Produktinnovation und Prozessinnovation. Unter Produktinnovation versteht er die erfolgreiche Einführung eines Produkts im Markt und unter Prozessinnovation die erfolgreiche Etablierung eines neuen Produktionsverfahrens innerhalb eines Unternehmens. Vgl. Brockhoff 1999, S. 37, zitiert nach: Burr 2004, S. 25.

Da er jedoch beide Innovationsformen zur Innovation rechnet, ist für die Analyse des Innovationsprozesses keine weitere Differenzierung notwendig. Ferner ist die Unterscheidung in vielen Fällen nicht möglich, da beide Innovationsformen sich oftmals bedingen oder sogar voneinander abhängig sind. Dies gilt ebenso für „Sachgut- und Dienstleistungsinnovationen", die sich ebenfalls oftmals bedingen oder zum Schluss als eine Innovation wahrgenommen werden können. Insbesondere wenn von Innovationen in einem Dienstleistungskontext gesprochen wird, können beide Formen identisch sein. Vgl. Hauschildt 1997, S. 11, Burr 2004, S. 25 ff.

3.1 Klassisches Innovationsmodell

S. 21 f.). Jedoch muss sich bei detaillierter Auseinandersetzung des Innovationsprozesses deutlich von dieser Annahme entfernt werden. Eine Invention entsteht durch Forschungen und Entwicklungen und ist hier als tatsächliche Erfindung zu verstehen (vgl. Specht und Beckmann 1996, S. 15, zitiert nach: Burr 2004, S. 25). Deshalb kann sich die Invention erst zum Ende der zweiten Phase des Innovationsprozesses formen. An dieser Stelle wird die Aussage unterstützt, dass „die Invention, die Erfindung, [...] nicht der erste Schritt in einem Prozess, der letztlich zu einer Innovation führt", sein kann (vgl. Hauschildt und Salomo 2011, S. 20). Es lässt sich festhalten, dass die Ideenphase und somit der Beginn einer Innovation immer das charakteristische Merkmal „Neuartigkeit" und somit die Anomalie gegenüber dem Alten beinhalten muss (Capurro, zitiert nach: Nagel 2012b, S. 20).[4]

In der ersten Phase wird das Bild, die Vision, meist auf der Basis einer Entdeckung oder Beobachtung[5] formuliert sowie skizziert und dient als Leitbild für alle Beteiligten. Dieses häufig noch abstrakte Leitbild wird mit dem Übergang in die zweite Phase mit vorhandenen Wissensbeständen aus unterschiedlichen Bereichen unterfüttert und anhand verschiedener Methoden entwickelt.

Dennoch stellt sich die Frage, wie Veränderungen und Innovationen gleichzeitig entstehen können, wenn die Wirtschaft selbst versucht, das Gleichgewicht zu bewahren. Schumpeters Ansatz der „kreativen Zerstörung" spielt in diesem Zusammenhang eine Rolle. Ist die Entwicklungsphase einmal angestoßen und hat der Vorgang, der „Mechanismus", begonnen, ist das Ziel die „Normänderung" (Schumpeter 1932). Demzufolge kommt es zuerst zur Forschung und Wissensgenerierung[6], um die Idee zu konkretisieren und mit Informationen anzureichern.

Für die Erörterung einer analogen Innovation ist Schumpeter insofern relevant, weil dessen „Durchsetzer neuer Kombinationen" hier ansetzt. Erst wenn der

---

[4]Rafael Capurro: „Die Innovation, das Neue, ist eine Anomalie gegenüber dem Alten. Eine Anomalie widerspricht dem Alten, dem Bisherigen und wirkt wie ein Fehler. Daher kommt auch das Problem der Innovation, dass sie sich gegenüber dem Bewährten erstmal durchsetzen muss." Capurro, zitiert nach: Nagel 2012b, S. 20.

[5]„Entdeckung/Beobachtung: Feststellung einer Auffälligkeit, einer Abhängigkeit, einer Beziehung, einer Existenz eines bisher unbekannten Stoffes oder Ablaufs." Hauschildt 1993, S. 18.

[6]Forschung und Wissensgenerierung bedeutet hier: „Theoretische Fundierung und empirische Überprüfung der Entdeckung oder Beobachtung, Feststellung von Ursachen und Wirkungen, Bestimmung funktionaler Zusammenhänge in Ausmaß, Verlauf und Bedingtheit, Feststellung von Verstärkung und Abschwächen der Effekte durch weitere Variablen." Hauschildt und Salomo 2011, S. 20.

„Mann der Tat"[7] zum akademischen Unternehmer wird und Forschung in den Prozess mit einbezieht, kann die wirksame Umsetzung einer Idee, mittlerweile eines Leitbildes, stattfinden. In dieser Phase werden allgemeine Orientierungsmuster genutzt, die anhand des Leitbildes charakterisiert werden und Entscheidungen vorstrukturieren, ohne jedoch zu determinieren. Soziale Einbettungen spielen in dieser Phase nur eine untergeordnete Rolle, das Leitbild dient vor allem dazu, den visionären Charakter zu stärken und die beteiligten Akteure zu mobilisieren (vgl. Weyer 1997, S. 37 f., zitiert nach: Barthel 2001, S. 73). Demgegenüber wird der Interdependenz einzelner Akteure mehr Relevanz zugewiesen. Koordination, Zusammenarbeit und Einflussnahme der Involvierten prägen Planung, Konzept und Gestaltung der Innovation. Die Phase der Entwicklung schließt mit der Stabilisierung und gleichzeitig mit der bereits erwähnten Invention ab. Die Erfindung, die durch vorhergegangene Forschung und Entwicklung jetzt Gestalt und Charakter angenommen hat, ist nun ausreichend definiert sowie konstruiert. Sie bildet den Übergang in die letzte Phase: die wirtschaftliche Einbettung der geplanten Innovation.

Mit Einführung der Invention in den Markt beginnt die letzte Phase des Innovationsprozesses: die Etablierung und Durchsetzung im Markt, der Versuch einer erfolgreichen Kommerzialisierung, ist zugleich die kritischste Phase. Hier entscheidet sich, ob die geplante Innovation zu einem ökonomischen Erfolg wird oder im Markt nicht bestehen kann. Letzteres wird als „unvollständige Innovation" bezeichnet (vgl. Weyer 1997, S. 33 f.).

Die letzte Phase besteht in der Regel aus drei wichtigen Teilprozessen: Markteinführung, Marktdurchsetzung und Diffusion. Nach Einführung der entwickelten Idee, der Invention, kommt es zu einer Durchsetzung im Markt. Dabei können diverse Veränderungen im Markt entstehen. Dies kann von einfacher Etablierung im Markt über die Ablösung bestehender Produkte oder Dienstleistungen bis hin zur Zerstörung eines gesamten Marktsegmentes führen. Während der Durchsetzung formt sich außerdem der tatsächliche Nutzungskontext der Innovation und der Kampf gegen mögliche konkurrierende Produkte oder Dienstleistungen beginnt. „Die Verfechter der etablierten Lösungen versuchen ihrerseits Verbesserungen zu erreichen, um den Herausforderungen durch die neuen Entwicklungen zu begegnen" (Barthel 2001, S. 77).

---

[7] In der vorliegenden Arbeit wird der „Mann der Tat" aufgrund von Schumpeters Theorie und der zu diesem Zeitpunkt vermittelten Geschlechterrollen des frühen 20. Jahrhunderts als historisch bedingt feststehender Begriff verwendet. Allerdings soll darauf hingewiesen werden, dass mit dieser Rolle ebenso eine Frau impliziert sein kann. Demnach soll an dieser Stelle die „Frau der Tat" explizit benannt und als gleichwertig angesehen werden.

3.1 Klassisches Innovationsmodell

Während des Versuchs der Innovationsdurchsetzung auf dem Markt besteht zunächst ein deutlicher Nachteil gegenüber längst etablierten Produkten oder Dienstleistungen. Da der potenzielle Anwender keine Erfahrung mit der Neuartigkeit hat und daher nur über wenige Informationen bezüglich einer neuen Leistungsdimension verfügt (vgl. Barthel 2001, S. 77), bedeutet dies mehr Aufwand für die Durchsetzungsphase. Demzufolge prägen im Wesentlichen Zeit, Strategie und Planung diese Phase. Der Beginn eines Innovationsprozesses scheint oftmals noch rein willkürlich zu verlaufen und wird erst im Verlauf konkretisiert. Deshalb bedarf es hier eines systematischen und methodischen Vorgehens, um gezielt Entscheidungen und wirtschaftlich erfolgreiche Umsetzungen zu erzielen (vgl. Kaschny et al. 2015, S. 37).

Mit steigender Akzeptanz des Marktes beziehungsweise der Anwender beginnt die Diffusion. Diese kann sich sowohl durch die Übernahme in einen neuen Bereich als auch durch eine erstmalige Adoption oder eine Imitation der Innovation durch einen Konkurrenten vollziehen (Burr 2004, S. 26). Somit wird in der letzten Phase des Innovationsprozesses schlussendlich über Erfolg oder Misserfolg entschieden. Eine gelebte Innovation hat, nach Schumpeter, wie bereits erwähnt, auch destruktives Potenzial, da dadurch umfangreiche etablierte Märkte wegsterben und dies wiederum gesellschaftliche Folgen mit sich bringen kann. Die „schöpferische Zerstörung" zeigt ihr Ausmaß, indem sie „[…] unaufhörlich die Wirtschaftsstruktur zerstört und unaufhörlich eine neue schafft. Dieser Prozess der ‚schöpferischen Zerstörung' ist das für den Kapitalismus wesentliche Faktum" (Schumpeter 1972 [1942], S. 136 f., zitiert nach: Braun-Thürmann 2005, S. 8). In der aktuellen Literatur wird dies ebenfalls als disruptive Innovation bezeichnet. Dies bedeutet, dass das Bestehende durch etwas Neues ersetzt und verdrängt wird (vgl. Christensen 1997, Nagel 2012b, S. 20). Ein komplettes Marktsegment kann dadurch nicht nur verändert, sondern in Teilen mit der Durchsetzung und Diffusion einer erfolgreichen Innovation sogar erlöschen.

Diesbezüglich und in Anbetracht der noch folgenden Analyse muss allerdings eine Eingrenzung getroffen werden. Der disruptive Prozess einiger noch zu erläuternden, gegenwärtigen Medieninnovationen (vgl. Abschnitt 6.3) vollzieht sich nicht mit Verdrängung bestehender oder etablierter Medien. Vielmehr wird von einem umfassenden Wandel ausgegangen, der bedingte Anpassungen für Bestehendes zur Folge hat. Demzufolge kann zwar aus wirtschaftlicher Perspektive durchaus von der Verdrängung einiger Marktsegmente gesprochen werden. Aus medien- und kommunikationswissenschaftlicher Perspektive bleiben diese zugehörigen Medien allerdings nach wie vor bestehen. Die ursprüngliche Form des Mediums mag gegebenenfalls lediglich noch in geringer Auflage existieren und einzelne Variablen passen sich den neuen Umständen an, allerdings bleibt der Kern des Mediums weiterhin der Gesellschaft erhalten.

3.2 Digitaler Innovationsprozess

Bereits Schumpeter verstand Innovation als permanenten Prozess, der sich flexibel an veränderte Marktbedingungen anpassen muss (vgl. Richter 2006, S. 16 und S. 20, zitiert nach: Kaschny et al. 2015, S. 7). Durch den vorherrschenden Paradigmenwechsel haben sich allerdings nicht nur die Marktbedingungen verändert, sondern Digitalisierung beeinflusst seitdem von Prozessbeginn an das Konstrukt digitaler Innovation. Digitalisierung ist die sprudelnde Quelle, aus der Innovationen im 21. Jahrhundert entstehen. Außerdem ist sie, wie sich noch zeigen wird, der Grund für die Bildung der Quartärmedien (vgl. Abschnitt 5.1.4) und gleichzeitig ein notwendiger Bestandteil für die Entwicklung der Quintärmedien (vgl. Abschnitt 6.1).

Ausgehend von der Idee, die in einer analogen Innovation ebenfalls als Basis des Prozesses dient, kann zwar die thematische Fokussierung oder das angestrebte Marktsegment gegenwärtige Vorstellungen überschreiten, jedoch muss hierbei der „Moment der Tatenlust" (Schumpeter 2006, S. 155 f.) digital-technischen Bezug haben. So wird sich während eines analogen Innovationsprozesses ebenfalls an neuzeitigen und aktuellen Entwicklungen orientiert, wohingegen die digitale Innovation beständig von dem aktuellen technologischen Stand abhängig ist. Da digitale Innovationen auf technologischer Hardware beziehungsweise Software basieren, müssen diese von Beginn an als dauerhafte Konstante verstanden und parallel dazu die technologischen Entwicklungen im Auge behalten werden. Digitale Technologieentwicklung wird somit einerseits als kohärente Verbindung und andererseits als Innovationstreiber konstatiert.

Im Gegensatz dazu war es vor dem digitalen Zeitalter durchaus möglich, unabhängig analoge Konstrukte zu entwickeln. Hierbei ist selbstverständlich eine betriebswirtschaftliche Abhängigkeit unabdingbar. Jedoch war es insbesondere vor der Digitalisierung noch möglich, einen analogen Innovationsprozess ohne weitere Beeinflussungen, wie durch die virtuelle Welt, erfolgreich durchzuführen.

Bei beiden Innovationsformen führt das Aufkommen einer Idee gleichzeitig zu einer „Störung" des wirtschaftlichen Gleichgewichts. Der Bruch der vorherrschenden Normalität löst eine „Denormalisierung" aus und soll im Zuge des Innovationsprozesses eine Renormalisierung ermöglichen, wobei es sich bei einer erfolgreich etablierten Innovation schlussendlich um eine Verschiebung, einhergehend mit einer neuartigen Normalität, handelt (vgl. Link 2006).

Mit der Fokussierung auf digitale Innovationen ist es bereits zu Beginn des Prozesses sinnvoll, ein Innovationsbewusstsein[8] mit digitalem Bezug aufzubauen. Zwar ist es selbst als Ideengeber unmöglich, das konkrete Ganze im gerade erst aufkommenden Prozess zu visualisieren oder zu verbalisieren, gleichwohl kann die Konkretisierung des Leitbildes die erste Brücke schlagen. Deshalb kann es hilfreich sein, eine innovative Vision als „normalisierende Bizarrerie" wahrzunehmen, also als etwas, was im Moment noch bizarr erscheint, jedoch durch den Prozess zum Mainstream der Zukunft wird (vgl. Liebl 2016, S. 187).

Darauf aufbauend, wird die zweite Phase des digitalen Innovationsprozesses, die digitale Entwicklungsphase, angestoßen. Fortwährend bliebt dabei der konstante Bezug zur Digitalisierung bestehen. Dabei können die Rahmenbedingungen der Entwicklungsphase der des analogen Innovationsprozesses gleichen. „Problemkonturierung und -strukturierung, Informationsbeschaffung und Wissensgenerierung, Konfliktregulierung und nicht zuletzt Prozess-Steuerung" (Hauschildt und Salomo 2011, S. 40) sind hier ebenso feste Bestandteile. Gleichzeitig müssen allerdings moderne Innovationsmechanismen berücksichtigt werden, die sich auf die Formung einer digitalen Innovation auswirken, wie Abhängigkeit der technologischen Wissensbestände, Schnelligkeit, externe Einflussfaktoren oder auch rechtliche Aspekte.

„Im direkten und extremen Vergleich zu mechanischen oder (groß-)industriellen Innovationen sind digitale Innovationen eher schnell und verhältnismäßig unkompliziert umzusetzen" (Nagel 2012b, S. 68). Damit ist nicht der potenzielle Ideenumfang gemeint, sondern vielmehr der Aufwand der tatsächlichen Gestaltung von der Idee bis zur Invention. Während bei analogen Innovationen bereits für die zweite Phase partiell hohe Investitionen betrieben werden müssen, liegt der Kostenaufwand bei digitalen Innovationen vor allem in der Investition von Zeit beziehungsweise Arbeitsressourcen. Grundsätzlich spielt bei beiden die „Evaluierung von Wissensbeständen im Sinne der ökonomischen Verwertbarkeit" (Barthel 2001, S. 30) eine wichtige Rolle. Wird bedacht, dass der Handel von und mit Daten gegenwärtig rasant steigt, mag für digitale Innovationen damit ebenso ein hoher Kostenaufwand verbunden sein. Hierbei kann es ebenfalls zu Material- oder Mietkosten, wie zum Beispiel für Server, kommen.

Zwar mögen die Einschätzungen zum ökonomischen Kostenaufwand an dieser Stelle auseinander gehen, doch sind sich Vertreter der innovationstheoretischen

---

[8] „Dieses Innovationsbewusstsein muss jeder entwickeln, der das Recht, die Macht und den Willen hat, über betriebliche Ressourcen zu verfügen. Nur dann kann er sich das Ziel setzen, diese Ressourcen innovationsfördernd einzusetzen." Hauschildt und Salomo 2011, S. 20.

Literatur einig darüber, dass die wissensrelevante Komplexität digitaler Innovationen zugenommen hat. Diese liegt zum einen in der eigentlichen Grundlagenforschung, die vorweg betrieben werden muss. Erst durch die Integration von Wissen aus unterschiedlichen Bereichen kann eine neue Qualität einer Invention entstehen (vgl. Barthel 2001, S. 31). Zum anderen liegt sie ebenfalls in der Abhängigkeit von der Expertise einzelner Akteure. Demzufolge fordert die digitale Innovation eine Bandbreite von neuen Kernkompetenzen, die ein einzelner Ideengeber oftmals nicht mehr abdecken kann. Auf die Herausbildung von neuen Rollen infolge von neuen Medienentwicklungen wird im Zuge der Quintärmedien genauer eingegangen (vgl. Abschnitt 6.3.1.2). Vorab lässt sich jedoch bereits sagen, dass mit den neuen Bedingungen die steigende Einflussnahme sowohl der gleich noch zu definierenden externen Einflussfaktoren als auch der sich neu herausbildenden, spezifischen Akteure immer relevanter wird.

Schumpeters „Mann der Tat" muss schon im frühen Stadium zum Teamplayer werden, um den Innovationsprozess voranzutreiben. „Mehr als zwei Drittel aller Innovationen sind Rekombinationen vorhandenen Wissens, während nur eine geringe Anzahl von Innovationen aus technologischen Neuerungen besteht" (Dingler und Enkel 2016, S. 110). Daraus geht hervor, dass maßgebliche Innovationen erst realisiert werden können, wenn genügend Kenntnisse aus jeweils innovationsrelevanten Bereichen herangezogen werden. Das Konstrukt von neuen Kombinationen, das für Schumpeter als Basis der Innovation dient, kann hier als Kombination neuer und bestehender Wissensbestände verstanden werden.

Es entsteht unweigerlich eine Abhängigkeit von besonderer Expertise aus technischen Bereichen wie Softwareentwicklung und Datenverarbeitung, die innerhalb jeder digitalen Innovation vorhanden sein muss. Diese Kopplung an digitale Technologie stellt sowohl in der ersten als auch in der zweiten Phase die Grundlage für ein späteres digitales Endprodukt dar. Abgeleitet von Weyer, der bereits 1997 vom „Übergang vom amateurhaften Bastelstudium zur Phase der systematischen Exploration einer neuen Technik" (Weyer 1997, S. 40) sprach, ist auch hier die frühzeitige Formung eines Prototyps bedeutend.

Im Wesentlichen ist die Entwicklungsphase mit erheblichem Aufwand und Koordination verbunden, was allerdings vom späteren Anwender kaum wahrgenommen wird, da das „Werk hinter den Kulissen" verrichtet wird (vgl. Nagel 2012b, S. 68). Daraus folgt, dass die Komplexität der Entwicklungsdurchführung bei digitalen Innovationen häufig durch die Abhängigkeit technologischer Wissensbestände zunimmt. Die Möglichkeiten des digitalen Informationszugriffs sowie der spezifischen Speicherkapazitäten und Bestände von Wissen werden im Späteren anhand der Gegenüberstellung der Medientypologien, insbesondere in

Anbetracht der Digitalisierung von Quartär- und Quintärmedien, noch konkretisiert (vgl. Abschnitt 6.1). Soll eine solche wissenskomplexe Entwicklungsphase erfolgreich umgesetzt werden, kann dies nur durch Vereinfachung geschehen. Im Falle von Innovation ist Komplexität zum einen eine Frage der Teilbarkeit eines Problems, also je besser dies teilbar ist, desto leichter ist es zu verstehen. Zum anderen ist Komplexität eine Frage der intellektuellen Verständlichkeit, je besser sie intellektuell zu beherrschen ist, umso leichter ist die Idee zu realisieren (vgl. Hauschildt und Salomo 2011, S. 44).

Bereits zu Beginn des 21. Jahrhunderts wurde erkannt, dass die Innovationszyklen sich stetig verkürzen und sich die zeitlichen Spielräume für Innovationsprozesse damit rapide verringern (vgl. Barthel 2001, S. 10). Dies hat primär damit zu tun, dass die technische Entwicklung beständig voranschreitet und das Verständnis von Zeit eine zentrale Rolle spielt. Auf der einen Seite bedeutet dies, dass sich der Entwicklungsprozess innerhalb eines Innovationsprozesses schneller anpassen muss. Gleichzeitig dürfen dabei jedoch der technologische Anschluss nicht verloren und parallel verlaufende Technologieentwicklungen nicht außen vor gelassen werden. Einzelne Schritte innerhalb der Entwicklung müssen somit rechtzeitig abgeschlossen werden, weil die voranschreitende Digitalisierung keine Rücksicht auf veraltete Technologien nimmt. Auf der anderen Seite ermöglicht die technologische Dynamik, dass mehrere Entwicklungsphasen gleichzeitig durchgeführt werden. Hier wird von der „Paradoxie der Beschleunigung" gesprochen, „[…] denn je schneller die technische Entwicklung in den einzelnen Feldern ist, desto mehr wird sie gebremst durch die Anforderungen an die Akteure, ihre Schritte mit anderen zu koordinieren" (Rammert 1997, S. 409, zitiert nach: Barthel 2001, S. 37 f.).

Dementsprechend beanspruchten analoge Innovationen vor gerade mal ein paar Jahrzehnten noch sehr viel Zeit. Heutzutage erscheinen kurze Lieferzeiten oder die synchrone Kommunikation über Ländergrenzen hinweg fast selbstverständlich und führen zu einer steigenden Geschwindigkeit, wenn es um digitale Innovationen geht. Die Zeit, in der neue Technologien gesellschaftlich angenommen werden, die die Wirtschaft somit wieder ins Gleichgewicht bringen, verkürzt sich ungemein. Das beweist zudem die Statistik „Verbreitungsgeschwindigkeit von Innovation im Zeitverlauf". Sie zeigt, dass es 73 Jahre dauerte, bis fünf Prozent der Bevölkerung in Deutschland ein Telefon besaßen. Im Vergleich dazu dauerte es nur neun Jahre beim Mobiltelefon und gerade einmal drei Jahre, bis fünf Prozent der Deutschen bei Facebook angemeldet waren (vgl. Innovationen Institut, zitiert nach: Wolan 2018, S. 114).[9]

---

[9]Die Berechnungen erfolgten ab der jeweiligen Marktetablierung.

Dennoch bezieht sich der Begriff Schnelligkeit nicht nur auf das Tempo, mit dem sich digitale Innovation entwickelt, sondern auch hinsichtlich der späteren Etablierungsphase ist Geschwindigkeit von Relevanz. So muss schon in der zweiten Phase das Bewusstsein für Zeit, Geschwindigkeit und Aktualität entwickelt werden. Hierbei beeinflusst die bereits erwähnte abhängige Kompatibilität mit anderen Technologien ebenfalls den Prozess. Kommt es durch fremde Inventionen, die zeitlich früher einen angestrebten Markt erschließen, zu einem innovationsrelevanten Durchbruch, kann dies die gesamte Branche in Turbulenzen versetzen und bisherige Entwicklungen zerstören oder ganze Wettbewerbssituationen verändern (vgl. Hauschildt und Salomo 2011, S. 45). „Haben sich bereits andere Systeme etabliert, kann es dazu kommen, dass man mit seiner Lösung (sofern sie inkompatibel zu anderen ist) nicht reüssieren kann, weil andere Lösungen bereits die kritische Masse erreicht haben und die Nutzer die Kosten des Umstiegs auf ein anderes System scheuen" (Barthel 2001, S. 39 f.). Diesbezüglich ist interessant zu beobachten, dass nicht nur die Zeitplanung eine wichtige Rolle innerhalb des Entwicklungsprozesses einnimmt, sondern auch der Einfluss des späteren Nutzers frühzeitig berücksichtigt werden muss.

Klassische Innovationsprozesse sind innerhalb ihrer Entwicklung, aber auch später im Markt, darauf ausgelegt, verfügbare Ressourcen wie Arbeitszeit, Material und Kosten strategisch klug zu kalkulieren und einzusetzen. Durch neue Partizipationsmöglichkeiten der Gesellschaft, aufgrund von vernetzten interaktiven Informations- und Kommunikationstechnologien, die sich wegen der Digitalisierung etabliert haben, steigt ebenso der gesellschaftliche Einfluss bereits in frühen Phasen der Entwicklungsprozesse von digitalen Innovationen. Dabei kann in zwei Einflussgruppen unterschieden werden: der primäre und der sekundäre Beeinflusser. Ersteres bezeichnet konkret den Innovator und sein Team, der, ob unternehmerisch oder frei aufgestellt, direkten Einfluss auf die Entwicklung nimmt. Unter dem sekundären Beeinflusser werden hier vor allem Konsumenten, Medien und andere Einflussgruppen, wozu auch andere Wettbewerber gezählt werden, verstanden. Obgleich diese Gruppe außerhalb des Innovationsprozesses anzusiedeln ist, gewinnt sie zunehmend an Bedeutung. Demzufolge darf sich Kommunikation während des Entwicklungsprozesses nicht mehr nur innerhalb des Teams, der Gruppe oder aus wirtschaftlicher Perspektive innerhalb des Unternehmens abspielen, sondern muss das Externe inkludieren. Durch diese Fremdbeeinflussung wird der Prozess einerseits agil und kann in kritischen Phasen schneller reagieren, andererseits bedarf er jedoch besonders feinfühliger Handhabe und einer individuellen Kommunikationsstrategie, da insbesondere durch den externen Einfluss Steuerung und Kontrolle erschwert werden.

Die Kommunikation innerhalb der Entwicklungsphase ist von großer Bedeutung. Durch die erforderliche Einbindung von unterschiedlichen Wissensbeständen kann eine frühzeitige Kommunikation das kollektiv geteilte Wissen fördern und die primäre Einflussgruppe stärken. Der Integrationsgrad und Informationsgehalt von Kommunikation in Bezug auf die sekundäre Einflussgruppe ist je nach Innovationsvorhaben von verschiedenen Faktoren abhängig. Dabei spielen neben den ökonomischen Gegebenheiten auch politische Einflussfaktoren und soziokulturelle Aspekte eine Rolle. Demnach muss besonders die Kommunikation mit der Öffentlichkeit die Balance von angemessener Transparenz und Kontrolle halten. Dadurch können Folgeschäden, wie Ablehnung oder Unverständnis auf Zielgruppenseite, vor allem in der Etablierungsphase umgangen werden.

Durch die kommunikative Einbeziehung einzelner Externer kann ein aktiver Austauschprozess stattfinden, der sich ebenfalls positiv auf die Innovationsentwicklung auswirkt. Trotz externer Einflussnahme und gegebenenfalls steigender Konkurrenzgedanken muss Kommunikation integriert werden. Dies führt dazu, dass der digitale Innovationserfolg nicht mehr nur rein vom Ideengeber und Entwicklungsteam abhängig ist, sondern auch externe Einflussgruppen frühzeitig am Prozess sowie am späteren Erfolg oder Misserfolg eines Innovationsansatzes beteiligt sind.

„Recht und Innovation sind untrennbar miteinander verbunden" (Nagel 2012b, S. 59). Neben der Relevanz von Patentanmeldung und Lizenzvergabe, die ohne Zweifel aufgrund des Wettbewerbsdrucks, den die Digitalisierung mit sich bringt, konstant ansteigt,[10] steht im direkten Zusammenhang mit rechtlichen Überlegungen von digitalen Innovationen besonders die Verwendung von Daten. Hierbei handelt es sich zunächst um jede Form der digitalen Datenverarbeitung, von bestehenden und neu entwickelten Codes über Unternehmensdaten bis hin zu personenbezogenen Informationen.

Der Umgang mit Daten und digitalisierten Informationen stellt damit eine weitere Herausforderung dar und birgt ein großes Sicherheitsrisiko bereits im frühen Stadium eines Innovationsprozesses. Verantwortungsloser Umgang mit Daten kann der Untergang einer Idee sein, den Ruin für ein ganzes Unternehmen bedeuten und zu gravierenden Schäden auf Kundenseite führen. Auf die Relevanz des richtigen Datenumgangs aufgrund der steigenden Wichtigkeit für Quintärmedien wird daher hinsichtlich des datafizierten Wandels und seinen Auswirkungen noch

---

[10] „Im vergangenen Jahr sind beim Europäischen Patentamt (EPA) 4,6 % mehr Patentanmeldungen eingereicht worden, was einem neuen Höchststand von 174 317 Anmeldungen (2017: 166 594) entspricht." Europäisches Patentamt 12. März 2019.

einmal konkreter eingegangen (vgl. Abschnitt 6.5). Im Zusammenhang mit digitalen Innovationsprozessen lässt sich jedoch vorwegnehmen, dass ein gewisser Widerspruch entsteht. Auf der einen Seite entwickelt sich in der Gesellschaft ein neues Bewusstsein für Datenschutz, auf der anderen Seite geben User freiwillig private Daten im Internet preis, was in den 1980er-Jahren noch zu großer Empörung und Demonstrationen geführt hat (vgl. Hamidian und Kraijo 2013, S. 18). Der datenspezifische Umgang wird also zur Gratwanderung. Er kann ebenso zum entscheidenden Vorteil für eine digitale Innovation werden, sofern er frühzeitig im Prozess einkalkuliert wird.

Dennoch können rechtliche Aspekte auch Innovationsprozesse, insbesondere die Entwicklungsphase, befördern und absichern. „Recht ist nicht per se innovationsblind oder gar innovationsfeindlich" (Nagel 2012b, S. 59). Neben einer möglichen Begrenzung oder Einschränkung der Innovationsentfaltung kann die Rechtsordnung einen sicheren Rahmen für die Entwicklung bieten und Sicherheit suggerieren, obwohl es sie, objektiv betrachtet, noch überhaupt nicht gibt (vgl. Nagel 2012b, S. 59).

Werden die bislang genannten Potenziale, aber auch die Herausforderungen, innerhalb des digitalen Innovationsprozesses berücksichtigt, kann die Idee durch den Schöpfungsakt der Entwicklungsphase zur Invention heranreifen. Mit Abschluss der Entwicklungsphase liegt die „Umsetzung der Beobachtungen und Forschungsergebnisse in Konstruktionen, Versuchsanlagen, Prototypen [vor], mit dem Ziel, die theoretisch bestimmten und/oder empirisch festgestellten Beziehungen für einen bestimmten Zweck nutzbar zu machen" (Hauschildt und Salomo 2011, S. 20). Die Etablierungsphase und somit die letzte Phase ist erreicht. Wie innerhalb eines klassischen Innovationsprozesses wird hier eine Invention erst zu einer Innovation, wenn sie sich im Markt durchgesetzt und den Prozess der Kommerzialisierung erfolgreich abgeschlossen hat. Dafür durchläuft eine digitale Invention ebenfalls die Schritte Markteinführung, Marktdurchsetzung und Diffusion.

Unterschiedliche Markteinführungsstrategien und -planungen bei der hier vorgenommenen Auseinandersetzung mit analoger und digitaler Innovation sind an dieser Stelle nicht im Fokus, sondern sollen anhand folgender Zusammenfassung von Hauschildt nur kurz skizziert werden. Aus führungstheoretischer wie auch innerbetrieblicher Perspektive geht es um die Bewältigung und Umsetzung von Problemkonturierung sowie -strukturierung, Wissensgenerierung und Informationsbeschaffung, Konfliktregulierung und Prozesssteuerung, konkreter definiert:

3.2 Digitaler Innovationsprozess

- „die Bestimmung von Bedürfnissen und Präferenzen möglicher Kunden,
- die Entscheidung zur Produktqualität und zur Überlegenheit des Produktes gegenüber den Konkurrenzprodukten,
- die Festlegung und Darstellung des Kundennutzens durch das innovative Produktangebot,
- die Marktforschung zur Abschätzung der möglichen Absatzmengen, -preise und ihrer Entwicklung,
- die Gestaltung der Vertriebswege und Distributionsnetze,
- das Procedere bei der Einführung des neuen Produktes in den Markt, insbesondere die Wahl des Zeitpunktes,
- die nachhaltige Sicherung der Nachfrage,
- die offensive Auseinandersetzung mit dem Wettbewerb, insbesondere die Verhinderung von Imitation" (Hauschildt und Salomo 2011, S. 40 f.).

Zu Beginn der Etablierungsphase sollte eine grundlegende und wichtige Unterscheidung der anzustrebenden Marktsegmente innerhalb einer analogen und digitalen Etablierungsphase getroffen werden. So splittet sich der Markt einer digitalen Innovation in drei Bereiche auf: in den digitalen Markt, den analogen Markt und eine Marktüberschneidung, bei der analoge und digitale Segmente miteinander verschmelzen.

Grundsätzlich lässt sich sagen, dass innerhalb der Etablierungsphase eine digitale Invention vorrangig den digitalen Markt beeinflusst, genauso wie eine analoge Invention in erster Linie den analogen Markt für sich beansprucht. Durch die Relevanz von Digitalisierung haben digitale Innovationen jedoch ebenfalls einen steigenden Einfluss auf den analogen Markt. Dennoch verschmelzen insbesondere in Anbetracht der noch zu erläuternden Technologieentwicklungen von datafizierten Medien die Grenzen von analogem und digitalem Markt zunehmend (vgl. Abschnitt 6.3.2.1). Dies kann so weit führen, dass sich mit der Marktdurchsetzung neuer Innovationen ganze analoge Gegebenheiten und Marktsegmente anpassen müssen. Hier schließt sich die Klammer zu Schumpeters „schöpferischer Zerstörung".

Digitale Innovationen können demzufolge besonders disruptiv sein. Ein disruptiver Charakter bei digitalen Innovationsprozessen wird unter anderem durch die Geschwindigkeit von technologischen Entwicklungen und die Partizipationsmöglichkeit der Einflussgruppen unterstützt,[11] und das nicht nur, weil eine digitale Innovation oftmals viel schneller als eine analoge Innovation voranschreitet, sondern auch, weil digitalen Innovationen ein globaler und internationaler Charakter

---

[11] Ein Beispiel dafür ist der Wandel der Musikbranche durch die Einflussnahme der Digitalisierung. Mit Eintritt der Mp3-Technologie führte dies zu einem Umbruch im internationalen Musikgeschäft.

zugeschrieben wird. „Das globale Denken und die internationale Ausrichtung gehen ebenfalls stark auf die Digitalisierung zurück" und so steigt der internationale Konkurrenzdruck ebenso durch die internationale Einflussnahme (vgl. Hamidian und Kraijo 2013, S. 13). Zwar lässt sich dieser globale Druck durch die allgemeine gesellschaftliche Vernetzung auch auf analoge Innovationen beziehen, dennoch wird insbesondere digitalen Innovationen ein Netzwerkeffekt zugesprochen. Dabei geht es für die digitale Innovation nicht nur um den potenziellen Käufer, sondern auch um die Anzahl der Konsumenten und die Reichweite. Denn mit zunehmender Konsumentenzahl steigt ebenso der Nutzen der Innovation (vgl. Barthel 2001, S. 38). Deutlicher formuliert: Je mehr Kunden sich der digitalen Innovation bedienen, desto größer sind der Marktanteil und die Auswirkungen auf daraus resultierende Innovationen.

Demzufolge erhöht sich der Druck auf die Produkte oder Dienstleistungen, die sich innerhalb einer Marktüberschneidung befinden. Hiermit sind vor allem Schnittstellen gemeint, die eine Kombination von Hardware und Software implizieren. Das noch zu erläuternde Internet der Dinge als Bestand der Quintärmedien kann hier eingeordnet werden (vgl. Abschnitt 6.2.2 und 6.3.1.1). „Für solche Geräte werden Webschnittstellen und mobile Anwendungen implementiert. Die über APIs gespeicherten Daten werden anderen Anwendungen zur Verfügung gestellt, wodurch digitale Innovation gefördert wird" (Nagel 2012b, S. 69 f.). Demgemäß entsteht eine Abhängigkeit, die je nach Innovation entweder einen analogen oder digitalen Ursprung hat.

Unabhängig davon, um welche Innovationsform es sich schlussendlich handelt, muss sich die entwickelte Neuartigkeit auf einem der Märkte bewähren. Daher soll noch einmal verdeutlicht werden, dass das reine Kreieren einer Idee nicht ausreicht, sie muss tatsächlich einen Mehrwert bieten beziehungsweise einen tatsächlichen Nutzungskontext aufzeigen. Digitale Innovationen müssen als neuartige technisch-digital basierte Produkte durch die erfolgreiche Etablierung und Durchsetzung in einem (digitalen) Markt eine Neuerung generieren.

Mit dem Eintritt des Internets hat sich gezeigt, dass insbesondere die steigende Geschwindigkeit, in der sich sowohl Innovationen entwickeln, aber auch in den Markt eindringen, diverse Herausforderungen für eine erfolgreiche Etablierungsphase mit sich bringt (vgl. Haisch 2011, S. 89). Neben der bereits beschriebenen Innovationsprozessgeschwindigkeit während der Entwicklungsphase, die durch die Digitalisierung und technologischen Entwicklungen weiterhin ansteigt, muss während der letzten Phase des Prozesses ebenso das Tempo erhöht und ihre Handlungs- sowie Veränderungsgeschwindigkeit angepasst werden.

Mögliche Neuausrichtungen und Wandlungen unaufhörlich im Blick, bedarf hier es ebenfalls Schnelligkeit in Reaktion und Anpassung. Agilität wird zum

Schlüssel des Erfolgs und impliziert in diesem Zusammenhang nicht nur Schnelligkeit, sondern auch die Beweglichkeit und die Fähigkeit, sofort auf sich verändernde Marktgegebenheiten reagieren zu können (vgl. Klaus 2019, S. 9). Mithilfe einer agilen Marktetablierungsstrategie, des „[…] Erreichen[s] eines angemessenen Gleichgewichts aus Planen und Handeln sowie aus Stabilität und Veränderung" (Bruce und Jeromin 2016, S. 3), kann sich die angestrebte Innovation zielführend behaupten.

Der durch die Geschwindigkeitsveränderung einhergehende Leistungsdruck für Innovationsverantwortliche ebenso wie der konstante Konkurrenzdruck fordern für die Entwicklungsphase wie auch für die Etablierungsphase höhere Kommunikationsmaßnahmen. Die Integration von Kommunikation steigt durch die Einbindung der primären und sekundären Einflussgruppen innerhalb eines digitalen Innovationsprozesses. In Bezug auf die Markteinführung und -durchsetzung müssen diese einzelnen Gruppen ebenfalls frühzeitig berücksichtigt werden, dabei erscheint unter anderem die Strategie einer integrierten Kommunikation[12] als sinnvoll. Demgemäß müssen die Kommunikationsmaßnahmen innerhalb des gesamten Innovationsprozesses, aufgrund der externen Forderungen, ebenso transparent und vertrauensvoll agieren. Die integrierte Kommunikation kann zudem frühzeitig bei der Pflege des Beziehungsmanagements zwischen Einflussgruppe und Innovationsverantwortliche unterstützend wirken.

Durch die damit einhergehende Einbindung der sekundären Einflussgruppe wird die Beziehung zwischen einzelnen Akteuren auch in der Etablierungsphase relevanter. Innovation muss sich verstärkt nach außen öffnen und Ideen mit Externen teilen und in weiteres Vorgehen inkludieren (vgl. Hamidian und Kraijo 2013, S. 13). Dies unterstützt die Bindung einzelner Beteiligter und einen wechselseitigen Austausch. Darüber hinaus kann die Einbindung von späteren Konsumenten markenstärkend und prozessfördernd wirken. Schließlich ist die erfolgreiche Etablierung im Markt und die Übernahme der Innovation die Endabsicht, die die Zielgruppe als „[…] das Hergestellte als Novum wahrnimmt oder erkennt und dies weiterkommuniziert" (Braun-Thürmann 2005, S. 6 f.). Dies wiederum bedeutet für die Etablierungsphase: "There is no market for your messages, […] markets are conversations" (Levine et al. 2000, S. 148).

---

[12]Integrierte Kommunikation wird hier wie folgt verstanden: „[…] ein strategischer und operativer Prozess der Analyse, Planung, Organisation, Durchführung und Kontrolle, der darauf ausgerichtet ist, aus den differenzierten Quellen der internen und externen Kommunikation von Unternehmen eine Einheit herzustellen, um ein für die Zielgruppen der Kommunikation konstantes Erscheinungsbild des Unternehmens bzw. eines Bezugsobjektes der Kommunikation zu vermitteln." Bruhn 2014, S. 22.

Mit der Diffusion[13], der Verbreitung der Innovation durch Annahme der Zielgruppe, aber auch durch Innovationsübernahme oder -imitation von Konkurrenz, schließt der Innovationsprozess erfolgreich ab. Hierbei kann es schließlich ebenso zu einer neuen Markterschließung oder (gravierende) Auswirkungen auf den digitalen sowie analogen Markt kommen.

„Bewährt sich eine neues technologisches Paradigma in seiner Umwelt, ist die nun erstandene [radikale] Innovation wiederum die Basis für den ‚normalen' kontinuierlichen technischen Wandel in Form von unzähligen inkrementellen Verbesserungen und Modifikationen" (Braun-Thürmann 2005, S. 50). Damit schließt sich der unaufhaltsame Kreislauf von Innovationen. Die damit einhergehende Kontinuität bezieht sich zwar lediglich auf den Innovationsprozess als solches, dennoch wird dadurch die Unvergänglichkeit von Innovation besonders deutlich. Etabliert sich eine Invention erfolgreich im Markt und wird zur Innovation, lässt nach der Normalisierung der wirtschaftlichen Situation (vgl. Link 2006), aufgrund der digitalen Geschwindigkeit, die nächste Innovation wahrscheinlich nicht lange auf sich warten. Erlischt ein Markt, eröffnet eine Innovation einen neuen.

Trotz jahrzehntelanger Innovationsforschung fehlt bislang ein geeignetes Modell zur Theorie des digitalen Innovationsprozesses (vgl. Kolo 2013, S. 210). Auch wenn jeder Prozess individuell komplex sowie kontextabhängig ist, zeigt sich durchaus eine Möglichkeit der Skizzierung (vgl. Abbildung 3.1). Obgleich Schumpeters klassischer Ansatz hier weiterhin als wichtige Grundlage dient und als erforderlich angesehen wird, lässt sich sehr wohl eine Veränderung zwischen einem analogen und digitalen Innovationsprozess aufgrund des technologischen Wandels erschließen. „Was wirklich eine Innovation war, weiß man erst hinterher, wenn die Entwicklung eines neuen Gedankens in Tiefe und Breite bekannt ist" (Hauschildt und Salomo 2011, S. 23). Dennoch ist es sinnvoll, von Beginn an ein solches Modell zu berücksichtigen, um die Erfolgschancen zu erhöhen und mögliche Risiken zu minimieren. Wird die Idee grundlegend als innovativ angesehen und das Innovationsbewusstsein geht in den Prozess über, dann liegt hier der entscheidende Vorteil einer tatsächlichen Neuartigkeit und der Grund für eine wirtschaftliche Entwicklung. Mit dem Stand der Gegenwart muss der digitale Innovationsprozess versuchen, ein Zukunftsbild zu konstruieren, das durch Entwicklung in einen bestehenden Markt übersetzt sowie übertragen werden kann. Die Folgen dessen können weitreichend sein und sind nicht vollends vorhersehbar.

---

[13] Bei Konkretisierung der Diffusion wird auf Everett M. Rogers verwiesen, der Diffusion wie folgt definiert: "Diffusion is the process by which an innovation is communicated through certain channels over time among the members of a social system." Rogers 1983, S. 5.

3.2 Digitaler Innovationsprozess

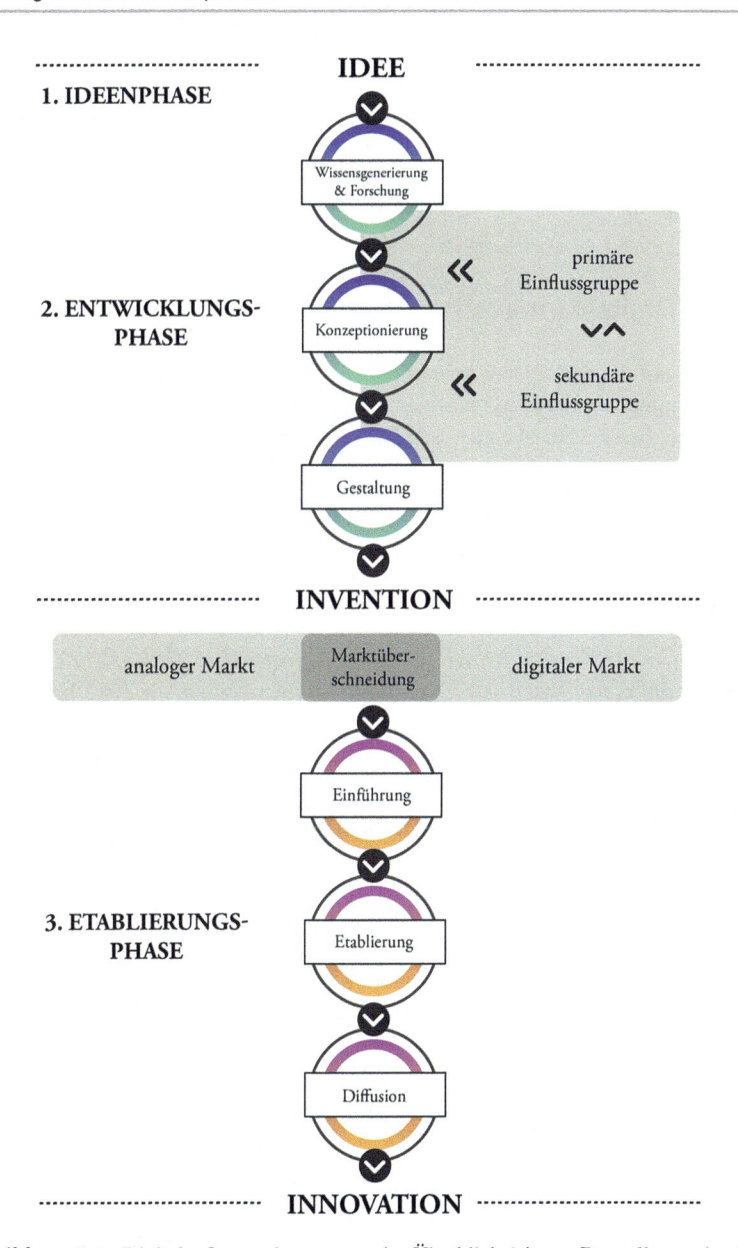

Abbildung 3.1 Digitaler Innovationsprozess im Überblick (eigene Darstellung, ebenfalls veröffentlicht in vgl. Krüger 2020).

Unabhängig davon, wie schnell oder komplex zukünftige Innovationen und Innovationsprozesse noch werden, solange das Individuum kreativ wirken kann, wird es auch weiterhin Innovationen geben. Doch schlussendlich kann nur durch die Motivation, die Begierde, Neues zu erschaffen, den „Mann der Tat" walten zu lassen, sich Neuartigkeit im Vollen entfalten und Innovation nachhaltig die Wirtschaft und Gesellschaft verändern.

3.3 Digitale Innovation vs. digitale Transformation

In Bezug auf die Auseinandersetzung mit Medien und Kommunikation präsentieren sich immer wieder Medienformen, die sich mit der Übernahme von bekannten Strukturen bereits bestehender Medien ihren Weg in die Gesellschaft bahnen. "In the process of media development, each new medium initially mimics the old, existing ones, in trying to improve them, thus promising brand-new tools for communication, while simultaneously being woven into the gradually evolving societal media networks, in a process of 'remediation'" (Fornäs et al. 2007, S. 50, zitiert nach: Dogruel 2012, S. 106 f.). In diesem Zusammenhang muss jedoch zwischen der tatsächlichen neuartigen Erweiterung und einer Adaption beziehungsweise Transformation unterschieden werden. Insbesondere die Erweiterungen um etwas Neues oder Neukombinationen können als erste Indizien für die Entstehung von einer neuen Medientypologie betrachtet werden.

Der schon beinahe überstrapazierte Begriff Innovation ist, wie erläutert, kein neuer Begriff, er prägt schon seit Jahrzehnten unterschiedliche wissenschaftliche Fachgebiete. Neben der zentralen Bedeutung des vermeintlich einfach zu verwendenden Begriffs kommt allerdings bei genauer Betrachtung erschwerend hinzu, dass nicht nur die Begrifflichkeit unterschiedlich angewandt sowie verstanden werden kann, sondern auch die konkrete Wahrnehmung beziehungsweise Beurteilung einzelner Innovationen durch jeden Betrachter individuell ist. Folglich können einige Individuen eine Innovation als hochgradig neuartig wahrnehmen, wohingegen andere Individuen diese konträr beurteilen würden. „Innovation ist somit kein objektiv messbarer, sondern auch ein subjektiv gefärbter Begriff" (Voßkamp 2002, S. 64, zitiert nach: Burr 2004, S. 23).

Die Beurteilung des Neuigkeitscharakters einer Innovation ist somit seit Schumpeter von verschiedenen Faktoren abhängig. Im Zuge der Digitalisierung verändern sich jedoch die Rahmenbedingungen für Innovationsprozesse und demzufolge die Faktoren zur Beurteilung von digitalen Innovationen. Bewährte Mechanismen und Prozesse können nicht eins zu eins ins Digitale übertragen werden. In klassischen innovationstheoretischen Ansätzen wurde bislang die

3.3 Digitale Innovation vs. digitale Transformation

schwierige inhaltliche Trennung zwischen Innovation und Invention diskutiert. Im digitalen Zeitalter soll hingegen zwischen digitaler Innovation und digitaler Transformation unterschieden werden.

Die Digitalisierung wird hier als Paradigmenwechsel für den Innovationsprozess verstanden und als Ursache des Wandlungsprozesses gesehen. Was in klassischen innovationstheoretischen Ansätzen bislang als schwierige inhaltliche Trennung diskutiert wurde, nämlich Innovation und Invention zu unterscheiden und dort eine differenzierte Abgrenzung zu treffen, ist hinsichtlich der Digitalisierung vor allem die Unterscheidung zwischen digitaler Innovation und digitaler Transformation geworden.

Grundlegend muss in vielen Fällen die Frage gestellt werden, ob es sich bei einer aufkommenden Idee oder sich vermeintlich entwickelnden Invention tatsächlich um eine digitale Innovation handelt, ob Aspekte eines „neuen" Produkts oder einer Dienstleistung vollkommen „neuartig" sind oder ob es eine Transformation vom Analogen ins Digitale betrifft. Die Differenzierung zwischen Innovation und Transformation scheint vor allem an dieser Stelle sinnvoll, um digitale Innovationen zu konkretisieren und unter Berücksichtigung der Medientypologien zu veranschaulichen, weshalb es nicht zu einem Aussterben einzelner Medientypologien kommt, sondern lediglich zu Anpassungen in Form von digitalen Transformationen. Schließlich kann vorab schon festgehalten werden, dass das Buch als Sekundärmedium, Fernsehen oder Radio als Tertiärmedien auch weiterhin relevante Medien darstellen. Sie passen sich lediglich den neuen Gegebenheiten an.

Digitale Transformation wird hier als erforderlicher Veränderungsprozess für bereits bestehende Produkte, Dienstleistungen oder Geschäftsmodelle definiert. Zudem wird darunter die branchenabhängige digitale Ausrichtung verstanden, um im 21. Jahrhundert weiterhin bestehen zu können. Dabei greifen diese Transformationsprozesse in bereits bestehende Systeme oder Leistungsfelder ein. Zwar kann digitale Transformation als Übertragung von einst analogen Innovationen in die digitale Welt verstanden werden, es handelt sich hierbei allerdings vielmehr um einen Prozess der Umgestaltung eines Produkts, Modells oder Prozesses unter Berücksichtigung von digitalen Einflüssen. Die einfache Übertragung einer einstigen analogen Innovation, die meist ohnehin nicht unverändert möglich ist, sowie die digitale Abbildung bislang physisch ablaufender Prozesse werden in der Praxis als „digitaler Zwilling" bezeichnet (vgl. Oswald und Krcmar 2018, S. 6). Diese Form der Übernahme zählt zwar ebenfalls zur Transformation, sie bezieht sich jedoch auf einen digitalen Wandel, basierend auf der stetigen Weiterentwicklung von digitalen Technologien. Ziel ist das Ablösen veralteter Prozesse, die mithilfe moderner Technologien den Sprung in die neuzeitige digitale Welt schaffen.[14]

Um eine digitale Transformation durchzuführen, steht das damit verbundene Konzept und der umzusetzende Prozess vor ähnlichen Herausforderungen und unterliegt ähnlichen Einflüssen wie der digitale Innovationsprozess. In Anlehnung an Schumpeters „Theorie der wirtschaftlichen Entwicklung" geht es hier ebenfalls um einen Bruch des wirtschaftlichen beziehungsweise unternehmerischen Gleichgewichts, das durch einen Transformationsprozess eine positive Veränderung durchläuft. Dabei geht es nicht um die kreative Zerstörung, sondern vielmehr um eine notwendige Anpassung. Grundsätzlich wird deutlich, dass die Digitalisierung wie bei einer digitalen Innovation auch hier zum Treiber der Entwicklung von digitaler Transformation wird. Bereits skizzierte Innovationsmechanismen, wie eine Abhängigkeit der technologischen Wissensbestände, der schnelle technologische Fortschritt, externe Einflussfaktoren sowie notwendige Kommunikationsmaßnahmen, sind auch für den Transformationsprozess von Bedeutung.

Während ein digitaler Innovationsprozess den digitalen Markt fokussiert und disruptiv vorgehen kann, schafft eine Transformation die Verbindung, um Bestehendes weiterhin am Leben zu erhalten und sowohl in der realen als auch der virtuellen Welt vertreten zu sein. Die Berücksichtigung der verschmelzenden Märkte ist eine entscheidende Aufgabe für die digitale Transformation. Hierbei kann es auf der einen Seite von Vorteil sein, dass bereits eine vorhandene Anhängerschaft besteht, auf der anderen Seite aber auch von Nachteil, da diese von den vollzogenen Veränderungen überzeugt werden muss. Das bislang vorherrschende Medienverhalten muss sich den neuen Gegebenheiten anpassen sowie

---

[14] Aus wirtschaftlicher Perspektive ist die Notwendigkeit der digitalen Präsenz zwar bereits bekannt, allerdings zeigt eine aktuelle Studie, dass die Vielzahl von deutschen Großunternehmen die digitale Transformation als reine Digitalisierung bestehender Geschäftsmodelle und analoger Prozesse versteht. Vgl. etventure 2018, S. 7.

Jedoch geht es für Unternehmen im 21. Jahrhundert viel mehr darum, neue Ansätze zu erschließen, um ihre bislang analogen Produkte oder Dienstleistungen auch zukünftig zu sichern. „Die Fähigkeit zur Transformation wird in digitalen Zeiten damit zu einer existenziellen Bedingung der Zukunftssicherung von Unternehmen." Mertens 2019, S. 2.

Eine eigene Transformationsstrategie wird hier zum Schlüssel für einen erfolgreichen Eintritt sowie langfristigen Bestand in der digitalen Welt. Jedoch scheint es so, als mangelt es oftmals noch an einem holistischen Ansatz, der „[…] die richtige Balance aus dem Fortführen einer erfolgreichen Vergangenheit und einer Weiterentwicklung in zukunftsfähige Geschäftsfelder" ermöglicht. Vgl. Mertens 2019, S. 3.

3.3 Digitale Innovation vs. digitale Transformation

auf die Umstrukturierungen einlassen. An diesem Punkt verschwimmen die Grenzen. Sowohl für Innovationsverantwortliche als auch für Anwender wird es immer schwieriger, zwischen Adaption und Neuerung zu unterscheiden.

Gewiss kann digitale Transformation auch als dauerhafter Trend ausgelegt werden, der in erster Linie für die konstante Erneuerung digitaler Technologien sorgt und für neuere technologische Generationen verantwortlich ist. Jedoch geht es im Zusammenhang mit der Innovationsanalyse vorrangig um die Adaption bekannter Strukturen aus der analogen Welt in die digitale. Die Verbesserung bestehender Technologien ist daher als zweitrangig anzusehen. Schon Schumpeter erkannte, dass das Wechselspiel zwischen Innovation und Imitation als eine entscheidende Triebfeder des Wettbewerbs fungiert (vgl. Schumpeter 2010, S. 143 und S. 166) und als Instrumentalisierung einer vermeintlichen Innovation dienen kann (vgl. Kaschny et al. 2015, S. 7).

Demzufolge kann die digitale Transformation im 21. Jahrhundert als Nährboden für die Entwicklung von digitalen Innovationen angesehen werden. Diese fungiert als Basis, von der aus Innovationsvorhaben entwickelt werden können. Obwohl eine Transformation ebenso das wirtschaftliche Gleichgewicht durcheinanderbringen kann, verfolgt sie vorrangig das Ziel einer digitalen Stabilisierung und konstanten Aktualisierung, wohingegen digitale Innovationen als deutlicher Störfaktor betrachtet werden.

In Anbetracht der Klassifikation der Medientypologien bedeutet das, dass bestehende Formen auch im Fall von digitaler Transformation dafür zuständig sind das Gleichgewicht am Leben zu erhalten. Neuartige Medieninnovationen hingegen sorgen dafür, dass zum einen die Bildung von neuen Medientypologien immer schneller realisiert werden kann und zum anderen immer mehr Bereiche mediatisiert werden können.

Medieninnovation als Wandel 4

4.1 Die Indikatoren für Medieninnovation

Wie sich zeigt, sind Innovationen ein wichtiger Antrieb für ökonomische sowie soziale Entwicklungen. Gleichzeitig werden Medieninnovationen als Ursache für gesellschaftliche Veränderung und als Katalysator für medialen Wandel beschrieben (vgl. Wolling et al. 2011, S. 11). Die Wortzusammensetzung von Medieninnovationen scheint dabei besonders relevant.

Im Folgenden dient die Komposition einerseits zur weiteren Konkretisierung infolge des vorherigen Innovationsansatzes und andererseits zu ihrem Verständnis als Anstoß für Wandel und Entwicklung, insbesondere in Hinblick auf die Klassifikation der Medientypologien. Zuvor soll allerdings eine grundlegende Darstellung von Medieninnovationen erfolgen. Denn angelehnt an Hauschildts und Salomos These, die besagt, dass Wissenschaft und Praxis gut beraten sind, in Zusammenhang mit Innovation eine klare Einordnung vorzunehmen sowie bestimmte Kriterien unmissverständlich zu bestimmen (vgl. Hauschildt und Salomo 2011, S. 4), sollen mit dem Schwerpunkt auf Medieninnovationen weitere Eingrenzungen von anderen Innovationsansätzen vorgenommen werden. Zu diesem Zweck werden einzelne Indikatoren zur Bestimmung von Medieninnovationen herausgearbeitet, die als Ergänzung zu den bereits erläuterten Bestimmungsmerkmalen von Medien und Kommunikation ebenso als Kategorien zur späteren Unterscheidung der einzelnen Medientypologien dienen sollen (vgl. Abschnitt 5.2).

Damit wird eine erste Zusammenführung der bislang wissenschaftstheoretischen Auseinandersetzungen von Innovation sowie Medien und medial vermittelter Kommunikation beabsichtigt, die als ein Beitrag für die medienorientierte

Innovationsforschung und als Grundlage für weitere Überlegungen dienen kann. Wissenschaftliche Analysen zu Medieninnovationen, insbesondere aus medien- beziehungsweise kommunikationswissenschaftlicher Sicht, sind trotz der potenziell vielfältigen Begriffsverwendung nämlich immer noch rar. Im Gegensatz zu den ersten, ökonomisch-literarischen Untersuchungen zur Innovation, die ihren Ursprung bereits vor über einem Jahrhundert vermerken, gibt es bislang vergleichbar wenige wissenschaftliche Arbeiten mit dem Terminus Medieninnovation, obgleich der eigentliche Untersuchungsgegenstand Medien aus historischer Perspektive noch viel früher anzusiedeln ist.

Erst mit den digital-technologischen Entwicklungen verschiebt sich das Forschungsinteresse allmählich auf medieninnovative Untersuchungen. Diesbezüglich beschreibt das Bestimmungswort Medien eine fachspezifische Abgrenzung zu anderen Innovationsforschungen. Trotz des gleichzeitig steigenden Interesses in Wissenschaft und Praxis an dieser Thematik, hat sich bislang noch kein einheitliches Verständnis von Medieninnovationen herausgebildet. Disziplinspezifische Vertiefungen in Bezug auf Innovationen im Mediensystem oder auf Medien und Kommunikation existieren daher nur in kleinteiliger und verstreuter Form (vgl. Hagenhoff 2017, S. 5). Oftmals wird der allgemeingültige Begriff Innovation verwendet, der zwar fortwährend Aufmerksamkeit generiert, jedoch durch die bevorzugt universelle Verwendung in Gesellschaft, Politik und Wirtschaft eine wertfreie Verwendung des Terminus im wissenschaftlichen Kontext erschwert.

Soll ein innovativer Komplex empirisch untersucht werden, gelangen Analysen in die paradoxe Situation, dass Innovationen zwar divergente Untersuchungsanlässe implizieren können, diese jedoch kaum gemeinsame Kriterien aufweisen, die die Innovationen als einen analytischen Gegenstand begründen (vgl. John 2012, S. 78). Für eine ausreichende Untersuchung der Thematik wird sich daher auf die umfangreiche Arbeit „Eine kommunikationswissenschaftliche Konzeption von Medieninnovationen" von Leyla Dogruel gestützt (vgl. Dogruel 2013). Darin versucht sie, die Lücke der Bestimmung von Medieninnovation mit Fokus auf die kommunikationswissenschaftliche Forschungsliteratur zu schließen und das Phänomen mit den einhergehenden Auswirkungen genauer zu erörtern. Des Weiteren gibt Dogruel eine detaillierte Übersicht von (Medien-)Innovation als Untersuchungsobjekt, definiert Bestimmungsmerkmale und stellt Verbindungen zu interdisziplinären Forschungsansätzen her, um ein eigenständiges, disziplinäres Verständnis für Medieninnovation zu entwickeln.

Nach Dogruel lässt sich der Terminus Medieninnovation einerseits auf kommunikationswissenschaftliche Forschungsliteratur zurückführen, andererseits lehnt er sich an die Differenzierung von Formal- und Materialobjekt der Kommunikationswissenschaft an. Letzteres kann nach Hans Wagner „[…] als die ganz konkreten,

4.1 Die Indikatoren für Medieninnovation

dinglichen Gegenstände (Materialien), denen sich eine Wissenschaft zuwendet", und Formalobjekte als das, „was sie aus diesen ‚macht' oder konstruiert", interpretiert werden (Wagner 1997, S. 74, zitiert nach: Dogruel 2013, S. 13). Für Dogruel sind Medien die Materialobjekte der Kommunikationswissenschaft, wohingegen die „„(soziale) Kommunikation' das Formalobjekt" darstellt (vgl. u. a. Stöber 2008b, Beck 2003, zitiert nach: Dogruel 2013, S. 13). Demzufolge wählt sie den Begriff der Medieninnovation „[…] zur Bestimmung bestimmter kommunikationswissenschaftlicher Materialobjekte, die im Hinblick auf ihre Auswirkungen auf das Formalobjekt ‚Kommunikation' hin untersucht werden" (Dogruel 2013, S. 13).

Ferner weist sie für ein ausdifferenziertes Verständnis darauf hin, dass Medieninnovationen in der Vergangenheit stellenweise synonym mit dem Begriffsverständnis der „neuen Medien" verwendet wurden, dabei allerdings lediglich vage und meist technisch orientierte Abgrenzungen fokussieren und kaum valide Indikatoren über charakteristische Merkmale zur Bestimmung von Medieninnovationen aufweisen (vgl. Dogruel 2013, S. 14).

Folglich könnte das Konstrukt „neue Medien" mit der Einführung des privaten Rundfunks durch McLuhan in den 1960er- und 1970er-Jahren als erster Analyseursprung von Medieninnovationen infolge des erstmaligen Versuchs einer Identifikation von Veränderungsprozessen und damit einhergehenden neuen Kommunikationsangeboten bestimmt werden (vgl. McLuhan 1964). Unter Berücksichtigung dieses Ansatzes offenbart sich die in der Medienwissenschaft geläufige Problematik der Begriffsverwendung von „neuen Medien" in einer bevorzugten Kontextualisierung von Digitalisierung sowie Digitaltechnologie zur gleichzeitig implizierten Abgrenzung von „traditionellen Medien" (vgl. Arnold und Neuberger 2005, Sesink 2008, Löffelholz und Quandt 2003, Beck 2003, zitiert nach: Dogruel 2013, S. 65). Diese Unterscheidung reicht allerdings nicht aus, um Medieninnovationen umfassend zu bestimmen. Diesbezüglich wird viel eher die These vertreten, dass neue Medien schon vor der Digitalisierung existierten und sich auch zukünftig herausbilden werden.

Hinsichtlich medialer Veränderungen versuchen postmoderne Forschungsansätze daher bereits, weitere Einordnungen der neuen Medien im Digitalkontext zu bestimmen. In diesem Zusammenhang differenziert Guido Fromm beispielsweise neue Medien in eine erste und zweite Generation (vgl. Fromm 2000) und Paul Levinson erörtert „new new media" (vgl. Levinson 2009). Diese Ansätze werden allerdings mit Aussicht auf zukünftige, digitale Medienentwicklungen als nicht zielführend betrachtet.

Für eine Analyse von Medieninnovationen als Veränderung aller Medientypologien inklusive medienhistorischer Ereignisse vor der Digitalisierung soll dementsprechend vor Aufkommen der „neuen" und damit implizierten digitalen Medien angesetzt werden. Erst dadurch kann ein allgemeingültiges Konzept von Medieninnovationen entwickelt werden. Hierfür wird ebenfalls auf Dogruels Arbeit Bezug genommen, die auf zwei wesentliche Bestandteile zur Bestimmung von Medieninnovationen als Untersuchungsobjekte hinweist. Erstens versteht sie Medieninnovationen als mehrdimensionale Objekte und somit als Systeme, die vier Dimensionen einschließen, nämlich neue Zeichensysteme, Medientechnik, mediale Institutionen und Organisiertheit von Medien. Dabei geht es nicht um die Identifikation einer Dimension, sondern um die Überlappung dieser vier Dimensionen zur Untersuchung von Medieninnovationen (vgl. Dogruel 2013, S. 300). Sie sind als Zusammenspiel von Teilinnovationen zu verstehen, die durchaus zeitlich asynchron verlaufen können, sich jedoch untereinander durchweg bedingen. Zur Entwicklung eines Medieninnovationsverständnisses müssen daher Medieninnovationen, wie etablierte Medien auch (vgl. Abschnitt 2.2.2), als System verstanden und analysiert werden. Die zuvor angeführte Mediendefinition von Saxer dient als geeignete Grundlage, um Medieninnovationen genauso wie gesellschaftlich fest verankerte Medien nicht nur als technisches Artefakt zu betrachten, sondern als komplexes System zu bestimmen, das ebenso am mehrteiligen Innovationsprozess beteiligt und davon beeinflusst ist. Darüber hinaus entwickelt er ein Konzept des Medieninnovationssystems, das im späteren Verlauf der Arbeit ebenfalls erläutert wird. Als zweiten Bestandteil der Bestimmung stellt Dogruel drei Indikatoren zur Identifikation von Medieninnovationen heraus, anhand derer sich das jeweilige Untersuchungsobjekt als Medieninnovation aufzeigen oder ausschließen lässt. Abgeleitet von ökonomischen und soziologischen Innovationsforschungen, lassen sich diese Indikatoren wie folgt definieren (vgl. Dogruel 2013, S. 302):

Neuheit: als referenzierungsbedürftiges Merkmal lässt sich in Verbindung mit dem Bezugssystem oder -objekt bestimmen und als konkrete Abweichung von bestehenden Strukturen verstehen. Dabei unterteilt Dogruel in Mikro- (der einzelne Mediennutzende), in Meso- (die Medienorganisation) und Makroebene (die Gesellschaft). „Wesentliches Kriterium für das Vorliegen von Neuheit ist die Wahrnehmung einer Andersartigkeit aus Sicht des Betrachters und nicht eine (vermeintlich) objektive Neuartigkeit des jeweiligen Objektes" (Dogruel 2013, S. 303).

Verwertbarkeit: hingegen dient zur Identifizierung von wirtschaftlicher Nutzbarmachung (Verwertung) sowie zur Unterscheidung zwischen Innovationen und „bloßen neuen Ideen" (Dogruel 2013, S. 303). Dogruel bezieht die Verwertbarkeit konkret auf die Anwendbarkeit in spezifischen Kommunikationskontexten. „Medieninnovationen müssen demzufolge für die Bereitstellung und Durchführung von Kommunikationszwecken eingesetzt werden" (Dogruel 2013, S. 304).

4.1 Die Indikatoren für Medieninnovation

Kommunikative Folgen: helfen bei der Einordnung neuer Medienphänomene als Medieninnovation. Werden Neuheit und Verwertbarkeit eher als universelle Indikatoren angesehen, kann anhand der kommunikativen Folgen eine Einordnung neuer Phänomene als Medieninnovationen vorgenommen werden. „Gleichzeitig steht dieses Merkmal in enger Verbindung mit der Beschreibung von Medieninnovation als Prozess, da es darauf verweist, dass Innovationen nicht lediglich stete Objekte darstellen, sondern ein wesentlicher Bestandteil des Innovationskonzeptes die Untersuchung ihrer Auswirkungen darstellt" (Dogruel 2013, S. 305).

In einem späteren Teil ihrer Arbeit nennt sie zusätzlich die Charakterisierung dieses Prozesses als viertes, potenzielles Merkmal einer Medieninnovation, klammert diesen aber für das grundlegende Verständnis vorerst aus.[1] Bevor anhand dieser Indikatoren sowie des zuvor skizzierten Innovationsprozesses (vgl. Abschnitt 3.2) ein Medieninnovationsprozess erläutert werden kann, soll zunächst auf das Medieninnovationssystem eingegangen werden, um „die Gesamtheit der Träger" (Dogruel 2013, S. 67) und deren Wechselbeziehungen zu veranschaulichen.

Mit Dogruel soll an dieser Stelle auf Saxer verwiesen werden, der bereits Ende der 1980er-Jahre von Medieninnovationssystemen sprach, die „[...] Änderungen im medienbezogenenen Verhalten von einer gewissen Dauer und einer gewissen sozialen Tragweite auslösen" (Saxer 1989, S. 145).[2] In Anbetracht dessen entwickelt er das „Modell Medien-Innovationssystem" (vgl. Saxer 1989, S. 149 ff.) als ein Versuch, Medienneuerungen zu definieren und in einen Erklärungszusammenhang zu übertragen (vgl. Abbildung 4.1). Hierbei zeigt er die Rahmenbedingungen anhand von Medienpolitik, Wirtschaftssystem, Freizeit und dazugehörigem Markt auf, die durch Interaktionsbeziehungen miteinander verbunden sind. Des Weiteren

---

[1] In Bezug auf den Prozesscharakter sagt sie: „Diese Charakterisierung als Prozess berücksichtigt, dass Medieninnovationen Veränderungsprozesse beschreiben und somit als dynamische Phänomene zu verstehen sind. Während die drei zuvor diskutierten Indikatoren vorrangig auf die Identifikation von Medieninnovationen ausgerichtet sind, ist die Charakterisierung als Prozess insbesondere in analytischer Hinsicht relevant und impliziert die Untersuchung von Medieninnovation als einen Prozess des Wandels. Die prozessuale Verortung von Innovation lässt sich sowohl mit Ausführungen der ökonomischen als auch soziologischen Innovationsforschung stützen. [...] In der Kommunikationswissenschaft werden Medieninnovationen dagegen bisher nur begrenzt aus einer Prozessperspektive heraus betrachtet" Dogruel 2013, S. 317.

[2] Dogruel verweist hier auf Saxer, der bereits 1989 herausstellte, dass „[...] eine Berücksichtigung der Innovationstheorie mit ihrem Erklärungsbeitrag für gesellschaftlichen Wandel zusätzliche Erkenntnisse gegenüber bestehenden Arbeiten der Kommunikationswissenschaft biete, die sich bei der Analyse von Medieninnovationen überwiegend auf die Untersuchung von Diffusions- und damit verbundenen Kommunikationsprozesse konzentriert". Saxer 1989, zitiert nach: Dogruel 2013, S. 68.

Medienpolitik				
Entwicklungssystem	Medieninnovation	Kommunikationssystem	Adoptionssystem	
Technologie	Relativer Vorteil	Medienkommunikation	Akzeptanzkonstellation	
Ökonomie	Kompatibilität	Expertenkommunikation	Adoptionsphasen	Markt
Kultur	Kompaktheit	Organisationskommunikation	Adoptertypen	
Politik	Aufwand	Interpersonale Kommunikation	Adoptionsrelevanz	
Freizeit				

(Wirtschafts-/Software-Ressourcen)

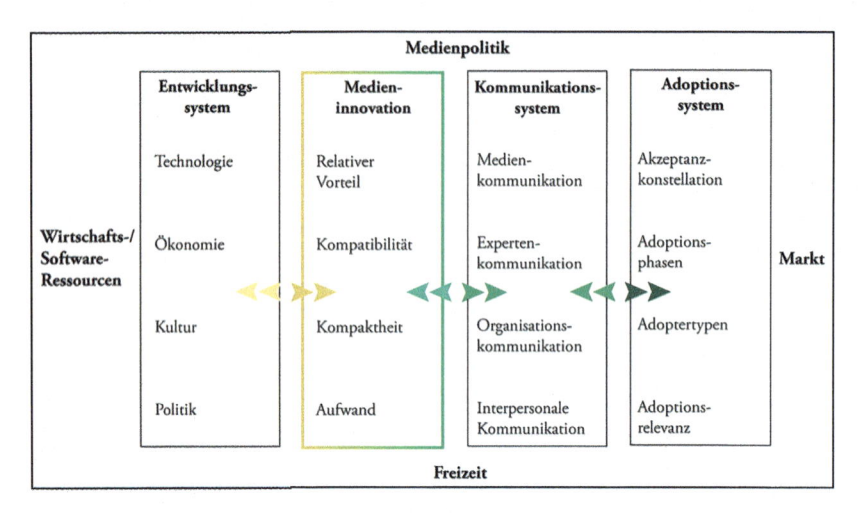

Abbildung 4.1 Das Medieninnovationssystem von Saxer (eigene Darstellung).

wird das Modell in drei Systeme (Entwicklungssystem, Kommunikationssystem und Adoptionssystem) eingeteilt, mit denen Medieninnovationen in reziproker Verbindung stehen, wirken und sich verändern. Auf der Entwicklungsebene, auch als Makroebene verstanden, zählen dazu die Bereiche Technologie, Ökonomie, Kultur und Politik. Das Kommunikationssystem als Mesoebene meint Medien-, Experten-, Organisations- und interpersonale Kommunikation und das Adoptionssystem als Mikroebene teilt sich in Akzeptanzkonstellation, Adoptionsphasen, Adoptertypen und Adoptionsrelevanz. Medieninnovationen werden schließlich in die Kriterien relativer Vorteil, Kompatibilität, Kompaktheit und Aufwand unterteilt, die die Qualität der Innovation bestimmen. Diesbezüglich betont Saxer, dass die Feedback-Mechanismen aus allen Ebenen ebenso auf die Medieninnovation einwirken. „Strategien von Innovations-Entwicklungssystemen bedürfen darum stets erheblicher Flexibilität" (Saxer 1989, S. 161).

Bemerkenswert an dem Modell ist die schon damals zugesprochene Relevanz des Kommunikationssystems. Saxer verweist zusätzlich auf den medialen Kommunikationskanal, mithilfe dessen die Medieninnovationen unmittelbar Einfluss auf weitere Systeme nehmen können: „Dem Kommunikationssystem kommt natürlich für Medieninnovationen ein spezieller Stellenwert zu, geraten diese doch durch einen medialen Kommunikationskanal zugleich viel unmittelbarer in ein

Konkurrenzfeld, nämlich mit etablierten Medien oder anderen Medieninnovationen, als irgendwelche sonstigen Neuerungen, die sich auch der Medienpublizität bedienen" (Saxer 1989, S. 150).

Anhand dieser Einteilung des Modells, die auf theoretischen Prämissen beruht, wird die Notwendigkeit eines breiter gefassten Analyseansatzes von Medieninnovationen ersichtlich. Medieninnovationen können in Anlehnung an Dogruel und Saxer nicht isoliert betrachtet, sondern erst mittels einer ausreichenden Berücksichtigung des dynamischen reziproken Zusammenwirkens von Technologie, Wirtschaft, Politik, Kultur und Gesellschaft als tatsächliche Medieninnovationen identifiziert werden. Demzufolge reicht die rein technologische Perspektive zur Erörterung von Medieninnovationen ebenso wenig aus wie zur Definition von bereits etablierten Medien.

Da Saxer das Modell allerdings als Grundlage für den Anwendungsfall des Schweizer Lokalradiosystems verwendet, soll hier vermerkt werden, dass infolge der Konzentration auf das Massenmedium lediglich eine „rudimentäre" Berücksichtigung des Individuums vorgenommen wurde (vgl. Saxer 1989, S. 149 ff.). „[A]lle erdenklichen Schichten des gesellschaftlichen Seins", so seine viel zitierte Definition von Medien, mit den funktionalen sowie dysfunktionalen Auswirkungen werden hier nicht weiter beachtet. Dabei fungieren gerade Individuen als hilfreiche Indikationsmerkmale bei der Herausstellung von Medieninnovationen. Schließlich geht mit der Etablierung von neuartigen Medien potenziell sowohl die Aneignung neuer Gebrauchs- und Nutzungsweisen, die Entstehung neuer Nutzungsorganisationen und -institutionen als auch neuer Rollen- und Machtverteilungen einher. Für das Verständnis von Medieninnovationen als Wandel, insbesondere von Medientypologien, sind diese Einflussgruppen wichtig. Medieninnovationen werden demnach ebenfalls als komplexe Medieninnovationssysteme interpretiert, die das gesellschaftliche Regelsystem beeinflussen und das soziale Handeln des Individuums befördern sowie beschränken.

Zwar könnte diesbezüglich kritisiert werden, dass der Innovations- beziehungsweise Neuheitsgrad entweder von einer subjektiven Wahrnehmung oder der jeweils gewählten Perspektive eines Teilsystems abhängig ist. Da der inhaltliche Schwerpunkt allerdings auf Veränderungen von Medien und medial vermittelter Kommunikation als Folge von umfangreichen Aushandlungsprozessen liegt, werden nur Bezugsobjekte oder -systeme berücksichtigt, die als medienhistorisch belegbare Medien zum Wandel und zur Entwicklung von Medientypologien führen. Demnach ist die Untersuchung einzelner Rollenveränderungen sowie die Analyse aus subjektbezogener wie institutioneller oder organisationaler Perspektive nicht außen vor zu lassen und für weitere Identifikationen insbesondere im systemtheoretischen Kontext hilfreich. Dogruel definiert Medieninnovationssysteme somit wie folgt:

„Ein Medieninnovationssystem wird als temporäres, raum-zeitlich begrenztes dynamisches Sozialsystem bestimmt, das alle Akteure, Institutionen und Organisationen umfasst, die am Medieninnovationsprozess, als dem Vorgang der Erstellung, Verbreitung, Nutzung und den Folgen von Medieninnovationen beteiligt sind. Damit schließt die Untersuchung von Medieninnovationssystemen die Analyse ökonomischer, politischer, rechtlicher und technischer Rahmenbedingungen ein, die Medieninnovationsprozesse (mit)prägen" (Dogruel 2013, S. 325).

Bereits in einer früheren Arbeit verweist Dogruel auf die notwendige Berücksichtigung dieser Rahmenbedingungen für ein ausreichendes Verständnis von Medieninnovationen. Ferner expliziert sie die kommunikativen Veränderungen, die mit Medieninnovationen einhergehen (vgl. Dogruel 2012, S. 102 ff.). Sie weist darauf hin, dass sich Medieninnovationen nicht nur auf technischer Ebene vollziehen, sondern ebenso auf ökonomischen, semiotischen und sozialen Ebenen[3] wirken. Zwar definiert sie Medieninnovationen hierbei noch nicht als System, sie verweist jedoch bereits auf die angrenzenden Dimensionen (technische, semiotische, ökonomische und soziale) zur Bestimmung von Medieninnovationen als Untersuchungsobjekte und definiert Medieninnovationen „als Resultat des Zusammenspiels von Veränderungen auf verschiedenen Ebenen" (Dogruel 2012, S. 111).

Um Medieninnovationen allerdings nicht nur als einzelne Veränderungsprozesse zu verstehen, sondern als Grund für Medienwandel und damit gleichzeitig als Grund für die Entwicklung von Medientypologien zu identifizieren, eignet sich an dieser Stelle eine erste theoretische Zusammenführung des vorhergehenden Medieninnovationskonzeptes, der einzelnen Indikatoren sowie des bereits skizzierten grundlegenden Innovationsprozesses (vgl. Abschnitt 3.2). Der potenziell vierte Indikator *Prozess* kommt für die weitere Erörterung von Medieninnovationen hier zum Tragen.

Während die drei Indikatoren vorrangig zur Identifikation von Medieninnovation dienen, kann anhand der Charakterisierung eines Prozesses die Medieninnovation als tatsächlicher Prozess des Wandels begriffen werden. Erst mit

---

[3]Nach Dogruel werden auf technischer Ebene die Veränderungen der technologischen Infrastruktur von Medienkommunikation analysiert, auf ökonomischer Ebene die Auswirkungen auf Organisationsstrukturen, Wertschöpfungsketten und Erlösmodelle betrachtet, auf semiotischer Ebene die Veränderungen der zur Kommunikation eingesetzten Zeichen untersucht und auf sozialer Ebene die Auswirkungen auf soziale Interaktion, basierend auf Kommunikation, erforscht. Vgl. Dogruel 2012, S. 112.

prozessualer Verortung von Medieninnovation können auch die Indikatoren als Momente innerhalb eines Medieninnovationsprozesses erörtert und schematisch als Entstehung (Neuheit), Implementierung (Verwertbarkeit) sowie Auswirkungen (kommunikative Folgen) von Medieninnovationen beschrieben werden (vgl. Dogruel 2013, S. 318 f.). Zusätzlich kann mit dem systemischen Ansatz von Medieninnovation ein mehrdimensionaler Prozess impliziert werden, der die anderen Teilsysteme als Abhängigkeitsgefüge mit einschließt. Unter Berücksichtigung des Prozesscharakters, der drei Indikatoren und der bereits geleisteten Analyse von Innovationsprozessen lässt sich der Medieninnovationsprozess wie folgt skizzieren:

(1.) Die Ideenphase mit einer Neuheit als Anstoß, in der es zu einem Bruch mit der vorherrschenden Normalität kommt und der Prozess zur Invention eingeleitet wird. Daraus resultiert (2.) die Entwicklungsphase, in der die Idee auf Verwertbarkeit geprüft und entwickelt wird. Hierbei müssen die insbesondere im Digitalkontext zuvor analysierten Attribute von Abhängigkeiten, wie technologische Wissensbestände, Schnelligkeit, externe Einflüsse und rechtliche Aspekte, berücksichtigt werden. Insbesondere die Einflussgruppen werden mit Blick auf die Medienentwicklung auch für den Medieninnovationsprozess immer relevanter.[4] Bis schließlich durch die Invention in (3.) die Etablierungsphase übergegangen wird, die zur Herausbildung des Medieninnovationsnutzens und dessen kommunikativen Folgen führt. Mit der Diffusion, also der Verbreitung und Eingliederung sowie der Kommerzialisierung, entsteht die eigentliche Medieninnovation.

Zu ergänzen ist, dass die vollständige Verwertbarkeit sich oftmals in Abhängigkeit mit der Etablierungsphase erst später präsentiert. Denn häufig lassen sich beispielsweise die wirtschaftlichen Auswirkungen und die nachhaltigen Anwendungsszenarien erst mit Prozessabschluss aufzeigen. „Die Verwertbarkeit von Medieninnovationen ist demzufolge als (dynamischer) Aushandlungsprozess zu verstehen, der die Etablierung von Nutzungskontexten und die Herausbildung ökonomischer Verwertungskonzepte einschließt" (Dogruel 2013, S. 304). Diesbezüglich soll jedoch darauf verwiesen werden, dass der skizzierte Innovationsprozess linear ablaufen kann, allerdings nicht muss. Anpassungen, Fehler- und Problembehebungen oder einzelne Rückschritte sind Teil des Prozesses genauso wie komplexe Wechselwirkungen und Abhängigkeiten.

Mit erfolgreich durchlaufendem Innovationsprozess formt sich aus der Idee über die Invention mit Diffusion und Kommerzialisierung die Medieninnovation

---

[4]So können die Einflussgruppen hier genauso alle Träger des Gesamtsystems wie Institutionen, Organisationen oder das Individuum mit einschließen.

heraus. Neben diesem Prozess, der sich je nach zeitlichem Ursprung an analogen oder digitalen Umständen orientiert, ist der Neuheitsgrad weiterhin als Identifizierung einer Medieninnovation und damit als Abgrenzung von Transformationen von Bedeutung. Schließlich hat sich diese Medieninnovation gegenüber anderen Ideen und Inventionen erfolgreich durchgesetzt und ist nicht als reine Adaption von beispielsweise analogen Medienformen in eine digitale Form zu verstehen. Zwar können marginale Neuheiten ebenso als Medieninnovation behandelt werden, in Bezug auf Medienwandel und damit auf die Entstehung neuer Medientypologien geht es jedoch, wie bereits angedeutet, um tiefgreifende Medieninnovationsprozesse, die entscheidende ökonomische, politische sowie gesellschaftliche Auswirkungen haben.

Demnach streben auch Mediensysteme nach Gleichgewicht, die durch Medieninnovationen immer wieder ins Wanken geraten. Im Sinne von Schumpeters Innovationstheorien und in Zusammenhang mit dem erfassten Forschungsverständnis von Medien und Kommunikation kann hier auf Pross' folgerichtige Zusammenfassung verwiesen werden: „Zuerst fassen geniale Köpfe vorhandene Techniken zu neuen zusammen. Dann bringen Kaufleute, zumeist mit Hilfe von Kapitalanleihen, die Neuerung zu Markte; dafür ist Propaganda erforderlich wie in Religion und Politik – denn, wie der Volksmund sagt, was der Bauer nicht kennt, das frißt er nicht. Drittens bemächtigt sich das Publikum in großer Zahl der neuen Technik; sie wird allgemein. Schließlich sinken die Preise bei steigendem Umsatz. Langeweile breitet sich aus. Aber Neugier erfindet Novitäten. Das Spiel beginnt von vorne" (Pross 1998, S. 48).

4.2 Medieninnovation als Antrieb für Medienentwicklung

Medieninnovationen können als dynamische Phänomene beobachtet werden, die als Antrieb für Medienentwicklung weitreichende Veränderungen mit sich bringen. Mit erfolgreich abgeschlossenem Medieninnovationsprozess sorgen sie für Neugestaltungen in Wirtschaft, Politik und Gesellschaft und prägen durch ihren charakteristischen Prozess als Zusammenspiel von Beständigkeit und Wandel ebenso die Mediengeschichte.[5]

---

[5]Obwohl die Arbeit keine mediengeschichtliche Fokussierung verfolgt, sollen einzelne historische Ereignisse zur weiteren Darstellung herangezogen werden. In Bezug auf mediengeschichtliche Verweise weichen in der Wissenschaft aufgrund unterschiedlicher methodischer Ansätze, unter anderem aufgrund von nationalspezifischen Ausprägungen oder kulturspezifischer Relevanz, einzelne Analysen trotz gleicher Medienthematisierung voneinander ab. Daher wird sich besonders auf mediengeschichtliche Ansätze der westlichen Welt berufen, um

4.2 Medieninnovation als Antrieb für Medienentwicklung

Das hier vertretene Medieninnovationsverständnis setzt daher schon vor dem digitalen Zeitalter an und begründet die Herausbildung von analogen Medien. Demgemäß verlaufen die Phasen der Medienentwicklung nicht mit gleicher Geschwindigkeit oder infolge eines gleichförmigen linearen Prozesses, dennoch führt sie kontinuierlich zu neuartigen Medien. Mit diesem Verständnis eines nicht linear, sondern diskontinuierlich verlaufenden Fortschrittgedankens können einzelne Formen auch als „Medienumbrüche" ermittelt werden (vgl. Schell 2006, S. 7).

Mit dem Terminus Umbruch werden plötzliche und radikalere Veränderungen impliziert. Ein Medienumbruch wird als eine konkrete Form des Medienwandels verstanden, der sich nicht evolutionär, sondern vielmehr revolutionär vollzieht (vgl. Garncarz 2016, S. 50). Obgleich der Evolutionsansatz mit dem Verständnis einer bruchlosen, kontinuierlichen Entwicklung sehr wohl zur einzelnen Beschreibung von Medienentwicklungen dienen kann, so wie es beispielsweise Klaus Mertens oder Klaus Schrape zur Erläuterung des steigenden Kommunikationsangebots und des Medienkonsums getan haben (vgl. Abbildung 1.1 und vgl. Merten 1994, Schrape 1995), sollen einzelne Abgrenzungen zum Epochenbegriff vorgenommen und die Evolutionstheorien im Zusammenhang mit Medien nur vereinzelt erwähnt werden.[6]

Denn Epochen oder Zeitabschnitte sind durch deutliche Abgrenzungen definiert. Und obwohl bei Medientypologien von epochalen Ausbreitungen einzelner Medieninnovationen ausgegangen werden kann, handelt es sich nicht um einen Verfall mit Ende einer Epoche oder um Verdrängung. Insofern soll sich bewusst von dem Verdrängungsgedanken distanziert werden, obgleich sich sehr wohl ein Nutzungsrückgang bei einigen Geräten beobachten lässt, wie beispielsweise bei der Verwendung des Tonbandgeräts. Jedoch ist in diesem Zusammenhang lediglich die Materialität gemeint, die rückläufig ist, denn die Funktionalität lebt durchaus in anderen Formaten weiter. Vielmehr geht es daher um Anpassung, Adaption und besonders um Ergänzung, als tatsächlich um Verdrängung und Vernichtung. Aus kommunikationswissenschaftlicher Perspektive gab es demnach bereits einzelne Überlegungen zur Supplementierung oder Komplementierung neuer Medien. Allerdings wurde dabei ebenso erkannt, dass neue Medien die alten nicht verdrängen, sondern ebenso erweiternden Wandlungsprozessen unterliegen (vgl. Lerg 2002, S. 89 ff.). Insbesondere mit Fokus auf die Entwicklung der einzelnen Medientypologien soll von Erweiterung gesprochen werden, da alle

---

die vier Medientypologien detaillierter und mittels Ergänzungen aus Einzelmediengeschichte sowie Kommunikationsgeschichte zu erörtern.

[6]Für wissenschaftliche Ausführungen zur medienhistorischen Auseinandersetzung mit Epochen unter Berücksichtigung von Innovation kann auf „Epochenvergleiche in der Medien- und Kommunikationsgeschichte" von Rudolf Stöber verwiesen werden. Vgl. Stöber 2008a.

Typologien gegenwärtig ein fester Bestand im sozialen Gesamtsystem sind und es sich eher um die notwendige Anpassung von bedingten Wandlungsprozessen handelt.

Ferner kann auf das Rieplsche Gesetz oder „Gesetz von der Komplementarität" verwiesen werden. Es wird davon ausgegangen, dass neue Medien die alten nicht komplett verdrängen, sondern es mit der Etablierung zum Beispiel einer Medieninnovation eine Funktionsverschiebung der vorherrschenden Medien gibt.[7] Diese Theorie lässt sich grundsätzlich auf viele Konzepte der (Weiter-)Entwicklungen übertragen. Im Folgenden soll daher ein revolutionstheoretischer Ansatz gewählt werden, um darüber hinaus Medieninnovationen als komplementären Wandel von Medientypologie zu begreifen.

Allgemein wird der Terminus Revolution in jüngeren medienwissenschaftlichen Auseinandersetzungen immer häufiger herangezogen (vgl. u. a. Wessling 2010, Mayer-Schönberger und Cukier 2013, Lix und Reiner 2014, Hagenhoff 2017). Dabei weist der Begriff Revolution eine lange Herkunftsgeschichte auf und findet seinen eigentlichen Ursprung bereits im 15. Jahrhundert in der Astronomie, genauer der Verlaufsformen einzelner Planetenbewegungen, abgeleitet von dem lateinischen Wort revolutio, die Umdrehung oder wörtlich auch das Zurückwälzen. Erst mit der Verwendung zur Umschreibung von politischen Konnotationen, ausgehend von der Französischen Revolution, fand die Begriffsverwendung ihren Interpretationsursprung für das noch heutige Begriffsverständnis. So meint Revolution heute Umbrüche beziehungsweise Diskontinuitäten ebenso wie damit einhergehende historische Periodisierungen. „Umbrüchen und Diskontinuitäten wohnt etwas Plötzliches, Radikales inne, was die Revolution von der Evolution, also der schrittweisen, sukzessiven Veränderung unterscheiden soll" (Hagenhoff 2017, S. 5). Mit der Verwendung des Begriffs wird daher ebenfalls ein Fortschrittsgedanke impliziert, der die Annahme von komplementärer Entwicklung und Wandel durch Medieninnovationen bekräftigt.

Demgemäß erweist sich die Benennung einzelner revolutionärer Prozesse als geeignete Ergänzung zur bisher geleisteten Darstellung von Medieninnovationsprozessen, wobei auch hier Abgrenzungen zu möglichen Transformationsprozessen getroffen werden müssen. Schließlich handelt es sich für etablierte Medien und deren Erhalt um notwendige Anpassungen an die innovationsbedingten Erneuerungen, sie sind allerdings nicht Repräsentanten der eigentlichen

---

[7]In Bezug auf das Rieplsche Gesetz werden viele Kritiken formuliert. Eine bezieht sich vor allem auf die Tatsache, dass ohnehin nie von Verdrängung gesprochen wird, solange ein Medium auch nur von einem Individuum auf der Welt in Benutzung ist. Vgl. Seufert und Wilhelm 2013, S. 569.

4.2 Medieninnovation als Antrieb für Medienentwicklung

Medieninnovation. Aus medien- und kommunikationswissenschaftlicher Perspektive prägt der revolutionstheoretische Ansatz bereits seit vielen Jahrzehnten die Beschreibung von unterschiedlichen Medienentwicklungen.

Beispielsweise teilt Michael Giesecke (vgl. Giesecke 1992, 2006) mit Blick auf die Geschichte und ausgehend von der Annahme, dass sich Kommunikation und die Informationsverarbeitung mit der Entwicklung von Medien verändert, in vier „Medienrevolutionen der Geschichte" ein. Er differenziert erstens zwischen der Einführung der menschlichen Sprache, zweitens der skriptographischen Datenverarbeitung beziehungsweise komplexen Schriftsystemen, drittens der Durchsetzung des Buchdrucks und viertens der Etablierung der elektronischen Medien (vgl. Giesecke 2006, S. 1 ff.). Darüber hinaus begründet er den Wandel mit einer Unterscheidung zwischen natürlichen und künstlichen Sprachen beziehungsweise Systemen. Jedes neue System ist immer nur so lange als künstlich anzusehen, bis es sich so weit in die Gesellschaft eingegliedert hat, als dass es als natürlich wahrgenommen wird und ein neues Mediensystem auftritt (vgl. Giesecke 1992, S. 36 f.).

Neben Giesecke hat auch McLuhan eine Einteilung in Medienrevolutionen vorgenommen (vgl. McLuhan 1962, 1964), wobei in seiner Arbeit nicht nur das Medium fokussiert wird, sondern er ebenso einen kulturellen Bezug herstellt und in vier kulturelle Epochen einteilt (das Zeitalter vor dem Buchdruck, der literalen Manuskriptkultur, der Gutenberg-Galaxis und das elektronische Zeitalter). Als weiteres Beispiel für medienrevolutionäre Auseinandersetzungen kann die Gedächtnistheorie von Aleida und Jan Assmann angeführt werden (vgl. Assmann und Assmann 1994), die, aufbauend auf der Theorie von Maurice Halbwachs, das Gedächtnis in Bezug zu Medien und Kommunikation setzen und dabei historisch veränderliche Zusammenhänge aufweisen. Diese Theorie dient im späteren Verlauf ebenfalls zur Darstellung einzelner Medientypologien, allerdings primär zur Gegenüberstellung der externalisierten Speicher- und Wissensmöglichkeiten durch Medien.

In Zusammenhang mit diesen, aber auch weiteren Ansätzen von Medienrevolutionen (vgl. Elsner et al. 1994, Merten 1994) zeigt sich, dass ein medienrevolutionärer Bezug als ein weiterer Beleg der vorliegenden These von Medieninnovationen als Grund für Wandlungsprozesse unterstützend wirken kann. Zudem kann dem oftmals industriell geprägten Blick einzelner Revolutionstheorien durch Technologieentwicklung damit entgegengekommen werden.

Techniken oder Technologie[8] bilden die notwendige Voraussetzung für Veränderung, sie konstituieren Infrastruktur und ermöglichen wirtschaftliches Handeln, sie fungieren oftmals als Impulsgeber für Entwicklung und Fortschritt. Mit Augenmerk auf die Medienentwicklung, im Kontext eines Revolutionsansatzes, dient die technologische Berücksichtigung zur Herausstellung von Medieninnovationen als Medienentwicklung.

An dieser Stelle soll jedoch nicht der Debatte Raum gegeben werden, ob Technik die Geschichte vorantreibt und historische Epochen konstruiert oder eher historische Ereignisse dazu führen, dass neue Technik sich entwickelt (vgl. Staudenmaier 1985, zitiert nach: Rammert 2008, S. 304). Vielmehr zeigt sich, dass Medienentwicklungen durch Medieninnovationen als Unterstützung von mediengeschichtlicher Einordnung behilflich sein können. Demzufolge macht sich die Arbeit den Revolutionsgedanken zu eigen, um davon die Kategorie *Revolution* abzuleiten, die neben den Kategorien *Verwertbarkeit* und *kommunikative Folgen* sowie den grundlegenden Bestimmungen von Medien und Kommunikation zur späteren Beschreibung der Medientypologien herangezogen wird.[9] Denn nicht zu vergessen ist, dass fest verankerte Medien einst auch einmal Medieninnovationen repräsentierten, die sich beispielsweise erst aufgrund ihrer neuartigen Beschaffenheit zu etablierten Medien formten und wirtschaftlich, politisch und gesellschaftlich verwertbar wurden.

4.3 Wandlungsprozesse durch Medieninnovation

In Anbetracht der Indikatoren zur Bestimmung von Medieninnovation sowie dem Verständnis für revolutionäre Medienentwicklung werden die dynamischen medialen Wandlungsprozesse immer deutlicher. Medieninnovationen sind schließlich als übergreifende Phänomene zu verstehen, die zu steigenden medialen Erweiterungsformen führen. Sie sind ebenso der Anstoß wie die Treiber für Veränderung.

---

[8] Aufgrund der sich fortschreitenden Technisierung der Wissenschaft und der Verwissenschaftlichung von Technik ist eine Unterscheidung zwischen den Begriffsverwendungen Technik sowie Technologie zunehmend schwieriger zu bestimmen. Dennoch kann allgemein festgehalten werden, dass Technik einen stärkeren Dingcharakter, während Technologie auf ein höheres Ausmaß von Handlungsaspekten verweist. Vgl. Zillien 2006, S. 29. Daher wird der Begriff Technologie vor allem in Zusammenhang mit digitalen Entwicklungen verwendet.

[9] Der von Dogruel bestimmte Indikator Neuartigkeit wird hier als Bedingung für Medieninnovation betrachtet und nicht als weiteres Bestimmungsmerkmal aufgeführt. Schließlich ist Neuartigkeit die Voraussetzung für jede Form von Innovation.

4.3 Wandlungsprozesse durch Medieninnovation

Da bislang kaum medieninnovationstheoretische Ansätze bei einer Untersuchung von medialen Wandlungsprozessen in der Wissenschaft verfolgt wurden, sollen hier zusätzlich kommunikationswissenschaftliche Ansätze als fachübergreifende Ergänzung herangezogen werden. Denn zumindest einzelne kommunikationswissenschaftliche Forschungen fokussieren auch Medieninnovationen im Zusammenhang mit gesellschaftlich hervorgerufenen Veränderungen (vgl. Wolling et al. 2011, S. 11). Daneben eignen sich insbesondere Arbeiten der Mediatisierungsforschung, die den Medienwandel aus kommunikationswissenschaftlicher Perspektive analysieren und dabei medienökonomische sowie gesellschaftliche Veränderungen berücksichtigen (vgl. u. a. Lundby 2014, Krotz 2001, 2007, Hagenah und Meulemann 2008, Hartmann und Hepp 2010a).

Friedrich Krotz hat in den letzten 20 Jahren die Mediatisierungsforschung wesentlich geprägt und umfassende Arbeiten zur Mediatisierung veröffentlicht. Medienwandel bedeutet nach Krotz die in Sprüngen stattfindende Entwicklung, die sich aufgrund von Medienerfindungen, deren Anpassungen sowie Aneignungen durch das Individuum und die Gesellschaft, deren Auswirkungen und deren ständige Weiterentwicklung von Kommunikationspotenzialen, Inhalten sowie Anwendungsmöglichkeiten beschreiben lässt (vgl. Krotz 2007, S. 48).

Diesbezüglich lässt sich ebenso die Relevanz der erläuterten Medieninnovationssysteme anführen. In Hinblick auf Mediensysteme formuliert Krotz einige Jahre später: „Medienwandel kann dann entweder durch den Wandel eines Mediums, also dessen Entstehung oder Weiterentwicklung zustande kommen, oder durch einen Wandel des Mediensystems – der wiederum durch den Wandel eines Mediums, einen Wandel von Verhältnissen von Medien zueinander oder aber auch durch andere, etwa medienübergreifende Einflüsse zustande kommen kann" (Krotz 2017, S. 17).[10] Aus kommunikationswissenschaftlicher Perspektive wird dabei vom Mediatisierungsansatz gesprochen. In Anlehnung an Krotz' umfangreiche Theorien unterteilen Hepp und Hartmann in drei Theoriediskurse:

„Dies ist erstens ein Verständnis von (Medien-)Kommunikation als symbolischem Handeln, das insbesondere im symbolischen Interaktionismus entwickelt wurde. Zweitens betrifft dies den Ansatz der Mediumstheorie als eine Langfristperspektive der Betrachtung von Medien- und Gesellschaftswandel. Drittens muss der Ansatz der Cultural Studies als ein kritischer Zugang der Beschreibung der Wechselbeziehung von Kultur, Medien und Macht genannt werden. Solche Theoriezugänge versteht Friedrich Krotz aber nie als feststehende Aussagesysteme, sondern als Perspektiven, die bestimmte empirische Fragestellungen im Rahmen einer theoriefindenden Forschung

---

[10] Mediensysteme werden nach Krotz als alle kommunikativen Medien einer Kultur oder Gesellschaft bezeichnet, die zum jeweiligen Untersuchungszeitraum zur Verfügung standen und in Nutzung waren. Vgl. Krotz 2017, S. 17.

ermöglichen, beim ‚Neue Theorien entwickeln', wie er es selbst im Titel eines seiner Bücher formuliert" (u. a. Krotz 1992, Hasebrink und Krotz 1996, Winter et al. 2008, zitiert nach: Hartmann und Hepp 2010b, S. 10).

Grundsätzlich wird mit dem Mediatisierungsansatz[11] der Wandel von Kultur, Alltag und Gesellschaft in Relation zum Wandel der Medien verfolgt (vgl. Krotz 2017, S. 14). In Knut Lundbys Veröffentlichung „Mediatization: Concepts, Changes, Consequences" (Lundby 2009) wird der Mediatisierungsansatz demnach zur Untersuchung des Wechselverhältnisses von medialem und gesellschaftlichem Wandel angeführt: "'Mediatization' points to societal changes in contemporary high modern societies and the role of media and mediated communication in these transformations. Processes of mediatization affect almost all areas of social and cultural life in late modernity" (Lundby 2009, S. 1).

Zwar entwickelte sich der Terminus Mediatisierung erst in den 1990er-Jahren mit Aufkommen der digitalen Medien (vgl. Krotz 1995), jedoch lässt er sich aufgrund seiner systematischen Prozesstheorie retrospektiv ebenfalls auf medienbedingte analoge Wandelungsprozesse übertragen. Basierend auf Knut Lundbys These kann zudem festgehalten werden, dass Mediatisierung der Modernität folgt (vgl. Lundby 2009). Unabhängig von der durch die Digitalisierung bedingten ansteigenden Komplexität im Innovationsprozess, können Mediatisierungsansätze bis in die analogen früheren Epochen, wie die Gutenberg-Zeit, zurückverfolgt werden. So schreibt Elisabeth Eisenstein 1979 in „The Printing Press as an Agent of Change: Communication and Cultural Transformations in Early-Modern Europe" über die Auswirkungen und den Wandel durch den Buchdruck (vgl. Eisenstein 1979, zitiert nach: Lundby 2009, S. 10).

Diesbezüglich lässt sich darlegen, dass, unabhängig von Jahrhundert oder Jahrzehnt, Individuen infolge von Medieninnovationen einen medialen Wandel mit einhergehender Veränderung von Kommunikation erfahren. Nach Krotz geht mit diesem Medienwandel im Kontext des Wandels von Alltag, Kultur und Gesellschaft die Mediatisierung einher (vgl. Krotz 2017, S. 14). Die dadurch entstehenden Auswirkungen lassen sich insbesondere an den Veränderungen der gesellschaftlichen Kommunikation erkennen. Medienwandel wird zur Voraussetzung von Kommunikationswandel, zum Einfluss auf soziale und kulturelle

---

[11] Als weitere Ergänzung des Mediatisierungsansatzes kann auch auf Winfried Schulz' Mediatisierungsansatz verwiesen werden. Dieser sagt, dass Kommunikationsmedien Extention (Erweiterung), Substitution (Substitution), Amalgamation (Verschmelzung) und Accommodation (Anpassung) ermöglichen und der damit zusammenhängende Mediatisierungsprozess einen Wandel hervorruft: „clearly, mediatization relates to changes associated with communication media and their development". Schulz 2004, S. 88 f.

4.3 Wandlungsprozesse durch Medieninnovation

Verhältnisse sowie auf das Zusammenleben der Menschen (vgl. Krotz 2005, S. 13, zitiert nach: Dogruel 2012, S. 108). Demnach ist die Mediatisierung neben den Veränderungen von medial vermittelter Kommunikation genauso für die sozialen Beziehungen, das Umfeld eines Menschen und schließlich für den Wandel von Kultur und Gesellschaft relevant. Krotz spricht hier von „mediatisierten Welten" (Krotz und Hepp 2012, Krotz 2017, S. 28).

Diese Mediatisierungsprozesse, auch beschrieben als „Ausdifferenzierung von Medien und von Kommunikation" (Krotz 2017, S. 28), können auf Medieninnovationsprozesse als Anstoß für komplexe Erweiterungsprozesse übertragen werden. Hierbei wirken die Medieninnovationen eben nicht nur auf medientechnologischer Ebene, sondern als Medieninnovationssystem beziehungsweise komplexer Mediatisierungsprozess. Damit können zusätzliche Ausdifferenzierungen spezifisch ausgerichteter Mediendienste einhergehen, die an ökonomisch sowie politische Geschäfts- oder Organisationsmodelle geknüpft sind und gleichzeitig bestehende Formen oder Gewohnheiten der Mediennutzung verändern (Krotz 2017, S. 17).

Beispielsweise transformierte sich dadurch die einstige Medieninnovation Foto zum Medieninnovationssystem der Fotografie. Das Foto hat sich unabhängig von anderen Medienentwicklungen auf Wissensgrundlagen von Optik, Mechanik und Chemie im 19. Jahrhundert entwickelt. Mit der Zeit entstanden Entwicklungslabore und neue Technikverfahren, die dazu führten, dass sich wiederum neue (Medien-)Institutionen und Organisationen etablierten. Mit der damit einhergehenden Privatisierung des Fotoapparats veränderten sich abermals die Relevanz und Position des Mediums innerhalb der Gesellschaft und neue Nutzungsgewohnheiten etablierten sich komplementär dazu. Die Fotografie ermöglichte somit nicht nur eine neue Form von medial vermittelter Kommunikation, sondern hatte ebenfalls Einfluss auf bestehende gesellschaftliche, wirtschaftliche oder kulturelle Strukturen. Sie führte schließlich zum Medium als komplexes System. Demzufolge sind Medieninnovationen ebenso für die Ausdifferenzierung von Neuartigkeit und Bekannten, von Innovation und Tradition sowie von neuen und alten Medien verantwortlich.

Folglich zeigt sich ein dauerhafter Aushandlungsprozess von Wandel. Angesichts der digital-technologischen Einflüsse spricht Krotz allerdings von einer zusätzlichen anderen Art:

> „Denn seit einem halben Jahrhundert haben die analogen Mediensysteme sich in homogene, sich immer weiter entwickelnde computergesteuerte, digitale Infrastrukturen verwandelt, über die tendenziell die gesamten symbolischen Operationen in einer Gesellschaft abgewickelt werden. Auch diesem Wandel liegen technische Neuerungen zugrunde, aber ganz anderer Art, nämlich die Erfindung und Entwicklung des Computers, der dabei ist, zum Teil aller technischen Einrichtungen zu werden und

alle derartigen Einrichtungen zu vernetzen, und der dabei insbesondere auch die alten Medien ‚verschluckt' hat" (Krotz 2017, S. 20 f.).

Obwohl, wie zuvor erwähnt, hier nicht der Ansatz von Vernichtung und Verdrängung alter Medien verfolgt wird, wird mit Erörterung der Medientypologien gezeigt, dass es zu immer gravierenderen Veränderungen mit jeder Medientypologie kommt. So soll erneut auf Medieninnovationen als komplexe Systeme verwiesen werden, die im engen Wechselverhältnis beziehungsweise in Interaktionsbeziehungen mit anderen Gesellschaftssystemen agieren.

Darüber hinaus kann angesichts des revolutionstheoretischen Ansatzes erfasst werden, dass die Wandlungsprozesse durch Medieninnovationen, historisch betrachtet, immer schnellere Verläufe annehmen. Der übergeordnete Entwicklungsverlauf von Medien ist zwar als konstant zu begreifen, gleichzeitig ist er allerdings als ein schubweiser und als ein nicht gleichmäßig kontinuierlicher Verlauf zu verstehen. Diesbezüglich spricht Hepp beispielsweise von Mediatisierungsschüben[12], bei denen er nicht von einer regelmäßigen, sondern von einer schubweisen Veränderung ausgeht (vgl. Hepp 2016, S. 228).

In Hinblick auf die Entwicklung der einzelnen Medientypologien soll zusätzlich ergänzt werden, dass die durch Medieninnovationen ausgelösten Wandlungsprozesse ebenso Grenzerweiterungen zur Folge haben. Für den medial vermittelten Kommunikationsprozess verschieben sich beispielsweise die kommunikativen Rahmenbedingungen mit jeder neuen Medientypologie. Die hier implizierten komplementären Entwicklungsprozesse führen zusätzlich zu Ausdehnungen der bis zum Medieninnovationseintritt vorherrschenden Grenzen.

Insgesamt betrachtet, verlaufen Medieninnovationen, unabhängig von ihrem analogen oder digitalen Ursprung, als ein Prozess, der nicht nur zu technologischen Veränderungen führt, sondern auf Systemebene zugleich wirtschaftliche, politische oder gesellschaftliche Veränderungsprozesse anstößt und bedingt. Medieninnovationen können für umfassende mediale Wandlungsprozesse sowie erweiternde Medienentwicklungen identifiziert werden. Dieses breite, disziplinübergreifende Verständnis kommt Pross' Medienforschungsansatz nahe, der Medien nicht nur systematisch kategorisiert hat, sondern in seiner Darstellung einzelner Medientypologien genauso historisch operiert, im Ansatz interdisziplinär argumentiert und medial bedingte Rahmenbedingungen ebenso wie die Auswirkungen in seiner Analyse berücksichtigt.

---

[12]In angloamerikanischen Kommunikationswissenschaften wird auch von „waves of mediatization" gesprochen. Vgl. Hepp 2016, S. 228.

Die vier Medientypologien 5

5.1 Die Klassifikation der Medien

Mit dem Bewusstsein von Medien als zentrale Elemente für Kommunikation, als komplexe Systeme und als konstruierende, raumzeitlich abhängige Handlungsräume manifestiert sich eine unentbehrliche Wechselbeziehung von Medien und Kommunikation für die Gesellschaft. Faßler spricht in diesem Zusammenhang von einem untrennbaren Spannungsverhältnis: „Man könnte auch sagen, daß Medien das materiale Gefüge darstellen, mit dessen Hilfe Menschen sich die ihnen wichtige Welt zur Verfügung halten. Damit wären Medien bereits ausgewählte, vorsortierte, durchdachte, herrschaftlich oder konventionell verfestigte Weltzugänge" (Faßler 1997, S. 22 f.).

Mit rasant steigender Medienentwicklung und wachsender Mediendichte wird es aus wissenschaftlicher Perspektive allerdings immer schwieriger, einzelne Unterscheidungen zwischen diesen medial-kommunikativen Verhältnissen zu treffen. Um die mediale Vielfalt für Kommunikation differenziert zu betrachten, wurde sich bereits zu Beginn der Arbeit für eine Fokussierung der Klassifikation von Pross mit der Ergänzung von Faßler entschieden.

Im Jahr 1972 klassifiziert Pross in seinem Werk „Medienforschung. Film, Funk, Presse, Fernsehen" Medien als Kommunikationsmittel und definiert mithilfe von umfassenden Analysebeispielen die drei Medientypologien: Primär-, Sekundär- und Tertiärmedien (vgl. Pross 1972, S. 126 ff.). Angesichts der technologischen Ausbreitung von computerbasierter sowie -verstärkter Medienbereiche und elektronisch-digitaler Kommunikation Ende des 20. Jahrhunderts erweitert Faßler in seiner umfangreichen Publikation „Was ist Kommunikation?" diese

Kategorisierung um eine vierte Typologie, die der quartären Medien (vgl. Faßler 1997, S. 147).[1]

Pross' Dreiteilung mit Faßlers Nachtrag kann als medienwissenschaftlich fundiertes Grundwissen betrachtet werden, auf das sich bis heute anerkannte Kommunikations- und Medienwissenschaftler berufen (vgl. u. a. Faulstich 2000, Dittmar 2011, Beck 2018a). Allerdings dient sie dabei durchweg als Grundlagenwissen beziehungsweise Basis für weiterführende Überlegungen. Eine erneute Untersuchung einzelner Typologien, zeitbedingte Anpassungen oder sogar eine ergänzende Ausführung des Modells wurden in der Medienwissenschaft bislang nicht vorgenommen. Diese Lücke soll mit der folgenden Auseinandersetzung geschlossen werden. Zum einen sollen die wissenschaftlichen Reduktionen auf medientechnische oder gerätebedingte Kriterien, die insbesondere mit Pross' Theorien einhergehen, angepasst sowie ergänzt werden. Zum anderen soll durch einen interdisziplinären Ansatz ein breiteres Verständnis der einzelnen Medientypologien dargelegt werden.

Hierfür werden die herausgestellten Kategorien der vorherigen Auseinandersetzung mit Medien und Kommunikation (*Medium als Mittel, Wahrnehmung, Verständigung, Verbreitung, Technik, Speicher-Information-Wissen, Zeit, Raum* und *Interaktion*) sowie der Erörterung von Medieninnovationen als Wandel (*Revolution, Verwertbarkeit, kommunikative Folgen* und *Innovationsbeispiele*) für die Analyse unterstützend hinzugezogen. Ferner repräsentieren alle vier Klassifikationen spezielle medientypologische Systeme, die angesichts relevanter Arbeiten und Theorien ebenfalls berücksichtigt werden. Dazu zählen, neben der wandelnden Rolle des Individuums, die institutionellen sowie organisatorischen Prozesse ebenso wie die Veränderung der von Pross definierten Signalökonomie.[2]

---

[1]Zur terminologischen Vereinheitlichung wird im Folgenden der Begriff der Quartärmedien verwendet. Auf der anderen Seite kann allerdings ebenso von primären, sekundären und tertiären Medien gesprochen werden.

[2]Pross beschreibt bei der Signalökonomie das grundlegende Konzept mit Geräten, um „fokussiert schneller über weitere Räume mehr Menschen zu erreichen" und damit ökonomischen Mehrwert zu erzielen. Vgl. Pross 1997, S. 125, zitiert nach: Beck 2015a, S. 567.

Beck fasst es wie folgt zusammen: „Die Ökonomie der Signale ist eine semiotisch *politische Ökonomie der menschlichen Kommunikation und der Medien*, denn der Zugang zu den Kommunikationsmitteln, die eine Steigerung der Reichweite und eine Vervielfachung des Publikums bei verringertem ‚Trägeraufwand' für die einzelne Mitteilung erlauben, ist eine Machtfrage: Bereits die sprachliche Metapher ist eine Abkürzung, die dem Sprecher auf Kosten der Hörer Zeit spart; Schlagzeile, Rundfunkspot und immer kürzere Rundfunkbeiträge folgen derselben Logik." Pross 1987, S. 169, zitiert nach: Beck 2015a, S. 567. Hervorh. im Original.

5.1 Die Klassifikation der Medien

Gleichzeitig zeigt sich erneut die einflussreiche Bandbreite sowie das weite Themenspektrum von Medien und Kommunikation, weshalb erst mit abschließender Darstellung aller vier Medientypologien eine tabellarische Gegenüberstellung der typologisch-spezifischen Merkmale erfolgen kann (vgl. Tabelle 5.1).

Der Vorteil des hier fokussierten interdisziplinären Ansatzes liegt darin begründet, dass mit der medientypologischen Unterteilung einzelne medieninnovativ bedingte Wandlungsprozesse sichtbar werden und sich zusätzlich einzelne, medienhistorische Entwicklungen skizzieren lassen. Nach Faßler gibt die Geschichte der Medien und Kommunikation zudem Auskunft über die Geschichte der Erkenntnis, hier genannt als Co-Evolution von Wissen, Medialität, Technik und Symbolsystemen (vgl. Faßler 1997, S. 224). So soll an dieser Stelle noch einmal auf das Konzept der Erweiterung in Anbetracht der zu eruierenden Medienentwicklung verwiesen werden.

Schon Pross erkannte, dass mit Aufkommen neuer Mittel das „zeitgenössische Ensemble von Kommunikationsmitteln" zwar beeinflusst wird, die bestehenden Medien jedoch nicht verschwinden. Wohl verändert sich der quantitative Gebrauch, die medienspezifischen Qualitäten bleiben allerdings erhalten. Vielmehr erweitert sich das Ensemble und das Repertoire von Symbolen wächst (vgl. Pross 1976, S. 122 f.). Demzufolge handelt es sich bei der Entwicklung von Medientypologien nicht um eine lineare Kausalreaktion, sondern um einen komplexen Prozess, der progressiv und komplementär verläuft.

Die anschließende Darstellung der Primär-, Sekundär-, Tertiär- sowie Quartärmedien als eine Betrachtung von großen Zeiträumen unterliegt notwendigerweise einem hohen Allgemeinheitsgrad. Dennoch kann mithilfe der folgenden Aufschlüsselung von medial vermittelter Kommunikation und dem Verständnis von Medieninnovationen als Wandel gezeigt werden, dass Medien mehr als nur eine Kombination operativer Funktionen sind. Sie werden infolge ihrer spezifischen Eigenschaften „als Ursache neuer ‚Wirklichkeit' von Kommunikation" verstanden (vgl. Pross 1976, S. 110).

5.1.1 Primärmedien

Nonverbale Sprache, Mimik und Gestik, sowie die Verbalisierung durch Laute und schließlich erzeugter Lautsprache bestimmen die Primärmedien. Pross geht davon aus, dass jede menschliche Kommunikation mit Primärmedien beginnt, die unmittelbar von Angesicht zu Angesicht sowie durch leibliche Interaktion erfolgt (vgl. Pross 1972, S. 127 f.). Primärmedien sind somit als Urform, Grundlage oder fester

Bestand aller noch folgenden Medientypologien zu verstehen. Sie vereinen diskursiven und präsentativen Symbolismus[3] und konstituieren die Umwelt, in der sich das Individuum bewegt, verständigt und durch Erfahrung von Zeichenrelationen entfalten und erneuern kann (vgl. Pross 1974, S. 30).

Pross erläutert das primäre Medium anhand von Demonstrationen und Zeremonien, in denen das Individuum als Einzelner eine Nachricht selbst als physikalischer Träger übermittelt. Das charakteristische Merkmal dieser Kommunikationsform liegt in der Tatsache begründet, dass kein materielles Gerät als Medium zwischen dem Kommunikator und Rezipienten geschaltet ist. Lediglich die sinnhaften, nonverbalen oder gestenbasierten sowie akustischen und verbalen Mittel stehen zur Verfügung. Demnach liegt allen Formen der ersten Medientypologie eine Gemeinsamkeit zugrunde, nämlich die, dass kein materielles Gerät zwischen Sender und Rezipienten geschaltet wird, sondern die menschlichen Sinne zur Produktion, zum Transport sowie zum Entschlüsseln der Botschaft ausreichen (Pross 1972, S. 145).

Allein von der Verfügbarkeit der optischen und akustischen Mittel des menschlichen Elementarkontaktes abhängig, kann das Primärmedium wirken (vgl. Pross 1972, S. 139 f.). Die Wahrnehmung ist dabei von den sinnlich kognitiven Kompetenzen auf beiden Seiten abhängig.

Seit Beginn der Menschheit sind Individuen bestrebt, diese Bedeutungskataloge und Wissensbestände über die Grenzen der primären Gruppen (Familie, Clan, Horde, Stamm oder Nachbarschaft) hinaus zu verbreiten. „Sie zeigen einen unwiderstehlichen Drang, über Raum und Zeit hinweg sich mitzuteilen, indem sie ihre Laut- und Schriftzeichen, ihren Namen weitergaben" (Pross 1972, S. 140). Historisch betrachtet, war es bereits durch Völkerwanderungen und insbesondere mit dem Aufkommen neuer Transportmöglichkeiten, wie Pferd, Kamel oder Schiff, möglich, neue Gebiete, fremde Gruppen und andere Sprachen zu erschließen.

---

[3]Pross veranschaulicht am Beispiel der gesprochenen Sprache die Unterscheidung der diskursiven und der präsentativen Symbolismen: „Sie hat allgemeine Konnotationen und festgelegte Regeln; um spezifische Beziehung des Gesagten zu einem Objekt herzustellen, bedient sich der Sprechende nichtverbaler Symbole: er zeigt, er gestikuliert, er hebt und senkt die Stimme, er wendet sich ab oder neigt sich zu. Wird er aber gefragt, was er gemeint hat, so beginnt er, Worte zu wiederholen und die nichtverbalen Verrenkungen wortreich zu erklären; aber wie er sich auch anstrengt, die ursprüngliche Präsentation läßt sich nicht wiederholen. Die präsentativen Symbole in Sprache übersetzt, sind auf sprachliche Zeichen reduziert, ihr Beitrag zur Erkenntnis liegt aber gerade darin, daß sie vermitteln, was die Sprache, ihrer Schwerfälligkeit wegen, nicht vermitteln kann. Für die soziale Kommunikation scheinen beide Arten von Symbolen unentbehrlich." Pross 1974, S. 30.

5.1 Die Klassifikation der Medien

Mit der Überschreitung von territorialen Grenzen war und ist es noch heute für eine erfolgreiche Kommunikation von Vorteil, wenn die verbalisierte Kommunikation auf einen ähnlichen Zeichensatz zugreifen kann. Dennoch soll in Bezug auf das klassische Sender-Empfänger-Modell angemerkt werden, dass, trotz erfolgloser Decodierung einer Botschaft, aufgrund von beispielsweise Sprachbarrieren oder interkultureller Diskrepanzen, durchaus ein abschließender Kommunikationsprozess mit Wirkung entsteht. Alltägliche banale kommunikative Missverständnisse oder gerätebedingte Probleme der Entschlüsselung lassen sich in allen weiteren Medienformen ebenfalls aufzeigen. Sie werden als Teil von Störungen interpretiert. Nach Pross stellt daher eine mögliche Fehlkommunikation dennoch eine Form von Kommunikation dar, die gegebenenfalls weitreichende Folgen mit sich tragen kann (vgl. Pross 1972, S. 127).

Das Primärmedium ist somit als Präsenzmedium zu identifizieren, das nur auf Basis des sinneswahrnehmbaren Raumes existieren und fungieren kann. Die Reichweite wiederum hängt von dem Bedeutungskatalog ab, der den Kommunizierenden aufgrund dieser Körperlichkeit zugrunde liegt. Das Verständnis hingegen ist bedingt durch die Übereinkunft der Signale und Symbole. Diese sind als Grundpfeiler zu verstehen, infolge dessen sich Sinnbilder beziehungsweise Informationen erschließen, die nur durch spezielle Kenntnisse entschlüsselt und zu neuem Wissen führen können.

Bei einer zum Beispiel mündlichen, persönlichen Kommunikation basiert das Medium auf Schallwellen und kann nur innerhalb der sinneswahrnehmbaren Grenzen des Gegenübers aufgenommen werden. Demzufolge muss der körperliche Raum zum gleichen Zeitpunkt einer sinneswahrnehmbaren Kommunikation anwesend sein. Sender und Rezipient können uneingeschränkt und mit allen ihnen zur Verfügung stehenden Sinnen in kommunikativen Austausch treten. Diese allumfassende Sinneswahrnehmung ist in dieser Art und Weise bei allen weiteren Medientypologien unmöglich. Primärmedien basieren auf der „Leibdimension", in der der Ausdruck von Kommunikation im und durch den Leib geschieht und somit auf gleichzeitiger raumzeitlicher Gegebenheit beruht (vgl. Rothe 2006, S. 13).

Demnach ist eine Archivierung eines mündlich übermittelten Verlaufs nur eingeschränkt realisierbar. Das Primärmedium tritt ausschließlich in der Gegenwart aus, wobei diese hier „[...] als momentan aktualisierte Einheit der Differenz von Vergangenheit und Zukunft gefasst werden [kann]. Es handelt sich gewissermaßen um gegenwärtige Zukünfte und gegenwärtige Vergangenheiten" (Thye

2013, S. 64).[4] Die Speicherung der Botschaft findet lediglich in Form menschlicher Kognition durch menschlichen Wissenserwerb und Informationsspeicherung statt. Die Grenzen definieren sich durch die körperabhängigen Funktionen, die an das menschliche Gedächtnis gekoppelt sind. Kommunikation lebt nur in der unmittelbaren Erfahrung des Individuums.

Hierbei lässt sich das von Assmann und Assmann entwickelte Konzept des „kommunikativen Gedächtnisses" vermerken, das im Fall des Primärmediums auf die „Grenzen der Mündlichkeit" beschränkt ist (vgl. Assmann und Assmann 1994, S. 119). Das kommunikative Gedächtnis bezieht sich hauptsächlich auf die rezente Vergangenheit, das der Mensch in Form von Erinnerungen mit seinen Zeitgenossen teilt. Gleichzeitig repräsentiert es die Speicherkapazität, den Informationszugriff und Wissensbestand, die abhängig vom Individuum unterschiedlich ausfallen. Dabei führen Assmann und Assmann das Generationengedächtnis an, das zur weiteren Veranschaulichung des Primärmediums hilfreich ist. Denn diese Gedächtnisform wächst den Gruppen historisch zu. Es entwickelt sich mit der Zeit, vergeht mit dieser oder verstirbt aufgrund der Bindung an die Körperlichkeit mit dem Träger (vgl. Assmann und Assmann 1994, S. 119).

In Bezug auf Assmanns Gedächtnistheorie und mit Fokus auf den Übergang vom Primär- zum Sekundärmedium entsteht mit der Herausbildung gerätebedingter Medieninnovationen der Übergang vom kommunikativen ins kulturelle Gedächtnis: „Medien sind die Bedingung der Möglichkeit dafür, daß spätere Generationen zu Zeugen eines längst vergangenen und in seinen Einzelheiten vergessenen Geschehens werden können. Sie erweitern drastisch den Radius der Zeitgenossen. Durch Materialisierung auf Datenträgern sichern die Medien den lebendigen Erinnerungen einen Platz im kulturellen Gedächtnis" (Assmann und Assmann 1994, S. 120).

Diese Materialisierung erscheint, medientypologisch betrachtet, erstmals in Form der Sekundärmedien, wodurch sich die Rahmenbedingungen der Kommunikation grundlegend verändern. Somit besteht die wichtigste Verwertbarkeit der Primärmedien in dem Informationsaustausch und der (De-)Codierungsmöglichkeit von übermittelten Botschaften. Die Wirkung wiederum wird hier als kommunikative Folge interpretiert.

Die Frage liegt nah, ab wann, medienhistorisch betrachtet, von einem Wandel gesprochen werden kann, der zur Bildung und Etablierung der Sekundärmedien geführt hat. Pross setzt zur Beschreibung der zweiten Medientypologie bereits

---

[4]In diesem Zusammenhang ist auf Thyes Annahme hinzuweisen: „Erst durch Sprache gibt es die Zeit, erst durch Sprache lassen sich Zukunft und Vergangenheit unterscheiden, wobei diese Unterscheidung immer nur aktuell in der Gegenwart erfolgen kann." Thye 2013, S. 64.

bei der Entwicklung von Kommunikation durch Feuerzeichen, Flaggen und des Telegrafen an. Den Schwerpunkt seiner Analyse legt er jedoch auf das Bild und schließlich die Schrift beziehungsweise den Print. „Der Mensch hat als Träger von Bedeutungen mit den Bilderschriften begonnen (Piktogramme), Denkmale zu schaffen, die eigenmächtig wurden. Die Höhlenmalereien der Steinzeit, die von Indianern auf Büffelhäute gemalten Chroniken waren mehr als bloße Gedächtnishilfen. Mit Bildern gewinnen gemalte Vorgänge Dauer, die Wechselseitigkeit von Konvention und Tradition wird eine eigene Größe" (Pross 1972, S. 163).

Vor diesem Hintergrund lässt sich festhalten, dass, sobald ein materielles Gerät zwischen den Kommunikationsprozess eingebunden wird, es sich um den Wechsel von der ersten in eine andere Medientypologie handelt. Zur weiteren Abgrenzung kann auf Werner Faulstichs „Mensch-Maschine" -Ansatz verwiesen werden, der beispielsweise Magier, Priester oder Schamanen zur zweiten Typologie zählen würde, die mit ihrer sozialen Vermittlerfunktion zwischen Gemeinde und Gottesglauben treten (vgl. Faulstich 2000, S. 33). Diese und ähnliche Kommunikationsprozesse werden für die vorliegende Erörterung jedoch weiterhin als Teil der Primärmedien begriffen. Denn erst mittels eines externalisierten, materialen Mediums handelt es sich um eine der folgenden Medientypologien. Demnach repräsentiert die erste Klassifikation der Medientypologien das Mittel des menschlichen Elementarkontaktes ohne Gerät, mit dem „analog zum primären Sozialbereich" Kommunikation konstruiert wird (vgl. Pross 1976, S. 112).

5.1.2 Sekundärmedien

> „Die Begegnung von Angesicht zu Angesicht, ‚von Mensch zu Mensch' verlangt, aus den Bewegungen, den Gesten, dem Geruch, aus Mimik und Gebärden, aus dem Wort, gesprochen von ‚Mann zu Mann', zu deuten, was der andere meint. In der Umgangssprache sagen wir: man muß sich *ein Bild machen* von dem, was los ist, das heißt, das Ungewisse des anderen in eine begreifbare Form bringen" (Pross 1972, S. 153, Hervorh. im Original).

Dieses „gemachte Bild" impliziert die Notwendigkeit eines materiellen Trägers für eine sekundärmedial vermittelte Kommunikation oder wie Pross formuliert: Der Kommunikator benötigt ein Gerät (vgl. Pross 1972, S. 128). Der Rezipient wiederum ist gerätelos beziehungsweise muss über ausreichend Kenntnisse verfügen, um das Gesendete bestmöglich decodieren zu können. Die Erstellung einer Botschaft mithilfe eines Mediums liegt ausschließlich auf Senderseite. Der unter Berücksichtigung der erwähnten Sender-Empfänger-Modelle benannte Rückkanal ist nicht direkt verfügbar (vgl. Abschnitt 2.1). Hat der Empfänger beispielsweise bei der Verwendung angesichtiger Kommunikation die Möglichkeit einer direkten Antwort, ist in diesem Fall kein „echter" Rückkanal vorhanden (vgl. Dittmar 2011, S. 5). Diesbezüglich kann von einer einseitigen Kommunikation gesprochen werden, da eine direkte Rückmeldung mit dem Sekundärmedium zum Sender unmöglich ist.

Nach Pross zählen zu der zweiten Medientypologie die Mittel, die „[…] eine Botschaft zum Empfänger transportieren, ohne daß der ein Gerät benötigt, um die Bedeutung aufnehmen zu können, also Bild, Schrift, Druck, Graphik, Fotographie, auch in ihren Erscheinungen als Brief, Flugschrift, Buch, Zeitschrift, Zeitung – alle jene Medien also, die nach einem Gerät, der Druckerpresse, als ‚Presse' im weitesten Sinn bezeichnet werden" (Pross 1972, S. 128).[5] Medienhistorisch betrachtet, handelt es sich im Vergleich zu den anderen Medientypologien hierbei um die längste Zeitspanne der Entwicklung von einzelnen Medienformen. Es liegen zwischen den Anfängen der Sprache und der Schrift fast 100.000 Jahre, von der Erfindung der Schrift zu den ersten Drucktechnologien etwa 4000 Jahre und weitere 1200 Jahre bis zu tatsächlichen Techniken des Drucks mit beweglichen Lettern (vgl. Jäckel 2008, S. 27).

Der potenzielle Interaktionspartner ist bei der Erstellung einer Botschaft als imaginäres Phänomen zu betrachten, da er nicht im sinneswahrnehmbaren Raum präsent ist, sondern erst durch den Einsatz eines Trägermediums Eintritt in den medialen Raum gewährt bekommt. Die sekundäre Interaktion meint daher das einseitig gesteuerte Handeln auf räumlich undefinierter Distanz. Denn vorerst bleibt es unerheblich, ob Sender und Empfänger sich in räumlicher Nähe oder in großer, räumlicher Entfernung zueinander befinden. Mit der materiellen Speicherung der Botschaft durch ein Medium definieren sich die Grenzen anhand der kommunikativen Rahmenbedingungen durch die technisch-mediale Gerätebedingtheit.

Folglich wird mithilfe der Sekundärmedien erstmals die Beschränkung des sinneswahrnehmbaren Raumes mit seiner raumzeitlichen Fixierung durch die damals medieninnovative Fähigkeit des Transports von Trägersystemen überschritten. Es etabliert sich der mediale Raum, basierend auf der Speicherung von Zeichensystemen sowie Codierungen auf Trägersystemen. Damit zeichnet sich mit der Schrift erstmalig die Tendenz zur zeitlichen Überlieferung ab. Das eingesetzte

---

[5]Neben diesen Beispielen verweist Pross, historisch betrachtet, auf noch frühere Beispiele und führt unter anderem ebenso Rauchzeichen als sekundäre Medien an. Rauch und (zeremonielle) Feuer bilden hierbei die Ausnahme als nicht persistente Medienformen. Alle weiteren Formen unterliegen der Annahme, dass es sich bei Sekundärmedien um senderseitig verwendete Geräte handelt, die zur Übermittlung ebenso wie zur Speicherung von Informationen dienen.

Medium schafft eine Erweiterung des zeitlichen Überdauerns ebenso wie der räumlichen Expansion und schlägt damit eine Brücke zur raumzeitlichen Distanz. Die kommunikative Folge dieser sekundären Medien besteht somit in der medialen Externalisierung, wobei mit dem Mittel als Verbreitung[6] produziert, aber ohne Mittel als Wahrnehmung empfangen, rezipiert und konsumiert wird. „Um zu entziffern, ist die Kenntnis von Zeichen und Code erforderlich, als Form sind sie nur auf der Seite der Hervorbringung auf Gerät angewiesen, sieht man davon ab, daß sich jemand ein Muster in die Haut beißt und so auch ohne Gerät ‚aufzeichnet'" (Pross 1976, S. 115).

Diesbezüglich soll angemerkt werden, dass, unerheblich von welcher Medientypologie gesprochen wird, der Empfänger eine Nachricht immer sinnlich wahrnehmbar verarbeitet. „Von den direkt, unmittelbar wahrgenommen Informationen unterscheiden sie sich jedoch gravierend dadurch, dass sie eine andere Quelle haben: die Kommunikation, also mindestens ein anderes psychisches System, das etwas mitteilt. Es handelt sich also immer um fremdseligierte Information" (Thye 2013, S. 30).

Diese räumliche Ungebundenheit hat ebenso Auswirkungen auf die zeitliche Dimension, in der Sekundärmedien verwendet werden. Sie sind durch das persistente Zeitkonstrukt geprägt, durch das der Empfänger unabhängig von der Zeit auf die Botschaft zugreifen kann und in zeitlicher Distanz zum Sender steht. Diese Ortsgebundenheit ist der Grund dafür, dass die Kommunikation hier vorweg nur in eine Richtung (unidirektional) erfolgt. In Bezug auf den Faktor Zeit handelt es sich um eine asynchrone zeitungebundene Kommunikation. Beispielsweise können mithilfe des Mediums Schrift, als eines der wichtigsten Verbreitungsmedien, diverse Zeitpunkte des Schreibens sowie des Lesens überbrückt werden (Thye 2013, S. 67). Folglich ist es nicht verwunderlich, dass seit dem 19. Jahrhundert die beliebteste Speichertechnik das geschriebene Wort in Form von Büchern oder Zeitschriften darstellt und „Konversationslexikon" genannt wird (vgl. Hömberg 2008, S. 38).

Die dadurch erweiterte Möglichkeit von Informationsübermittlung sowie -verbreitung des sinneswahrnehmbaren Raumes der Primärmedien kann aus innovationstheoretischer Perspektive als die charakterisierende Verwertbarkeit der Sekundärmedien angesehen werden. Historisch betrachtet, konnte Wissen bei mündlichen Kulturen meist nur an bestimmten Orten, beispielsweise im Rahmen

---

[6]Pross nimmt in Hinblick auf das Medium als Mittel der Verbreitung in Bezug auf die Presse eine zusätzliche Differenzierung zwischen Verteilung und Vermittlung vor: „Die periodische Presse vermittelt zweifelsohne, vom Anzeigenteil bis zum Leitartikel, aber sie verteilt symbolische Formen, die visuell – durch Satz und Umbruch designiert sind." Pross 1976, S. 115.

von Festen oder Veranstaltungen, zirkulieren. Erst mit der Einführung des Sekundärmediums als Zeichenüberbringer wurde ein zusätzliches Zirkulationsmedium hinzugefügt, das eine größere Effektivität für sich reklamierte (vgl. Jäckel 2008, S. 38).

Im Vergleich zu den Primärmedien handelt es sich bei den Sekundärmedien erstmals durch die Erweiterung des Prozesses von Speicherung, Information und Wissen um einen Ausbau der kommunikativen Rahmenbedingungen. Mit dem Übergang zur schriftlichen Kommunikation konnte Wissen außerhalb des Körpergedächtnisses transportiert und archiviert werden. Der Übergang vom rein sinneswahrnehmbaren zum medialen Raum externalisiert die Informationsverarbeitung sowie -speicherung. In Bezug auf den medial vermittelten Kommunikationsprozess verändern sich durch die Bildung neuer sprachlicher Routinen und Handlungsmöglichkeiten zudem die „[…] kommunikativ genutzten semiotischen Symbolfelder von performativ-multimodalen Ressourcen der oralen Praxis zu den multimedialen Ressourcen des Trägermediums" (Frank-Job 2010, S. 37).

Die Erweiterung lässt sich demnach konkret an den spezifischen medientypologischen Speicherbedingungen festmachen. Mit der Übertragung von der Speicherung durch das Körpergedächtnis (engl.: brain memory) zum Schriftgedächtnis (engl.: script memory) etabliert sich ein Trägermedium, das dem sozialen Gedächtnis eine entscheidende Erweiterung ermöglicht. Dadurch entsteht eine Externalisierung durch die medienspezifische Codierung und Speicherung von Information, jenseits des lebenden Trägers und unabhängig von der Aktualisierung in der kollektiven Inszenierung (vgl. Assmann und Assmann 1994, S. 121).

Revolutionshistorisch betrachtet, kann zwischen der „Writing Revolution" (Beginn im 9. Jahrhundert v. Chr.) und der „Printing Revolution" (basierend auf Gutenbergs Erfindung im 15. Jahrhundert) unterschieden werden. Ersteres beschreibt die Konvergenz von Schrift und Papier. Aufgrund der Printing Revolution erweiterte sich die schriftliche Kommunikation mithilfe der damaligen Medieninnovationen rund um die Drucktechnik, infolge dessen erstmals die Vervielfältigung von Informationen durch einen technischen Prozess realisiert werden konnte (vgl. Jäckel 2008, S. 36). Durch diese mediale Externalisierung wurden einerseits neue Grenzerweiterungen für die medial vermittelte Kommunikation geschaffen, andererseits wurden die bislang mündlich bedingten Einschränkungen um Schrift als Codierung von Sprache ergänzt. Dabei übernahmen die Printmedien die traditionellen Funktionen ihrer Vorläufer, modifizierten sie und schufen neue Formen und Spielräume für individuelles sowie gesellschaftlich kommunikatives Handeln (vgl. Faulstich 2000, S. 37). Infolgedessen entwickelten sich

Medieninstitutionen wie Verlage und Pressehäuser, die bis heute die politischen, ökonomischen und kulturellen Verhältnisse der Gesellschaft bedingen. Diesbezüglich soll auf Saxers Medieninnovationssystem Bezug genommen werden. Auf der Metaebene handelt es sich hierbei um die Herausbildung des Medieninnovationssystems Print, das mit dem Sektor Zeitung und Zeitschriften das älteste im allumfassenden Mediensystem darstellt. Durch die institutionellen Strukturen und Regeln ist das Medium im internationalen Ländervergleich von vielen historischen, geografischen sowie politischen Besonderheiten geprägt (vgl. Thomaß 2013, S. 21). Nach Pross kann die Reproduktionstechnik des Druckes als eines der ersten Beispiele der Signalökonomie verstanden werden, bei dem es darum ging, den Signalaufwand zu reduzieren und mit möglichst geringem Aufwand viele, weite Räume in kürzester Zeit zu erreichen. Hinsichtlich der Buchproduktion bedeutet das weniger Zeitaufwand für das Einzelbuch, verteilte Aufwendung auf Serien sowie Kostenersparnis und Profitmaximierung (vgl. Pross 1980).

Neben den wohl bekanntesten Sekundärmedien wie Schrift oder Druck kann, medienhistorisch betrachtet, der Kalender zu den einflussreichen Medien gezählt werden, da er als maßgebliche Orientierungsinstanz für viele Teile der Gesellschaft galt. Sowohl die Erntearbeit, die Vermittlung von ideologischen Sinneskonzepten, moralische Handlungsrichtlinien oder die alltägliche Körperpflege orientierten sich am Kalender. Pross weist darauf hin, dass dem Kalender als Medium in der Wissenschaft nicht genug Aufmerksamkeit geschenkt wird. Dabei vermittelt er raumzeitliche Abhängigkeit von Vergangenheit, Gegenwart und Zukunft, gibt kommunikative Rahmenbedingungen aufgrund seiner Beschaffenheit als Buch, Tafel, Abreißkalender oder Kalenderuhr vor und ist als historischer Vorläufer geradezu als Voraussetzung der Zeitung oder Zeitschrift zu betrachten. Pross sagt diesbezüglich: „Hier tritt zuerst das Phänomen des periodischen Publizierens in großem Stil auf. Beim Kalender stellt sich schon die Frage, worauf der Begriff der Aktualität eine Antwort ist" (Pross 1972, S. 196).

Mit der Modernisierung des Drucks und der Entstehung der Telegrafie, mit dem ersten Versuch einer elektromagnetischen Nadel um 1819, veränderten sich die medialen Rahmenbedingungen und ein erneuter Medienwandel zeichnete sich ab. Das Aufkommen der elektronisch-basierten Medien kann daher auf Beginn des 19. Jahrhunderts zurückgeführt werden und lässt sich gleichzeitig als Übergang von den Sekundär- zu den Tertiärmedien konstatieren. Mit der erstmaligen Entwicklung sowie Etablierung der sekundären Medieninnovationen ebnet sich somit eine gerätebedingte Konstante innerhalb des medial vermittelten Kommunikationsprozesses, die mit allen noch folgenden Medientypologien dauerhaft beibehalten wird.

5.1.3 Tertiärmedien

Die sogenannte „Mass Media Revolution", mit Ursprung des elektronischen Telegrafen, steht stellvertretend für die dritte Medientypologie. Tertiärmedien implizieren den Einsatz von zwei technisch basierten Geräten während einer medial vermittelten Kommunikation, nämlich sowohl auf Sender- also auch auf Empfängerseite. Zur erfolgreichen Übermittlung müssen beide Geräte kompatibel sein, damit nach Pross „[...] mit zunehmender technischer Komplizierung eine immer größer werdende Zahl meist unsichtbarer und unbekannter Kräfte, die an diesen Medien mitwirken, die Übertragung ermöglicht" wird (Pross 1972, S. 128). Diese elektronisch-bedingten oder kabel-technischen Geräte sind aufeinander angewiesen und miteinander gekoppelt. Demnach kann von einer beidseitigen Geräteabhängigkeit als zwingende Notwendigkeit für einen Kommunikationsprozess und der Überwindung der einseitigen Kommunikation als Mittel des Symbolverkehrs ausgegangen werden. Mit Pross' zeichentheoretischem Verständnis kann der Technik eine Schlüsselrolle zugesprochen werden, da der technische Symbolträger nicht in Erscheinung tritt, sondern, scheinbar losgelöst vom Symbolträger, Symbole vermittelt. „Das vermittelte Symbol gewinnt dadurch an scheinbarer Konkretheit. Die Unterscheidung zwischen Bild und Sache, Wahrnehmung und Vorstellung verlieren an Deutlichkeit, und dies um so mehr, je perfekter die Technik ist" (Pross 1974, S. 122).[7]

Grundsätzlich wird bei den tertiären Medien in zwei Mittel als Verständigung unterschieden, nämlich in Massenmedien und Medien zur Individualkommunikation. Neben den auditiven Medien, wie Telefon, Schall und Hörfunk, zählen zudem die (audio-)visuellen Medien, wie Foto, Film, Fernsehen oder Video, zu der dritten Medientypologie (vgl. Faulstich 2000, S. 38).[8] Luhmann unterscheidet in diesem Zusammenhang anhand des Merkmals eines Rückkanals. Besteht keine Möglichkeit des direkten Rückkanals zwischen dem Sender und Rezipienten, handelt es sich nach Luhmanns Definition um ein Massenmedium, wohingegen ein Medium mit direktem Rückkanal individuelle Kommunikation fördert, also

---

[7] Zur Veranschaulichung führt Pross das Beispiel der Übertragung von Fernsehbeiträgen an, bei dem die Satellitenübertragung im Gegensatz zu den Primärmedien im sinneswahrnehmbaren Raum nicht ohne Weiteres zu erkennen ist. Vgl. Pross, 1974, S. 122.

[8] Vereinzelt gibt es in der Wissenschaft kritische Vermerke, dass Film, insbesondere das Kino, als Sekundärmedium angesehen werden müsste, weil es auf Besucherseite keines personenbezogenen technischen Gerätes bedarf. Dem wird hier allerdings grundlegend widersprochen, da es wie beim Fernsehen ebenso auf Rezipientenseite technische Voraussetzungen benötigt, um Bewegtbild abzuspielen. Somit wird auch Kino hier zur Kategorie der Tertiärmedien hinzugezählt.

5.1 Die Klassifikation der Medien

interpersonal ist und somit kein Massenmedium darstellt (vgl. Luhmann 1988, zitiert nach: Dittmar 2011, S. 28 f.). Relevant sind für beide Kategorien ausreichend seitenspezifische oder reziproke Kenntnisse, damit medial vermittelte Kommunikation durch die technischen Symbolträger vollzogen werden kann.

Mit Verständnis dessen lässt sich durchaus anmerken, dass es bei den Massenmedien ebenso zu einem Rückkanal kommen kann, vergleichsweise durch Zuschaueranrufe während einer live übertragenden TV- oder Radiosendung. Freilich ist diese Eigenschaft kein Kernattribut der Massenmedien und bedarf den Einsatz eines ursprünglich für die Individualkommunikation ausgelegten Gerätes, dennoch soll dieser Rückkanal als neue Kommunikationsergänzung den Tertiärmedien zugesprochen werden. Die eigentliche kommunikative Folge liegt somit in dem eigenbestimmten Feedback als Rückkopplung, das vom Rezipienten ausgeht.

Demnach kann es sich zwar um einen passiven Empfänger handeln, dem gegebenenfalls kein direkter Rückkanal zum Sender geboten wird, jedoch bleibt er aktiver Rezipient, da er einen selbstbestimmten Prozess der inhaltlichen Auswahl durchläuft, wie beispielsweise die Entscheidung über einen bestimmten Radio- oder TV-Sender und damit bewusst Widerstand, in Form des Umschaltens, leisten kann (vgl. Maletzke 1998, S. 55). Damit gleitet der Rezipient unweigerlich in eine neue Rolle und gleichzeitig in ein neues Machtgefüge. Diesbezüglich soll auf das weite Feld der Rezipientenforschung und -theorien verwiesen werden, das sich mit der Rolle des Rezipienten, der Mediennutzung und -wirkung befasst (vgl. u. a. Livingstone 1998, Bonfadelli 1999, McQuail 2010).

Unter Berücksichtigung dessen kann im Vergleich zu den Primär- und Sekundärmedien erstmals von einer Rollenverschiebung durch Medien ausgegangen werden, die mit den nachfolgenden Medientypologien weiter voranschreitet (vgl. Abschnitt 5.1.4 und 6.3.1.2). Obwohl sich diese Annahme vereinzelt ebenfalls auf das Sekundärmedium Zeitung oder Buch zurückführen lässt, wird in Bezug auf die Machtverteilung insbesondere den Tertiärmedien ein Wandel zugeschrieben. Denn die bislang mit großem Aufwand und durch begrenztes Tempo bedingte schriftlich-orientierte Gesellschaft formt sich aufgrund elektronischer Medien zu einer technisch-orientierten Gesellschaft heraus, die Massenkommunikation als feste Kommunikationsmöglichkeit begreift. Tertiärmedien ermöglichen durch die Hinzunahme des elektronischen Raumes innerhalb kürzester Zeit die Überwindung von sekundärmedial-bedingten Grenzen, auch auf internationaler Ebene. Sie erweitern den territorialen Radius von Informationsübermittlung und stellen Nachrichten aus fernen Regionen der jeweiligen Gesellschaft in einer Nahwelt zur Verfügung (vgl. Jäckel 2008, S. 36).

Funktionieren Sekundärmedien mittels ihrer ortsungebundenen räumlichen Distanz durch ein verwendetes Medium, handelt es sich hierbei um eine gerätephysische Raumgebundenheit, geprägt durch eine ortsabhängige räumliche Distanz. Sender und Rezipient können nur mit Tertiärmedien kommunizieren, wenn sie sich an dem geräteabhängigen Ort befinden. Die von Faßler definierte Fernanwesenheit innerhalb von elektronischen Räumen charakterisiert diese Form. Die Medien, gesteuert durch die unsichtbaren Kräfte, ordnen dem Rückkanal größere medieninnovative Wichtigkeit zu. Im Falle von Individualmedien ermöglicht die Rückkopplung verbale Interaktion trotz potenziell immenser Raumdistanz.

Die hier vorherrschende Simultanität lässt sich ebenfalls in Massenmedien aufzeigen. Dabei geht es in erster Linie um elektronisch-mediale Liveübertragungen, die in Realzeit vom Sender gesteuerte Informationen an den Rezipienten übertragen. Diesbezüglich wird auch von erlebter Realität[9] gesprochen, denn durch die gerätebedingte Fernanwesenheit ebnet das Medium die Voraussetzung für synchrone Kommunikation, somit für eine „zeitliche Re-Kopplung" und soziale Integrität (vgl. Thye 2013, S. 80).

In Hinblick auf klassische Fernseh- und Radioformate unterstützen Massenmedien außerdem asynchrone Kommunikation. Dies bezieht sich auf eine raumzeitliche, soziale Entkoppelung, beispielsweise bei der Herstellung von Radio oder Fernsehbeiträgen. Hierbei entsteht, wie bereits beim Medium Schrift erwähnt, eine Aushandlung zwischen Produktionszeit und Rezeptionszeit. „Insofern tragen auch gerade die elektronischen Massenmedien dazu bei, asynchrone Kommunikation unter Abwesenheitsbedingungen zu ermöglichen [...]" (Thye 2013, S. 78). Für den Faktor Zeit lässt sich daher zusammenfassen, dass Tertiärmedien sowohl synchron als auch asynchron zeitgebunden funktionieren können. Zum einen bezieht sich die Zeitgebundenheit auf die zeitlichen Vorgaben von Plänen oder Programmen, zum anderen auf die kalendarischen Riten

---

[9] „Tonfall, Sprechgeschwindigkeit, Stimmmodulation, Pausen und Räuspern sind hörbar, die Mimik, die Gestik, die Bewegung der Körper sind sichtbar, die bewegten Bilder und die Synchronisation des Tones ermöglichen es nach Luhmann, ,[...] daß die gesamte vorkommende Realität als Cliché multipliziert und für Sekundärerfahrung mit Garantie der Originaltreue reproduziert werden kann. Optische und akustische Wiedergabe, die durch die Schrift so markant getrennt waren, verschmelzen. Die Realitätsgarantie, die die Sprache aufgeben mußte, weil allem, was gesagt wird, widersprochen werden kann, verlagert sich damit auf die beweglichen, optisch/akustisch synchronisierten Bilder. Hier muß man zwar noch das replay durchschauen und begreifen, daß es keinen Sinn hat, den Bildern zu widersprechen oder sie zu zerstören. Das Bild zeigt ganz offensichtlich eine Alibi-Realität. Aber die Photographie garantiert zugleich die Entsprechung von photographierter und im Bild erscheinender Realität.'" Luhmann 1997, S. 305 f., zitiert nach: Thye 2013, S. 78.

5.1 Die Klassifikation der Medien

durch beispielsweise die „Tagesschau" um 20 Uhr oder den sonntagabendlichen „Tatort". Unter Berücksichtigung der Massenmedien hat sich in den angloamerikanischen Sozialwissenschaften der Terminus der „mass communication" (dt.: Massenkommunikation) herausgebildet, den Maletzke wie folgt definiert:

> „Unter Massenkommunikation verstehen wir jene Form der Kommunikation bei der Aussagen öffentlich (also ohne begrenzte und personell definierte Empfängerschaft) durch technische Verbreitungsmittel (Medien) indirekt (also bei räumlicher oder zeitlicher oder raumzeitlicher Distanz zwischen den Kommunikationspartnern) und einseitig (also ohne Rollenwechsel zwischen Aussagendem und Aufnehmenden) an ein disperses Publikum vermittelt werden" (Maletzke 1963, S. 32, zitiert nach: Maletzke 1998, S. 46).

In Bezug auf Massenkommunikation wurde in der Vergangenheit des Öfteren die kritische Frage gestellt, ob es sich dabei tatsächlich um Kommunikation handelt oder aufgrund der einseitig-technischen Vermittlung gar nicht als Kommunikation betitelt werden kann (vgl. Maletzke 1998, S. 46 f.). In der vorliegenden Arbeit wird diese Fragestellung jedoch, angelehnt an Maletzke, als definitionsabhängig betrachtet. Da hier ein weites Kommunikationsverständnis als Grundlage zur Definition dient, zählt Massenkommunikation zu einer medial vermittelten Kommunikation und wird als direkte zwischenmenschliche Kommunikation verstanden. Ferner wird das Modell der Massenkommunikation in wissenschaftlichen Auseinandersetzungen ebenfalls in vier bekannte Faktoren (Kommunikator, Aussage, Medium und Rezipient) eingeteilt, die wiederum für jede Theorie von Medien als Kommunikationsmittel zwischen Individuen als überschneidend anzusehen sind (vgl. Maletzke 1998, S. 48).

In Anlehnung an Aleida und Jan Assmann wird angemerkt, dass sich der Vorgang des „Gestern im Heute", auf dem das soziale Gedächtnis beruht, durch die Tertiärmedien infolge der explosionsartigen Informationszunahme und des einfacheren Zugriffs auf Wissen zu einem dauerpräsenten Heute wandelt (vgl. Assmann und Assmann 1994). Ferner führen die „elektronisch hochgerüsteten externen Wissensspeicher" zu einer Verschärfung der „Diskrepanz zwischen bewohnten und unbewohnten, verkörperten und ausgelagerten Erinnerungsräumen" (Assmann 1999, S. 11 und S. 409, zitiert nach: Jäckel 2008, S. 38 f.).

Die Wissenskluft innerhalb der westlichen Gesellschaft, die durch die Sekundärmedien bereits entstanden ist, vergrößert sich jedoch mit Aufkommen der Tertiärmedien. Information und Wissen sind und bleiben nur für diejenigen zugänglich, die in aufkommende Medieninnovationen investieren. Daraus ergibt sich eine ansteigende Privatisierung der Mediennutzung. Pross erläutert im Zusammenhang des Übergangs von Sekundär- zu Tertiärmedien eine „Ich-Erweiterung" (Pross 1972, S. 235), da aus sozialer Perspektive durch das Medium eine private Ergänzung der Kommunikationsmöglichkeiten erfolgt. Beispielgebend ist für ihn das Tonband, das vom Rezipienten, der nun ebenfalls ein Gerät besitzt, eigenständig bespielt werden kann. Diese medientechnische Entwicklung führt dazu, dass die bis dahin institutionell und organisational geprägte Verwaltung über Speicherung, Information und Wissen für die privatisierte Nutzung durch den elektronischen Speicher zur Verfügung gestellt wird.

Neben dieser erweiterten Mediennutzung und Geräteprivatisierung kommt es gleichzeitig zu Wandlungsprozessen innerhalb der Mediensysteme. Pross fasst diesbezüglich zusammen: „Es wird also immer schwieriger, sich in einer Umwelt zu orientieren, in der die tertiären Medien den Ton angeben und die Weltanschauung liefern. Es fehlt nicht viel, und wir lassen den Nächsten im Elementarkontakt nicht gelten, wenn er sich nicht aufführt wie im Fernsehen" (Pross 1991, S. 160 f.). Für die Signalökonomie lässt sich davon ein deutlicher Vorteil für die Produzentenseite ablesen. Das Medium als Mittel zum Zweck der Kommunikation wird zu „publizistischen Apparaten" oder auch „signalökonomischen Machtapparaten" (Beck 2018b, S. 69 f.), um dem Regelsystem der dritten Medientypologie zu unterliegen.

Unter Berücksichtigung dieser mediensystemischen Einflussnahme, Pross spricht von „Faszination", offenbaren sich für ihn drei zusätzliche Besonderheiten: Erstens verbindet das Gerät ein Stück Mobiliar und erhält somit Einzug in die vertraute Symbolwelt. Zweitens kommt es zur Konstruktion des Systems, bei der das Medium als vertrautes Material dem Zuschauer die Möglichkeit des Unmöglichen bereithält, nämlich einen Platz einzunehmen, an dem er, räumlich betrachtet, nicht ist. Er beschreibt dies als symbolisches Paradox. Drittens wird dem elektronischen Symbolträger, durch die Funktion „Ordnung beweglich zu halten" sowie Tag und Nacht zu wirken, die bis zu diesem Zeitpunkt größte Aktualität zugesprochen (vgl. Pross 1974, S. 123 ff.).

Darüber hinaus soll zusätzlich erwähnt werden, dass es mit den Tertiärmedien zu einer Wiederaufnahme bekannter Symboltransporte kommt, denn bekannte Attribute der Primärmedien wie Akustik, Mimik und Gestik, verstanden als sprachliche und nicht sprachliche Symbolik, finden als fester Bestandteil der Informationsübermittlung zurück in den medial vermittelten Kommunikationsprozess. Dabei wird die Medialisierung[10] von einst primärmedial zugeschriebenen

---

[10]In der Medien- und Kommunikationswissenschaft gibt es keine einheitliche Bestimmung der Begriffe Mediatisierung und Medialisierung. Letzteres wird hier nach Krotz eher als historisch belastet angesehen, als Meta-Begriff für kulturellen und sozialen Wandel und dient daher als geeignetere Beschreibung des hier fokussierten Wandels durch Medieninnovationen. Medialisierung hingegen berücksichtigt nach Knut Hickethier meist nur die medialen

5.1 Die Klassifikation der Medien

Charakteristiken nicht als Rückschritt, sondern als Transformation vertrauter Kommunikationsformen in technologische Medieninnovationen interpretiert. Die Verwertbarkeit der Übertragungstechnik der Tertiärmedien impliziert dabei sowohl die schnellere, dispersere und einfachere Verbreitung von Informationen als auch einen multimedialen Einsatz von Massen- und Individualkommunikation.

Zu Beginn des 20. Jahrhunderts wachsen die beidseitig-bedingten elektronischen Medieninnovationen zur Konkurrenz der einseitigen Sekundärmedien heran. Das bisherige Mediensystem Print wird um Institutionen und Organisationen von Rundfunk und Film ergänzt. An dieser Stelle soll eine Analyse einzelner Mediensysteme aufgrund des Umfangs ausgespart bleiben, allerdings kann mithilfe Becks Auseinandersetzung mit den deutschen Mediensystemen festgehalten werden, dass die Charakteristika der einzelnen Medientypologien sich ebenso auf die Mediensysteme mit ihren institutionalisierten sowie organisierten Rahmenbedingungen übertragen lassen. Daher bezieht sich Beck in seiner Arbeit ebenfalls auf Pross' Kategorisierung der Medien in Typologien, um die Systeme Printmedien, Rundfunk beziehungsweise Film und Onlinemedien genauer zu erörtern (vgl. Beck 2018a, S. 9 ff.). Letzteres setzt auch Beck einer vierten Medientypologie gleich.

5.1.4 Quartärmedien

Die vierte Medientypologie impliziert digitale Medien, neue Medien oder auch Onlinemedien genannt, die sich seit dem Durchbruch des World Wide Web zum Ende des 20. Jahrhunderts beziehungsweise des Web 2.0 Anfang des 21. Jahrhunderts rasant im gesellschaftlichen Gefüge ausbreiten. Zwar kann der Ursprung der Quartärmedien aufgrund ihrer technologischen Beschaffenheit der digitalen Codierung beziehungsweise binären elektronischen Systeme bereits während der Etablierung des Mediums Privatfernsehen angesehen werden,[11] jedoch wird hier

---

Einflüsse auf materielle Medien wie Film, Fernsehen, Radio, Internet und reicht für den interdisziplinären Ansatz hier nicht aus. In diesem Fall lässt sich das Verständnis allerdings gut zur Beschreibung des Übertrags von Primärmedien in materielle Medien verwenden. Vgl. Hickethier, S. 18.

[11] In Bezug auf die Ursprünge sowie die Entwicklung von Onlinemedien können nach Carsten Winter fünf Phasen festgemacht werden:
Phase 1: Entstehung und Entwicklung des ARPANET (1958–1969)
Phase 2: Vorläufer und das erste Online-Medium (1969–1983)
Phase 3: Forschungsbezogene Desk-Top-Nutzung von Onlinemedien
Phase 4: Der WWW-Browser: die zweite Generation der Onlinemedien (ab 1992)
Phase 5: Strukturwandel und Kommerzialisierung der Nutzung von Onlinemedien (ab 1994). Vgl. Winter 2000, S. 289.

erst mit der Kommerzialisierung des Internets, zu Beginn der 1990er-Jahre, der umfassende Beginn deklariert.[12]

Die quartärmedial vermittelte Kommunikation beruht wie bei den Tertiärmedien auf einem beidseitigen Einsatz von Geräten, wobei nicht die spezifische Medienkopplung vonnöten ist, sondern die gemeinsame technologische Basis in Form von Internetanschluss oder elektronisch-digitalen Rechnersystemen ausreicht. Infolgedessen können multidimensionale Gerätetypen unabhängig von Sender oder Rezipient zum Einsatz kommen, wodurch sowohl eine multimediale Standardisierung als auch eine reichhaltigere Mediennutzung für die medial vermittelte Kommunikation einhergehen. Denn die vielfältigen Softwareintegrationen sowie browserbasierte Internetanwendungen unterstützen einerseits die freiere Entscheidung der Kommunikationsform auf Sender- beziehungsweise Rezipientenseite, andererseits ermöglichen sie eine parallele Verwendung mehrerer Kommunikationsfunktionen, wie beispielsweise auf Social-Media-Plattformen. Quartärmedien basieren somit immer auf digital codierter Technologie, verfügen meist über Internetanbindung oder stellen eine virtuelle Anwendung dar.

Hierbei soll jedoch vorweggenommen werden, dass das Internet als solches nicht als eine Innovation angesehen wird (vgl. Krotz 2011, S. 31). Diese Annahme wäre zu generalisiert. Allein aufgrund der dynamischen Weiterentwicklung kann es keine abgeschlossene Innovation darstellen. Vielmehr geht es, wie in allen Medientypologien zuvor, um einzelne Medieninnovationen, die zur Herausbildung einer neuen Medientypologie geführt haben.

Diesbezüglich kann zur Konkretisierung Becks, in Anlehnung an Herbert Kubicek (Kubicek 1997), die Unterscheidung in Medien erster und zweiter Ordnung angeführt werden. Das Internet als komplexes, technisches System ist mit Speicher-, Bearbeitungs- sowie Übertragungsmöglichkeit von digitalen Daten als Medium der ersten Ordnung zu verstehen. Erst mit den institutionellen sowie organisationalen Aspekten wird es zum Medium der zweiten Ordnung. „Führt man sich die semiotische, institutionelle und organisatorische Heterogenität von internetbasierten Kommunikationsformen wie E-Mail, Chat oder World Wide Web vor Augen, dann wird deutlich, dass ‚das Internet' als Medium erster Ordnung oder eine technische Plattform fungiert, auf der ein – technisch zunehmend auf Web-Interfaces integriertes – Bündel von Medien zweiter Ordnung aufbaut" (Beck 2010b, S. 13). Das Internet als Medium erster Ordnung dient somit als Grundlage, als fester Bestandteil, der Quartärmedien. Vernetzte, interaktive Medien zweiter

---

[12]Die National Science Foundation ermöglichte den kommerziellen Nutzen des Internets im Jahr 1990 und machte es für Universitäten erstmals zugänglich. 1989 wurden von Tim Berners-Lee die Grundlagen des World Wide Web entwickelt, die er zwei Jahre später öffentlich und weltweit zur Verfügung stellte.

5.1 Die Klassifikation der Medien

Ordnung spiegeln hingegen erfolgreich etablierte Medieninnovationen der vierten Medientypologie wider. Für die Quartärmedien wird die Digitaltechnologie inklusive des Internets somit als kommunikative Rahmenbedingung gesehen, es stellt wie die Kabelübertragungstechnik einst für das Fernsehen die notwendige Voraussetzung dar.

Bezüglich dieser technologischen Veränderungen definierte Faßler im Jahr 1997 erstmals die Quartärmedien als Ergänzung zu Pross' Medienkategorisierung: „Hierzu kommen nun die (wie ich erweiternd meine) quartären Medien, und damit die computerbasierten und -verstärkten Medienbereiche netztechnischer, und elektronisch-räumlicher Konsumtion, Information und Kommunikation. Sie sind durch Telematik (Tele & Informatik oder auch: Tele- & Automatik), durch das globale System der Fernanwesenheiten bestimmt" (Faßler 1997, S. 147).

Dieses globale System der Fernanwesenheit kann der Entwicklung des kybernetischen Raumes gleichgesetzt werden. Durch das Konzept des kybernetischen Raumes entwickelten sich in den Wissenschaften unterschiedliche Ansätze der Rauminterpretation. Castells erläutert beispielsweise einen „space of flows" (Castells 1996), Krämer definiert eine Differenzierung zwischen „Leib und einem Datenkörper" beziehungsweise spricht von einer „Verdopplung" (Krämer 2002, S. 50 und S. 67) und nach Faßler bedarf es keiner physischen Territorialität oder körperlichen Anwesenheit mehr: „Es sind in's Globale geweitete mentale Räume, die zugleich an die entwickelteste Form elektromagnetischer Speicher- und Impulstechnologien gebunden sind" (Faßler 1997, S. 107). Trotz der unterschiedlichen Interpretationsansätze kann eine Gemeinsamkeit festgemacht werden, nämlich die Vorstellung eines Nebeneinanders von virtuellem Raum (engl.: space of flows, cyberspace oder auch „Raum der Simulation" genannt) und der realen Welt (physikalischer Raum oder „Raum des Natürlichen"), „dem Raum ‚vor' und dem ‚geglaubten' Raum ‚Hinter dem Bildschirm'" (vgl. Faßler 1999, S. 50 und Flessner 1997, S. 119–139, zitiert nach: Buschauer 2010, S. 198 f.).

Mit dieser Raumerweiterung durch den kybernetischen Raum, die nicht mehr notwendige physische Ortsgebundenheit und neue Mobilität, erweitert sich ebenso die zeitliche Abhängigkeit. Quartärmedien unterstützen sowohl eine zeitungebundene asynchrone als auch eine zeitgebundene synchrone Kommunikation. Dabei wird der Austausch mithilfe des Mediums nach Faßler zur Echtzeitsimulation beziehungsweise zum Echtzeiterlebnis:

„Es sind Echtzeitsimulationen: als ob man sich am selben Ort mit dem Gesprächspartner oder dem Wissensspeicher befände. Dies ist nur möglich durch die programmierte Ungegenständlichkeit, die sich auf keinen herkömmlichen phänomenalen, körperlichen und zeit-räumlichen Zusicherungsrahmen mehr stützt. Ungegenständlichkeit erfordert Vertrauen in die nicht anwesenden und anonymen Akteure und in die Inszenierung der Nutzungssituation. […] Die reale Zeit- und Raumdifferenz schmilzt zu einem Zeitereignis, hinter dem immense kanaltechnische Übertragungsleistungen und computerinterne Schaltungsgeschwindigkeiten stehen. Das Spiel mit der Phantasie, mit der schriftlichen Wahrheit, mit der Wirklichkeitsbeschreibung wird zu einem visuellen Echtzeiterlebnis, ganz gleich, wieviel Kontinente entfernt zu welcher Tageszeit und in welcher Verfassung ‚mir' jemand etwas schickt" (Faßler 1997, S. 159 ff.).

Die Ungegenständlichkeit sowie die Echtzeitsimulation werden als Erweiterung der raumzeitlichen Abhängigkeit innerhalb einer medial vermittelten Kommunikation betrachtet. Die noch tertiärmedial geprägte, raumzeitliche Simultanität und Gegenständlichkeit der Individual- und Massenmedien wird durch die potenzielle Orts- und Zeitunabhängigkeit der Quartärmedien ausgedehnt. Zusätzliche Überschreitungen von territorialen Grenzen sowie die Förderung der globalen Vernetzung erfolgen insbesondere infolge der Etablierung und Verbreitung des mobilen Internets, der mobilen Endgeräte und des drahtlosen, lokalen Netzwerks (engl.: wireless local area network, kurz: WLAN).

Dementsprechend wird Vernetzung als neue Verwertbarkeit der Quartärmedien angesehen. Die bislang doch sehr lineare Kommunikation, die mit vorherigen Medientypologien einhergeht, wie die bislang einseitige Kommunikation durch Schrift, die rückkopplungsarme Massenkommunikation oder sinnesbeschränkte Individualkommunikation, wird entlinearisiert und offenbart neue Ergänzungen für den Umgang mit Medien und Kommunikation. Diesbezüglich wird von Konvergenz[13] gesprochen, also von einem „Zusammenwachsen vormals getrennter Medien- und Kommunikationsmodi" (Beck 2010a, S. 152) oder einem „zusammenwachsenden Kommunikations- und Mediennetz" (Krotz 2011, S. 33). Füssel spricht diesseits sogar von der Auflösung existierender Grenzen zwischen Individual- und Massenkommunikation (vgl. Füssel 2012, S. 1). Aufgrund des hier fokussierten komplementären Ansatzes soll allerdings weiterhin von Ergänzung sowie Erweiterung durch Quartärmedien ausgegangen werden.

---

[13] Konvergente Phänomene entstanden schon vor den Quartärmedien, wie zum Beispiel in Zusammenhang mit den Sekundärmedien die erwähnte Konvergenz von Schrift zu Print (vgl. Abschnitt 5.1.2). Auch Tertiärmedien weisen Konvergenzprozesse beispielsweise innerhalb der Rundfunksysteme auf. Allerdings wird die Verwertbarkeit der Medienkonvergenz insbesondere den Quartärmedien zugesprochen und als das Zusammenwachsen bisher getrennter Medientypologien mit ihren medialen Kommunikationsprozessen verstanden. Die vierte Medientypologie vereint als erste alle Charakteristika der drei anderen Kategorien. Somit wird hier eine technische, inhaltliche, systemumfassende Medienkonvergenz verfolgt, die die Merkmale der Massenmedien sowie der Geräte für Individualkommunikation vereint.

5.1 Die Klassifikation der Medien

In Anbetracht des Zusammenspiels von medieninnovativen und bestehenden Medienmerkmalen anderer Medientypologien können in Anlehnung an Andrew Chadwick die Quartärmedien ebenso als „hybrid media systems" (dt.: Hybridmedien[14]) interpretiert werden (vgl. Chadwick 2013). Diesbezüglich erläutert er, dass das Verhältnis von den oftmals als „alte" analoge betitelten Medien zu den „neuen" digitalen Medien nicht als eine Entweder-oder-Relation, sondern als ein Sowohl-als-auch anzusehen ist. Die Existenz dieser Medienformen mit ihren institutionellen und organisationalen Logiken, Strukturen, Geschäftsmodellen, Darstellungs- und Selektionsregeln oder auch Marken[15] verläuft neben- und sogar miteinander, denn sie reagieren im Sinne von co-evolutionären Prozessen (vgl. Chadwick 2013, zitiert nach: Arnold und Donges 2019, S. 1).

Infolgedessen leisten Quartärmedien weiterhin institutionelle Arbeit, sie sind jedoch nicht mehr als starre geschlossene Einheit zu verstehen, wie beispielsweise bei Presse oder Rundfunk. Vielmehr kommt es zu Konvergenzprozessen, die die Abgrenzung zwischen alten und neuen Medien beziehungsweise analogen und digitalen Medien zunehmend obsolet werden lassen (vgl. Beck 2006, S. 12–39, zitiert nach: Beck 2012, S. 263). Um einzelne, neuartige Kommunikationsmöglichkeiten durch Quartärmedien zu benennen, soll hier auf McQuails Kategorisierung der „neuen Medien" verwiesen werden (vgl. McQuail 2010):

1. *Interpersonal communication media:* meine Nachrichten, die vor allem privater Natur sind und bei denen die Beziehung der Kommunizierenden relevanter sein kann als die übermittelte Information (z. B. Mobiltelefon oder E-Mail).
2. *Interactive play media:* sind hauptsächlich Computer- und Videospiele, die einen hohen Grad an Interaktivität zulassen.

---

[14]Die Beschreibung von Hybridmedien in Zusammenhang mit digitalen Medien bezieht sich insbesondere auf das World Wide Web als Universal- oder eben Hybridmedium, da alle Formen der Kommunikation trotz Verwendung unterschiedlicher Endgeräte möglich sind. Vgl. Sommer 2018, S. 55.
Zwar ist das Fernsehen bereits als Hybridmedium anzusehen, weil es die Eigenschaften von Hörfunk (Akustik), Film (Bewegtbild) und Presse (Text) kombiniert, allerdings umfassen die Quartärmedien sowohl die massenmedialen Angebote wie des Fernsehens, die persönliche Kommunikation wie des Telefons und sie ermöglichen die schriftliche Kommunikation auf digitaler Ebene. Das wahrscheinlich prominenteste Beispiel, neben mobilen Endgeräten, mag daher der Computer mit Internetzugang, Webbrowser und digitalen Software-Anwendungen sein. Dabei wird der Computer als Medium der Vermittlungsmechanik sowie als eine „interaktiv abhängige, reichhaltige Objektmaschine" verstanden. Vgl. Faßler 1997, S. 159.
[15]Marken werden in der vorliegenden Arbeit auch als Teil der Institutionalisierung der Mediensysteme angesehen, schließlich dienen sie ebenso der Identifikation, Orientierung sowie Vertrauensbildung. Vgl. Neuberger 2013, S. 100.

3. *Information search media:* beziehen sich insbesondere auf die Informationsgewinnung durch das Internet. Vor allem Suchmaschinenfunktionen haben sich in diesem Zusammenhang als alltägliches Werkzeug herausgebildet.
4. *Collective participatory media:* umfassen die Nutzung von Kommunikationsangeboten, die konkret auf das Teilen und Austauschen von Inhalten und zum Aufbau (computerunterstützender) persönlicher Beziehungen ausgelegt sind (z. B. Social-Media-Plattformen).
5. *Substitution of broadcast media:* fokussieren die Möglichkeit des Empfangens und Herunterladens von Inhalten, die in der Vergangenheit über Massenmedien wie Fernsehen oder Radio veröffentlicht wurden und heutzutage beispielsweise durch Mediatheken online zugänglich sind (vgl. McQuail 2010, S. 143 f., Hervorh. im Original).

Erst mit McQuails Differenzierung offenbaren sich die einzelnen Variationen der Kommunikationsangebote, die infolge der technologischen Konvergenz zu mühelosen privaten, öffentlichen, interpersonalen und publizistischen Kommunikationsprozessen führen. Der Grad der Partizipation des Individuums gibt dabei die Intensität und Geschwindigkeit der potenziell, parallel verlaufenden Prozesse an.

Betreffend diese implizierte, neue Form von gesellschaftlicher Partizipation mittels digitaler Medien kann zusätzlich auf Manuel Castells „mass self-communication" Bezug genommen werden. Der Rezipient kann selbst aus der Menge der internetbasierten Kommunikationsmittel auswählen ebenso wie „user-generated-content" (dt.: eigenproduzierten Inhalt) produzieren. YouTube und Social-Media-Plattformen als Teil des Web 2.0 stellen dabei die Ergänzung zu dem bis dahin statischen Web 1.0 dar. Dies führt zu einer erneuten Rollen- und Machtverteilung. Der bis dato passive beziehungsweise massiv eingeschränkte, aktive Rezipient beziehungsweise Konsument wandelt sich mit der vierten Medientypologie zum aktiven und gleichzeitig selbst produzierenden Konsumenten, auch genannt Prosument[16]. Neben den Inhalten, die zwar genauso von großen Medieninstitutionen für die breite Masse produziert werden, wird das

---

[16] Der Begriff des Prosumenten (engl.: prosumer) wurde erstmals durch Toffler definiert. Dabei ist zunächst der Verbraucher (engl.: consumer) gemeint, der im Vergleich zum durchschnittlichen Endverbraucher professionellere Ansprüche an ein Produkt stellt (engl.: product) stellt. Vgl. Toffler 1980.
Mit Auswirkungen der Digitalisierung und Ausbreitung digitaler Güter und Services wird der Begriff ebenso auf die aktive Verwendung von digitalen Medien übertragen, da der Konsument aktiv auf die Entwicklung von Geschäftsmodellen Einfluss nimmt. „In der Werbepraxis findet dies Entsprechung in der Idee des ‚user-generated content', wobei Unternehmen das

5.1 Die Klassifikation der Medien

Individuum einerseits zum eigenen Produzenten von Inhalt und andererseits zum Entscheider über den eigens konsumierten Inhalt. Allein aus wirtschaftlicher Perspektive hat dieser neue Bestimmungsgrad des Individuums große Auswirkungen sowohl auf die bestehenden Produkte oder Dienstleistungen als auch auf neue Medieninnovationen und Geschäftsmodelle. Daher wurde bereits zuvor in Bezug auf einen digitalen Innovationsprozess darauf hingewiesen, dass die Einflussnahme durch externe Akteure einschließlich des Individuums mit Zunahme der Digitalisierung steigt (vgl. Abschnitt 3.2). Ohne das weite Feld der modernen Marktforschung und Marketingtheorien an dieser Stelle zu vertiefen (vgl. dafür u. a. Hettler 2010, Bruhn 2014, Dänzler und Heun 2014), kann darauf verwiesen werden, dass in Zeiten der digitalen Veränderung von einem Umschwung des Marketings von Push- zur Pull-Kommunikation[17] gesprochen und damit eine veränderte Macht- und Rollenverteilung des Individuums als aktiver Akteur in Mediensystemen impliziert wird. Hinsichtlich dessen spricht Christoph Neuberger von einem Institutionswandel durch Onlinemedien, da einerseits die Multioptionalität zu einer bisher unbekannten Formbarkeit des Mediums und andererseits die Dezentralität des Internets zu einem unterschiedlichen Interessengebrauch des Mediums führt (vgl. Neuberger 2013, S. 103 f.). Andere Theorien leiten von der vielfältigen Partizipationsmöglichkeit eine Differenzierung zwischen Push- und Pull-Medien ab. Push-Medien meinen in diesem Fall Medien, die der Rezipient kaum selbst beeinflussen kann, die vorrangig zum Empfang von Inhalten dienen und von einem Anbieter oder Sender gesteuert werden. Pull-Medien hingegen werden als solche definiert, bei denen der Rezipient die Inhalte gezielt auswählt und abrufen kann (vgl. Castells 2009, zitiert nach: Dittmar 2011, S. 42).

Nach Castells geht damit eine neue Handlungsautonomie des Individuums einher. Auf der einen Seite kann der passive Rezipient weiterhin Inhalte unbegrenzt konsumieren, auf der anderen Seite wird er zum aktiven Teilnehmer im Netz und kann Inhalte weitergeben oder selbst produzieren. Die offenen Netzwerkstrukturen des Web 2.0 führen dazu, dass „[a]t the same time, it is self-communication

---

subversive Potenzial der zum Mitmachen angeregten Konsumenten oft unterschätzt haben, was wiederum zu Problemen führen kann." Müller 2018, S. 130.

[17] Im Zusammenhang mit Massenmedien und deren Werbekommunikation wird oftmals von einer Push-Kommunikation gesprochen. Das beruht vor allem auf der Tatsache, dass tertiären Medien beziehungsweise den Massenmedien eine Informationsberieselung auf Rezipientenseite nachgesagt wird, wozu insbesondere formal standardisierte Werbeversprechen zählen. Da im Zuge der Digitalisierung jedoch auch markenkommunikative Wandlungsprozesse mit einhergehen, verlagert sich die Push- hin zur Pull-Kommunikation, bei der der direkte Dialog mit dem Konsumenten in den Fokus der Aufmerksamkeit rückt. Vgl. Heun 2014, S. 33.

because the production of the message is self-generated, the definition of the potential receiver(s) is self-directed and the retrieval of specific messages or content from the World Wide Web and electronic communication is self-selected" (Castells 2009, S. 55). Diesbezüglich wird angesichts der digitalen Medien deutlich, weshalb nicht mehr vom Zuschauer oder Leser im Onlinekontext gesprochen wird, sondern bewusst vom (Be-)Nutzer (engl.: user) die Rede ist.

Mit signalökonomischer Perspektive offenbaren Quartärmedien einerseits einen erleichterten Signalaufwand, da durch die Netzanbindung neue Formen der Kostenreduzierung sowie beschleunigte Reichweiten die Folge sind. Andererseits führen die autonome Selektion und die Erweiterung der Onlineangebote zu neuen Formen der Selbst- und Fremdbestimmung der Lebenszeit. Beck definiert, in Anlehnung an Pross, beispielsweise Social Media als „Teil einer personalisierten ‚Spannungsindustrie'", da sie neue soziale und zeitliche Zwänge schaffen (Pross 1996, zitiert nach: Beck 2015a, S. 572).

Quartärmedien offerieren daher neue Handlungsräume für das Individuum sowie für alle weiteren gesellschaftlichen Teilsysteme. Der Terminus Interaktivität[18] beziehungsweise Interaktion stellt im Rahmen der soziologischen Handlungstheorie eine zentrale Rolle dar. Hierbei sind „wechselseitig aufeinander bezogene menschliche Handlungen [...], also die Beziehungen zwischen zwei oder mehreren Menschen" gemeint (vgl. Goertz 1995, S. 478, zitiert nach: Quiring und Schweiger 2006, S. 6). Diese Wechselseitigkeit ist bedingt durch den Übergang von dem bislang linearen Sender-Empfänger-Schema „zur reziproken Kommunikationsbeziehung" (Faulstich 2000, S. 40). Diese kann sich in unterschiedlichen Kommunikationsformen widerspiegeln: in Einzelkommunikation (engl.: one-to-one), Gruppenansprache durch den Einzelnen (engl.:

---

[18]Darüber hinaus kann sich auf den symbolischen Interaktionismus berufen werden, der explizit zwischenmenschliche Kommunikation fokussiert. Dabei wird davon ausgegangen, dass Menschen auf Basis von Symbolen kommunizieren und ein Interaktionsprozess entsteht, der historisch wandelbar ist. Vgl. Blumer 1986, Mead 1980, zitiert nach: Quiring und Schweiger 2006, S. 6.
Daran anknüpfend hat Interaktivität jedoch auch gesellschaftliche, kulturelle sowie wirtschaftliche Auswirkungen und unterliegt meist dem Versuch einer allumfassenden Definition, wie der von Oliver Quiring und Wolfgang Schweiger: „Obwohl sich Interaktivität [...] aus einem komplexen Zusammenspiel von (a) Systemeigenschaften, (b) der Situationsevaluation der Nutzer, (c) Aktionen der Nutzer und Reaktionen des Systems sowie (d) der schließlich ausgetauschten Bedeutung ergibt, erfassen einschlägige Definitionen bisher immer nur einen Teil davon bzw. verzichten im Falle von mehrdimensionalen Konzeptionen [...] darauf, die einzelnen betrachteten Dimensionen zu explizieren." Quiring und Schweiger 2006, S. 12, zitiert nach: Sutter 2010, S. 92.

one-to-many) und das offene Gruppengespräch (engl.: many-to-many) (vgl. Dittmar 2011, S. 41).[19] Damit ist dank der Netzwerktechnologie der Sprung von dialogischer zur polylogischen Kommunikation nur noch ein Klick entfernt. Aus diesem Grund werden Medien im Kontext der Digitalisierung und des Web 2.0 auch soziale Medien genannt, wobei damit im Wesentlichen die quartärmedialen Interaktionsmöglichkeiten durch das interaktive, vernetzte Handeln gemeint sind. Dennoch stellen diese neuen, medialen und kommunikativen Formen ein wichtiges Kriterium der vierten Medientypologie dar.

Diese neue Nutzerzentriertheit, die nicht nur aus wissenschaftlicher Perspektive, sondern auch im praxisorientierten Medienumgang für das Individuum immer relevanter wird, verändert zum einen die individuelle Konstruktion sozialer Wirklichkeit und zum anderen die grundlegende Identitätsbildung des Individuums.[20] Denn „diese mit der zunehmenden Individualisierung einhergehende ‚Selbsterschaffung des modernen Individuums' hatte schon Georg Simmel im Sinn, als er davon sprach, dass wir uns, einmal aus den Fesseln der Tradition ‚freigesetzt', um Unterscheidbarkeit bemühen müssen; dass es also für das moderne Individuum essentiell wird, sich als einzigartig und besonders darzustellen" (Simmel 1992 [1908], S. 811, zitiert nach: Adolf und Deicke 2017, S. 42).

Dabei ist es vorerst unerheblich, ob es sich um ein Benutzerprofil auf Facebook oder um einen fiktiven Avatar in der digitalen Spielewelt handelt. Digitale Medien gestatten es, den Nutzer losgelöst von gesellschaftlichen Konventionen darzustellen und konstant Personalisierungsmaßnahmen nach eigener Imagination vorzunehmen. In Bezug auf das Nutzerprofil auf Social-Media-Plattformen, wie Facebook beispielsweise, kann eine Analogie zu Luhmanns „Institutionalisierung des Individuums" erörtert werden: „Die Basiseinheit des sozialen Netzwerkes ist

---

[19]Dittmar vermerkt in diesem Zusammenhang auch die Theorie der „mass selfcommunication" von Manuel Castells, die im späteren Verlauf der Arbeit und unter Berücksichtigung der Quintärmedien ebenfalls erwähnt wird.

[20]Ohne das weite Themenfeld der Konstruktion von Identität an dieser Stelle konkretisieren zu wollen, kann angemerkt werden, dass entgegen der Möglichkeiten der bisher beschriebenen Kommunikationsprozesse, literarisch freie Erzählungen einmal außen vor gelassen, die Kommunikation im kybernetischen Raum ein Ausleben unterschiedlicher Identitäten unter einfachen Bedingungen ermöglicht, da oftmals nur von Hypothesen des tatsächlichen Kommunikationspartners ausgegangen werden kann. „Die postmoderne multiple Identität kann dort auf spielerische Weise Erfahrungen machen und sich dadurch leichter annehmen, da die üblichen Bewertungen und Normen wegfallen; jedoch nur, wenn es gelingt, die Online-Erfahrung in das reale Leben zu transportieren und zu integrieren." Turkle 1995, zitiert nach: Roesler und Stiegler 2005, S. 63.

das Individuum und sein selbst-orchestriertes Profil. Die Vielfalt der Möglichkeiten der Darstellung der eigenen Individualität ist selbst wiederum ein Produkt und eine Manifestation der Entbettungsprozesse der modernen Gesellschaft" (Luhmann 1993, S. 151, zitiert nach: Adolf und Deicke 2017, S. 42).

Trotz dieser neuen individuellen Präsentation des Selbst, geben die Quartärmedien dennoch kommunikative Rahmenbedingungen vor. Aus mediensemiotischer Sicht entstehen durch die Kombination aller klassischen Zeichensysteme der bisherigen Medien neuartige Kommunikationsmöglichkeiten, Beck spricht diesbezüglich von Intermedialität[21]. Zusätzlich entwickeln sich zeichentheoretische Erweiterungen durch neue Statistiken und Parasprachen, wie Emoticons oder GIFs (engl.: graphics interchange format) infolge von digitalen Plattformen, ebenso die Verwendung von Hypertext[22] (vgl. Beck 2003, S. 77 f.). Darüber hinaus sind alle hier integrierbaren unterschiedlichen Zeichensysteme weiterhin von technologischer Beschaffenheit wie Speicherkapazität, Informationszugriff und Wissensbestände abhängig.

Umso mehr überzeugen Quartärmedien mit steigender Kapazität sowie Varianz in der Speicherung durch elektronische beziehungsweise digital codierte, datenverarbeitende Systeme, auch IT-Systeme genannt (informationstechnische Systeme).[23] Sie übermitteln problemlos inter- beziehungsweise multimediale[24] Nachrichten in Textsorten aller Art, Fotos, Grafiken oder audio-visuelle Formate, sie halten neue Zugänge auf den Gebrauchswert Information bereit und archivieren, vom menschlichen Körper losgelöst Wissen (vgl. Faßler 1996, S. 39). Gleichzeitig geben sie neue Bedingungen für die (De-)Codierungskenntnisse vor. Insbesondere Social-Media-Verwendungen haben ihre eigenen kommunikativen Charakteristika durch beispielsweise Zeichenbegrenzung (Twitter), Hashtag-Verlinkung (Instagram) und Like-Feedback (Facebook) entwickelt. Desgleichen führen Speicherbegrenzungen (E-Mail-Programme) oder Teilnehmerlimits (Skype) zu begrenzten Kommunikationsmöglichkeiten.

---

[21] Beck sagt hier, dass aufgrund der Einbindung von allen klassischen Zeichensystemen der Medien, wie Schrift, Bild, Bewegtbild und Ton, die miteinander unterschiedlich kombiniert werden können, eine Intermedialität besteht. Dabei vermerkt er allerdings, dass in der Praxis dieses Potenzial bei Weitem nicht ausgeschöpft ist. Vgl. Beck 2003, S. 77.

[22] Hypertexte sind die über eine digitale netzförmige, dynamische Struktur verknüpften Links zu zusätzlichen Bild- oder Textdateien, die von anderen Speicherorten abgerufen werden können.

[23] Zusätzlich zählen hierzu auch die optischen Digitalspeicher wie DVD und CD-ROMs.

[24] Multimedialität wiederum meint das Zusammenführen von Text-, Audio-, Bild- und Videoelementen innerhalb einer Botschaft auf Basis von digitalen Medien.

5.1 Die Klassifikation der Medien

In Bezug auf das 21. Jahrhundert und der Verwendung von Quartärmedien verändert diese erweiterte, jedoch weiterhin begrenzte Zugriffsmöglichkeit auf Informationen (vor dem Erkennen) beziehungsweise Wissen (nach dem Erkennen) die medial vermittelte Kommunikation. Im Zusammenhang mit der Verwendung von quartären Medien wird auch von „Wissensgesellschaft" oder „Informationsgesellschaft" gesprochen (vgl. Stehr 1994, zitiert nach: Faßler 1997, S. 151). Allerdings soll sich von beiden Termini distanziert werden, denn sowohl Information als auch Wissen sind grundlegende Bestände im Umgang von Medien und Kommunikation. Allerdings kann aufgrund der hier vorgenommenen Kategorisierung von Medien ein Prozess und eine Erweiterung verdeutlicht werden, dennoch, so wird noch bewiesen, ist ein mögliches Ende dieser Rahmenbedingungen mit den Quartärmedien noch lange nicht erreicht (vgl. Abschnitt 6.3.2.2). Demzufolge kann im Vergleich zu den Tertiärmedien zumindest festgehalten werden, dass der Informationszugriff und die Wissensbestände insbesondere mit der Etablierung des Web 2.0 erleichtert wurde und die Verbreitung, Verarbeitung sowie die Speicherung von Informationen rasant anstiegen.

Es wird von einer neuen Qualität von Wissen gesprochen, die durch Hyperverlinkungen neue Reichweiten schafft und Schwarmwissen als Wissensquelle nutzt (vgl. Wessling 2010).[25] Andere wissenschaftliche Ansätze beschreiben eine „poststrukturalistische Aufwertung des Lesers vom passiven Wissenskonsumenten zum aktiven Wissensproduzenten" durch die Verwendung des Hypertexts im Internet, das gleichzeitig den Verlust von Linearität bedeutet, die durch die Buchkultur einst geprägt wurde (vgl. Kergel 2018, S. 83).

Insofern wird es beständig schwieriger, die Herkunft, Entstehung und Veränderbarkeit dieser verlinkten Informationen zurückzuverfolgen und zu entziffern. Faßler formulierte einst: „Information ist kein freies Gut [...]. Sie stellt immer eine konventionalisierte Auswahl aus Daten dar, eine beabsichtige Reduktion" (Faßler 1997, S. 153). Das Paradoxon liegt darin begründet, dass der scheinbar uneingeschränkte Zugriff und die exponentiell wachsenden Bestände von Nachrichten im World Wide Web mittels lediglich eines Geräts auf Rezipientenseite verfügbar sind, diese jedoch aufgrund der Netzwerktechnologie überall auf der Welt verteilt sind. Die Grenzen von Symbolträger und Symbolen verwischen sich damit immer weiter.

---

[25] Die Online-Enzyklopädie Wikipedia wird oftmals als „Weisheit der Vielen" angesehen. Untersuchungen haben gezeigt, dass der Fehleranteil bei dieser Wissensplattform nicht höher ist als in klassischen Brockhaus-Lexika oder der Encyclopaedia Britannica; allerdings mit dem Unterschied, dass der Fehler in kürzester Zeit und mit wenig Aufwand korrigiert werden kann. Vgl. Wessling 2010, S. 41.

Im Allgemeinen kann angesichts aktueller Netzwerktheorien mit medien- oder kommunikationswissenschaftlicher Berücksichtigung beobachtet werden (vgl. Castells 2001, Fuhse 2016, Neverla 2002), dass Netze und Netzwerke[26] mit unterschiedlicher Ausprägung ein Phänomen seit Jahrtausenden in der menschlichen Gesellschaft sind und nicht erst seit dem digitalen Zeitalter entstanden sind. Infolge von elektronisch-digitalen Rechnersystemen, verstanden als digitale Netzwerke, kann vor allem auf eine dauerhafte Aktivität und damit ein konstanter Druck von Aktualisierung durch Quartärmedien hingewiesen werden. Dies wirkt sich auf alle Teile im System aus. Die digitalen Netzwerke unterliegen daher einem offenen Prozess, der durch Benutzerseite stark durch „die Aktualität des Augenblicks" geprägt ist (vgl. Mühl-Benninghaus 2020). Die damit einhergehenden, sich immer schneller vollziehenden Wandlungsprozesse wirkten und wirken noch heute auf die Gesellschaft und verlangen auf wirtschaftlicher, politischer, semiotischer sowie kultureller Ebene ebenso Anpassung. Quartärmedien sind als Mittel zur multimedialen Wahrnehmung, interaktiver Verständigung und drahtloser, netzwerktechnologischer Verbreitung zu einem der beliebtesten Medien für Kommunikation herangewachsen. Mit ihren Erweiterungen der kommunikativen Rahmenbedingungen durch ihre raumzeitliche Bestimmtheit offenbaren sich neuartige medial vermittelte Kommunikationsprozesse.

Mit Fokus auf die wirtschaftlichen und gesellschaftlichen Wandlungsprozesse werden je nach wissenschaftlicher Disziplin unterschiedliche Revolutionstheorien vertreten. Robin Mansell spricht beispielsweise von einer „communication revolution" (Mansell 2002) oder Jeremy Rifkin von einer dritten industriellen Revolution (vgl. Rifkin 2011). Aufgrund des revolutionstheoretischen Ansatzes mit Schwerpunkt auf die Technologieentwicklungen soll jedoch der Ansatz der digitalen Revolution (engl.: digital revolution) verfolgt werden.[27] „Technologische Innovationen treiben den medialen Wandel und legen die Grundlage für

---

[26] Für das Verständnis sowie die Entwicklung von Netzwerken, insbesondere aus mediengeschichtlicher sowie -ökonomischer Perspektive, soll hier auf „Marken – Netze – Netzwerke" verwiesen werden. Vgl. Mühl-Benninghaus 2020.

[27] Hierbei kann angemerkt werden, dass auch die digitale Revolution, wie alle zuvor erwähnten Revolutionen, nicht urplötzlich ins Dasein rückte: „In den 1940ern tüftelten Zuse, Eckert und Mauchly bereits an den ersten Computern. 1964 schrieb das Ad Hoc Committee on the Triple Revolution, ein Zusammenschluss damaliger Intellektueller, einen Brief an US-Präsident Johnson, in dem es ihn vor den gesellschaftlichen Folgen einer ‚Kybernetischen Revolution' – so bezeichneten sie die Computerisierung der Gesellschaft – zu warnen versuchte (z. B. vor einer technischen Massenarbeitslosigkeit). Und 1969 wäre die erste Mondlandung ohne Computer gar nicht möglich gewesen." Stengel et al. 2017a, S. 4.

die digitale Revolution in unserer Gesellschaft. Aus ökonomischer und kommunikationstheoretischer Sicht können neue veränderte Systematiken und Regeln abgeleitet werden" (Wessling 2010, S. 27).

Mit Blick auf die Gegenwart sind die Quartärmedien längst fester Bestandteil in allen Lebensbereichen. Seit einiger Zeit allerdings zeichnen sich mit den immer rasanter fortscheitenden Technologieentwicklungen abermals neuartige Strukturen, Mechanismen und Einflussfaktoren ab. Von dieser Annahme ausgehend, reicht die Klassifikation der vierten Medientypologie für die gegenwärtigen Wandlungsprozesse und Medienentwicklungen durch neuartige Medieninnovationen nicht mehr aus. Es muss eine fünfte Typologie definiert werden, um den bereits vorherrschenden, aber ebenso zukünftigen Medien gerecht zu werden. Im anschließenden Kapitel (vgl. Kapitel 6) dienen die skizzierten Quartärmedien dabei insbesondere als Grundlage für weiterführende Erörterungen.

5.2 Die vier Medientypologien und der medial vermittelte Kommunikationsprozess im Überblick

Als Faßler die Medientypologien um die Quartärmedien erweiterte, vermerkte er gleichzeitig, dass die Verlässlichkeit, die insbesondere dem Primärmedium als Urform der Kommunikation entgegengebracht wird, durchaus auf alle weiteren Typologien übertragen werden kann. Hierfür müssen die Medien lediglich „als Teile einer sozial erkannten Mitteilungsordnung" verstanden sowie gehandhabt werden (vgl. Faßler 1997, S. 147 f.).

Insgesamt betrachtet, unterstützen alle Medien Faßlers drei Thesen, die er in Bezug auf Medien und Kommunikation einst formulierte: Erstens sind Medien nicht nur Vermittlungsträger, sondern konstruierende sowie aktionale Gegenstandsbereiche. Zweitens sind sie immer Teil der Darstellungs- und Erhaltungsbedingung sozialer Systeme und drittens sind sie als Machtspeicher zu verstehen, die von den Verfügungsrechten oder Verfügungsmöglichkeiten ihrer Nutzung, Erwerb und Verbreitung abhängig sind (vgl. Faßler 1997, S. 129 und S. 131 f.).

Mit der Darstellung der vier Medientypologien wird zusätzlich ersichtlich, dass bis heute alle Medientypologien im gesellschaftlichen Gefüge stark verankert sind und die soziale Wirklichkeit mitgestalten. Ihnen wird Verlässlichkeit zugesprochen und Vertrauen entgegengebracht. Darüber hinaus überzeugen sie aufgrund ihrer individuellen Beschaffenheit, die sich infolge von einstigen Medieninnovationen herausgebildet hat. Nur mittels der Etablierung von ausreichenden analogen sowie digitalen Innovationen wurden Wandlungsprozesse durchlaufen, die zu den dargelegten Medienentwicklungen führten. Insofern sind die vier Medientypologien, medienhistorisch betrachtet, durch den Prozess des Wandels in einer

Reihenfolge entstanden. Wie Pross allerdings 1972 in Zusammenhang der primären, sekundären und tertiären Medien bereits formulierte, sind sie alle Teil des Ensembles der Kommunikationsmittel und erweitern lediglich das Repertoire (vgl. Pross 1976, S. 121 f.). In einer Gegenüberstellung wird daher umso ersichtlicher, dass es mit den spezifischen Merkmalen zu einem kontinuierlichen Erweiterungsprozess kommt:

Tabelle 5.1 Die vier Medientypologien im Überblick (eigene Darstellung).

	Primärmedien	Sekundärmedien	Tertiärmedien	Quartärmedien
Medium als Mittel	die Mittel des menschlichen Elementarkontaktes	ein Gerät als Mittel	beiderseits ein Gerät mit Kopplung als Mittel	beiderseits ein multimediales Gerät als Mittel
Wahrnehmung	sinnlich kognitiv	einseitig	sender- und empfängerseits, reziprok	netzwerktechnologisch (bis Web 2.0)
Verständigung	Präsenzmedium	Trägermedium	Massenmedium & Individualmedium	digitale Medien
Verbreitung	kommunikatives Gedächtnis	materielle Bedingtheit	elektronische Übertragungstechnik	kabellose Netzwerktechnologie
Technik	körperlich	technisch	elektronisch	digital codiert
Speicher, Information, Wissen	Körpergedächtnis	Schriftgedächtnis	elektronische Speicherung	digital codierte datenverarbeitende Systeme
Zeit	synchrone Zeitgebundenheit	asynchrone Zeitungebundenheit	asynchrone oder synchrone Zeitgebundenheit	asynchrone oder synchrone Zeitgebundenheit oder -ungebundenheit
Raum	sinneswahrnehmbarer Raum	medialer Raum	elektronischer Raum	kybernetischer Raum
Interaktion	primäre Interaktion: von Angesicht zu Angesicht	sekundäre Interaktion: einseitig gesteuertes Handeln	tertiäre Interaktion: beidseitig gesteuertes Handeln	quartäre Interaktion: interaktives Handeln im virtuellen Raum
Revolution		Writing/Printing Revolution	Mass Media Revolution	Digital Revolution
Verwertbarkeit	grundlegender Informationsaustausch	raumunabhängiger Informationsaustausch	Fernanwesenheit	Vernetzung und Konvergenz
Kommunikative Folgen	(De-)Codierungsmöglichkeiten mit Wirkung	mediale Externalisierung	eigenbestimmtes Feedback durch Rückkopplung	Interaktivität und Partizipation
Beispiel	Mimik, Gestik, Laute	Rauch, Schrift, Bild	Radio, Fernsehen, Telefon	Chat, Social Media, Videokommunikation

5.2 Die vier Medientypologien und der medial vermittelte …

Medien sind die Zeichenträger von gestern, heute und morgen, die es sich zum Ziel gemacht haben, unabhängig von ihren individuellen medialen Faktoren und Eigenschaften Kommunikation zu vermitteln. Hierbei wird die Verwendung von Medien als Verbund von Sender und Empfänger beziehungsweise Rezipient angesehen, die mit dem Medium einen sozialen Verständigungsraum schaffen. Sie sind nach Faßler Mittel für die Reproduktion von Kommunikation und zugleich Ort dieser Reproduktion (vgl. Faßler 1997, S. 148).

Demnach wirken sich die Charakteristiken der einzelnen Medientypologien unterschiedlich auf den medial vermittelten Kommunikationsprozess aus. Entsprechend der bereits erstellten Abbildung eines solchen Kommunikationsprozesses (vgl. Abschnitt 2.2) können stellvertretend die vier Medientypologien platziert werden (vgl. Abbildung 5.1).

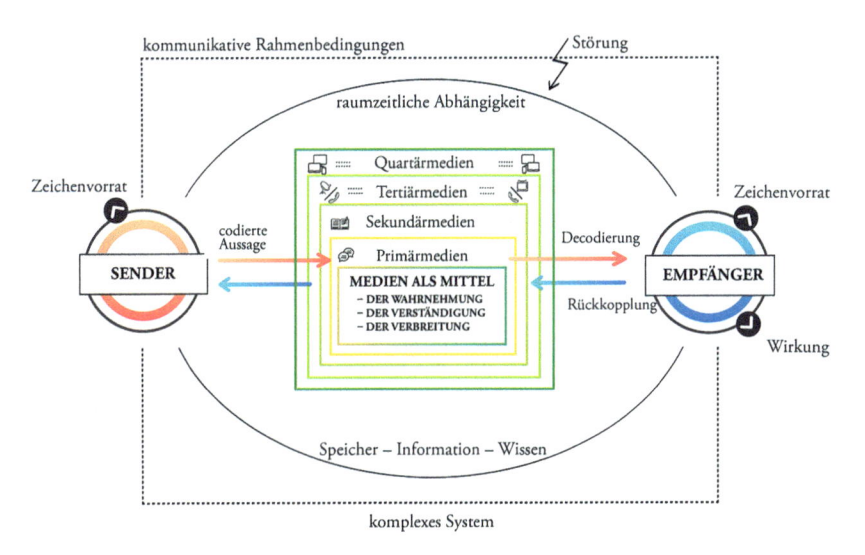

Abbildung 5.1 Die medial vermittelte Kommunikation durch die vier Medientypologien (eigene Darstellung).

Hierbei soll erneut erwähnt werden, dass es sich zwar um eine lineare Darstellung handelt, Kommunikation allerdings kein zwingend linearverlaufender Prozess ist. Mögliche Störungen oder Abweichungen können bei allen vier benannten Medientypologien weiterhin auftreten. In Anbetracht der technologischen Komplexität könnte sogar behauptet werden, dass mit jeder Medientypologie die

Gefahr der Störung wächst. Denn jede noch so starke Bindung an ein Medium hat ebenso starke funktionale wie dysfunktionale Wirkungen zur Folge und mit jeder externen Hinzunahme von Technik und Technologie wird mehr Raum für Störungen geboten. Diese können zu einfachen Sicht- oder Höreinschränkungen, Problemen bei der Signal- und Zeichenübertragung, aber auch zu einem vollständigen Technikausfall und Archivierungsverlust führen. Umso wichtiger erscheint es, in Hinblick auf neue Medieninnovationen schon während des Verlaufs des Innovationsprozesses möglichst störfreie Wege zur Wahrnehmung, Verständigung und Vermittlung zu berücksichtigen.

Darüber hinaus werden mit fortschreitenden Technologieentwicklungen Medien und die damit zusammenhängenden Kommunikationsprozesse für alle Bereiche der Gesellschaft zunehmend relevanter. Medien verändern die Bedingungen von Kommunikation und Kommunikation wiederum beeinflusst die Entwicklung von Medien. Diese reziproke Einflussnahme ist ebenso als Treiber der gegenwärtigen Medienentwicklungen zu benennen. Faßler vermerkte diesbezüglich bereits im Jahr 1997:

> „Je häufiger Vermittlung durch diese gerätetechnische Medialität genutzt wird und je selbstverständlicher ihr Gebrauch als Realitätsdarstellung, -erklärung und -erzeugung ‚kultiviert' wird, umso schwächer wird die Bedeutung der angesichtigen Kommunikation. Nicht, daß sie durch gerätetechnische oder mediale Bedingungen ersetzt wird. Allerdings wird der Reichtum an Daten, Informationen und Inhalten immer mehr an die technischen Speicher, Sender und Empfänger übertragen. Auf die Frage nach der medialen Prägung von Information und Bedeutung bezogen heißt dies: die Medien, auch die technologisch aufwendigsten und abstraktesten Medien, werden gerade dadurch, daß sie Erfahrungen, Wissen, Erlebnis ermöglichen, in den Bedeutungshof des Individuums hineingeholt" (Faßler 1997, S. 148).

Davon ausgehend, dass Medien bewusst in den Kommunikationsprozess eingebunden werden, erzeugen sie auf eine Art und Weise nicht nur Wirklichkeit und vermitteln Realität, sondern werden als Wirklichkeit und Realität der Kommunizierenden wahrgenommen. Ihnen wird eine soziale Bedeutung zugeschrieben und mit jeder sich neu etablierenden Medienform wächst ebenso die mediale Anteilnahme am Leben einzelner Individuen bis hin zur Beeinflussung ganzer Gruppen.

Daher ist es nicht verwunderlich, dass sich aus medien- und kommunikationswissenschaftlicher Perspektive mit steigendem Einfluss neuer Medienentwicklungen regelmäßig die Frage gestellt wird, ob es sich nicht schon längst wieder um eine neue Kategorie oder Form von Medien handelt. Diesbezüglich merkte unter anderem Maletzke Ende der 1990er-Jahre an:

5.2 Die vier Medientypologien und der medial vermittelte ...

„Die neuen technologischen Entwicklungen, angedeutet mit Stichwörtern wie Multimedia, Datenautobahn, interaktive Dienste u.ä., machen es unumgänglich, den Medienbegriff neu zu überdenken. Haben wir es – so wäre etwa zu fragen – dabei mit ganz neuen Medien zu tun? Oder nur mit neuen Varianten der herkömmlichen Medien? Oder greift da der Begriff ‚Medium' überhaupt nicht mehr? Brauchen wir hier – und keineswegs nur hier – eine neue kommunikationswissenschaftliche Terminologie?" (Maletzke 1998, S. 54).

Zum gleichen Zeitraum beginnt auch Faßler moderne Entwicklungen erneut zu hinterfragen. Dabei verweist er auf hybride Systeme, die mit der Besonderheit von selbstverarbeitenden Informationen, einer neuen Generation von „adaptive machines" führen: „Somit verwischen sich die Grenzen zwischen Menschen und Computern in zweierlei Hinsicht: Menschen verarbeiten nicht mehr allein Informationen und Computer werden zu lernenden, anpassungsfähigen Menschen" (Faßler 1997, S. 221).

Die hier eher metaphorisch einzuordnende Anspielung vom Wandel des Computers in einen Menschen zeigt allerdings deutlich, dass bereits vor über 20 Jahren Prognosen und Überlegungen vorgenommen wurden, die einen in der Zukunft liegenden medialen Wandel abzeichnen. Mit Blick auf die gegenwärtigen Entwicklungen ist es jetzt an der Zeit, diesen medialen Wandlungsprozess aufgrund von erst kürzlich etablierten und aktuell sich ausbreitenden Medieninnovationen zu belegen und dadurch die Herausbildung der fünften Medientypologie zu begründen.

6 Quintärmedien

6.1 Digitale Medien im Wandel

Mit dem Ende der Zehnerjahre des 21. Jahrhunderts zeigt sich, welche tiefgreifenden Medienentwicklungen und damit einhergehenden Veränderungen sich allein in den letzten zehn Jahren vollzogen haben. Im Jahr 2009 besaßen rund sieben Millionen Deutsche ein Smartphone, das HD-TV verbreitete sich allmählich in deutschen Haushalten und weltweit waren 300 Millionen Menschen bei Facebook registriert. Nur ein Jahrzehnt später handelt es sich um fast 58 Millionen deutsche Smartphone-Nutzer, HD ist zur Standard-Auflösung von TV-Geräten geworden und die Anzahl der Facebook-User weltweit steigt auf rund 2,5 Milliarden an (vgl. VuMA Studie 2019, Facebook 2019).

Medieninnovationen sind der Grund für die Herausbildung signifikanter Medientechnologien, die sich über einen erfolgreich durchlaufenden Innovationsprozess ihren Weg in die Gesellschaft gebahnt haben. Die damit verbundenen Wandlungsprozesse für bestehende Medien und Kommunikation sind dabei die logische Konsequenz des bislang anhaltenden Entwicklungsprozesses.

Insbesondere die durch die Digitalisierung entstandenen Medieninnovationen erweitern abermals die medientypologischen Rahmenbedingungen. Von dem zuvor eruierten Medienbegriff ausgehend, sollen Medien weiterhin als Mittel der Wahrnehmung, Verständigung und Verbreitung, als komplexes System mit raumzeitlicher Abhängigkeit verstanden werden, die mit immer kürzeren Innovationszyklen den Alltag der Menschen verändern. In Anlehnung an die Mediatisierungsforschung (vgl. Abschnitt 4.3) können trotz des nicht mehr gerätebedingten, augenscheinlichen Wandels infolge der Digitalisierung dennoch umfassende Veränderungen wahrgenommen werden:

"The media themselves are changing. This involves the technologies, the media organizations and their output, as well as media consumption. New media practices play back and (re)shape the technologies and the social and cultural contexts where the media are embedded. The media institutions are themselves transformed. Other institutions in society, like politics, sports, or religion, also change as they include new forms of mediated communication. People's lives are shaped as they relate to their media environments and include a variety of media in their daily practices" (Lundby 2009, S. 2).

Demgemäß sind es die Quartärmedien als Repräsentanten der Digitalisierung, die aufgrund von Konvergenz und Vernetzung zu erneuter Varianz in der Mediennutzung führen und die medial vermittelte Kommunikation durch spezifische Möglichkeiten der Interaktivität und Partizipation befördern. Hinsichtlich dieser quartärmedialen Indikatoren basieren die meisten Untersuchungen auf den medialen Gefügen von Social Web und Social Media.

In diesen sozialen Netzwerken treffen unter anderem Nachrichtenbeiträge auf private Urlaubsfotos und generierte Werbeanzeigen. Diese Konvergenz von Inhalten und Diensten führt erstens zu einem immer geringeren sozialen Gefälle zwischen Sender und Rezipienten, zweitens zum Rückgang des bis dahin nicht zu hinterfragenden Glaubwürdigkeitsvorsprungs der institutionellen Medien und damit drittens zu einer wachsenden Bedeutung von Postings der digitalen Peergroup im Vergleich zu den „professionellen Medien" (vgl. Sieber 2019, S. 15).

Damit korrelieren ebenso die Reichhaltigkeit an Mediennutzungsformen und eine technische Konvergenz. Multimedialität wird zum Standard der digitalen Medien. Bislang getrennte Kommunikationsformen der vorherigen Medientypologien vereinen sich in einem Endgerät und werden durch weitere Funktionalitäten angereichert. Zwar liegt das Geschäftsmodell eines digitalen Mediums häufig auf der Förderung von Kommunikation, wie beispielsweise bei Chat-Apps, allerdings werden zusätzlich Modalitäten als Nebenfunktionen, wie separate Speicherungsmöglichkeiten, Suchfunktion oder Favoritenerstellung, bereitgestellt und diverse Kommunikationsformen, wie schriftlicher Chat und Videokommunikation, innerhalb eines Mediums integriert. Demnach sind die Quartärmedien als Zusammenschluss der drei vorherigen Medientypologien zu verstehen.

Infolgedessen wächst der materielle beziehungsweise technologische Anpassungsdruck der bestehenden Medientypologien. Nur die Medien, die erfolgreich eine digitale Transformation durchlaufen und sich dem digital-technologischen Wandel anpassen, können weiterhin bestehen. Dementsprechend steigt der Konkurrenzdruck und es entwickeln sich Wettbewerbsvorteile für neuere Medienformate, wie es bei den Streamingdiensten Netflix oder Maxdome in Bezug auf das Trägermedium DVD der Fall war. Dieser Umschwung hat zur Folge, dass sich die Gerätenutzung auf einen subkulturellen oder alters- beziehungsweise generationsabhängigen Gebrauch minimiert, so wie es, medienhistorisch betrachtet, bei anderen physikalischen Tonträgern ebenfalls der Fall war.

Die digitalen Medien rücken immer weiter in das kommunikative Alltagsgeschehen und werden mit jeder neuen Medieninnovation für den Nutzer unentbehrlicher. Angesichts der wachsenden Alternativen, beispielsweise zur klassischen Armbanduhr, Taschenrechner oder dem Buch als Nachschlagewerk, etabliert sich ein kommunikatives Universalmedium. Damit können unweigerlich individuelle Abhängigkeiten entstehen, wodurch es sogar zu emotionalen Bindungen kommen kann (vgl. Höflich 2016, S. 180).

Bislang wurden die Medientypologien als hochspezialisierte Werkzeuge zur Erweiterung bestimmter Geistesfähigkeiten und als Extension des menschlichen Körpers interpretiert. Dabei unterlagen sie jedoch immer „dem Willen ihrer Schöpfer" (Sieber 2019, S. 22). Mit Blick auf die fortschreitende Technologieentwicklung scheint es allerdings, als sei die Gesellschaft im Zeitalter entgrenzender Rahmenbedingungen angekommen. Die Umwandlung von sozialem Handeln im Web 2.0 in quantifizierte Online-Daten, die in Echtzeit verfolgt, analysiert und weiterverarbeitet werden, stoßen die Entwicklung einer neuen Typologie von Medien an. Quartärmedien basieren zwar ebenso auf Daten und Algorithmen, unterscheiden sich jedoch aufgrund ihres Datengebrauchs, ihrer Nutzungsfokussierung und kommunikativer Rahmenbedingungen grundlegend von den hier fokussierten neuartigen Medienentwicklungen.

Demnach ist im 21. Jahrhundert das eingetreten, was Faßler in Bezug auf hybride Systeme und die neue Generation „adaptive machines" bereits Ende der 1990er-Jahre prognostizierte. Die Grenzen zwischen Menschen und Computern verschwimmen immer weiter. Der Computer hat gelernt, neuronale sowie kognitive Prozesse nachzubilden, Muster zu erfassen und Schlussfolgerungen zu treffen, die in geschriebener sowie gesprochener Sprache problemlos umgewandelt werden können. Dadurch werden unentwegt Informationen produziert, die der Mensch nicht mehr autonom verarbeiten kann. Diesbezüglich wird auch von „information overload" gesprochen.[1] Der Computer wird zum „lernenden, anpassungsfähigen Menschen", der das Ziel verfolgt, nicht nur durch Simulation zu

---

[1] Der Begriff „information overload" wurde erstmals von Bertram Gross im Jahr 1965 verwendet. Vgl. Gross 1965. Oftmals wird er in Zusammenhang einer kaum zu bewältigenden Masse an Informationen verwendet. In Bezug auf die Digitalisierung wird information overload konkret wie folgt interpretiert: "In the light of the information age, information overload research in new areas (e.g., social media, virtual collaboration) rises rapidly in many fields of research in business administration with a variety of methods and subjects. [...] Information overload occurs when decision-makers face a level of information that is greater than their

verstehen, sondern intelligentes Handeln adaptiver Maschinen zu realisieren (vgl. Simon 1994, zitiert nach: Faßler 1997, S. 221).

Heutzutage wachsen Medien zu künstlich intelligenten Technologien heran, und das nicht erst seit dem Frühjahr 2011, indem das Computerprogramm Watson von IBM in der US-amerikanischen Quizshow „Jeopardy" zwei reale Champions mit Leichtigkeit besiegte. Historisch betrachtet, lässt sich kritisieren, dass diese und ähnliche Medienentwicklungen schon früher entstanden und keinesfalls neu sind. Doch genauso wie die Technologie der Dampfmaschine erst Jahrzehnte nach ihrer Erfindung als ein tatsächlicher Umbruch in Form der industriellen Revolution konstatiert wurde, benötigen auch diese neuen Medienformen für eine ausreichende Entfaltung mehr Zeit (vgl. Brynjolfsson und McAfee 2015, S. 18).

In Hinblick auf die Entwicklung künstlicher Intelligenz, abgekürzt KI oder im englischen Sprachgebrauch AI für artificial intelligence, lässt sich der Ursprung bereits in den 1950er-Jahren festmachen. Ebenso wie die Wurzeln des Internets in den 1960er-Jahren liegen, bedurfte es in diesem Fall eines längeren Innovationsprozesses, bis es sich zu dem manifestierte, was heutzutage allgemein unter KI-Technologie begriffen wird. Das liegt nicht zuletzt an der Wechselbeziehung von KI- und Internetentwicklung, die bislang beide keinen Forschungsstillstand verzeichnen. Ganz im Gegenteil, bezogen auf die gegenwärtigen Entwicklungen werden diese Bereiche immer relevanter. Demnach entfalten beispielsweise das Web 2.0 mit Durchsetzung der Multimediaindustrie um die Jahrtausendwende und datenbasierte Technologien, wie die Automatisierung intelligenten Verhaltens, erst seit wenigen Jahren ihre transformierenden Kräfte.

Wenn heutzutage von datenbasierten Technologien gesprochen wird, dann müssen zweifellos die quartären Medien dazu gezählt werden. Schließlich können sich digitale Anwendungen nur dank des Zusammenspiels von Physiktechnik, Medientechnik und Informatik umfassend entfalten. Dabei beleuchtet die Physik die Gesetzmäßigkeit der elektronischen Wellen, die Medientechnik sorgt für eine maschinelle Umsetzung der Eingabe, Verwertung sowie Übertragung der Symbole und die Informatik befasst sich mit der Codierung, Austauschlogik und Verarbeitung (vgl. Grimm und Delfmann 2017, S. 3).

In Bezug auf die Thematisierung von Daten, Datenmenge und -verarbeitung sind vielfach nutzerbezogene Daten impliziert, die vergleichsweise bei der Profilanmeldung auf Social-Media- oder E-Commerce-Plattformen angegeben werden. Desgleichen sind damit Daten gemeint, die aus Texten, Bildern und Videos

---

information processing capacity, i.e., an overly high information load." Eppler und Mengis 2004, zitiert nach: Roetzel 2018, S. 1 f.

6.1 Digitale Medien im Wandel

entstehen. Insbesondere Textdateien oder Sprachnachrichten werden für die Verarbeitung von Daten attraktiver, da moderne Computersoftware zunehmend in der Lage ist, diese verwertbar zu verarbeiten (vgl. PricewaterhouseCoopers 2013, S. 7).

Insofern erscheint eine grundlegende Unterscheidung von Daten sinnvoll. Jakob Voß differenziert, basierend auf der Definition von Daten von Brian Ballsun-Stanton (vgl. Ballsun-Stanton 2010), in Daten als Fakten, Daten als Beobachtungen und Daten als binäre Nachrichten.

Daten als Fakten meinen Daten, die das objektive, reproduzierbare Resultat von direkt an die Realität geknüpften Messungen sind, wie die Größenangaben aus naturwissenschaftlichen Kontexten.

Daten als Beobachtungen sind Daten, die aus einer aufgezeichneten Wahrnehmung resultieren. Sie sind meist subjektiv und müssen in einen Kontext gesetzt werden. Dazu zählen Daten, die durch mediale Aufzeichnungen von Interviews entstehen können.

Daten als binäre Nachrichten beziehen sich auf Zeichen, die zur Kommunikation genutzt werden. Hierbei steht der semiotische Charakter der Daten im Vordergrund. Dazu zählen alle digitalen Formate, die Daten als Folge von Bits[2] zeigen (vgl. Voß 2013).

Darüber hinaus sehen weitere wissenschaftliche Analysen eine notwendige Kontextualisierung von Daten als Grundvoraussetzung an, um daraus wiederum Informationen und Wissen zu generieren (vgl. Rowley 2007, Reichert 2018b). Grundsätzlich soll hier zwischen unstrukturierten Daten, wie eben Textdokumenten, Bildern oder Sprachdaten, und strukturierten Daten, die in Tabellenform gefasst werden können, unterschieden werden. Gegenwärtig ermöglichen große Datenspeicher, auch Data Lakes genannt, die Übernahme von Daten aus unterschiedlichen Quellen in ihrem spezifischen Rohformat. Dabei werden sowohl unstrukturierte als auch strukturierte Daten in gleichen Datenanalyseprozessen berücksichtigt und eingebunden.

Hierarchisch-pyramidal[3] betrachtet, sind es auf unterster Ebene nur Rohdaten (Zeichen), die keinen Eigenwert aufweisen, sondern erst durch ihre Codierung in

---

[2]Bit (binary digit) meint die Maßeinheit, die besonders oft für die Angabe von Datenraten verwendet wird, beispielsweise für Mbit/s also Megabit pro Sekunde.
[3]Eine Differenzierung zwischen Information und Wissen nimmt Jennifer Rowley mithilfe der „data-information-knowledge-wisdom (DIKW) hierarchy" oder auch bekannt als Wissenspyramide vor. Vgl. Rowley 2007.

Daten sinnvoll und durch Syntaxregeln einer Aussage zugeordnet werden können. Durch diese Ordnung der Zeichen ergeben sich Daten, die sich wiederum sammeln, messen und strukturieren lassen. Mithilfe der Semantik und mit Pross' zeichentheoretischen Verständnis werden diese Daten an eine Bedeutung gekoppelt oder in einen Kontext gesetzt, woraus sich Informationen ergeben. Werden diese Informationen wiederum an Erfahrungen oder Fachkenntnisse geknüpft, entsteht Wissen (vgl. Rowley 2007). Dieses ebenso interpretierende Verfahren der medialen Übermittlung war bislang durchweg den Menschen vorbehalten. Mit den Möglichkeiten der noch zu erläuternden, neuen Technologien verändern sich diese Abhängigkeiten jedoch (vgl. Abschnitt 6.3.2.1).

Durch die Digitalisierung und die damit verbundene Datenverarbeitung entsteht eine neue Abhängigkeit von IT-Infrastruktur. Diese technologischen Entwicklungen führten schon in der Vergangenheit zu wissenschaftlichen Thesen wie „mediation of everything" (Livingstone 2009) oder der neuen Form von „deep mediatization" (Hepp und Hasebrink 2018). Beide Annahmen verweisen darauf, dass mit zunehmenden Digitalisierungsprozessen stärkere mediale Abhängigkeiten innerhalb der Gesellschaft entstehen, eine neue Stufe der Medienentwicklung erreicht wurde (vgl. Hepp und Hasebrink 2018, S. 17 f.) und damit ein „historically significant change" einhergeht (Livingstone 2009, S. 1). Demzufolge kann trotz des noch jungen 21. Jahrhunderts bereits zum zweiten Mal ein Wandel innerhalb dieses Säkulums beobachtet werden, bei dem Medieninnovationen zu einer fünften Form des Medientypologiemodells geführt haben, zur Bildung der Quintärmedien.

Die fünfte Medientypologie baut auf den Strukturen der Quartärmedien auf, die den Nährboden für moderne Datensammlung und durch algorithmusgetriebene Entwicklungen darstellen. Bislang waren Quartärmedien in der Lage, einfache Übersetzungen der realen Welt in ein digitales Datenformat für die virtuelle Welt vorzunehmen. Quintärmedien nutzen dieses übersetzte Datenformat, um die datengetriebene Fusion der realen und virtuellen Welt weiter voranzutreiben. Deshalb handelt es sich bei dem Wandel der Quartär- zu den Quintärmedien um den Übergang von Digitalisierung zu Datafizierung und somit um die Erweiterung der vernetzten, interaktiven, multimedialen Medien durch datafizierte, intelligente und rückgekoppelte Medien.

Im Folgenden werden Quintärmedien als datafizierte Medien interpretiert, deren medieninnovative Charakteristika sich von den vorherigen Medientypologien grundlegend unterscheiden. Ihre Neuartigkeiten wirken wie die einstigen Medieninnovationen der Primär- bis Quartärmedien sowohl auf Mikro- (der einzelne Mediennutzende) als auch auf Meso- (die Medienorganisation) und

6.1 Digitale Medien im Wandel

Makroebene (die Gesellschaft) (vgl. Abschnitt 4.1, zitiert nach: Dogruel 2013, S. 303).

In Bezug auf Pross' Versuch, die mediale Vielfalt zu differenzieren und den komplementären Untersuchungsansatz der Klassifikation der Medientypologien gerecht zu werden, soll sich im Folgenden auf die quintärmedialen Merkmale konzentriert werden. Hierbei wird weiterhin die interdisziplinäre Perspektive gewählt, um die zuvor geleistete Auseinandersetzung mit Medien und Kommunikation, Innovationsprozessen, Medieninnovationen als Wandel und schließlich mit der Darstellung der vier Medientypologien ausreichend zu berücksichtigen. Ziel der Analyse ist es, zum einen die These einer neuen fünften Medientypologie umfassend zu belegen und damit die tabellarische Gegenüberstellung der vier Medientypologien mit den Kategorien: *Medium als Mittel, Wahrnehmung, Verständigung, Verbreitung, Technik, Speicher-Information-Wissen, Zeit, Raum, Interaktion, Revolution, Verwertbarkeit, kommunikative Folgen* und *Innovationsbeispiele* (vgl. Tabelle 6.2 in Abschnitt 6.5) um eine fünfte Klassifikation zu ergänzen. Zum anderen soll gezeigt werden, dass es mit den aktuellen Medienentwicklungen, gemäß Saxers Medienverständnis, zu noch komplexeren „Art[en] und Weise[n] kommt], wie Gesellschaften die Medien in ihren Dienst nehmen" (Saxer 1975, S. 210, zitiert nach: Burkart 2002, S. 42) und umgekehrt von diesen beeinflusst werden. Die erläuterten Ansätze der Mediatisierung spielen in Bezug auf den sozial bedingten Wandel eine ebenso wichtige Rolle.

Die folgende Abbildung soll somit einen ersten Überblick der Quintärmedien als Mittel zum Zweck der Kommunikation einschließlich der bedingten neuen Rahmenbedingungen sowie medieninnovativen Merkmale bieten (vgl. Abbildung 6.1).[4] Davon ausgehend, werden im weiteren Verlauf der Arbeit alle in der Grafik benannten Aspekte als medieninnovativen Indikatoren erörtert und schließlich in einen Gesamtzusammenhang gebracht. Im Folgenden bedarf es allerdings zuerst einer grundlegenden Darstellung der Quintärmedien.

---

[4]Die bisherigen Bedingungen des skizzierten linearen Prozesses, der störfrei einseitig, zweiseitig oder reziprok verlaufen kann, allerdings nicht muss, gilt genauso für den Einsatz der Quintärmedien. Desgleichen kann es zu Störungen in Wahrnehmung, Verständigung und Verbreitung ebenso wie zu Abweichungen im Prozess kommen.

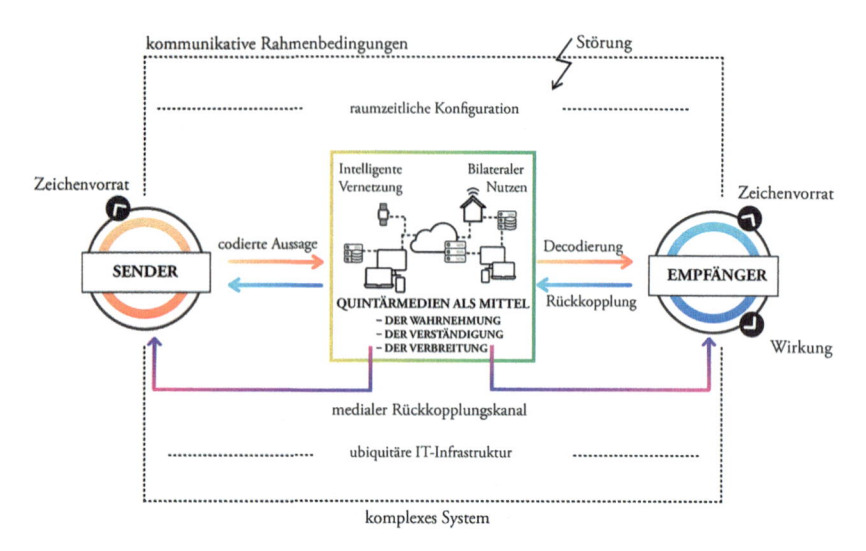

Abbildung 6.1 Medial vermittelte Kommunikation durch Quintärmedien (eigene Darstellung).

6.2 Die fünfte Medientypologie

Mit dem unabdingbaren Bestand von Medien im kommunikativen Alltag formt und etabliert sich über die quartärmedialen Grenzen hinweg eine neue datenbasierte Medientypologie als Repräsentant eines erneuten, medialen Wandlungsprozesses. Neuartige Informations- und Kommunikationstechnologien dringen immer weiter in die sozialen Gefüge vor und durch intelligente, datafizierte sowie durch Algorithmen getriebene Medieninnovationen bilden sich die Charakteristika der quintären Medien heraus. Anstatt wie in bisherigen medienwissenschaftlichen Forschungen hier eine dritte „new"-Erweiterung von „new new media" (Levinson 2009), eine potenziell dritte Generation in Anlehnung an Fromms Generationsunterteilung neuer Medien (vgl. Fromm 2000) oder Becks beziehungsweise Kubiceks mögliche dritte Ordnung der Medien (Kubicek 1997, Beck 2010b) zu entwerfen, offenbart sich die Klassifikation der Medientypologien von Proß und Faßler abermals als geeignetstes Modell, um medialen Wandel durch Medieninnovationen zu eruieren.

6.2 Die fünfte Medientypologie

Der zuvor erörterte Mediatisierungsansatz sowie die „deep mediatization" (Hepp und Hasebrink 2018) dienen für die Ableitung einer neuen Medientypologie als ideale Ausgangspunkte. Der Ansatz bietet eine analytisch konsistente Perspektive, die sowohl kommunikative als auch mediale Wandlungsprozesse in Verbindung mit kulturellen, sozialen und wirtschaftlichen Veränderungen berücksichtigt (vgl. Gentzel et al. 2019b, S. 2). Das beidseitige Abhängigkeitsverhältnis von Medienentwicklung und menschlicher Lebensform unterliegt im Zeitalter der Digitalisierung den Einflüssen der Globalisierung sowie Ökonomisierung, die vorrangig auf die steigende Verwendung von Computern, mobilen Endgeräten und Software-Systemen zurückzuführen sind. Dieser Medienwandel kann als Entstehung von allgemeinen, digitalen sowie computergestützten Systemen für alle symbolischen Operationen der Menschheit begriffen werden (Gentzel et al. 2019b, S. 2), in der sich die bestehenden Mediensysteme ebenso eingliedern müssen.

Durch die aufkommenden neuartigen Technologien, die verschmelzende inhaltliche sowie technologische Konvergenz und die steigende Übertragung von haptisch realen in digitalisierte Formate ist die Gesellschaft in dem Datafizierungszeitalter angekommen. Datafizierung (engl.: datafication) wird einerseits als digital codierte Sammlung, Produktion, Bearbeitung, Auswertung sowie Weiterverarbeitung von Daten und andererseits als Mechanismus zur Identifizierung spezifischer Muster verstanden, die Aufschluss über anstehende Prozesse geben und bei weiteren Entscheidungen unterstützen (vgl. u. a. Mayer-Schönberger und Cukier 2013, van Dijck 2014, Filipovic 2015, Breiter und Hepp 2018b, Prietl und Houben 2018, Hörtnagl 2019). Damit eingeschlossen ist die Identifikation von sozialen Mustern für die Auskunft über zukunftsorientiertes menschliches Verhalten (vgl. Thimm 2019, S. 34).[5] Demzufolge impliziert die Datafizierung die Übertragung von sozialer Wirklichkeit in computerbasierte, bearbeitbare Datenstrukturen oder -sätze und ebnet als datafizierte Übersetzung des sozialen Gefüges eine Basis für daran anknüpfende, datengetriebene Verfahren.

Die Nutzung dieser Datensätze führt zu einer veränderten Strukturierung und Reproduktion der Gegenwartsgesellschaft. Zwar sind die Produktion, Bearbeitung und Auswertung von Daten keinesfalls neu, schließlich lässt sich die Datenhandhabe bis hin zu den Sekundärmedien in Form von schriftlichen Auflistungen, wie Volkszählungen, zurückverfolgen. Jedoch ergibt sich durch die datafizierten Medien ein neuer Umgang mit Daten. Diesbezüglich entsprechen grundlegende

---

[5]In diesem Zusammenhang wird auch von „datasurveillance" oder „life mining", also der Kontrollversuch des datenbasierten Digitallebens, gesprochen. Vgl. Thimm 2019, S. 34.

Datentransaktionen, wie Banküberweisungen, in diesem Sinne keiner medieninnovativen Neuartigkeit. Erst mit Technologien wie Blockchain[6], als neue Form der Datenübermittlung durch Dezentralität und einer höheren Fälschungssicherheit, kann von einer neuen Verwertbarkeit durch Medien gesprochen werden.

Mit den soziotechnischen Entwicklungen gehen nach Bianco Prietl und Daniel Houben „qualitative Verschiebungen in der Datafizierung des Sozialen" (Prietl und Houben 2018, S. 10) einher, die sich aufgrund der momentanen Akkumulation von Daten signifikant von früheren Epochen unterscheiden. Daran anlehnend, soll in Bezug auf die Quintärmedien in vier durch die Datafizierung veränderte Umgangsformen mit und durch Daten differenziert werden:

Bewusste Datensammlung: Durch den Einzug des Sozialen in die digitale Welt rücken weite Teile des Privatlebens in den Prozess der Datafizierung. Die bewusste Datengenerierung, -sammlung und -archivierung für beispielsweise digitale Selbstvermessung wird immer beliebter. Dazu dienen datenbasierte Bewertungen und Entscheidungen als Handlungsgrundlage. Daten sind daher mehr als vermeintlich objektive, neutrale oder verlässliche Informationen (vgl. Prietl und Houben 2018, S. 10).

Digital Traces: Daten können durch Dritte gesammelt, gespeichert und verarbeitet werden; das Individuum streut unentwegt bewusst oder unbewusst Daten im Web. In diesem Zusammenhang wird in angloamerikanischen Wissenschaften von „digital traces", „digital footprint" und in deutschsprachigen Forschungen vom „digitalen Fingerabdruck" oder „digitalen Datenspuren" gesprochen. Jeder User hinterlässt mit jeder Nutzung von digital basierten Medien ebenso digitale Spuren im Internet, die dementsprechend gespeichert und ausgewertet werden können (vgl. Turow 2011). Passive Spuren beziehen sich auf die Interaktion mit Infrastrukturen wie Mobilfunknetze oder Standortprotokolle. Aktive hingegen stammen durch benutzergenerierte Angaben, die zum Informationsaustausch über Webseiten, Apps oder soziale Medien dienen, wobei hier genauso Standortdaten von Fotos, Nachrichten oder Sensormessungen berücksichtigt werden (vgl.

---

[6]Blockchain wird als ein Mechanismus verstanden, der die dezentrale Verkopplung von Medien realisiert und dabei auf eine abhängige Instanz verzichtet, um unter anderem eine höhere Sicherheit im Umgang mit Daten zu schaffen.

Girardin et al. 2008, S. 37). Mittlerweile gehören zu den bekanntesten Aufzeichnungsmöglichkeiten der digital traces beispielsweise Cookies[7], IP-Adressen oder WebBugs[8].

Daten als (Neben)Produkt für Dritte: Daten werden nicht mehr nur von Staat, Kirche oder bekannten Marktforschungsinstituten erhoben, sondern ebenfalls von privatwirtschaftlichen Organisationen gesammelt und verwaltet. Der kommerzielle Nutzen sowie das profitorientierte Interesse wachsen daher zunehmend.

Autonome Datenverarbeitung: Daten können mit florierender Technologieentwicklung auf Basis von (selbst-)lernenden Algorithmen verstärkt autonom beziehungsweise ohne das menschliche Zutun verwaltet werden. Dadurch müssen jedoch erneut die Handlungsträgerschaft und die Deutungshoheit von Daten hinterfragt werden (vgl. Miller 2011, zitiert nach: Prietl und Houben 2018, S. 10).

Die Datafizierung ist als Teil des Mittels zur Verständigung, zur Verbreitung und zur Wahrnehmung in Form von Daten und Analysen zu betrachten. Dabei offenbaren sich allerdings auch Möglichkeiten zur Überwachung des nutzerspezifischen Verhaltens oder der menschlichen Beziehungen. Diese kann als „revolutionary research opportunity" (van Dijck 2014, S. 198) interpretiert werden. Mit den soziotechnischen Prozessen der Datafizierung und der unweigerlichen Transformation privater wie beruflicher Sektionen bilden sich zudem datenfokussierte automatisierte Rechen- und Verarbeitungslogiken heraus. „Dies hat zur Folge, dass die symbolischen Bausteine der sozialen Welt nicht mehr nur von Medien vermittelt, sondern auch in zentralen Bereichen von ihnen mitkonstruiert werden" (Hörtnagl 2019, S. 136 f.).

Für den Versuch einer umfassenden Darstellung von Datafizierung aus medien- und kommunikationswissenschaftlicher Perspektive muss jedoch mehr als nur eine Repräsentation sozialen Lebens auf softwarebasierten Geräten und der Wandel in computerisierte Daten berücksichtigt werden. Vielmehr geht es um die Produktion und Auswertung von Daten als Grundlage einer Wirklichkeitskonstruktion von sozialen Prozessen und um zwangsläufig weitere Formen des sozialen Wandels (vgl. Hepp 2016, S. 229). Gleichzeitig wird die Datenerfassung

---

[7]Cookies sind Daten, die mit Besuch einer Webseite zwischengespeichert werden. Mithilfe derer kann die Mediennutzung einfacher gestaltet und damit können Einstellungen beispielsweise zu verwendeter Sprache oder Login-Daten gespeichert und automatisch abrufbar werden.

[8]Web Bugs (dt.: Webwanze) sind für das menschliche Auge unsichtbare Grafiken, da sie teilweise nur ein Pixel groß sind, um beispielsweise auf einer Webseite oder in einer Mail platziert zu werden. Anhand derer können Log-Aufzeichnungen sowie -Analysen von Dritten vorgenommen werden.

fester Bestandteil des menschlichen Alltags und beeinflusst diese Wirklichkeitskonstruktion. Beispielsweise unterliegen im Internet die Kaufentscheidungen oftmals den Empfehlungen anderer User, Grippewellen können mithilfe von Suchanfragen vorhergesagt werden und der Handel mit Kryptowährung vollzieht sich durch datenbasierte Auswertungen.

Folglich wächst das gesellschaftliche Verlangen nach digitalen Kopplungen mit bislang analogen physischen Gegenständen, einer neuartigen Konnektivität mit Kommunikationspartnern, neuen Partizipationsmöglichkeiten, höherer Sicherheit und besserem Datenschutz mit Verwendung der Medien. Es entwickelt sich eine datengetriebene Dynamik, in der digitale Innovationsprozesse, digitale Zwillinge, Transformationen und Schnittstellen für die Ökonomie, Kultur und Gesellschaft relevanter werden. Demzufolge kann von einer „Komplexität der Datafizierung" aufgrund einer automatisierten Konstruktion sozialer Wirklichkeit durch Algorithmen und Software gesprochen werden (vgl. Breiter und Hepp 2018a, S. 388). Eine besondere Herausforderung besteht im Umgang mit großen Datenmengen, einer sinnhaften Kontextualisierung und Analyse beziehungsweise Verwertung, die besonders im Zuge der noch folgenden Auseinandersetzung mit Big Data konkretisiert wird.

Der hierbei implizierte medienspezifische Datenumgang schließt die Weiterverarbeitung und Auswertung von Daten in Form durch Algorithmen mit ein. Fenwick McKelvey spricht daher von „algorithmic media", die er als „backbone of media and information systems" beschreibt (vgl. McKelvey 2014, S. 597). Algorithmen können im postmodernen Zeitalter vielfältig eingesetzt werden und sind als fester Bestandteil der Quintärmedien zu interpretieren. Sie dienen nicht nur zur Produktion, Nutzung und Navigation von (Medien-)Inhalten, sondern sind Teil von Analysetools und können als Zugang sowie Zertifizierung und Bewertung von Medieninhalten angesehen werden. Darüber hinaus bieten sie Kontrollmöglichkeit ebenso wie Orientierung (vgl. Heise 2016, S. 203). Die Grundvoraussetzung für Algorithmen sind im ersten Schritt ausreichend strukturierte Daten: "At first glance, data are apparently before the fact: they are the starting point for what we know, who we are, and how we communicate. This shared sense of starting with data often leads to an unnoticed assumption that data are transparent, that information is self-evident, the fundamental stuff of truth itself" (Gitelman und Jackson 2013, S. 2, zitiert nach: Reichert 2018a, S. 19).

Obwohl in einigen wissenschaftlichen Arbeiten Daten hinsichtlich ihrer Beschaffenheit als Fakt, „hard numbers" oder passiver Teil begriffen werden (Pentland 2014, Christakis 2012, zitiert nach: Reichert 2018a, S. 19), sollen sie hier als aktiver Teil der sozialen Wirklichkeit gedeutet werden. In Anlehnung an Ramón Reichert (Reichert 2018a) wird davon ausgegangen, dass eine einfache Setzung der Korrespondenz zwischen Daten und Empirie zu kurzsichtig ist und Daten selbst als Konstruktionen erachtet werden müssen. Nach Reichert sind

6.2 Die fünfte Medientypologie

Daten erstens Projektionen einer möglichen und nicht notwendig realen Welt, zweitens eine Herausbildung als Produkt von sozialen Interaktionen und drittens das Resultat von technisch-medialen Dispositiven sowie Infrastrukturen. „Daten können in Prozessen der stetigen, interaktiven und lokalen Herstellung stabilisiert und legitimiert werden, erscheinen aber auch gleichermaßen als veränderliche Variablen in interpretativen Praktiken der Anwendung von Kategorien, Typisierungen, Wissensbeständen und medialen Vermittlungen" (Reichert 2018a, S. 20). Demzufolge werden Daten als Grundlage für eine bestmögliche Annäherung einer „feststehend gesetzten Wirklichkeit" (Reichert 2018a, S. 20) betrachtet, sofern keine Datenmanipulation nachgewiesen werden kann.

Mit der Entstehung der Quintärmedien rückt das Hauptaugenmerk somit auf die durch die Digitalisierung korrelierende Datafizierung und dem damit steigenden ökonomischen, politischen sowie gesellschaftlichen Interesse an Datenerhebung, -sammlung und -auswertung. Unter Berücksichtigung der neuzeitigen Technologien beziehungsweise Medienformen entstehen Zeichenmengen, die sich im besten Fall zu strukturierten Daten oder maschinell lesbaren Metadaten überführen lassen.

Mit diesem Umgang der Daten wird das Individuum aufgrund seines täglichen Mediengebrauchs bewusst sowie unbewusst zu einem Teil der übergeordneten Berechnungslogik. Aufgrund dieser datenbasierten Verbindung von Technikverwendung und dem individuellen Alltagsgeschehen wird der Datafizierung eine immer größere Bedeutung zugeschrieben. Big Data, Algorithmen, KI-Systeme oder Machine Learning sind nur einige Schlagwörter, die in Zusammenhang mit analytischen Ansätzen einhergehen.

Infolgedessen zielen im 21. Jahrhundert immer mehr Technologieentwicklungen auf eine Integration von intelligenten Systemen ab, die das Zusammenleben von Mensch und Maschine nachhaltig verändern. Unterstützend dazu, bilden sich neuartige Verfahren sowie Logiken heraus, die die Menge an Datenströmen bändigen, systematisch sammeln und zielführend auswerten sollen. Die Aufmerksamkeit der gegenwärtigen Medieninnovationen basiert auf einer neuartigen Datengetriebenheit, mittels derer sich auch disruptive Veränderungsprozesse offenbaren. So lösen sich die bisherigen Rollenverteilungen von Mensch und Medium in Bezug auf Sender, Vermittler und Empfänger zunehmend auf und Medien werden als festem Bestandteil im menschlichen Alltag neue Rollen, Aufgaben und Bereiche zugewiesen. Bevor jedoch auf einzelne Veränderungen, wie beispielsweise die neuartigen Mediennutzen (vgl. Abschnitt 6.3.2.1), die kommunikativen Folgen der quintärmedialen Medieninnovationen (vgl. Abschnitt 6.4) oder die wirtschaftlichen, politischen, kulturellen und gesellschaftlichen Auswirkungen (vgl. Abschnitt 6.5) eingegangen wird, liegt der Fokus der Arbeit vorerst auf einer ausreichenden Skizzierung der Quintärmedien.

Bislang unterlag eine Vielzahl der zu behandelnden datenabhängigen Teilbereiche der Informatik oder Mathematik. Erst mit den sich abzeichnenden Einflüssen, Potenzialen, Herausforderungen oder Folgen für Wirtschaft, Kultur und Gesellschaft rückt eine Auseinandersetzung mit Daten allmählich in den kommunikations- und medienwissenschaftlichen Fokus. Aufgrund des thematischen Neuheitsgrades und des sich damit erst etablierenden Forschungsgebiets liegen somit lediglich vereinzelt medienwissenschaftliche Untersuchungen vor.

Zur besseren Differenzierung beziehungsweise Abgrenzung dieses jungen Themenfeldes eignet sich die webbasierte Einteilung des Internets (vgl. von Lucke 2015a, S. 1, von Lucke 2015b, S. 11 ff.). Dafür wird in das Internet der Systeme (Web 1.0: World Wide Web, Verwaltungsnetzwerke), Internet des Menschen (Web 2.0: Social Media), Internet der Daten (Web 3.0: Semantic Web und Big Data), Internet der Dinge und Internet der Dienste (Web 4.0: Smarte Web-Dienste und Objekte, engl.: internet of things und internet of services) unterteilt. Die beiden ersten Formen unterliegen mit ihrem Verwaltungs- und Social-Media-Charakter den Quartärmedien und werden deswegen nicht weiter berücksichtigt oder nur als Ableitung für quintärmediale Entwicklungen herangezogen.

Das Internet der Daten oder auch semantisches Web, Web 3.0 sowie Internet der Bedeutung genannt, wird hingegen als Erweiterung des World Wide Webs bezeichnet und als grundlegender Bestandteil der Quintärmedien identifiziert. Der Ursprung dieser Terminologien lässt sich bis zu Tim Berners-Lee, dem Begründer des World Wide Webs, zurückverfolgen. Schon im Jahr 1999 verfolgte er die Vision eines semantischen Webs: "I have a dream for the Web [in which computers] become capable of analyzing all the data on the Web – the content, links, and transactions between people and computers" (vgl. Berners-Lee und Fischetti 1999, zitiert nach: Oren und Schenk 2011, S. 81).

Nur wenige Jahre später ging mit dieser Idee eine Weiterentwicklung des bis dahin bestehenden Webs mit lediglich einfach strukturierten Datenanwendungen und nur grundlegender Datenspeicherung einher, um den zu diesem Zeitpunkt bereits kontinuierlich wachsenden Datenmengen eine neue Art der Strukturierung, Ordnung und schließlich Bedeutung (Semantik) zu gewährleisten.

Inzwischen breiten sich Teile des semantischen Webs immer weiter aus und können als bedeutsamer Zusatz der Webentwicklung (engl.: web development) interpretiert werden, welche nach John Markhoff erst als Kombination das eigentliche Web 3.0 ausmachen (vgl. Markhoff 2006). Obgleich aus technologischer Perspektive grundsätzlich zwischen dem semantischen Web und dem Web 3.0 unterschieden werden muss, werden diese Begriffe oftmals synonym verwendet. Nicht zuletzt, weil eine abgrenzende Definition sich erst mit umfassenden Kenntnissen der Informatik und Informationsverarbeitung durch künstliche Systeme

6.2 Die fünfte Medientypologie

ausreichend erschließen würde. Dementsprechend gibt es nur wenige geisteswissenschaftliche Auseinandersetzungen mit dieser Webform und wie David Stuart einst schon fast polemisch formulierte: "It does not fit neatly in a little box, but spreads out across the web like some untameable beast. Even the language that is used to describe it is alien and unwieldy, and is filled with acronyms meaningless to most library and information professionals: RDF, RDFs, OWL and RIF. As such, most library and information professionals seem happy to leave the semantic web to the computer scientists" (Stuart 2011, S. 77).

In Anlehnung daran ist eine detailreiche, technologische Aufschlüsselung für die hier primär medien- und kommunikationswissenschaftliche Analyse zur Erörterung der medialen Weiterentwicklung ebenso wenig erforderlich wie bei den technikbedingten Erläuterungen der bisherigen Medientypologien. Dennoch lässt sich für das grundlegende Verständnis des semantischen Webs folgende Definition anführen:

> „Das semantische Web oder Semantic Web zielt darauf ab, Informationen und multimediale Inhalte aufgrund ihrer Bedeutung (Semantik) miteinander zu verknüpfen. Es verfolgt das Ziel, Inhalte des Web für Maschinen verarbeitbar zu machen. Dazu müssen die Inhalte des semantischen Web durch Software interpretiert und miteinander in Beziehung gebracht werden. Wesentlich dafür sind standardisierte Wissensmodelle (Ontologien) sowie die entsprechende Auszeichnung der Metadaten (semantisches Markup)" (HMD 2010, S. 115).

Das Web 2.0 kann demnach als Möglichkeit der sozialen Interaktion interpretiert werden, wohingegen das Web 3.0 infolge der Kombination des Web 2.0 und des semantischen Webs Funktionalitäten offenbart, die die Suche nach dedizierten Informationen unterstützt, Inhalte wiederum in Relation zu anderen bringt und in aufbereiteter Form anbietet (vgl. Ultes-Nitsche 2010, S. 6). Das semantische Web als Erweiterung ermöglicht somit eine feinere Granularität von maschinenlesbaren Informationen, als es bislang mit dem Web 2.0 zur Verfügung stand, und bietet mittels syntaktischer und semantischer Informationskomponenten Mechanismen zur Entschlüsselung beziehungsweise Weiterverarbeitung an. Hierbei müssen noch nicht einmal die gleichen Datencodes verfolgt werden, sondern es reichen die Rahmenbedingungen des „Resource Description Framework" (RDF)[9] (vgl. Oren und Schenk 2011, S. 82).

---

[9]RDF als Teil des semantischen Webs ist ein Standardmodell für den Austausch von Daten im World Wide Web. Dabei verfügt RDF über Funktionen, die das Zusammenführen von Daten erleichtern, auch wenn sie sich im Schema beziehungsweise in der Struktur von Daten unterscheiden. Darüber hinaus unterstützt RDF die Entwicklung von Schemas im Laufe der Zeit, ohne dass Datenanwendungen geändert werden müssen. Mit dem Modell können somit

Aus medien- und kommunikationswissenschaftlicher Perspektive ist das semantische Web nicht zuletzt aufgrund des etymologischen Ursprungs der Semantik als Teilgebiet der Sprachwissenschaft durchaus mit Pross' Verständnis der Semiotik konsistent, schließlich bedarf es hier zum einen ebenfalls einer spezifischen Bedeutungslehre, die in diesem Fall meist mit Einbezug durch Metadaten erfolgt. Zum anderen sind Decodierungsmaßnahmen grundsätzlich erst umsetzbar, wenn ein ausreichender Symbolvorrat vorliegt und nicht die Ver- beziehungsweise Entschlüsselung von Zeichen mithilfe von anderen Zeichen als „Sache der subjektiven Wahrnehmung" interpretiert, sondern auch das Erfassen der Bedeutung dieser Zeichen innerhalb des Codes berücksichtigt wird (vgl. Pross 1976, S. 88). Insbesondere das semantische Web löst sich von der nutzerspezifischen Wahrnehmung, strukturiert aussagekräftige Inhalte und schafft eine Umgebung, in der beispielsweise Software-Agenten[10] problemlos nutzerspezifische Anfragen ausführen können.

Dabei steht der komplexe Umgang mit Daten weiterhin im Vordergrund. Denn prinzipiell sind es Daten, die die Semantik der Inhalte festlegen, es sind Meta-Daten, die den weiteren Umgang der Daten unterstützen, und es ist die Verbindung von und mit Daten, die erst eine logische Verknüpfung zulässt. Schließlich können erst mithilfe von Daten auch neue Daten im World Wide Web verarbeitet oder aufgerufen werden. Demzufolge hat das W3C (engl.: World Wide Web Consortium) inklusive Tim Berners-Lee im Jahr 2013 den Begriff des „Web

---

strukturierte und unstrukturierte Daten gemischt, verfügbar gemacht und für verschiedene Anwendungen freigegeben werden. Vgl. W3C 2014.

[10] Agenten oder Softbots sind Computerprogramme, die nach Tjorben Bogen grundsätzlich folgende Eigenschaften aufzeigen können:
- „*autonom*: Es wird kein Eingriff in den Handlungsablauf von außerhalb benötigt, um den Agenten korrekt zu steuern.
- *proaktiv*: Der Agent entscheidet selbständig, welche Aktionen er ausführt ohne dabei einen externen Stimulus zu benötigen.
- *reaktiv*: Verändert sich die Umwelt, kann der Agent darauf reagieren.
- *robust*: Bei äußeren Störeinflüssen ist der Agent trotzdem in der Lage seine Aufgabe auszuführen.
- *adaptiv*: Der Agent kann seine eigenen Einstellungen/Ziele anpassen und dadurch weiterhin effizient in der veränderten Umgebung arbeiten, wenn sich sein Umfeld von dem erwarteten Zustand differenziert.
- *kognitiv*: Anhand von Beobachtungen und erfolgreichen Aktionen lernt der Agent und verbessert seine Fähigkeiten. Diese beziehen sich jedoch nur auf die Ausführung einer Aktion in identischer Umgebung und lässt die gewählte Aktion effizienter werden.
- *sozial*: Der Austausch von Informationen zwischen Agenten wird im Englischen als social factor bezeichnet. Dies kann auch mit dem Austausch von Absichten oder von Fähigkeiten gleichgesetzt werden." Bogon 2013, S. 15, Hervorh. im Original.

of Data" eingeführt: "The Semantic Web isn't just about putting data on the web. It is about making links, so that a person or machine can explore the web of data" (Berners-Lee 2006).

Das Web 3.0 oder auch Internet der Daten ist somit ein weiteres Synonym für den intelligenten Umgang mit Daten. Dabei spielt die Vernetzung dieser Daten eine ebenso wichtige Rolle. Linked Open Data oder Open Data fördern die Integration, Analyse, Nutzung, aber auch Bewertung von großen Datenbeständen beziehungsweise Big-Data-Beständen (vgl. von Lucke 2015b, S. 17). So ist es nicht verwunderlich, dass Daten gegenwärtig zu einem immer begehrteren, kommerziellen Gut des 21. Jahrhunderts heranwachsen. Mit Aussicht auf neue Ergebnisse haben sich vor allem Staat und Wirtschaft die Sammlung, Verarbeitung und Analyse von großen Datenmengen zur Aufgabe gemacht, um sich beispielsweise gewinnbringende Vorteile gegenüber der Konkurrenz zu verschaffen. Unter dem technologischen Leitwort Big Data versuchen unterschiedliche Akteure neue Einsichten in das Leben der Gesellschaft als „walking data generators" zu gewinnen, um daraus wiederum datenbasierte Erkenntnisse für weitere Prozesse ziehen zu können (vgl. McAfee und Brynjolfsson 2012, S. 5, zitiert nach: Wiencierz 2018, S. 109).

6.2.1 Das Charakteristikum Big Data

Im Allgemeinen bezeichnet Big Data ein großes Datenvolumen, das aus potenziell allen datenproduzierenden Bereichen stammen kann. Ob Wirtschaft, Politik, Gesundheitswesen oder Bereiche des Privatlebens: Big Data bedeutet mittels geeigneter technologischer Voraussetzungen die Datensammlung, -speicherung und zeitlich unbegrenzte -konvertierung menschlicher Informationen jeglicher Art. Die Daten werden für unterschiedliche Wissensbereiche gesammelt und ausgewertet. Von Biotechnologie über die Sozial- und Wirtschaftswissenschaften bis hin zur Trendforschung ermöglicht Big Data und der damit implizierte Datenumgang zum einen die Entwicklung von aussagekräftigen Modellen über einen gegenwärtigen Status und zum anderen Prognosen über eine zukünftige Entwicklung von sozialen Gruppen sowie Gesellschaften (vgl. Reichert 2018b, S. 284). Nicht zuletzt lässt sich der gegenwärtig exponentiell steigende Anstieg an Daten durch die wachsenden Rechenleistungen sowie die Etablierung von Cloud-Lösungen begründen (vgl. Schwanebeck 2017, S. 10).

Um diese Datenmengen nach konkreten Mustern zu analysieren und zu kontextualisieren, bedarf es Werkzeuge wie Analyseverfahren und Algorithmen, die in der Lage sind, diese gespeicherten Daten zielführend auszuwerten. Diese

Verfahren, mithilfe derer Daten aus unterschiedlichen Datenquellen extrahiert und auf konkrete Fragestellungen hin untersucht werden, sind als komplexe Datenanalyseverfahren (engl.: data analytics) zu deuten.

Eine der großen Herausforderungen im Umgang mit Big Data beziehungsweise Big-Data-Analysen ist es, einen verwertbaren Zusammenhang zwischen analysierten Daten und dem jeweiligen Sachverhalt zu schaffen. Denn erst mit geeigneten Analyseverfahren können Aktivität und neue Effekte erzielt werden (vgl. Otto 2017, S. 18). So zählen Algorithmen als „recipe composed in programmable steps" zu den erfolgreichsten Mitteln, um ein erwünschtes Ziel der Datenverarbeitung zu erreichen (vgl. Gillespie 2016, S. 19). Die Wirkung einer durch algorithmusgetriebenen Datenauslese führt beispielsweise dazu, dass in Sekundenschnelle die kürzeste Navigationsroute berechnet, ein Film, basierend auf individuellen Vorlieben, vorgeschlagen oder personalisierte Newsfeeds generiert werden.

Grundsätzlich verfolgen Big-Data-Verfahren das Ziel, Prognosen von Trends oder Profilen erstellen zu können. Diese Vorhersagen werden jedoch nicht statistisch, also mithilfe von repräsentativen Stichproben ausgewertet, sondern erfolgen durch den Versuch, Korrelationen und Muster anhand von Daten zu erkennen. Zudem ist es als Neuartigkeit anzusehen, dass mit dem richtigen Umgang von Big-Data-Analysen vergleichsweise Nachrichteninhalte nicht nur ausgewertet, sondern aufgrund von massenhaften Metadaten neue Erkenntnisse gewonnen werden können. Dazu zählen zum Beispiel Daten über Absender und Empfänger beim E-Mail-Versand oder Funksignale bei Mobiltelefonen und Automobilen (vgl. Mainzer 2017, S. 50). Ferner lassen sich Big-Data-Analysen individuell auf konkrete Anwendungsfelder anpassen, um spezifische Prognosen aufzustellen. Dadurch zeichnen sich seit einigen Jahren immer mehr Anwendungsfelder und weitere Potenziale ab. Gleichwohl gehen neue Risiken mit dem Konstrukt Big Data einher (vgl. Lix und Reiner 2014).

Aus wissenschaftlicher Perspektive gibt es unterschiedliche Ansätze, um Big Data konkret darzustellen. Das Bekannteste ist wohl das 3-V-Modell der Gartner Group mit folgender Definition: "Big data is high-volume, high-velocity and high-variety information assets that demand cost effective, innovative forms of information processing for enhanced insight and decision making" (Gartner 2013). Das Modell unterliegt der Annahme, dass die Kernelemente von Big Data dreigeteilt sind und sich in Volume, Variety und Velocity gliedern lassen.[11]

Volume (dt.: Volumen) bezieht sich auf die Menge an Daten, die inzwischen tagtäglich im digitalen Kontext entstehen. Allein im Jahr 2018 wurden

---

[11]Die Begriffe Volume, Velocity und Variety definierte erstmals der Analyst Doug Laney. Vgl. Laney 2001, S. 2.

6.2 Die fünfte Medientypologie

in Deutschland 848,1 Milliarden E-Mails verschickt, das sind 77 Milliarden E-Mails mehr als noch im Jahr zuvor (vgl. Statista 2019). Variety (dt.: Vielfalt) meint die unterschiedlichen Datenformen, die produziert werden, wie die bereits erwähnte Unterscheidung in strukturierten und unstrukturierten Daten. Velocity (dt.: Geschwindigkeit) definiert die Geschwindigkeit, mit der Daten gespeichert und verarbeitet werden können. Die Möglichkeit, Daten in Echtzeit zu verwerten, wie beim Echtzeit-Profiling[12], ist für viele Ansätze besonders attraktiv. Grundsätzlich wachsen somit das Volumen sowie die Vielfalt der Daten bei steigender Geschwindigkeit der Datenentstehung und -(weiter)verarbeitung.

Inzwischen wird in neuzeitigen wissenschaftlichen Ansätzen das 3-V-Modell um weitere Vs ergänzt. Da die Gartner Group ebenso von Vermögenswert spricht, wird in einigen wissenschaftlichen Auseinandersetzungen Value zur Definition hinzugefügt (vgl. Fasel und Meier 2016, S. 14). Value (dt.: Mehrwert) meint den Mehrwert, der sich durch die Big-Data-Analyse gewinnen lässt. Schließlich sollen die Big-Data-Anwendungen oftmals den Unternehmenswert steigern und langfristig Erfolge erzielen. Als weitere Vs sind Veracity[13], Variability und Validity anzuführen (vgl. Abbildung 6.2).

Veracity (dt.: Wahrhaftigkeit) bezieht sich auf die Unsicherheit der Datenqualität, da Daten aus unterschiedlichen Quellen stammen können, gegebenenfalls aufwendig nachbearbeitet oder mithilfe von spezifischen Algorithmen ausgewertet werden müssen. Variability (dt.: Variabilität) zeigt zum einen auf, dass die Datenflussraten nicht immer konsistent sind und es trotz digitaler Geschwindigkeit ebenso periodische Höhen und Tiefen geben kann. Zum anderen verweist sie darauf, dass Daten, wie bereits erwähnt, kontextualisiert werden müssen. Schließlich besitzen semantische Satzteile beziehungsweise einzelne Wörter keine statische Definition, sondern sind genauso kontextabhängig (vgl. Gandomi und Haider 2015, S. 139). Validity (dt.: Validität) meint die Datenqualität, die mit jeder Datenmenge einhergeht. Denn um Big-Data-Anwendungen erfolgreich umzusetzen, müssen diese Daten gegebenenfalls von beschädigten oder manipulierten Daten befreit werden (vgl. Monroe 2013, S. 5).

---

[12] Das Echtzeit-Profiling (engl.: real-time-profiling) meint die Datenerhebung, wie beispielsweise von Benutzerprofilen, noch während einer Aktion des Nutzers.

[13] Der Begriff Veracity wurde erstmals von Paul Zikopoulous, Datenbankspezialist bei IBM, geprägt. Vgl. Fasel und Meier 2016, S. 30.

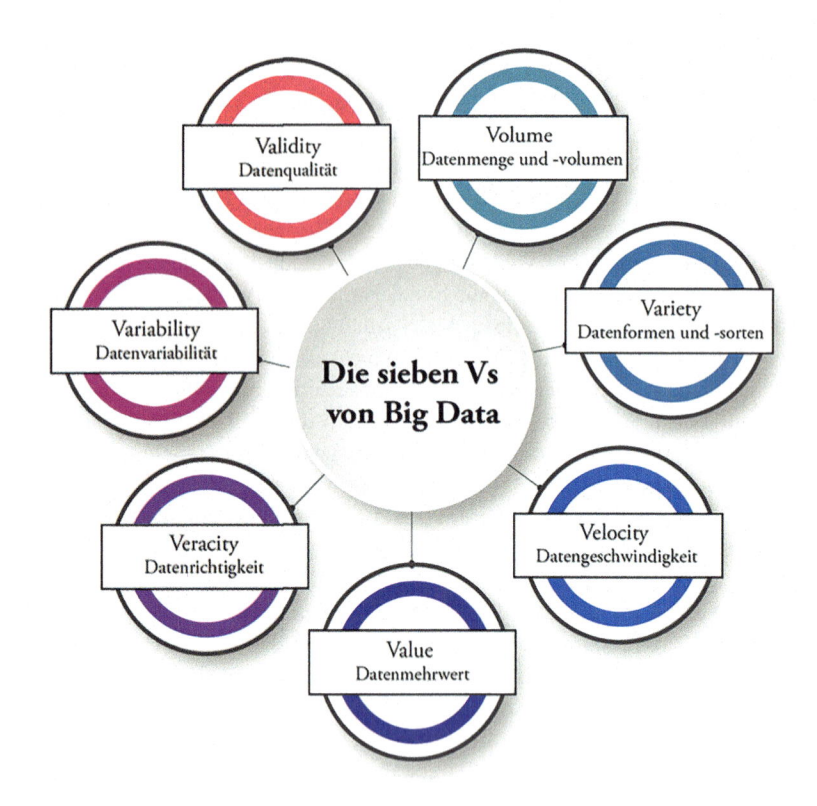

Abbildung 6.2 Die sieben Vs von Big Data (eigene Darstellung).

Trotz dieser V-Ergänzungen bleiben die Aussagekraft und die Verwertbarkeit der gesammelten Daten zur jeweiligen Gewinnung von Informationen bislang noch die Hauptprobleme von Big-Data-Analysen (vgl. Mülling 2019, S. 30 f.). Dennoch nähern sich Experten und Wissenschaftler mithilfe dieses Ansatzes allmählich den großen Datenmengen an und können, basierend auf diesen V-Charakteristiken, weitere Erkenntnisse gewinnen.

Big Data und die daraus resultierenden Anwendungsmöglichkeiten sind keine eindeutig für sich alleinstehende Erscheinungen. Vielmehr muss Big Data wie die Verbreitung des elektrischen Stroms verstanden werden, der beispielsweise in der Vergangenheit als einzige Quelle für unzählige Tertiärmedien diente. Demnach schafft Big Data mittels des Internets und großer Rechnerleistungen eine geeignete Grundlage für neue Verfahren, Methoden sowie Dienstleistungen (vgl.

Otto 2017, S. 11). Die Big-Data-Anwendungen werden somit zu Ressourcen und gleichzeitig zu Instrumenten für die Verarbeitung sowie Auswertung riesiger Datenvolumina.

Aus interdisziplinärer Perspektive wird Big Data zum kulturellen, technologischen sowie wissenschaftlichen Phänomen. Boyds und Crawford definieren in ihrer kritischen Auseinandersetzung mit Big Data (vgl. Boyd und Crawford 2012) dieses Phänomen als ein Zusammenspiel aus Technologie, Analyse und Mythologie:

1. *Technologie:* Maximale Rechenleistung und algorithmische Genauigkeit bei der Sammlung, Analyse, Verknüpfung, Evaluation sowie Vergleich großer Datenmengen.
2. *Analyse:* Untersuchung von großen Datensätzen zur Identifikation von Mustern und Schemata für wirtschaftliche, wissenschaftliche, soziale, technische, politische, kulturelle oder rechtliche Ansprüche.
3. *Mythologie:* Die Überzeugung, dass große Datenvolumina Intelligenz und Wissen erleichtern sowie fördern und gleichzeitig Erkenntnisse über Sachverhalte geben, die vorher nicht möglich waren (vgl. Boyd und Crawford 2012, S. 663).

Zusätzlich weisen sie darauf hin, dass Big Data ein hohes Potenzial für die Lösung wirtschaftlicher und gesellschaftlicher Probleme bereitstellt, gleichzeitig aber als „a troubling manifestation of Big Brother" (Boyd und Crawford 2012, S. 664) angesehen werden kann. Die mit den Quintärmedien und damit ebenso mit Big Data implizierten Potenziale, Herausforderungen und Risiken werden daher im späteren Verlauf der Arbeit noch konkreter erläutert (vgl. Abschnitt 6.5.2).

Mittlerweile gibt es unterschiedliche Vorgehensweisen für Big-Data-Analysen, ein bekanntes kommerzielles Beispiel ist das Big-Data-Mining, die Anwendung von explorativen Methoden zur Mustererkennung auf Basis eines Big-Data-Bestands. Dabei werden nützliche Informationen aus Datenmengen oder Datenströmen auf Basis der V-Dimensionen zur weiteren Identifikation von Trends und Schemata herausgezogen. Solch ein Prozess umfasst die Aufgabendefinition, Selektion beziehungsweise Extraktion, Vorbereitung sowie Transformation, Musterauswertung, Evaluation und Präsentation (vgl. Reichert 2014, S. 41). Große Unternehmen, wie Google, Facebook oder Apple, nutzen diese Methoden zur wirksamen Bestimmung von Benutzererlebnissen oder Trendvorhersagen. Dafür wird einerseits für die Datensammlung auf Social-Media-Plattformen oder E-Commerce-Webseiten zugegriffen, andererseits können das Internet der Dinge oder das Internet der Services als vielversprechende Quellen für solche Datensätze dienen.

6.2.2 Web 3.0 und Web 4.0 als Datenquellen

Das Internet der Dinge, das oftmals als Beispiel für die Industrialisierung 4.0[14] (vgl. Reinheimer 2017, S. 1) oder synonym für das Web 4.0 verwendet wird (vgl. von Lucke 2015b, S. 18), verbindet physische Geräte mit digitalen Services. Globale Infrastrukturen und Vernetzung von Rechnern mittels des durch die Internetprotokoll-Familie (IP-Suite) aufgesetzten Internets bilden die Ausstattung für physische Objekte mit digitaler Sensorik. Die wiederum schaffen eine Vernetzung mit steuerbaren digitalen Endgeräten, wodurch über implementierte Funktionen produzierte Daten der Objekte intelligent verarbeitet und ausgewertet werden. Hierbei wird allerdings keine einfache, datenübertragende Verbindung von Objekten mit digitalen Endgeräten, wie durch Bluetooth oder AirDrop, sondern die datenverarbeitende, prozessierende Verknüpfung beliebiger physischer Geräte mit dem Individuum fokussiert.

Mit Einsatz solcher Geräte wiederum erfährt die von Pross einst aufgestellte Theorie der Geräte als Kommunikationsmittel erneut eine neue Reich- und Tragweite. Denn das damit einhergehende Potenzial, Daten geräteunabhängig und auf zentralen Server-Farmen zu speichern, führt dazu, dass Daten nicht ausschließlich auf Medienuser-Seite gespeichert, sondern aufgrund der Mengen auch ausgelagert werden können. Das Abrufen von Daten wird dadurch ebenfalls für weitere digital vernetzte Geräte zugänglich. Prognosen zufolge sollen bereits bis Ende 2020 mehr als 50 Milliarden Objekte mit dem Internet verbunden sein. Wesentliche Gründe dafür sind die technologischen Entwicklungen von IPv6-Protokollen[15], der drastische Preisverfall für Sensoren[16] und damit in Echtzeit oder zeitlich minimal versetzte Big-Data-Analysen (vgl. Reinheimer 2017, S. 17).

---

[14] In Politik und Wirtschaft wird immer häufiger von der „Industrialisierung 4.0" oder der „Fourth Industrial Revolution" gesprochen. Nach dem Einsatz der Wasser- und Dampfkraft (erste Industrialisierung), der Elektrifizierung (zweite Industrialisierung) und des Einsatzes von Computern seit den 1970er-Jahren (dritte Industrialisierung) folgt jetzt das Internet der Dinge als vierte Industrialisierung. Unabhängig davon, ob Industrialisierung 4.0 der geeignete Terminus für den gegenwärtigen Wandel ist, unterstützt er die hier aufgestellte These, dass es aufgrund der medialen Veränderungen zu einem erneuten Umbruch kommt und als ein eigenes Zeitalter gekennzeichnet werden kann. Vgl. Stengel, et al. 2017b, S. 1.

[15] IPv6-Protokolle ermöglichen die Datenübertragung über ein paketvermittelndes Netz.

[16] Sensoren werden in der Regel als technische Bauteile betrachtet, die physische oder chemische Eigenschaften qualitativ oder als Messgröße quantitativ erkennen und in digitale weiterverarbeitende Formen umwandeln können. Vgl. von Lucke 2015b, S. 12.

6.2 Die fünfte Medientypologie

Gegenwärtig können vernetzte Alltagsgegenstände oder CPS[17] von Personen, Programmen oder Diensten über IP-Adressen problemlos identifiziert, angesprochen, genutzt und gesteuert werden. „Das Internet der Dinge steht damit für die globale ‚elektronische Vernetzung von Alltagsgegenständen' und den direkten gegenseitigen Informationsaustausch von Objekten ohne menschliche Eingriffe im Sinne einer echten Kommunikation von Maschine zu Maschine (M2M-Kommunikation)" (BMBF 2013, zitiert nach: von Lucke 2015b, S. 18). Exemplarisch für das Internet der Dinge können Fitnessgeräte sowie -tracker oder intelligente Haushaltssysteme angeführt werden, die sich entweder selbst steuern oder durch eine Fernsteuerung, wie mobile Endgeräte, bedienen lassen. Zudem kann auf den bereits erläuterten digitalen Zwilling verwiesen werden (vgl. Abschnitt 3.3), der in diesem Zusammenhang diverse Arten von Informationen verbindet, um das Gesamtsystem inklusive Sensor-Daten, Engineering-Informationen, Unternehmensdaten und Kontextinformationen möglichst vollständig digital darzustellen (vgl. Reinheimer 2017, S. 19).

Zum einen dient das Internet der Dinge als Sammelstelle für Daten von verknüpften Objekten, die als verlängerter Arm der interagierenden Menschen interpretiert werden können. In diesem Zusammenhang wird auch von einem digitalen Objektgedächtnis gesprochen. Zwar kommt es diesbezüglich auf die Methoden und Verfahren der Datenanwendung an, um beispielsweise aussagekräftige Erkenntnisse zu gewinnen. Allerdings können diese Datenspeicher etwa für zukunftsorientierte Prozesse der Personalisierung oder individuellen Anpassung bereits behilflich sein.

Zum anderen wird bei dem Internet der Dinge von einer Dezentralisierung ausgegangen, da autonome beziehungsweise unabhängige Objekte miteinander vernetzt werden. Im Vergleich zu bisherigen hierarchischen Modellen kann dadurch höhere Sicherheit und mehr Datenschutz generiert werden (vgl. Kravčík et al. 2019, S. 61). In diesem Zusammenhang soll auf die Blockchain-Technologie[18] verwiesen werden, die insofern für das Internet der Dinge unterstützend wirkt, als dass sie die Geräte dezentral verkoppelt und höhere Sicherheit im Datenaustausch verspricht. „Dieses neue Paradigma delegiert das Vertrauen auf die Objektebene und ermöglicht die Animation und Personalisierung der physischen Welt. Des Weiteren schafft es neuartige, ausgereifte Möglichkeiten für Benutzer/-innen, ihre

---

[17] „Cyberphysische Systeme (CPS: Cyberphysical Systems) sind heterogen vernetzte Gebilde, die reale physische Objekte mit digitalen Informations- und Kommunikationssystemen verknüpfen und kombinieren." Von Lucke 2015b, S. 14.
[18] Vgl. Tapscott und Tapscott 2016, zitiert nach: Kravčík et al. 2019, S. 61.

Privatsphäre zu kontrollieren und ihre Daten zu schützen" (Kravčík et al. 2019, S. 61). Diese hier implizierte virtuelle Verdrahtung kann ebenso das Internet der Dienste für sich beanspruchen. Im Allgemeinen sind alle erwähnten Internetvarianten miteinander verbunden und durchaus voneinander abhängig. Das Internet der Dienste als prägender Teil der vierten Web-Generation definiert sich durch Dienste sowie Funktionalitäten, die auf Basis von Web Services, Cloud-Computing oder standardisierten Schnittstellen realisiert werden (vgl. von Lucke 2015b, S. 19). Hierbei wird zwischen Service-Oriented Architecture (SOA), Software as a Service (SaaS), Platform as a Service (PaaS), Infrastructure as a Service (IaaS), Network as a Service (NaaS) und Cloud-Computing differenziert.

Die webbasierten Dienstleistungen können wie ein Baukastensystem miteinander verbunden und integriert werden. Aus medienwissenschaftlicher Perspektive soll diesbezüglich Saxers Verständnis von Mediensystemen beziehungsweise das Modell des Medieninnovationssystems angeführt werden. Denn mit den neuen Angeboten offenbaren sich zudem neue institutionalisierte und organisationale Potenziale. So formuliert von Lucke: „Organisationen können modular einzelne Software-Komponenten zu komplexen und dennoch flexiblen Lösungen im Sinne einer dienste-orientierten Architektur (SOA: Service-Oriented Architecture) orchestrieren" (von Lucke 2015b, S. 19). Obwohl die Quintärmedien nicht mehr alleinig aufgrund der materiellen Beschaffenheit identifiziert werden können und die Unterscheidung zwischen quartären und quintären Medien infolge von ähnlichen netzwerktechnologischen Grundlagen nicht immer problemlos möglich ist, kann dennoch im Sinne des Ansatzes von Pross der Geräteabhängigkeit zur Klassifikation von Medien von medieninnovativen IT-Infrastrukturen gesprochen werden, die die Quintärmedien von bestehenden Medientypologien abgrenzen. Diese einzigartigen Medienentwicklungen nutzen wiederum Unternehmen, Institutionen und Organisationen, um im gesellschaftlichen Regelsystem mitzuwirken.

Mit Cloud-Computing (dt.: Rechenwolke), als Teil der noch zu erläuternden ubiquitären IT-Infrastruktur (vgl. Abschnitt 6.3.2.1), kann beispielsweise der Datenzugriff über einen externen Internetzugang sichergestellt werden. Damit entsteht eine Verlagerung von bislang stationären Rechenzentren und -diensten zu einer Rechnerwolke. Das Problem der Beschränkung von Speicherkapazität ist damit hinfällig. "Cloud computing is a model for enabling ubiquitous, convenient, on-demand network access to a shared pool of configurable computing resources (e.g., networks, servers, storage, applications, and services) that can be rapidly provisioned and released with minimal management effort or service provider interaction" (Mell und Grance 2011, zitiert nach: Mülling 2019, S. 23).

6.2 Die fünfte Medientypologie

Hinsichtlich dieser Entwicklungen des Internets der Dinge sowie des Internets der Dienste können bereits erste neuartige Eigenschaften im Vergleich zu den bisherigen Medientypologien herausgestellt werden. Insbesondere das Internet der Daten, das Aufrüsten durch digitale Schnittstellen von allen Objekten und die Datenfokussiertheit als Grundlage für neue Geschäftsmodelle und Plattformmodelle führen zu einer steigenden Datafizierung aller Lebensbereiche. Der Zusammenschluss des Web 3.0 und 4.0 wird daher als „Allesnetz" betitelt.

Diesbezüglich lässt sich jedoch anmerken, dass die technologische Entwicklung das Stadium der umfassenden Datafizierung der Welt noch längst nicht erreicht hat und auch in naher Zukunft zunächst eine filmreife Zukunftsvision bleibt. Im übertragenen Sinne auf das Medientypologiemodell lässt sich allerdings schlussfolgern, dass die Quintärmedien das Merkmal der Datafizierung umfangreich für sich beanspruchen und die datafizierten Medien in einer omnipräsent vertretenen sowie in materieller oder immaterieller Form zu technologisch basierten Geräten heranwachsen. Hierbei ist die Digitalisierung die Grundlage, auf der die datafizierte, vernetzte Infrastruktur als Teil einer globalen Standardisierung als erneuter Treiber des medialen Wandels aufbaut.

Infolge dieser neuen Medienentwicklungen entstehen parallel dazu, je nach interdisziplinärer, aber auch verstärkt populärwissenschaftlicher Perspektive neue revolutionstheoretische Ansätze. So wird einerseits von einer „Intelligenz-Revolution" gesprochen, die von smarten Maschinen in fast allen Lebensbereichen ausgelöst wird (vgl. Kucklick 2014, zitiert nach: Stengel et al. 2017a, S. 44 f.).[19] Andererseits wird eine zweite, digitale Revolution prognostiziert, mit der sich nicht nur die Wissenschaft, sondern auch andere Teilsysteme drastisch verändern (vgl. Mainzer 2017, S. 49). Demgegenüber zählen andere Ansätze längst eine „4. Revolution" als Folge der tiefgreifenden, technologischen Veränderung des menschlichen Lebens (Floridi 2015).[20]

Unabhängig davon, welcher der revolutionstheoretischen Ansätze schlussendlich vertreten wird, verzeichnen alle Theorien allerdings einen erneuten Umbruch aufgrund der gegenwärtigen Medienentwicklungen. Ferner offenbart sich angesichts der Datafizierung eine „revolution in the ‚epistemology' of calculations"

---

[19]Zusätzlich benennt Christoph Kucklick die „Differenz-Revolution" und „Kontroll-Revolution" als zwei weitere Entwicklungen durch die Technologieentwicklungen. Erstes meint die „Verdrängung des Durchschnittswertes zu Gunsten des Individualwertes", zweites bezieht sich wiederum auf den konkreteren Blick auf den Einzelnen durch digitale Überwachungsmöglichkeiten. Vgl. Kucklick 2014, zitiert nach: Stengel et al. 2017a, S. 43 f.
[20]Floridi zählt zu den vorherigen drei Revolutionen die kopernikanische Revolution, darwinsche Revolution und freudianische oder neurowissenschaftliche Revolution. Vgl. Floridi 2015, S. 121 ff.

(Cardon 2016, S. 103), also eine Revolution in der Erkenntnistheorie der digitalen Datenberechnungen, da „die Macht des Codes" (Hörtnagl 2019, S. 144) immer größere Auswirkungen auf das individuelle und gesellschaftliche Leben hat. Zur revolutionstheoretischen Erweiterung (vgl. Abbildung 6.3) wird demzufolge die sogenannte Data Revolution (vgl. Kitchin 2014) (dt.: Daten-Revolution) stellvertretend für die Quintärmedien konstatiert. Sie begründet sich in den neuzeitigen transformativen Maßnahmen mit großen Datenvolumina, der neuen Steuerung komplexer Systeme und den damit zusammenhängenden neuen Wirkungsweisen durch die datafizierten Medien und die medial vermittelte Kommunikation. Die datafizierte Revolution umschreibt zusätzlich die wirtschaftlichen, politischen und sozialen Veränderungen, die durch Medieninnovationen verursacht werden und die Gesellschaft in ein datengetriebenes Zeitalter überführt.

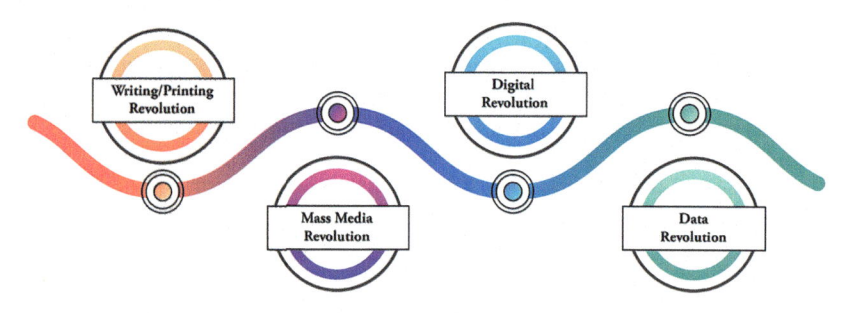

Abbildung 6.3 Medienrevolutionen im Überblick (eigene Darstellung).

Die Darstellung (vgl. Abbildung 6.3) berücksichtigt bewusst keine zeitlichen Eingrenzungen, da, wie zuvor erwähnt (vgl. Abschnitt 4.2), der hier vertretene revolutionstheoretische Ansatz ohnehin kein Ende bestimmt und in dieser Arbeit lediglich als weiteres Unterscheidungskriterium der Medientypologien dienen soll.

Die sich neu etablierende Quintärmedien sorgen dafür, dass mit dem zunehmenden Einsatz von Daten medieninnovative Prozesse in Gang gesetzt werden, die das bisherige wirtschaftliche Gleichgewicht erneut ins Wanken bringen und die soziale Wirklichkeit neu konstruieren. Immer neuere Möglichkeiten der Datenverarbeitung und -auswertung verschmelzen mit noch intelligenteren Technologieentwicklungen. Big Data, KI-Technologien, Objekte des Internets der

Dinge und Services des Internets der Dienste stehen in einer direkten Abhängigkeit zueinander und befördern als feste Bestandteile der fünften Medientypologie die Gesellschaft in die neue Dimension des datafizierten Zeitalters.

6.3 Datafizierte Medieninnovationen als neue Rahmenbedingungen

Neben der revolutionstheoretischen Erweiterung offenbart sich der Mediatisierungsansatz als unterstützender Theoriezusatz zur weiteren Präzisierung der Quintärmedien. Mit der sozialkonstruktivistischen Annahme, dass sich die medialen Bedingungen für die Konstruktion sozialer Wirklichkeit in den letzten Jahren noch einmal gravierend verändert haben, verfolgen Hepp und Hasenbrink den Ansatz einer tiefgreifenden Mediatisierung zur Beschreibung der aktuellen Veränderungen von einerseits Medien und Kommunikation und andererseits Kultur und Gesellschaft (vgl. Hepp und Hasebrink 2017, S. 332).

Sie stellen fünf „Trends" auf, die aus ihrer Sicht für die kommunikative Konstruktion sozialer Wirklichkeit und gleichzeitig als Gründe für den aktuellen medialen Wandel relevant sind:

„1. die *Differenzierung* von technisch basierten Kommunikationsmedien;

2. die durch diese Medien ermöglichte zunehmende *Konnektivität*;

3. die *Omnipräsenz* dieser Medien;

4. die hohe technologie- und angebotsbezogene *Innovationsdichte*; und

5. die *Datafizierung* mediengestützter Kommunikation, also die zunehmende Rolle computerisierter Daten für Repräsentationen sozialer Zusammenhänge" (Hepp und Hasebrink 2017, S. 335, Hervorh. im Original).

Insbesondere die letzten beiden Trends eignen sich als optimale Ausgangspunkte für die weitere Untersuchung der Quintärmedien als fünfte Klassifikation von Medientypologien infolge neuartiger Medieninnovationen. Diesbezüglich kann erneut auf Dogruels Untersuchung zu Medieninnovationen verwiesen werden. Für sie zeichnen sich Medieninnovationen neben ihrer neuartigen Technologie ebenso durch eine eigenständige, publizistische Leistung aus, die keine im Vorhinein innewohnende Eigenschaft ist, sondern einen „in sozialen Prozessen gestaltenden ergebnisoffenen Prozess" (Dogruel 2012, S. 111) zur Herausbildung konkreter Funktionen und Nutzungskontexte meint.

Hierbei sollen organisatorische und gesellschaftliche Rahmenbedingungen berücksichtigt werden, die, je nach den unterschiedlich benannten Dimensionen von Ökonomie, Kultur, Politik, Technik sowie Nutzungsalltag, zu bestimmen sind (vgl. Abschnitt 4.1). Demzufolge sind Medieninnovationen zugleich als System beziehungsweise als eigenes Medieninnovationssystem zu verstehen, das gleichzeitig alle Akteure, Organisationen sowie Institutionen mit einschließt, die am Prozess von Medieninnovationen inklusive des Vorgangs der Erstellung, Entwicklung, Etablierung und den Auswirkungen von Medieninnovationen beteiligt sind (vgl. Dogruel 2013, S. 325).

Mit diesem Verständnis soll die Entstehung von datafizierten Medien als neuartiger Teil des komplexen Medieninnovationssystems betrachtet werden, das sich im Aushandlungsprozess mit gesellschaftlichen, ökonomischen sowie soziokulturellen Bedingungen heraus- sowie weiterbildet. Diese Annahme von Medieninnovationssystemen ermöglicht eine definierte Abbildung der Quintärmedien unter Berücksichtigung sowohl aller beteiligten Akteure, einiger Teilsysteme als auch einzelner Prozessphasen des skizzierten Innovationsprozesses. Aus analytischer Sicht können hier die drei Indikatoren Neuartigkeit, Verwertbarkeit und kommunikative Folgen einerseits als Resultat sozialer Abhandlungen und andererseits in Kombination mit dem Prozesscharakter bei der „Untersuchung von Medieninnovation als einen Prozess des Wandels" helfen (vgl. Dogruel 2013, S. 317 ff.).

Dieser Prozess wird in erweiternde und entgrenzende Medienentwicklungen unterteilt. Zwar soll die prosssche Klassifikation der Medientypologien hier weitergeführt werden, allerdings reicht der rein kontinuierliche Erweiterungsansatz durch Medieninnovationen zur Erläuterung für die quintären Medien nicht aus. Vielmehr handelt es sich hier neben den Medieninnovationen als Ergänzung ebenso um disruptive Medieninnovationen mit verstärkt radikalen Veränderungen als Folge. Demnach soll aus medien- und kommunikationswissenschaftlicher Perspektive im Anschluss an die Analyse der quintären Erweiterungsformen genauso einzelne entgrenzende Entwicklungsprozesse aufgezeigt werden.

6.3.1 Erweiterung durch Quintärmedien

„Die Mediengeschichte zeigt, daß das Aufkommen neuer Kommunikationsmittel jeweils das ganze zeitgenössische Ensemble von Kommunikationsmitteln beeinflußt, ohne daß die früheren Medien ganz verschwänden. Der quantitative Gebrauch verändert sich; aber die medienspezifischen Qualitäten bleiben. Die sekundären haben die primären Medien nicht verdrängt und die tertiären nicht die sekundären. Das Ensemble erweitert sich, und die Repertoires von Symbolen werden mehr" (Pross 1976, S. 122 f.).

Wie bereits in den vorherigen Übergängen der einzelnen Medientypologien konstatiert, handelt es sich mit jeder neuen Typologie um medieninnovative Erweiterungen. Demgemäß offenbaren die Quintärmedien neben den Transformationsprozessen sowie Übernahmen der vorherigen typologisch-spezifischen Merkmale ebenfalls Medienentwicklungen als Erweiterung. Insbesondere im Vergleich zu den Quartärmedien können neue Merkmale eruiert und einzig den Quintärmedien zugeschrieben werden. Die intelligente Vernetzung sowie der bilaterale Nutzen repräsentieren zwei charakteristische Formen der Verwertbarkeit der Quintärmedien.

6.3.1.1 Intelligente Vernetzung

Durch die datafizierten Medien liegt das Augenmerk nicht mehr wie bei den Quartärmedien alleinig auf einer zeit- und ortsunabhängigen Vernetzung von Menschen, sondern zusätzlich auf der rasant steigenden Einbindung physischer Objekte und der umfassenden Erweiterung um intelligent verknüpfende Technologien. Gegenwärtige Medieninnovationen der Quintärmedien ergänzen die Möglichkeiten von Medien und Kommunikation durch die intelligente Vernetzung.

Die von Pross und Faßler definierten Geräte der ersten vier Medientypologien werden um physische Objekte potenziell jeglicher Art erweitert. Die einzige Bedingung stellt eine digitale Schnittstelle zur Vernetzung weiterer Geräte dar. Hierbei kommt es zu einer intelligenten Erweiterung der bisherigen Vernetzungsmöglichkeiten mithilfe des Web 2.0. Denn durch den modernen Datenumgang und die Besonderheiten des Internets der Dinge sowie des Internets der Dienste entwickelt sich ein allumfassendes, reziprokes Abhängigkeitsverhältnis. Diesbezüglich wird sich häufig, nicht zuletzt aufgrund der fortschreitenden Globalisierung, an dem Scheinanglizismus „smart" (dt.: schlau) als Wortzusatz für Umschreibungen dieses Technologiezusammenschlusses bedient und kategorisch von Smart Services und Smart Objects gesprochen. Letzteres impliziert meist eine datenbasierte, teils künstliche Intelligenz dieser neuen smarten Objekte, die durch Sensoren und Aktoren[21] ausgestattet sind. Sie stellen eine digital-technische Verbindung von der realen Welt zum World Wide Web her und binden für den Menschen neuartige Funktionalitäten in den Alltag ein oder übernehmen diese sogar für ihn. Über eine virtuelle Repräsentation erhalten diese smarten Technologien eine ansprechbare

---

[21] Als Aktoren werden hier Komponenten aus Elektronik, Mechanik und Software verstanden, die auf digitale Stellwerte reagieren und dadurch in ein Regelungssystem eingreifen können. „Im Prinzip setzen sie von einem Steuerungscomputer ausgehende Befehle in mechanische Bewegung oder andere physische Größen wie Druck, Temperatur, Töne oder Licht um und beeinflussen so ihre Umgebung." Von Lucke 2015a, S. 12.

Identität und können damit in Interaktion untereinander oder mit dem Menschen treten (vgl. von Lucke 2015b, S. 2). Aufgrund von automatisierten und vom Gerät eigens steuerbaren Funktionalitäten wird zudem von dem Leitbild „Smartness" gesprochen. So haben das Smartphone, Smart TV oder Smart Wearables[22] längst den Sprung in den menschlichen Alltag geschafft. Weitere Medieninventionen mit smarten Elementen, wie das autonome selbstfahrende Auto oder das fernsteuerbare Zuhause (SmartHome), befinden sich im weit fortgeschrittenen Innovationsprozess oder etablieren sich aktuell im Markt. Dabei ist das Stadium des Prototyps oder eines Dummies aus technologischer Sicht bereits überschritten und der Beginn der Etablierungsphase einer solchen Medieninnovation lediglich noch von externen Faktoren, wie rechtlichen oder politischen Aspekten, abhängig.

Beispielsweise befinden sich automatisierte Automobile schon auf den Straßen und unterstützen den Fahrer durch Stop-and-go-Funktionen oder durch Spurwechselassistenten. Das autonome Fahren hingegen ist zwar nach Angaben von Automobilherstellern in großen Teilen schon entwickelt, jedoch aufgrund von juristischen wie auch ethischen Bestimmungen in naher Zukunft noch nicht zulässig (vgl. Daimler 2019). Damit fallen automatisierte, datenbasierte Geräte unter die Kategorie der smarten Medien, wohingegen autonom agierende Geräte zu den KI-Technologien zählen. Beide Kategorien sind für die Quintärmedien interessant, müssen jedoch trotz Überschneidungen unterschiedlich betrachtet werden.

Einer der größten Bereiche, denen die intelligente Vernetzung als Forschungsbereich zugeschrieben wird, ist die KI-Forschung. Im Allgemeinen zielt sie darauf ab, menschenähnliche Intelligenz nachzubilden, zu simulieren oder auf Basis von Algorithmen ein „intelligentes Verhalten" nachzuahmen (vgl. Sieber 2019, S. 61). Von Lucke unterscheidet hier in drei Forschungsansätzen: erstens einfache Ansätze, wie Lösungsfindung bestimmter Fragestellungen, zweitens umfassendere Ansätze wie autonome Drohnen oder drittens die bislang komplexeste Disziplin, die Schaffung von Humanoiden (menschenähnlichen Robotern) mit (über-)menschlichem Verstand sowie eigenständigem Verhalten (vgl. von Lucke 2015b, S. 2).

Andere wissenschaftliche Untersuchungen unterteilen in schwache und starke KI-Konzepte. Schwache KI meint Aufgabenbewältigung, basierend auf algorithmischen Infrastrukturen, dazu zählen ebenfalls sogenannte Expertensysteme, die Fragen aus einem konkreten Fachgebiet besonders treffsicher beantworten können. Starke KI fokussiert den Versuch der Nachbildung des menschlichen Gehirns

---

[22]Zu den Smart Wearables zählen intelligente, datengetriebene Kleinsysteme in Form von Geräten, die am Körper getragen oder befestigt werden, wie vergleichsweise Smartwatches, Smartrings oder Fitnessarmbänder.

6.3 Datafizierte Medieninnovationen als neue Rahmenbedingungen

als eine Art Biocomputer, dessen Fähigkeiten, wie Bewusstsein oder Emotionen, durch den Computer nachvollzogen werden können (vgl. Stengel et al. 2017a, S. 90).

Eine weitere Unterscheidung wird zwischen symbolischer und subsymbolischer KI vorgenommen (vgl. Sieber 2019, S. 61). Die symbolische KI ist regelbasiert und hat es sich zur Aufgabe gemacht, durch algorithmusgetriebene Simulationen komplexe Entscheidungen zu lösen, jedoch keine intelligenten Denkprozesse zu reproduzieren. Die regelbasierten Expertensysteme werden daher für symbolische KI-Prozesse wie auch für bestimmte Data-Mining-Technologien herangezogen. Die subsymbolische KI hingegen versucht mithilfe von künstlich neuronalen Netzwerken Strukturen zu entwickeln, die artifizielles Verhalten mit biologisch inspirierten Funktionen der Informationsverarbeitung erlernen, weshalb auch von neuronaler künstlicher Intelligenz gesprochen wird (vgl. Gentsch 2018, S. 31 ff.), oder wie Sieber formuliert: „Computer tun nicht nur so, als seien sie intelligent, sie versuchen auch softwareseitig die kognitiven Prozesse des Menschen zu kopieren" (Sieber 2019, S. 62). Dadurch erweitern sich die kommunikativen Rahmenbedingungen insbesondere in Kombination mit KI-Technologien und das Konstrukt einer intelligent vernetzten Welt schreitet immer weiter voran.

Es lässt sich jedoch anmerken, dass datengetriebene Medien aktuell nicht zwingend reichhaltiger vorhanden, günstiger oder sauberer sind als die über Jahrzehnte hinweg etablierte Medienformen. Sie sind lediglich einheitlicher über die „Brandbreite der kollektiven Existenz" verteilt und können die Sammlung unterschiedlicher Daten- und Größenformen bewältigen (vgl. Venturini et al. 2015, S. 21). Demzufolge sind Smartwatches, Smart Glasses oder Smart TV nur der Anfang eines intelligenten Datenumgangs für die intelligente Vernetzung:

„Mit ihm [dem Internet Protocol Version 6 (IPv6) ab 2020] rücken Subjekt und Ding zeitlich, datentechnisch, kontroll- und beobachtungstechnisch nicht nur enorm eng aneinander. Die Dinge und Subjekte werden zu Zustandsvariablen der Datenströme, sie werden jeweils zum ‚gemeinsamen Zweiten'. Zusammenhänge, die institutionell, territorial, sprachlich, architektonisch, normativ gedacht wurden, und als ‚gemeinsames Drittes' funktionierten, werden in einem *rechnenden Zusammenhang* aufgenommen. Mit *rechnendem Zusammen* ist gemeint: Es lässt sich von Millionen und Milliarden ‚Usern' und ‚Dingen' sprechen, deren Datenkörper in den medial verfassten Raum-Zeiten (auf Anfrage) errechnet, sinnlich-präsent, also interface-fähig gemacht werden. Sie verschwinden wieder, werden zur Datenbasis kommender Anfragen, werden in Cloud(s) gespeichert, zur ad-hoc-Personalität, zu gesammelten und korrelierten Nutzer-Körper [sic!] werden. IT-Netzwerke werden auf diesem Wege zum *gemeinsamen Zweiten*, zum *nächsten Verwandten* (Christaller)" (Faßler 2019, S. 202, Hervorh. im Original).

In diesem Zusammenhang kann zusätzlich Thomas Whalens These angeführt werden. Diese besagt, dass es sich um mehr als nur vernetzte Artefakte handelt, nämlich um „[...] ein umfassendes kognitives System, in das Menschen eingebettet sind und in dem Entscheidungen, die das zwischenmenschliche Zusammenleben betreffen, auch von Maschinen getroffen werden" (Whalen 2000, zitiert nach: Hörtnagl 2019, S. 143). Dieses System meint zum Beispiel Städte als performative Infrastruktur, in denen Menschenströme sowie Informationen mithilfe von automatisierten Verfahren gelenkt beziehungsweise geleitet werden können (vgl. Hörtnagl 2019, S. 147).

Die neue Form der intelligenten Vernetzung nutzen ebenso Smart Services für sich. Hierbei wird in der Regel von einem Zusammenschluss der neuartigen Technologien ausgegangen, durch die zusätzliche intelligent fokussierte Leistungen angeboten werden: "A Smart Service is a digital service that reacts on collected and analyzed data based on networked, intelligent technical systems and platforms. In contrast to the technology of Industry 4.0 which can exist in just one specific sector, Smart Services require cross-functional areas" (Stöhr et al. 2018, S. 193).

Darüber hinaus wird nicht der tatsächliche Erwerb oder der Besitz eines Produktes anvisiert, sondern der reine Nutzen mittels einer intelligent aufbereiteten Dienstleistung forciert. Dazu kann die Sharing-Economy mit den Sharing-Services, wie Carsharing, gezählt werden, aber auch Vermietungsmodelle wie Airbnb oder Ausleihservices wie rentobag. In diesem Zusammenhang wird von Plattformökonomie gesprochen (vgl. Sendler 2018, S. 37), bei der digitale Plattformen, auch digitale Marktplätze genannt, Smart Services bereitstellen.

Mit der neuartigen Konnektivität durch Smart Products und Smart Services, also von intelligenten Produkten über intelligente Dienste als Zusatzleistung, wächst die Datengenerierung exponentiell schnell an. Es ergeben sich zusätzlich neue Datenformate, die auch Smart Data genannt werden. Die Multimedialität, die bislang die Quartärmedien auszeichnete, wird durch smarte Elemente der Quintärmedien ergänzt und führt zu einer neuartigen Omnipräsenz durch das Allesnetz, das das Beförderungsinstrument für weitere Medieninnovationen darstellt. Die rein digital medialen Grenzen der Quartärmedien werden damit durch die Übernahme der materiellen Welt erweitert. Bei den Quartärmedien handelt es sich zwar um ähnliche Übergangsprozesse, jedoch aus umgekehrter Sicht. Demnach werden komplementäre Erweiterungen von der physischen Welt in die digitale Welt vorgenommen, die Trennung bleibt allerdings weiterhin bestehen. Die bereits angeführte digitale Transformation kommt hier zum Einsatz (vgl. Abschnitt 3.3). Dabei übertragen beispielsweise Programme, wie Aktenunterstützungssoftware, bislang analoge Prozesse in die digitale Welt; das Aktenpapier bleibt jedoch Sekundärmedium. Demgegenüber offenbaren sich durch die intelligente Vernetzung ausreichend Indizien, um tatsächlich von einer Verschmelzung der Welten auszugehen. Durch die enge Verzahnung von realer und virtueller Welt durch das Internet der Dinge und das Internet der Dienste werden existente Bestände bei mindestens gleichwertiger Verwertbarkeit um webbasierte Dienste und neuartige Funktionalitäten erweitert. Ferner kann von disruptiven Veränderungen ausgegangen werden: „Anstelle der technischen Weiterentwicklung von Dingen zu intelligenten Objekten tritt dann gleich die Neuentwicklung leistungsfähiger Web Services mit evolutionären wie teils disruptiven Folgen" (von Lucke 2015b, S. 19).

In Bezug auf Quintärmedien kann diese Annahme dazu führen, dass Medien, basierend auf Smart-Data-Anwendungen, zunehmend Einfluss auf den menschlichen Alltag nehmen. Ein etabliertes Beispiel dafür sind Smartwatches, die nicht nur den Puls messen und Schritte zählen, sondern anhand automatisch durchgeführter Auswertungen den Kalorienverbrauch oder die Stunden an Schlaf berechnen können. Davon bedingt werden dem Uhrenträger weitere Vorschläge zur Optimierung einzelner Lebensbereiche unterbreitet, damit der ebenfalls datengetriebene und dadurch fremddefinierte Status „Gesund" weiterhin beibehalten wird.

Die mobile Analyse der Gesundheitsdaten führt dazu, dass nicht nur Verbesserungsvorschläge, wie die Erinnerungen zur täglichen Bewegung oder zum regelmäßigen Wasser trinken übermittelt werden, sondern sogar im Notfall Alarm ausgelöst werden kann. Beispielsweise messen und regulieren smarte Insulingeräte, integriert mit Insulinpumpen, den Blutzuckerspiegel und Kleidung, ausgestattet mit intelligenten Sensoren, kontrolliert den regelmäßigen Herzschlag. Auf sozialwissenschaftlicher Ebene impliziert diese Medienintegration im menschlichen Alltag bestenfalls ein gesünderes Leben, aus wirtschaftlicher Sicht kommt es dadurch zu einschneidenden Veränderungen in der Gesundheitsbranche ebenso wie im Gesundheitswesen (vgl. Abschnitt 6.5.1.2).

Die intelligente Vernetzung als neue Form der Verwertbarkeit fördert die neuartigen Medienentwicklungen, die auch bestehende Medienformen für sich übernehmen möchten. Als eigentliches Tertiärmedium passte sich der Fernseher den quartärmedialen Rahmenbedingungen von Multimedialität und Konvergenz an. Im Moment der Vernetzung des „traditionellen" Fernsehers mit einer App auf dem Smartphone ändern sich die grundlegenden Rahmenbedingungen allerdings erneut. Das ursprüngliche Medium Fernsehen wird zum Instrument der Datafizierung und trägt zu der Akkumulation von Daten in Echtzeit bei (vgl.

Hepp 2016, S. 233). Insofern wird sich wohl die einst klassische Quotenmessung ebenfalls in naher Zukunft wandeln, da der datengetriebene Charakter des Smart TVs längst neue Formen der Verwertbarkeit bereithält. Die damit einhergehende Abgabe personenbezogener Daten und die dadurch entstehenden Potenziale und Risiken auf Nutzerseite sind zum umfangreichen diskussionswürdigen Thema der letzten Jahre herangewachsen und sollen im Zuge des bilateralen Nutzens der Quintärmedien genauer erläutert werden.

6.3.1.2 Bilateraler Nutzen

Bereits Ende des 20. Jahrhunderts hieß es: „Jeder Teilnehmer eines Computerkommunikationsnetzwerkes ist gleichzeitig Informationskonsument und -produzent" (Rheingold 1995, S. 190). Für Faßler wird dieser Informationskonsument infolge der „weitreichenden Umstrukturierung der mediengestützten Kommunikation zur medienintegrierten Kommunikation" sogar zum „Informationsprosument[en]" (Faßler 2011, S. 232). Dieser den Quartärmedien zugeschriebene Wandel unterliegt allerdings nur wenige Jahre später abermals Veränderungen. Neue Umbrüche in der Medienlandschaft führen zu einer verschobenen Rollen- und Machtteilung im Umgang mit neuartigen Medien und der medial vermittelten Kommunikation. Die Veränderung der Kommunikation wird im späteren Verlauf noch einmal gesondert untersucht (vgl. Abschnitt 6.4), vorerst soll der Fokus auf die erweiterte Mediennutzung gelegt werden.

Die steigenden Kommerzialisierungsmöglichkeiten des Datenfeldes und damit der Anstieg des Tauschwertes, ebenso wie der neue Gebrauchswert von datengetriebenen Konstrukten führen für das Individuum zu einem bilateralen Nutzen der datafizierten Medien. Ferner wird dem Individuum als bisheriger selbstbestimmender, teils produzierender Konsument, daher vereinzelt Prosument genannt, durch die Quintärmedien eine zusätzliche, machtvolle Rolle zugeschrieben. Das gegenwärtige Konsumverhalten[23] der Menschen, die Art und Weise, wie Unternehmen mit Konsumenten kommunizieren und diese informieren, genauso wie die Erkenntnisse, die beide Seiten durch die Quintärmedien gewinnen, unterstützen die These des Wandels und einer damit bedingten, neuen Rollenverteilung.

---

[23]Konsumentenverhalten meint hier im weiten Sinne traditionellerweise das Verhalten von Verbrauchern von materiellen und immateriellen Gütern. Vgl. Michelis 2014, S. 50.

6.3 Datafizierte Medieninnovationen als neue Rahmenbedingungen

Einige der modernen Ansätze der Konsumentenforschung sehen den „vernetzten Konsumenten" (Michelis 2014), den „kontingenten Konsumenten" (Müller 2018, S. 192) oder sogar „gläsernen Konsumenten" (Bala und Müller 2014) als ein Resultat dieser Veränderung. Zwar kann das weite Feld der damit verbundenen Marktforschung sowie weiterer Teildisziplinen der empirischen Wirtschafts- und Sozialforschung hier nicht adäquat behandelt werden, jedoch sollen einzelne Aspekte für die interdisziplinäre Erläuterung der Erweiterungen durch die Quintärmedien hinsichtlich des neuen Mediennutzens erörtert werden.

Die veränderte Machtverteilung ist die Folge der wachsenden Präsenz und Verbreitung von internetbasierten Quartär- sowie Quintärmedien im menschlichen Alltag. Schließlich sind über 90 Prozent der Deutschen (ab 14 Jahren) mittlerweile online und drei Viertel der Bevölkerung surfen sogar täglich im Internet (vgl. Frees und Koch 2018, S. 398). So wird den digital- beziehungsweise datenorientierten Medien immer größere Bedeutung zugesprochen, die bisherigen Rollen einzelner Akteure der komplexen Systeme verändern sich und die Datafizierung der Gesellschaft ist für viele zum einflussreichen Geschäft geworden. Der bilaterale Nutzen unterteilt sich daher in die Datafizierung des Selbst und die Datafizierung des Subjekts durch Dritte.

Der dauerhaft fließende Datenstrom jedes Individuums durch das meist ununterbrochene Mitführen von mobilen Endgeräten sowie die steigende intelligente Vernetzung angebundener und ebenso datengetriebener Objekte führen dazu, dass der Mediennutzen sowie die Inhalte nicht mehr ausschließlich von Medienorganisationen und -institutionen bestimmt, sondern vom Nutzer selektiert, individuell konsumiert und schließlich auch selbst produziert werden. Demgemäß wird dem Nutzer neben den durch die Quartärmedien bekannten Partizipationsmöglichkeiten mit dem Einsatz der Quintärmedien zusätzlich die Fähigkeit des autonomen Entscheidens zugesprochen.

Die Wahl des Nutzens und die Entscheidungsfreiheit über die Art und Weise des Konsums liegt weitestgehend in seinen Händen. Hinsichtlich dieser neuartigen Steigerung von Pull-Kommunikation beziehungsweise Pull-Medien (vgl. Abschnitt 5.1.4) entwickeln sich für viele Bereiche neue Bedingungen genauso wie neue Geschäftsmodelle. Einige davon sind dem E-Business-Segment zugehörig (Electronic Business), wie zum Beispiel E-Bildung, E-Entertainment, E-Infotainment oder E-Sports. E-Commerce und M-Commerce[24] schaffen zusätzliche Möglichkeiten der Selbstbestimmung in der Mediennutzung.

---

[24]Mobile Commerce ist der elektronische Handel mit mobilen Endgeräten.

Darüber hinaus ebnen sich durch die Quintärmedien neue Wege zur individuellen, benutzereigenen Content-Erstellung, wie beispielsweise durch das sogenannte mediatisierte Self-Tracking (dt.: Selbstvermessung). Damit ist die Erhebung, Sammlung, Analyse und Auswertung mittels der vom Mediennutzer abgegebenen Daten über seinen Körper und damit zusammenhängende Aktivitäten gemeint. Nach Gary Wolf führt dies zu einer neuen Phase der Selbstbestimmung und Optimierung (vgl. Wolf 2010). Zu den gegenwärtig beliebtesten Formen der Selbstvermessung zählen Smart Wearables und Tracking-Apps. Dadurch können neben der körperbezogenen Vermessung auch Arbeitsprozesse datafiziert und optimiert werden, immer mit dem gleichen Ziel: eine effizientere oder produktivere Gestaltung des individuellen Lebens. Das Individuum wird hier noch enger in den Produktionsprozess eingebunden und erfährt weitere Selbstbestimmungsalternativen. Somit ermöglichen die Quintärmedien die Datafizierung des Selbst.

Mit dem neuen personenkonzentrierten Wissen und Zugriff auf mehr Informationen (vgl. Abschnitt 6.3.2.1) entwickelt sich zusätzlich eine gesellschaftliche Dynamik hin zum gesteigerten Vertrauen in die datafizierte Meinung anderer und damit eine Art der Kollaboration. Steffen Mau spricht von einer „Verdatung der Gesellschaft", in der alles und jeder vermessen oder mit Sternchen, Scores, Listen und Likes bewertet wird (vgl. Mau 2017, S. 40). Infolgedessen vertraut das Individuum verstärkt in Produktbewertungen, Restaurantempfehlungen und Themenblogs anderer Mediennutzer, als lediglich auf die großen Medienorganisationen und -institutionen, wie es noch zu Zeiten der reinen Sekundär- oder Tertiärmedien der Fall war.

Gleichwohl ist der Konsument nicht mehr als passives, starres Objekt zu betrachten, sondern er übernimmt in diesem Mediensystem eine komplexe Rolle. Er selbst entscheidet mittels der Datenauswertungen, welche Produkte, Dienstleistungen oder andere Services er für sich beanspruchen möchte. Denn durch die neue Informationszentrierung auf seine persönlichen Bedürfnisse kann nur er bemächtigt agieren.

Neben der Datafizierung des Selbst und der damit einhergehenden Rollenverschiebung für das Individuum ergeben sich jedoch ebenso neue Einsatz- und Einflussmöglichkeiten für bestehende Medien sowie neue Medieninnovationen. Diesbezüglich wird in aktuellen Subjektivierungsforschungen von einer

6.3 Datafizierte Medieninnovationen als neue Rahmenbedingungen

Datafizierung des Subjekts gesprochen (vgl. Gentzel et al. 2019a). Subjektivierungstheoretische Ansätze versuchen Individuen in ihrer Sozialwelt mit ihren kommunikativen Praktiken sowie lebensweltlichen Erfahrungen zu verbinden, um daraus Schlüsse für die Entwicklung des Subjekts zu ziehen.[25] Faßler erläutert dazu: „Nicht den Dingen und Sachen, Institutionen und Verfahren zugeordnet, sondern berechenbar, abrufbar, modellierbar Datenströmen zugefügt und aus diesen herausgerechnet, entsteht der User als Neuverfassung des Einzelnen in hochtechnologischen Umwelten" (Faßler 2019, S. 191). Hörtnagl ordnet zudem die damit zusammenfallenden „Aspekte der interaktiven Kommunikation mit einer übergeordneten, digitalen Infrastruktur und ihrer distinkten Rechen- und Verarbeitungslogik [...]" der datafizierten Subjektivierung zu (vgl. Hörtnagl 2019, S. 135).

Insofern entwickelt sich das Subjekt auf Basis der modernen Berechnungslogiken kontinuierlich weiter und unterliegt dem ständigen Einfluss extrinsischer Datenanalyseprozesse. Beispielsweise formt WhatsApp die gesellschaftliche

---

[25] Für die folgende Erläuterung wird der Begriff des Subjekts in Anlehnung an Krotz' Auseinandersetzung (vgl. Krotz 2019) definiert. Als Basis führt Krotz die soziologische, lexikalische Definition an: „das erlebende und agierende Individuum mit seinen Bedürfnissen und Strebungen, welches den materiellen, sozialen und kulturellen Objekten, die seine Umwelt ausmachen, gegenübertritt, auf sie einwirkt und selbst von ihnen geprägt wird." Klima 1978, S. 664, zitiert nach: Krotz 2019, S. 21. Ergänzend dazu bezieht er sich auf Schulz, der unter dem Subjekt eine „unauflösliche Verkoppelung von Körper und Bewusstsein" versteht, die allerdings auch konstant situativ abhängig ist. Vgl. Schulze 1990, S. 747, zitiert nach: Krotz 2019, S. 21.

Davon ausgehend, formuliert Krotz einerseits unter Berücksichtigung der Theorien der Subjektivität von Claus Daniel (Daniel 1981), dass für eine geeignete Begriffsdefinition des Subjekts beim Selbstverständnis des Individuums angesetzt werden sollte, da das Individuum über die vorgegebenen, gesellschaftlichen Normen hinaus „als aktives und von anderem unabhängigem Subjekt" selbst handlungsfähig bleibt und das eigene Handeln reflektieren kann. Vgl. Krotz 2019, S. 21.

Andererseits sagt Krotz in Anbetracht der unterschiedlichen Einflussnahme von Kommunikation auf die gesellschaftliche und historische Subjektstruktur: „Als handelnder Akteur muss das Subjekt einerseits zwischen sich als handelnder Person und seiner Umwelt, mithin zwischen inneren und äußeren Prozessen unterscheiden können. Es muss dementsprechend über ein Wahrnehmungsvermögen verfügen, also sehen und hören können, sowie über die Fähigkeit, das Gesehene und Gehörte in irgendeinem Sinn verstehen, interpretieren, verarbeiten und sich in seinem Handeln sinnvoll darauf beziehen zu können. Diese Wahrnehmungsweisen, Fähigkeiten und Kompetenzen knüpfen an biologischen Potenzialen an, sind aber im konkreten Fall auf das jeweilige kulturelle Umfeld bezogen, in dem der Mensch aufwächst (und lebenslangagiert) und insofern grundsätzlich erlernt. Sie sind damit als in der Sozialisation angeeignete Fähigkeiten vom Kommunizieren mit anderen Menschen abhängig." Krotz 2019, S. 22.

Alltagskommunikation, Google kontrolliert Wissensbestände, Apps wie Tinder beeinflussen das Sexual- und Beziehungsleben und Amazon manipuliert das Einkaufsverhalten. Krotz spricht von einer nicht mehr klar einsehbaren Grenze des Zugriffs auf das Selbst durch Medien und ihre Entwicklung (vgl. Krotz 2019, S. 18). Dementsprechend haben datafizierte Medien und dadurch einige der global erfolgreichsten Unternehmen einen immer größeren Einfluss auf das individuelle Entscheidungs- sowie Konstruktionsdenken. Aus wirtschaftlicher Perspektive kann das datafizierte Subjekt damit zum entscheidenden Zusatznutzen für weitere Geschäftsmodellideen und laufende Innovationsprozesse gegenüber konkurrierenden Unternehmen, Produkten oder Dienstleistungen werden. Die dadurch freilich wachsende Monopolstellung einiger Weltkonzerne soll an dieser Stelle allerdings erst einmal außen vorgelassen werden.

Mithilfe der letzten Phase, der Etablierungsphase des erarbeiteten Dreiphasenmodells eines Innovationsprozesses (vgl. Abschnitt 3.2), lässt sich der bilaterale Datennutzen spezifizieren. Es lässt sich konstatieren, dass in der letzten Phase einer technischen Innovationsentwicklung, hier als analoge Medien beziehungsweise teilweise Sekundär- und Tertiärmedien verstanden, kaum noch Änderungen vorgenommen werden und der Produktions- und Gestaltungsprozess so gut wie abgeschlossen ist (vgl. Beck 2006, S. 13, zitiert nach: Dogruel 2012, S. 107). Im Gegensatz dazu unterliegen digitale sowie datafizierte Medieninnovationen jedoch den Bedingungen des digitalen Innovationsprozesses, der, wie bereits erwähnt (vgl. Abschnitt 3.2), schon in frühen Phasen der Entwicklung die Partizipationsmöglichkeiten der Gesellschaft durch die primären und sekundären Einflussgruppen berücksichtigen muss.

Ferner bilden sich im Zeitalter von Big Data und Machine Learning neue Akteure heraus, die sich ausschließlich auf den Umgang mit Quintärmedien spezialisiert haben. Auf dem deutschen Datenmarkt, exemplarisch am Markt der echtzeitbasierten Onlinewerbung, konnten in den letzten Jahren neue Rollen wie „Datensammler", „Advertiser" und „Publisher" oder neue Verantwortlichkeitsbereiche für „Supply-Side-Plattformen", „Demand-Side-Plattformen", „Data-Management-Plattformen" sowie „Data Exchanges" identifiziert werden (vgl. Bründl et al. 2016, zitiert nach: Picot et al. 2018, S. 326). Das verstärkte Mitwirken dieser neuen und bekannten externen Akteure wie Kunden, Nutzer, Experten, Wissenschaftler, Partner sowie Zulieferer führt nach Frank Piller und Kollegen zu einer interaktiven Wertschöpfung (vgl. Piller et al. 2017). Die Veränderung von Wertschöpfungsmodellen und die ökonomischen Auswirkungen durch den datafizierten Wandel werden im späteren Verlauf der Arbeit noch behandelt (vgl. Abschnitt 6.5.1.1), denn durch den aktiven Austausch aller Akteure

6.3 Datafizierte Medieninnovationen als neue Rahmenbedingungen

und der vermeintlich autonomen Stimme des Konsumenten können entscheidende Wettbewerbsvorteile entstehen. Mit ausreichenden Kernkompetenzen und der Berücksichtigung aller beteiligter Akteure beziehungsweise Einflussgruppen wird einigen Unternehmen infolge dieser bedingten, partizipativen Unternehmensführung mehr Gestaltungsmacht zugesprochen als anderen, noch nicht den technologischen Bedingungen angepassten Unternehmen. Auf der einen Seite wächst die Interaktion und bewusste Einbindung der Akteure, auf der anderen Seite steigt dadurch der Einfluss der Unternehmen auf die gesellschaftlichen Praktiken, Wissens- und Kommunikationsprozesse. Sie erlangen Zugriff auf Wünsche, Vorstellungen und Bedingungen der Akteure und können sich dadurch Prozesse zu eigen machen, die „[...] in der Moderne staatlichen und (zivil-) gesellschaftlichen Institutionen zufielen" (Hess und Lamla 2019, S. 2).

Die Datafizierung des Subjekts wird zum beliebten Nutzen für Medieninnovationssysteme. Saxers These der Institutionalisierung von Medien in der Gesellschaft trifft daher weiterhin zu. Dabei stehen Technologieverantwortliche, Unternehmer und auch der „Mann der Tat" vor der Aufgabe, in die scheinbar unübersichtlichen Datenmengen Struktur und Ordnung zu bringen, um das darin verborgene Potenzial für mögliche Institutionalisierungsprozesse auszuschöpfen. Denn die Datenmenge wächst konstant weiter. Die International Data Corporation (IDC) schätzt, dass im Jahr 2025 bereits etwa 175 Zettabyte[26] Daten produziert werden, im Jahr 2018 waren es 33 Zettabyte Daten (vgl. Reinsel et al. 2018, S. 3). Die größten Herausforderungen liegen allerdings in der Vielfalt der Datenformate verborgen, wie der Big-Data-Vs (vgl. Abschnitt 6.2.1), der schnellen Veränderbarkeit der Daten und dem zunehmenden individualisierten Nutzerverhalten im Netz (vgl. Maireder et al. 2015, S. 11 f.). Zudem besteht die Schwierigkeit darin, ein einheitliches und modernes Verfahren zu entwickeln, um diese Daten verwertbar aufzubereiten.

Der datafiziert bedingte, ökonomische Mehrwert, der sich mittels der neuartigen Möglichkeiten der Datenverwertbarkeit ergibt, lässt sich als medieninnovative Ergänzung konstatieren. Denn einige der bekannten, quartärmedialen Formate konnten im Zuge der Digitalisierung lange Zeit keine wirtschaftlichen Gewinne erzeugen. Erst mit den quintärmedialen, datenfokussierten Technologieentwicklungen erzielen soziale Netzwerke wie auch Streamingdienste-Anbieter seit einigen Jahren Profit. Trotz des Umstandes, dass das Konsumentenverhalten nicht mehr ausschließlich an Verkaufszahlen gemessen werden kann, wie an DVD- oder CD-Verkäufen, und es eine Verschiebung zu immateriellen Gütern gibt, durch

---

[26]Ein Zettabyte entspricht einer Billion Gigabyte.

Anbieter wie Netflix und Spotify, wird weiterhin bezahlt, wenn nicht durch das Entgelt neuer Abonnements, dann mit der Abgabe von Daten. Heutzutage wird das Getriebe der Datenverarbeitung bereits mit dem ersten Anwenderklick angestoßen: Im ersten Schritt, der Datenabgabe über Profilanlegung, entscheidet der Nutzer zwischen kostenloser oder bezahlbarer Version. Dabei gibt er gegebenenfalls Zugriff auf weitere Datensätze frei, die mit anderen Profilen, wie Social-Media- oder E-Mail-Account, verknüpft sind. Facebook nennt diese Vorgänge „Aktivitäten außerhalb von Facebook" und bezeichnet damit benutzerbezogene Interaktionsinformationen, die Facebook mit externen Unternehmen und Organisationen teilt. Zu diesen Aktivitäten zählt unter anderem das Öffnen einer weiteren App oder der nächste Webseitenbesuch (vgl. Facebook 2020). Erst im zweiten Schritt, der Datenabgabe über Konsum, verwendet der Nutzer das Medium, konsumiert den Inhalt oder ist online tätig. Damit produziert er im dritten Schritt, der Datenabgabe über Produktion, selbst Inhalt, wie Kommentare oder Bewertungen. Aber auch das einfache Wegklicken kann schon als datenformatierte Handlung für weitere schlussfolgernde Prozesse ausreichen. Die Interaktion der Konsumenten wird zur zentralen Stellgröße für den kommerziellen Erfolg. In der digitalen beziehungsweise datafizierten Welt kann die geschickte Kombination von Daten sowie deren Verarbeitung und Auswertung ausschlaggebend für Unternehmen sein.

Mit steigendem Verständnis dieser Datenakkumulation durch Dritte wächst langsam auch das Bewusstsein vieler Nutzer über den Gebrauch ihrer privaten Daten. Aussagen wie „die letzte Suche hat meinen Algorithmus für Amazon-Vorschläge durcheinandergebracht" oder „die hören uns doch ab – mir wird jetzt nur noch angepasste Werbung angezeigt" finden sich immer öfter im alltäglichen, kommunikativen Austausch mit anderen wieder. Dennoch sind weiterhin vier von zehn Internetnutzern dazu bereit, ihre persönlichen Daten freiwillig für Werbung zur Verfügung zu stellen, sofern sie dafür im Gegenzug Inhalte auf Content-Plattformen kostenlos erhalten (vgl. PricewaterhouseCoopers 2019, S. 13).

So lässt sich in Bezug auf den bilateralen Nutzen der Quintärmedien vorerst festhalten, dass mit dem Einsatz von Quintärmedien in kommunizierende, konsumierende und physische Prozesse einer Person eingegriffen und währenddessen die Offline- sowie die Online-Identität zu einer Identität heruntergerechnet, zusammengeführt und dementsprechend ausgewertet werden kann. Das (Inter-) Agieren in der realen sowie virtuellen Welt wird dadurch gleichermaßen Teil der Datafizierung des Selbst sowie der Subjektivierung durch Dritte.

6.3.2 Entgrenzung durch Quintärmedien

Mit den disruptiven Attributen einiger Quintärmedien führen die radikalen Veränderungen neben der quintärmedialen Erweiterung zusätzlich zu medialen Entgrenzungen. Aus signalökonomischer Perspektive kann im Vergleich zu den anderen vier Medientypologien von dem bisher minimalsten Signalaufwand ausgegangen werden, um zum einen in kürzester Zeit möglichst weite Bereiche und viele Menschen mit den gesendeten Signalen zu erreichen und zum anderen die erforderlichen Investitionen maximal rentabel zu gestalten. Die mediale Omnipräsenz und datenfokussierten Identifikationsmöglichkeiten der Akteure sowie ihrer Handlungen im Web beziehungsweise durch das Web begünstigen diese Gegebenheit. Zweifellos können dabei die Vorteile der Datafizierung voll ausgeschöpft werden, sofern es zu keinen Störungen während des Prozesses kommt.

Ferner spielen die erweiterten und entgrenzenden kommunikativen Rahmenbedingungen für den Handlungsraum durch die Quintärmedien eine wichtige Rolle. Bereits zu Beginn des 21. Jahrhunderts prognostizierte Krotz eine Durchdringung der Medien in „drei Dimensionen medialer Entgrenzung":

> „Zeitlich stehen alle Medien insgesamt, aber auch jedes einzelne in immer größerer Anzahl zu allen Zeitpunkten zur Verfügung und bieten immer dauerhafter Inhalte an. Räumlich finden sich Medien an immer mehr Orten und sie verbinden zu immer mehr Orten – potenziell oder tatsächlich. Und schließlich sozial und in ihrem Sinnbezug entgrenzen sich Medien, weil sie allein oder in Kombination in immer mehr Situationen und Kontexten, mit immer mehr Absichten und Motiven verwendet werden, und zwar sowohl kommunikator- als auch rezeptionsseitig" (Krotz 2001, S. 22).

Diese drei Dimensionen lassen sich auf die weitere Charakterisierung der Quintärmedien übertragen und führen zu einer Auseinandersetzung mit der ubiquitären IT-Infrastruktur sowie der neuen raumzeitlichen Konfiguration als Entgrenzungen der bisherigen Rahmenbedingungen im Umgang mit Medien und Kommunikation.

6.3.2.1 Ubiquitäre IT-Infrastruktur

Ob intelligente Vernetzung oder bilateraler Nutzen, die erweiternden medieninnovativen Eigenschaften der Quintärmedien können sich ausschließlich in Verbindung mit anderen quintärmedialen Entwicklungen umfassend entfalten. Die ubiquitäre IT-Infrastruktur sorgt dafür, dass die steigenden Datenmengen einen Ort zum Einkehren, Wachsen und zur Weiterverarbeitung erlangen. Sie ist einerseits die technologische Grundlage für die Quintärmedien als Mittel zur

Wahrnehmung, Verständigung sowie Verbreitung. Andererseits ist sie die notwendige Voraussetzung für die neuen Speicherkapazitäten, Informationszugänge und Wissensbestände. Dabei offenbaren sich erstmals entgrenzende Rahmenbedingungen in Bezug auf die bisherigen Kriterien von Speicher, Information und Wissen mit Einsatz der datafizierten Medien.

Sowohl die Etikettierung von Informations- oder Wissensgesellschaft als auch die Attribuierungen einschließlich der Netzwerkgesellschaft oder Cybersociety lassen darauf schließen, dass Wissen beziehungsweise der Umgang mit Informationen für die Gesellschaft immer relevanter werden (vgl. Hoffmann 2013, S. 179 f.). Diese Bedeutungszunahme von Informations- und Wissensgewinnung lässt sich bereits durch die Medienentwicklung begründen.

Die Entwicklung des Buchdrucks als Bestand der Sekundärmedien impliziert beispielsweise eine Etablierung der „Wissensgesellschaft 1.0", die mit einer „Globalisierung 1.0" einherging (vgl. Maresch 2010, S. 22). Im Zuge der Tertiärmedien wurde von einer erweiterten Wissensverbreitung mit der Elektrifizierung der Kommunikation infolge von Rundfunkgeräten ausgegangen, wodurch die „Wissensgesellschaft 2.0" schließlich ihren Ursprung in der Kybernetik der Quartärmedien fand. Das systematische Wissen, basierend auf der Logik von Vernetzung, Rückkopplung und Selbstorganisation, formte die „Globalisierung 2.0" (Maresch 2010, S. 22). Ferner werden die Quartärmedien für die Formation einer von Manuel Castells betitelten „Informationsgesellschaft" (Castells 2001) verantwortlich gemacht. In diesem Zusammenhang spricht Manfred Faßler von „technosozialen Habitaten" (Faßler 2012) und Rudolf Maresch sogar von einer „Wissensgesellschaft 3.0" (Maresch 2010, S. 24).

Im Zuge der Datafizierung wird allerdings dieser Erweiterungsprozess aufgebrochen und Pross' Vorhersage aus dem Jahr 1972 nähert sich der Realität immer weiter an: „Die Vorhersagen sind, der Ideologie des menschlichen Fortschritts entsprechend, überwiegend pompös: Elektronische Informationsbänke sollen das Wissen der Welt speichern und jedermann frei zugänglich machen" (Pross 1972, S. 11). Obgleich im Folgenden durchaus einzelne Einschränkungen benannt werden und die Erörterung sich Pross' Annahme anschließt, dass es mit allerhöchster Wahrscheinlichkeit nie zu einer „Globalinformation" oder „Allwissenheit" durch Medien kommen wird (vgl. Pross 1977, S. 22), so kann dennoch mit Etablierung der Quintärmedien von einer Entgrenzung der Speicherkapazitäten, einer Demokratisierung des Zugangs zu Information und einem unermüdlichen Wachstum von Wissensbeständen ausgegangen werden.[27]

---

[27] Weiterhin wird die These vertreten, dass es sich um parallele Entwicklungen handelt und nicht um eine Ablösung anderer Medientypologien. Schließlich hat sich mit dem Aufkommen

Hinsichtlich der Entgrenzungen von Speicherkapazitäten lässt sich der technologische Fortschritt konstatieren. Drucktechnik der Sekundärmedien sowie die elektronische Entfaltung der Tertiärmedien durch Schallplatte, Tonband und Kassette führten dazu, dass sich in der Vergangenheit die Speicherordnungen kontinuierlich erweiterten. Der Grundstein für die revolutionäre Veränderung von Digitalspeicherung und -archivierung wurde mit der (kommerziellen) Etablierung der Diskette zu Beginn der 1970er-Jahre gelegt. Zwar wurden bis 2000 noch 75 Prozent aller Informationen auf analogen Datenträgern gespeichert, mit der sich rasant entwickelnden Technologie änderte sich allerdings zunehmend die Wahl des Speichermediums. Nach Martin Hilbert (vgl. Hilbert 2012), der sich mit dem Versuch der Informationsmessung auseinandergesetzt hat, verzeichnete sich schon zwei Jahre später der Ausgleich zwischen analogen sowie digitalen Speichermöglichkeiten. Daher datiert er den Beginn des Digitalzeitalters auf das Jahr 2002. "This transition happened at the blink of an eye in historical terms. While merely 1 Prozent of the world's capacity to store information was in digital format in 1986, our digital memory represented 25 Prozent of the total in the year 2000, and exploded to 97 Prozent of the world's storage capacity by 2007" (Hilbert 2012, S. 9).

Ausgehend von dem mooreschen Gesetz, kann indessen prognostiziert werden, dass sich mit Ende der 2020er-Jahre die Rechenleistung mittels der vorausgesagten Miniaturisierung sowie Senkung der Produktionskosten von Rechengeräten dermaßen weiterentwickelt hat, als dass schon ein einfacher Laptop die Rechenkapazität unserer Gehirne simulieren kann, wobei allerdings nicht alle kognitiven Fähigkeiten des menschlichen Gehirns damit gemeint sind (vgl. Mainzer 2017, S. 50).[28]

Dieser rasante Anstieg an Speicherkapazität führt dazu, dass die Speichermöglichkeiten der Quartärmedien, wie USB-Sticks oder auch externe Festplatten, um die Aufbewahrungsvarianten der Quintärmedien ergänzt werden. Aufgrund der IT-Infrastrukturen, von denen einige ohne lokale Rechnerinstallation über ein Rechennetz zur Verfügung gestellt werden, wie bei Cloud-Computing, lassen sich hinsichtlich Speicherung und Archivierung Veränderungen feststellen, die durch die aktuellen Medieninnovationen bestimmt werden. Diesbezüglich soll

---

der neuen Medien das Angebot der alten nicht verringert. Diese passen sich lediglich den technologischen Gegebenheiten an.

[28]Dabei steht die neue Form der Speicherkraft dem menschlichen Gedächtnis direkt gegenüber. Ein Individuum ist während eines sechzigjährigen Lebens gerade einmal in der Lage, etwa 150 bis 225 Megabyte dauerhaft zu speichern, eine Menge, die mittlerweile auf jedem neuwertigen USB-Stick gleich mehrmals Platz findet. Vgl. Krech 1998, zitiert nach: Hömberg 2008, S. 35.

indes angemerkt werden, dass das scheinbar unsichtbare Walten von Daten innerhalb einer Cloud und über Datenbanken weiterhin von physischen Rechenzentren und somit nicht von einer komplett auflösbaren Materialität abhängig ist. Die eingebundenen Datenbanken übernehmen hierbei eine Schlüsselfunktion. Sie fungieren verstärkt „[...] als Projektionsfläche für die vielfältigen, heterogenen und scheinbar grenzenlosen Möglichkeiten der Verzeichnung, Zirkulation, Präsentation, Selektion und Auswertung von Informationen in Computern" (Burkhardt 2015, S. 10). Mit der Verwendung des Begriffs Datenbanken kann jedoch zweierlei impliziert sein. Zum einen sind sie die reale Möglichkeit digitaler Informationsverarbeitung, zum anderen sind sie die Vorstellung des Imaginären und die Phantasie eines virtuell vollständigen Gedächtnisses (vgl. Porombka 1998, S. 318, zitiert nach: Burkhardt 2015, S. 10). Die Folge dessen ist die Vorstellung von Datenbanken als omnipräsentes, unendliches Medienkonstrukt, das mit der gesellschaftlich geprägten Sorge einhergeht, dass alles Menschenvorstellbare im Internet und somit auf Datenbanken gespeichert und schlussendlich wiedergefunden werden kann.

Unabhängig von der Utopie eines universellen und vollständigen Reservoirs vergangener, gegenwärtiger und zukünftiger Inhalte lässt sich durchaus eine Entgrenzung der Speicherkapazitäten durch die ubiquitäre IT-Infrastruktur ableiten. Befördert werden diese Grenzauflösungen durch die kostengünstige oder sogar für den Endverbraucher kostenlose Möglichkeit der Speicherung riesiger Datenvolumina, die Entmaterialisierung einzelner Hardware für das Individuum durch Cloud-Lösungen sowie durch die für den Nutzer endgerätunabhängige Verwaltung von Daten. Kostenlos meint in diesem Zusammenhang lediglich die Bezahlung in anerkannten Zahlungsmitteln, denn in der Währung Daten wird weiterhin bezahlt.

Aufgrund dieser Kriterien verändert sich ebenfalls der Informationszugang. Die Quintärmedien ermöglichen es, dass Informationen und Wissen für die Menschheit demokratisiert und theoretisch für jedes Individuum, das über einen Internetanschluss verfügt, allgegenwärtig zugänglich wird. Damit löst sich der Informationszugang von dem bislang häuslichen Vorhandensein von kulturellem Kapital, wie vergleichsweise durch den individuellen Besitz der Anzahl von Büchern, und wird unabhängig von den sozialen Bedingungen alleinig an die Möglichkeit des Netzzugriffs geknüpft.

„Eine Emanzipation durch Wissen ist damit auch für Menschen aus sozial benachteiligten Milieus wahrscheinlicher geworden, sofern sie diese anstreben und über entsprechende Interessen sowie Leidenschaften, über Ambitionen und nicht zuletzt Decodierungsfähigkeiten verfügen" (Hoffmann 2013, S. 186). Solange jedoch das Individuum keinen ausreichenden „Wissensdurst" verspürt oder in Anlehnung an Pross' semiotischen Ansatz über unzureichend ausgeprägte

Zeichenvorräte verfügt (vgl. Pross 1976, S. 87), wird ihm, wie bei allen anderen Medientypologien auch, der Zugang zu Information und Wissen verwehrt bleiben.

Unterdessen zeigt sich allerdings, dass mit den Machine-Learning-, Deep-Learning-Ansätzen[29] und Bots-Technologien immer wirksamer Informationen aufbereitet werden können und das Sprichwort „aus Erfahrungen lernen" aus technologischer Sicht weiter Gestalt annimmt. Die Optimierung von Automatisierungsprozessen durch Big-Data-Analysen trägt zudem dazu bei, dass Prozesse basierend auf KI-Technologien nicht mehr Zeile für Zeile programmiert werden müssen, sondern sich stückweise selbstständig weiterentwickeln. Gleichzeitig können mithilfe des semantischen Webs Informationen für Agenten zugänglich gemacht werden, die bislang ansonsten dem einfachen Nutzer verwehrt geblieben wären. Mithilfe dieser KI-Algorithmen können Schrift, Sprache oder bestimmte Muster genauso gut von Medien wie von Menschen erkannt werden und Aufgaben sogar schneller sowie zielsicherer gelöst werden.

Diesbezüglich soll aus zeichentheoretischer Perspektive festgehalten werden, dass Quintärmedien auf ähnlichen multimedialen Zeichensystemen wie Quartärmedien beruhen und digital basierte Sprachstile, wie die Verwendung von Emoticons, oder Texte als hypermediale Gefüge übermitteln können. Durch die Erweiterung des semantischen Webs kommt es jedoch zu weiteren neuartigen Technologieansätzen: "The Semantic Web is an extension of the current web in which information is given well-defined meaning, better enabling computers and people to work in cooperation" (Berners-Lee et al. 2001, zitiert nach: Henze 2006, S. 140).

Demnach können mit dem Standard RDF zur Beschreibung von aussagekräftigen Metadaten auch Software-Agenten innerhalb eines abgesteckten Wissensrahmens die Web-Ressourcen und -Dienste intelligent nutzen. Grundsätzlich kann

---

[29] Aufgrund dieser Machine-Learning- oder Deep-Learning-Ansätze soll hier eine Abgrenzung zu automatisierter Maschinen-Technologie getroffen werden. Spätestens seit tertiärmedialen Entwicklungen ist die Vermittlung menschlicher Kommunikation durch kommunizierende Maschinen fester Bestandteil gesellschaftlicher Kommunikationsprozesse, auch bekannt als Maschine-Maschine-Interaktion (M2M). Ebenso ist der Transport von Daten durch das Netz nur durch miteinander kommunizierende Maschinen, die Daten senden und empfangen, möglich. Zwar handelt es sich hier um eine Verarbeitung von Daten oder eine datenbasierte Kommunikation, jedoch ist der Mehrwert dieser medialen Nutzung ein anderer. Zur Abgrenzung werden die innovativen Hauptmerkmale der quintären Medien konkret auf Grundlage der künstlich intelligenten sowie datafizierten Funktionalitäten angesiedelt, die dazu führen, dass sich gegenwärtig eine neue Art von Medien mit neuen Kommunikationsformen etabliert. Wenn im Folgenden von kommunizierenden Medien gesprochen wird, so handelt es sich dabei um eine neue Form des datenfokussierten, teilweise intelligenten Kommunizierens seitens der Medien und nicht um einen lediglich automatisierten Datenaustausch, wie es bei einfacher M2M-Kommunikation der Fall ist.

das semantische Web nämlich Sprachen und Ontologien zur Präsentation von Wissen im World Wide Web übernehmen und eine Grundlage für eine Vielzahl leistungsfähiger neuer Ansätze zum Organisieren, Beschreiben und Suchen von Informationen oder Aktivitäten im Web und anderen vernetzten Umgebungen bieten (vgl. Blake et al. 2012, S. 2).

Insofern kann in Hinblick auf Pross' Theorien angenommen werden, dass das semantische Web sehr wohl auch Pross' Vorstellungen des Computers als symbolisches Instrument entspricht, der schon im Jahr 1993 gemäß Vilém Flussers Annahme formulierte, dass mit Einsatz der Digitaltechnologie die Welt nicht nur zertrümmert, sondern ebenso „computiert" wird: „Wir sind an dem Punkt, wo wir alles in Bits zertrümmern können, und wir beginnen zu sehen, wie wir aus diesen Bits alternative Welten kreativ, technisch herstellen können" (Flusser 1989, S. 20, zitiert nach: Pross 1993, S. 153). Ferner kann in Anlehnung an John F. Sowa das semantische Web als Teil der quintärmedialen Technologieentwicklungen als erweiterter, datafizierter, semiotischer Rahmen interpretiert werden: "The Internet is a giant semiotic system. It is a massive collection of Peirce's three kinds of signs: icons, which show the form of something; indices, which point to something; and symbols, which represent something according to some convention" (Sowa 2000, S. 55).

Gegenwärtige Forschungen versuchen erweiterte Bedeutungskontexte zu erschließen, um das Verständnis von der Semantik für die Medien noch intelligenter zugänglich zu gestalten. Entwicklungen wie „Semantic Experiences" zählen zu den aktuellen Machine-Learning-Ansätzen, die die Förderung des semantischen Verständnisses für KI-Technologie fokussieren (vgl. Google Research 2020). Mit den zusätzlich neuen Funktionen der „selbstlernenden Systeme" bewältigen moderne KI-Technologien immer komplexere Aufgaben und entwickeln sich weiter. Von einer emotionalen Intelligenz der Medien soll an dieser Stelle allerdings nicht ausgegangen werden, reflexives Bewusstsein und Intentionalität bleiben wohl vorerst einzig dem Individuum zugeschrieben.

Jedoch zeigen aktuelle Studien in Bezug auf automatisierten Journalismus, dass viele Leser kaum noch Unterschiede zwischen menschlich und algorithmisch erstellten Texten erkennen können. Letztere werden öfter sachlicher beziehungsweise glaubhafter eingeschätzt, menschlich verfasste Texte hingegen als angenehmer zu lesen (vgl. Graefe und Haim 2018). Eine Unterscheidung zwischen Mensch und Software ohne direkte körperliche Anwesenheit im sinneswahrnehmbaren Raum oder sichtbarer Präsenz im elektronischen und kybernetischen Raum, basierend auf der ubiquitären IT-Infrastruktur der Quintärmedien, wird daher zunehmend schwieriger.

Auf der einen Seite entwickelt sich dadurch ein niedrigschwelliger Zugang zu Informationen, auf der anderen Seite ist eine steigende aktive Teilhabe an

Informationsmitteilung sowie Wissensgenerierung ebenfalls vonnöten. Informationen werden weiterhin als kontextualisierte Daten und Wissen als verarbeitete Informationen verstanden. Erst durch eine spezifische Aneignung, durch Selektion, Bewertung und Einordnung, kann Information zu Wissen führen. Durch die Entwicklung der gegenwärtigen Informations- und Kommunikationstechnologien angesichts intelligenter Daten- beziehungsweise Informationsausleseverfahren wird dieser Umwandlungsprozess zur Aufgabe für algorithmische Prozesse.

Algorithmen und die damit verflochtenen Verfahren sind als fester Bestandteil der Quintärmedien und somit als Teil von sozialen Prozessen, Interaktionen sowie neuer Kenntnisse zu interpretieren. Die Sortierung von Informationen in Suchmaschinen oder Newsfeeds, die Vorhersage und Empfehlung von Produkten, die Verschlüsselung und Speicherung persönlicher Daten im Web sowie die Berechnung kürzester Wege basieren auf einer algorithmisch-medialen Handhabe von Informations- und Wissensbeständen (vgl. Roberge und Seyfert 2016, S. 1).

Diese durch algorithmusgetriebenen und -analysierten Informationen führen zu einem datafizierten Annäherungsversuch an Realitätskonstruktion, -organisation und -führung. "It has thus reanimated the instrumental objectivity of the natural sciences, but this time without the laboratory: the world itself has become directly recordable and calculable. Indeed, the ambition here is to measure ever closer to the 'real', in an exhaustive, detailed, and discreet manner" (Cardon 2016, S. 105). Bislang werden analoge Erhebungen oder auf großen Variablen beruhende Statistiken, wie auf Geschlecht und Herkunft, durch detailfokussierte digitale Datenberechnungen ergänzt. Dennoch müssen innerhalb der Vorgänge der Datenspeicherung sowie -auswertung die jeweiligen Bedingungen, beispielsweise einer richtigen Kontextualisierung und Berücksichtigung der V-Charakteristiken bei Big-Data-Ansätzen, bedacht werden. Erst dann kann sich den Informationen und damit einer verwertbaren Nutzbarkeit genähert werden.

In Anbetracht von Big-Data-Analysen ist der Zugang zu Information ebenso von Konzepten, Technologien und Werkzeugen für eine systematische Erfassung, Bearbeitung und Nutzung von oftmals unstrukturierten, heterogenen Informationsbeständen abhängig (vgl. Wiencierz 2018, S. 110). Hierbei kann auf die erwähnte Mythologie von Big Data (vgl. Abschnitt 6.2.1) verwiesen werden. Nach Boyd und Crawford versprechen größere Datensätze schnellere Informationszugänge und breiter gefächerte Wissensbestände. Sie eröffnen Einsichten mit „the aura of truth, objectivity, and accuracy", die bislang unmöglich erschienen (vgl. Boyd und Crawford 2012, S. 663).

Für die Entwicklung von Wissen wird die gezielte Auswertung und Verknüpfung von einzelnen Datensammlungen für eine aufschlussreiche Informationsverwertung immer wichtiger. Dieser Prozess bezieht sich einerseits auf die fortlaufend ansteigenden quantifizierten Daten infolge der zunehmenden

Datafizierung alltäglicher Tätigkeiten, andererseits auf die fortschreitende technologische Entwicklung des algorithmischen Prozessierens vernetzter Datenbestände (vgl. Adolf 2014, S. 24).

Neben der Erkenntnis, dass Algorithmen als Grundlage aller datafizierten Werkzeuge Datensätze unterschiedlich auswerten, verarbeiten und daraus Informationen brauchbar gestalten können, liegt die Annahme nahe, dass neuartige, algorithmische Funktionalitäten die soziale Wirklichkeit mit konstruieren, wie beispielsweise mit der Lenkung von Aufmerksamkeit der User. Aus medienwissenschaftlicher Perspektive gibt es mittlerweile einzelne disziplinübergreifende Ansätze, die Algorithmen über ihre technologisch komplexe Beschaffenheit hinaus als Einflussgefüge auf soziale Prozesse, Interaktionen und Erfahrungen verstehen (vgl. Seyfert und Roberge 2016). Beispielsweise sehen Robert Seyfert und Jonathan Roberge die Besonderheit von Algorithmen in der Projektion von Objektivität: "That is the magic of something non-magical. Objectivity as an information process, a result, and a belief is the equivalent of legitimacy as the result of a form of belief. The strength of algorithms is their ability to project such objectivity to the outside world (to what is in their rankings, for instance), while accumulating it 'inside' the algorithms themselves as well" (Roberge und Seyfert 2016, S. 8).

Tarleton Gillespie wiederum begründet die Relevanz von Algorithmen mittels der damit ermöglichten Wissenslogiken, die von der Gesellschaft sozial aufgebaut und institutionell verwaltet werden. Sie fungieren zusätzlich als wichtige Selektionsfunktion wie für Suche, Präferenzbildung, Relevanzzuweisung oder Matching (vgl. Gillespie 2014, zitiert nach: Zydorek 2018, S. 46). Zudem formuliert er, dass Algorithmen mehr sind als nur Werkzeuge, da sie zusätzlich Vertrauensstabilisation und vordefinierte Selektion übernehmen. Denn mit den jeweiligen Evaluationen, die als fair und richtig wahrgenommen werden, kann ein neues Gefühl von Sicherheit suggeriert werden (vgl. Gillespie 2014, S. 179).

Im Kontext der Aufbereitung und Wertung von Informationen ergeben sich dadurch neuartige Möglichkeiten der Verwertbarkeit. Übermittelte Informationen werden nicht mehr nur über Einschaltquoten oder Verkaufszahlen gemessen, sondern können mit Algorithmen individuell berechnet und durch Statistiken, die auf großen Variablen wie Rasse oder Geschlecht beruhen, ersetzt werden.

Dominique Cardon hat daher Algorithmen in vier Typen und ihre Art und Weise der Berechnung von „competition over the best way to rank information" und auf Basis der Berechnungsperspektive „beside, above, within, and below the mass of online digital data" eingeteilt (vgl. Cardon 2016, S. 96 ff.).[30]

---

[30]Cardon begründet die Wichtigkeit von Algorithmen wie folgt: "Algorithmic calculations currently play a central role in organizing digital information, and in making it visible. Faced

6.3 Datafizierte Medieninnovationen als neue Rahmenbedingungen

Er unterscheidet in: neben dem Web als Berechnung von Ansichten und Publikumsmessung (engl.: the popularity of clicks), über dem Web als meritokratische Bewertung von Links (engl.: the authority of links), innerhalb des Web als Maß für Vorlieben und Popularität (engl.: the reputation of likes) und schließlich unter dem Web als Aufzeichnung von Verhaltensspuren (engl.: prediction through traces). Cardons Analyseansätze wirken in Bezug auf die Analyse der Quintärmedien insofern unterstützend, als dass dadurch Ausleseverfahren von Informationen exemplarisch und differenziert veranschaulicht werden können, ohne dass zusätzlich auf das komplexe Wissenschaftsfeld der Informatik und Mathematik eingegangen werden muss (vgl. Tabelle 6.1):

Tabelle 6.1 Übersicht der Analyseansätze zur fokussierten Auslese digitaler Informationen (eigene Darstellung).

	Daneben	Darüber	Innerhalb	Darunter
Berechnungs-ansatz				
Beispiele	Individuelle Webseiten	Suchmaschinen & Page Ranking, Informationswebseiten & Apps	Social-Media-Aktivitäten	E-Commerce-Webseiten, interaktive Webseiten & Apps
Daten	Ansichten	Verlinkung	Likes & Shares	Digital Traces
Population	Stichproben	Stimmengewichtung	Soziale Netzwerke, erklärte Affinitäten	Individuelles Verhalten
Art der Berechnung	Abstimmungen	Klassifizierung & Onlinerankings	Benchmarks	Machine Learning
Prinzip	Popularität	Autorität	Reputation	Prognose

---

with the deluge of disordered and disparate data collected on the web, algorithms form the basis of all the tools used to guide the attention of Internet users. In turn, rankings, social media buttons, counters, recommendations, maps, and clouds of keywords impose their order on the mass of digital information." Cardon 2016, S. 95.

Cardon schließt aus diesen Auslesemöglichkeiten von Informationen, dass mithilfe von Algorithmusberechnungen ebenso ein neuer Weg zur Berechnung der Gesellschaft entstehen kann (vgl. Cardon 2016, S. 103). In Bezug auf diese Annahme können Quintärmedien somit als beförderndes Mittel für die Konstruktion sozialer Wirklichkeit und als neuartige Konstruktionsversuche für Wissensgenerierung interpretiert werden. Zusätzlich wird sich mit der Kontextualisierung von Daten und einer richtigen Informationsverarbeitung allmählich einer berechneten Realität angenähert und es bilden sich neue Wissensbestände heraus.

Mit dem neuen Umgang von Informationen durch die ubiquitäre IT-Infrastruktur geht damit außerdem eine neue Bereitstellungsform von Wissen einher. Faßler spricht hier von neuen Wissensgrundlagen und Wissensorten, die einer neuen Handhabe bedürfen: „Die Strukturen der Wissensbefähigung rücken nahe an die Strukturen offener Gesellschaft und Demokratie heran. [...] Die Wissensproduzenten, und dies sind eben alle, die Informationen in die Zusammenhangs- und Bedeutungsebene heben, müssen Wissen selbst in Regie nehmen" (Faßler 2005, S. 80). Ansätze wie Open-Source-Prozesse, Open-Content-Plattformen oder Creative-Commons-Lizenzmodelle[31] sind die quintärmedialen Antworten darauf. Denn obwohl in diesem Zusammenhang häufig der kostenlose Sharing-Ansatz verfolgt wird beziehungsweise Lizenzrechte für die breite Masse bereitgestellt werden, stehen hinter diesen Plattformen und Modellen dennoch Organisationen und Institutionen, die das gesellschaftliche Regelwerk beeinflussen.

An dieser Stelle kann auch die Plattform Wikipedia beziehungsweise Wikidata angeführt werden. Wikipedia wird angesichts der „kollaborativen Wissenskonstruktion" (Kergel 2018, S. 88) eher den Quartärmedien zugeschrieben. Wikidata hingegen ist seit 2012 die „freie, gemeinsame, mehrsprachige und sekundäre Datenbank zur Sammlung strukturierter Daten zur Unterstützung von Wikipedia" (Wikidata 2020) und damit der zentrale Speicher für strukturierte Datensätze, um insbesondere die Nachweisbarkeit von Informationen und das daraus geteilte Wissen zu unterstützen. Hierdurch wird nicht mehr nur menschliches Wissen

---

[31] „Das Creative Commons Lizenzmodell steht in der Tradition des Open Source Ansatzes und des GNU GPL Modells: Während der Open Source Ansatz darüber definiert ist, dass der Quelltext einer Software frei zugänglich ist und weiterentwickelt werden kann, ermöglichen Creative Commons Lizenzen ähnliche Dynamiken im Bereich der Text-, Video- und Bildbearbeitung. Quelloffen steht für eine Bandbreite von Lizenzen für Software, die gemeinsam haben, dass der Quelltext öffentlich zugänglich ist. Die Anforderungen von Open Source Software gehen über die Lesbarkeit/Verfügbarkeit des Quellprogramms hinaus, da der Austausch von Ideen für die Weiterentwicklung der Software eine intendierte Zielsetzung darstellt, die der Öffnung des Quellcodes zugrunde liegt. Das Creative Commons Modell setzt diese Idee fort und überträgt sie auch auf Wissensprodukte/Wissensformationen jenseits der Softwareentwicklung." Kergel 2018, S. 91.

als anpassungsfähige Informationen auf der Plattform zur Verfügung gestellt, auf der Wikipedia-Webseite wird diesbezüglich von „Behauptungen" gesprochen, sondern es kann mithilfe von beispielsweise geografischen Koordinaten oder zitierbaren datenbasierten Belegen geprüft veröffentlicht werden. Darüber hinaus zählen mittlerweile neben den Menschen, die diese Texte lesen und bearbeiten, auch Bots[32] dazu, die neue Beiträge auf Vollständigkeit sowie Richtigkeit prüfen.

Dennoch muss, wie bei der Wikipedia-Plattform ebenso wie bei Wikidata, trotz des Ziels von frei zugänglichem, nachweisbarem und jetzt datenbelegbarem Wissen von einem hohen Grad an Veränderbarkeit und Fragmentierung ausgegangen werden. Denn nicht nur die hohe Anzahl an Partizipationsmitgliedern, sondern auch die bedingte Anpassung durch Aktualität einiger Wissensbestände führt weiterhin zu geringerer Beständigkeit der Informationen, als es beispielsweise bei den Sekundärmedien der Fall ist.

Das von Pross unter Berücksichtigung seiner semiotischen Auseinandersetzung mit Zeichen angeführte kurzlebige und dauernd zu erneuernde Verhältnis von Zeichen, Zeichensystemen, Sprachen und eben auch Wissenschaft erfährt hier einen neuen Grad an Vergänglichkeit (vgl. Pross 1974, S. 21). Ferner führt die digitale Beschaffenheit im Vergleich mit anderen Medientypologien zu neuen Formen der Manipulation, beispielsweise mithilfe von Click-Farms, gekauften Likes und Followern oder einem emotionalen Einfluss von außerhalb. Ein Grund dafür ist die inkonstante physische Repräsentation der Medien im Gegensatz zu materiell abhängigen Medien. Das Gutenberg-Zeitalter bot durch den medialen Aggregatzustand daher eine konsistentere Voraussetzung zur Analyse von Informationen.

Folglich spricht Aleida Assmann vergleichsweise von einer geringen Haltbarkeit digitaler Daten und Entmaterialisierung, wonach eine ursprüngliche Langzeitspeicherung unmöglich sei (vgl. Assmann 2001, zitiert nach: Sommer 2018, S. 68). Andere wissenschaftliche Ansätze, wie von Vivien Sommer, verfolgen die These, dass nicht das Erinnern in Gefahr ist, sondern vielmehr das Vergessen. Durch die scheinbar unbegrenzte Möglichkeit der Speicherkapazität und den verbesserten Informationszugriff wird verstärkt Vergessen ausgelöst. Sie geht davon aus, dass sich das Individuum aufgrund der ubiquitären Informationsverfügbarkeit abgewöhnt hat, sich selbst an Daten, Informationen und Wissen zu erinnern, da diese jederzeit durch das Internet zugänglich sind und damit gleichzeitig die Vergangenheit dauerhaft abrufbar ist (vgl. Sommer 2018, S. 68 f.).

---

[32]Unter Bot (engl. Abkürzung für robot, dt.: Roboter) werden im Allgemeinen computerbasierte Programme verstanden, die weitgehend automatisiert Aufgaben erfüllen, ohne dass der weitere Eingriff des Menschen vonnöten ist. Vgl. auch Abschnitt 6.4.2.

Gleichzeitig behaupten andere Thesen wiederum, dass die unkontrollierte Abgabe von Daten und Informationen im Internet zu einer (un-)freiwilligen Selbstentblößung führt. So spricht Viktor Mayer-Schönberger vom digitalen Gedächtnis als „perfides digitales Panoptikum", in dem Worten und Taten nicht nur von Mitmenschen, sondern auch von zukünftigen Generationen abgerufen werden können (vgl. Mayer-Schönberger 2010, S. 21).

Unabhängig davon, ob es sich hierbei um ein zunehmendes Vergessen oder gesichertes Erinnern durch die Externalisierung des Wissens handelt, bilden sich mit den Quintärmedien entgrenzende Wissenslogiken heraus. Nach Dagmar Hoffmann lässt sich zwar mittels algorithmischer Suchmaschinen grundsätzlich von einer „gewissen Kanonisierung des frei zirkulierenden Wissens" ausgehen (vgl. Hoffmann 2013, S. 186), jedoch werden auch zukünftig Wissensportale mit eigenen Mechanismen zur Informationserstellung und -speicherung bestehen. Die Selektion bleibt dabei als Teil der Selbstbestimmung dem Benutzer erhalten. Insofern widerspricht Hoffmann einer Annahme von totalitärer Überwachung, Kontrolle oder Regulation von Wissen auf einem globalen Wissensmarkt (regionale und politisch bedingte Zensuren einmal außen vor gelassen). Vielmehr erwägt sie Dynamiken, die zu einer Generalisierung von Wissen und gegebenenfalls zur Überforderung des einzelnen Individuums aufgrund des breiten Spektrums führen können (vgl. Hoffmann 2013, S. 186).

Dementsprechend wird es umso wichtiger, einen demokratisierten und damit entgrenzenden Zugang zu Daten, Informationen und Wissen zu gestalten. Die beispielsweise aufgrund von Big Data resultierenden Informationen und das dadurch generierbare Wissen scheinen für alle gesellschaftlichen Gruppen immer relevanter zu werden, obwohl Akteure, wie große Unternehmen oder der Staat, weiterhin kommerzielle und machtabhängige Vorteile bei der Beschaffung von großen Datenmengen im Gegensatz zu kleinen Gruppen oder dem Individuum haben (vgl. Adolf 2014, S. 28). Immer mehr Informatiker, Mathematiker, Physiker, aber auch Ökonomen, Politikwissenschaftler, Soziologen und weitere Wissenschaftsexperten fordern daher den Zugriff auf Daten sowie Informationen, die vom Menschen selbst, von Dingen in ihrer Umgebung oder ihren Interaktionen erzeugt werden, zugänglicher zu gestalten (vgl. Boyd und Crawford 2012, S. 664). Schließlich zählen Daten, Informationen und Wissen seit Beginn der Menschheit zu den wichtigsten Ressourcen, insbesondere in Bezug auf Kommunikation.

Es zeigt sich, dass durch diese allgegenwärtigen Infrastrukturen mehr Wissen als jemals zuvor zur Verfügung gestellt wird und mit Entwicklung noch weiterer quintärer Medieninnovationen die Generierung von Wissensbeständen nicht abbrechen wird. Ganz im Gegenteil, künstliche Intelligenzen ermöglichen es schon heute, unabhängig vom Menschen Schlussfolgerungen aus geteilten Informationen zu ziehen und diese kontexualisiert aufbereitet zur Verfügung zu stellen. Der Fortbestand von Wissen ist damit vorerst gesichert und wächst kontinuierlich auf medialer Ebene weiter.

6.3.2.2 Neue raumzeitliche Konfiguration

Die stetige Erweiterung von raumzeitlichen Grenzen infolge der sich entwickelnden Medientypologien führte bislang zur Verkürzung von Wegen und Einsparung von Zeitressourcen. Im Sinne von Pross' Konzept des Signalaufwands konstituieren sich immer weitere Reduktionen im Aufwand. Boten sich mit dem Aufkommen der Massenpresse im 19. Jahrhundert und dem Rundfunk im 20. Jahrhundert bereits neue Kombinationsmöglichkeiten, um den Signalaufwand zu verringern und gleichzeitig die raumzeitlichen Abhängigkeiten zu erweitern (vgl. Pross 1981), kommt es im 21. Jahrhundert erneut zu neuen raumzeitlichen Konfigurationen und schließlich zur Entgrenzung der bisherigen Barrieren.

Im Zeitalter der datafizierten Medien ist Zeit, objektiv betrachtet, weiterhin eine für jedes Individuum gleich verteilte Ressource. Schließlich hat jeder Mensch jeden Tag das gleiche Kontingent zur Verfügung. Zudem verfügen durch die Globalisierung fast alle Kulturkreise über die einheitliche 24 h-Zeitmessung. Soziologisch betrachtet, kann das Medium Uhr als Symbol der Zeitlichkeit den postmodernen Drang der Gesellschaft nach Synchronität begründen. Das Individuum versucht dauerhaft „in der Zeit zu sein" und im gleichen Takt des Mediums sowie in der Gleichzeitigkeit seines Umfelds zu funktionieren (vgl. Wurm 2012, S. 104 ff.).

Mit dem Aufkommen der quintärmedialen Innovationen als neue Echtzeitmaschinen etablieren sich für das Individuum und sein soziales Umfeld neue Wirkungsweisen von Raum und Zeit. Hierbei ist allerdings nicht das durch Dogruel definierte Merkmal der raumzeitlichen Begrenzung einer Medieninnovation (limitierten Existenzdauer sowie territoriale Prägung durch verankerte Akteure, Organisationen und Institutionen) aufgrund des zu durchlaufenden Innovationsprozesses gemeint (vgl. Dogruel 2013, S. 325 f.), sondern vielmehr die Konstruktion von Raum und Zeit durch das Medium als Verbreitung zum Zweck für Kommunikation impliziert.

Wie mittels der Unterscheidung zwischen analogem und digitalem Innovationsprozess erfasst werden konnte (vgl. Abschnitt 3.2), verkürzen sich die Innovationszyklen seit Beginn der Digitalisierung exponentiell und die zeitlichen Spielräume für Innovationsprozesse verringern sich rapide. Hepp und Hasenbrink gehen davon aus, dass „a rapid pace of innovation has accompanied recent media developments" (Rosa 2015, S. 71 ff., zitiert nach: Hepp und Hasebrink 2018,

S. 21). Dies liegt zum einen an der Geschwindigkeit, mit der die Medienentwicklungen voranschreiten, zum anderen an dem intensiveren Verlangen nach dauerhaft medialer Begleitung im Alltag. Die sich ausbreitende Mediatisierung in allen Lebensbereichen führt dazu, dass das Konstrukt Zeit von zunehmender Relevanz für Medieninnovationsprozesse wird. Zeitkomprimierung, dauerhafte Aktualität und konstante Synchronisation sind nur drei der systemübergreifenden Begierden in Hinblick auf den Umgang mit Zeitlichkeit. Automatisierungsprozesse, intelligent simultane beziehungsweise zeitlose Kommunikationstools und algorithmische Prozesse wiederum sind nur drei der technologischen Antworten darauf. Das Medium steht unter dem Druck, potenziell jede Aktion in Echtzeit zur Verfügung zu stellen und Kommunikation in Hochfrequenz[33] auszuführen.

Gleichzeitig wächst die Nachfrage nach dauerhafter Aktualität und Synchronisation auf allen Seiten des beanspruchten Mediensystems. Aus wirtschaftlicher Perspektive müssen beispielsweise alle Prozesse, ob intern oder extern, dem Tempo der datengetriebenen Entwicklung standhalten oder noch agiler funktionieren. Echtzeiterfahrung, Zeitreduzierung oder -ersparnis wirken sich ebenfalls auf weitere Vorgänge nach einem erfolgreich abgeschlossenen Innovationsprozess aus. Aus politischer Sicht müssen alle Aktionen innerhalb des raumzeitlichen Handlungsraumes der höchstmöglichen Aktualität gerecht werden. Die Zeitgebundenheit der Tertiärmedien kann im Zeitalter des Refresh-Buttons nicht beibehalten werden, es zählt nur das, was sofort verfügbar ist.

In Anlehnung an Castells, der sich bereits im Jahr 1996 zu „timeless time" der Netzwerkgesellschaft äußerte, kann insofern von einer Entgrenzung der Zeitlichkeit ausgegangen werden, als dass sich die Kontinuität von Zeit ohne Beginn und Ende sich durch die Unmittelbarkeit von Kommunikation fortwährend vollzieht. In Castells Worten: "[…] the mixing of times in the media, within the same channel of communication and at the choice of the viewer/interactor, creates a temporal collage, where not only genres are mixed, but their timing becomes synchronous in a flat horizon, with no beginning, no end, no sequence" (Castells 1996, S. 462).

Die Gesellschaft hat sich an den zeitunabhängigen Informationszugang und das über alle Endgeräte abrufbare digital gespeicherte Wissen gewöhnt. In diesem Zusammenhang wird auch von der Matrix der digitalen Raumzeit gesprochen. Jedes gegenwärtige Ereignis existiert nicht nur aktuell, sondern ebenfalls als datiertes Ereignis, solange es mithilfe von digitaler Speicherung aufbewahrt wird. Gesa Lindemann vertritt diesbezüglich die Annahme einer „Verdopplung der

---

[33]Die Hochfrequenzkommunikation meint gegenwärtig 5G-Schlüsseltechnologien (Stand 2020).

6.3 Datafizierte Medieninnovationen als neue Rahmenbedingungen

Welt" (Lindemann 2015, S. 47). Schließlich können jedes reale Ereignis und gegenwärtige Phänomen in die digitale Raumzeit übersetzt, in Echtzeit gespeichert und schließlich dauerhaft archiviert werden. Es entsteht eine Matrix, in der Geschehnisse sowohl gegenwärtig existieren als auch nachträglich raumzeitlich abgerufen werden können. Für die Quintärmedien meint dies wiederum eine datafizierte Dopplung der Ereignisse. Jeder gegenwärtige Moment wird zum datierten Moment und selbst der Moment des Zugriffs auf Informationen wird in Datenform festgehalten, gespeichert und weiterverarbeitet.

In Bezug auf diese Dopplung lässt sich zudem eine untrennbare Verbindung von realem und virtuellem Ereignis aufzeigen. Floridi beispielsweise spricht von einer „Onlife"-Lebensweise, Stengel von einer Fusion von Offline- und Onlinewelt, und McLuhans Global Village, damals noch in zwei Räumen gedacht, dem Natürlichen und dem Digitalem, wird zur Örtlichkeit beider Welten (vgl. Floridi 2015, McLuhan 1962, zitiert nach: Stengel 2017, S. 40).

Infolgedessen soll die Entgrenzung des Raumes beziehungsweise der entgrenzte Raum konstatiert werden, der die bisherige Unterteilung der Räume als fünftes Raumkonzept ergänzt (vgl. Abschnitt 2.2.3). Hierbei soll jedoch vorweggenommen werden, dass es, wie bei der Zeitlichkeit, nicht um den Entfall der bereits eruierten Raumkonstellationen geht. Gemäß des Spatial-turn-Ansatzes (vgl. Döring und Thielmann 2008, Leitgeb 2015) soll es sich mit Einsatz der Quintärmedien nach wie vor um ein Raumverständnis handeln, in denen alle Medientypologien wirken können. Denn aus wissenschaftlicher Perspektive wäre eine „postmoderne Raumignoranz" nicht zielführend. Schließlich bestehen und walten neuzeitige Mediensysteme weiterhin im räumlichen Konnotationsfeld der Internetmetaphorik aufgrund von Kommunikation in Chatrooms, Browserfenstern und Datenautobahnen (vgl. Döring und Thielmann 2008, S. 15).

Die quintärmediale Raumentgrenzung lässt sich mit Gegenüberstellung der quartärmedialen Raumerweiterung detaillierter erläutern. Bislang wurde von einer Erweiterung durch den kybernetischen Raum oder Cyberspace ausgegangen, der sich parallel zum sinneswahrnehmbaren, medialen und elektronischen Raum aufgrund der Ausbreitung des World Wide Web beziehungsweise Web 2.0 im beruflichen wie privaten Kontext etablierte. Mit zunehmender Entmaterialisierung einzelner Geräte, gleichzeitig aber der Datafizierung von Objekten, die bislang analog und nicht der Mediatisierung unterlagen, und der Auflösung der räumlichen Bedingtheit, wie beispielsweise durch Cloud-Technologien, lösen sich die bisherigen räumlichen Abhängigkeiten mit Einsatz der Quintärmedien immer weiter auf. Die Heterogenität der vier Räume verschmilzt im fünften Raumkonzept. Die Quintärmedien werden zu zeit- und ortsunabhängig verwendbaren Medien, die gleichzeitig als materiell ortsgebundene, mobile oder virtuelle Phänomene allgegenwärtig sind. An dieser Stelle kann erneut Bezug auf den Mediatisierungsansatz und die drei Dimensionen medialer Entgrenzung von Krotz genommen werden, bei dem die Durchdringung von Medien und Kommunikation als Mediatisierungsprozess ebenso wie die Übernahme aller Räum- und Zeitlichkeiten berücksichtigt werden. In Anlehnung an Krotz' Theorie der räumlichen Entgrenzung von medial vermittelter Kommunikation, er und Kollegen verwenden den Begriff Medienkommunikation, zeigt sich folgende Veränderung: „Medieninhalte und mediatisierte Kommunikationsformen, die zu Hause einem festen Platz oder einer bestimmten Zeit zugeordnet waren, dringen in immer mehr Bereiche des häuslichen Lebens ein und prägen Orte, Situationen und Interaktionen, die zuvor nicht von Medienkommunikation gekennzeichnet waren" (Röser und Peil 2012, S. 145).

Das „mediatisierte Zuhause"[34], das sich mit Etablierung des Radios und Übernahme des Fernsehgeräts in die häuslichen vier Wände zurückverfolgen lässt, kann auf alle Bereiche des menschlichen Alltags ausgeweitet werden. Krotz und Hepp sprechen in diesem Zusammenhang sogar von der „mediatisierten Welt" (Krotz und Hepp 2012), bei der die Mediatisierung beziehungsweise die damit einhergehenden Medien zu immer weiteren Formen der Entgrenzung führen:

> „Es entstehen immer mehr neue, für Kommunikation nutzbare Technologien, die durch ihre Verwendung und Etablierung in Kultur und Gesellschaft zu akzeptierten Medien werden. Gleichzeitig kommt diesen eine immer größere Relevanz zu – die Medien entgrenzen sich gewissermaßen in verschiedenen ‚Dimensionen': Die Politik beispielsweise beklagt sich über den zunehmenden Einfluss der Medien, Sozialisation lässt sich ohne eine Berücksichtigung von Medien nicht mehr verstehen, immer mehr Menschen haben stets ein Mobiltelefon in der Tasche, das gelegentlich klingelt und noch viel häufiger für andere Dinge verwendet wird, und wir alle verbringen im Durchschnitt immer mehr Zeit mit Medien" (Krotz 2012, S. 34).

Neben dieser implizierten Omnipräsenz der Medien offenbart sich zudem eine erweiternde Einflussnahme der Medien auf die einzelnen Teilsysteme. Diese Integration kann als Wechselbeziehung zwischen dem Beharren auf Bewährtes und der Dynamik von veränderten Handlungsweisen interpretiert werden (vgl. Röser et al. 2019, S. 31). Dabei ist der Wechsel nur mittels der verschmelzenden Räumlichkeiten möglich.

---

[34] Der Begriff „das mediatisierte Zuhause" bezeichnet „[...] den zunehmend von Medienkommunikation durchdrungenen häuslichen Kontext, einschließlich der daraus resultierenden Folgen für den häuslichen Alltag und das Zusammenleben sowie weitergehend für Gesellschaft und Kultur". Vgl. Röser et al. 2019, S. 16.

Die reale Welt beziehungsweise der physikalische Raum kann infolge der technologischen Entwicklungen kein Raumkonzept ohne digitalen oder datafizierten Einfluss mehr für sich beanspruchen. Interaktionen mit bislang nicht mediatisierten Objekten des Alltags können losgelöst von Bildschirm oder Tastatur, wie zum Beispiel durch voice-basierte Bots, gesteuert werden und dem Individuum das Agieren in einer räumlich ungebundenen digitalen Sphäre ermöglichen (vgl. Sieber 2019, S. 29). Diese Nutzung neuer Kommunikationstechnologien führt nach Caroline Roth-Ebner (vgl. Roth-Ebner 2015) ebenfalls zu neuen räumlichen Dimensionen sowie Arrangements. Daran anknüpfend, soll das hier skizzierte Raumverständnis der Quintärmedien nicht als abgegrenzt oder isoliert verstanden, sondern als verschmelzende, vernetzte oder überlappende Räume mit unterschiedlichen Raumqualitäten gesehen werden. Der entgrenzte Raum meint daher die Zusammenführung bislang getrennter Raumkonzepte, die sich aufgrund ihrer erweiterten raumzeitlichen Rahmenbedingungen zunehmend einander annähern und in die Konstrukte von Räumen verschmelzen. Somit wird von einer untrennbaren Verbindung des virtuellen Raumes und des Raumes des Hier und Jetzt gesprochen (vgl. Kneidinger-Müller 2018, S. 162).

Das neue Raum-Zeit-Verständnis als Überschreitung bisheriger, kybernetischer raumzeitlicher Abhängigkeiten wird an einigen quintären Medieninnovationen besonders deutlich. Mit der technologischen Entwicklung von „Augmented Reality" (AR) oder „Virtual Reality" (VR) als Teile der Quintärmedien konstatieren schon die Begriffe eine Erweiterung. Augmented Reality wird allgemein als erweiterte Realität beschrieben, die mithilfe von mobilen Endgeräten eine Überlagerung von digitalen Informationen im realen Raum schafft. Dabei produzieren diese Medieninnovationen beispielsweise Hologramme, die es zulassen, virtuelle Pokémons im realen Umfeld zu jagen oder Kriegssimulationen für Soldaten mithilfe einer AR-Brille zu realisieren.

Während Augmented Reality eine Erweiterung darstellt, bietet Virtual Reality die Erschaffung neuer Räumlichkeit. Im übertragenen Sinne kann in Bezug auf Virtual Reality ebenfalls von einer Entgrenzung der bisherigen räumlichen Konstrukte gesprochen werden. Beispielsweise unterstützen VR-Simulationen das risikofreie Lernen für Medizinstudenten an einem virtuellen Patienten, für die psychologische Behandlung von Phobien werden 3-D-Welten erschaffen und für Bauprojekte ganze Gebäude und Räume erstellt, die virtuell besichtigt werden können. Es etablieren sich neue Formen von Filmen und Computerspielen und der Einsatz von Avataren im virtuellen Raum gestattet ein Treffen mit entfernt lebenden Freunden oder Fremden. Die bisherigen Grenzen der physikalischen wie virtuellen Welt scheinen hier immer weiter aufzubrechen. All dies berücksichtigend, spricht Alexander van Looy von einer Verschmelzung der Welten: „Das

Internet ist förmlich dabei, mit der realen Welt zu verschmelzen" (van Looy 2017, S. 52), und nur noch die Begrenzung des eigenen Verstandes stellt eine Grenze für die virtuelle Realität dar (vgl. van Looy 2017, S. 59).[35]

6.4 Veränderung des Kommunikationsprozesses

Mit dem steigenden Interesse einzelner Wissenschaftsdisziplinen an Medien und Kommunikation durch Digitalisierung sowie Datafizierung und gleichzeitig des Drucks der bedingten Anpassung und Erweiterung von medien- und kommunikationswissenschaftlichen Theorien ist ein notwendiger Abgleich der medial vermittelten Kommunikation mit Einsatz der Quintärmedien unabdingbar. Disziplinübergreifend stehen Forschungen vor der methodologischen Herausforderung, die aktuellen Entwicklungen von Medien und Kommunikation angesichts der gegenwärtigen Kommunikations- und Informationstechnologien erneut zu hinterfragen.[36] Demgemäß ist beispielsweise nach Hepp die Bezugnahme von Software und Algorithmen bei einem stärkeren Einbezug der datafizierten Medien in das kommunikative Alltagsgeschehen grundlegend geworden, da entscheidende Spezifika dieses Vermittlungsprozesses durch sie bedingt werden (vgl. Hepp 2016, S. 232).

Obwohl der Fokus auf Daten im kommunikativen Kontext aus kommunikations- und medienwissenschaftlicher Perspektive langsam zunimmt, gibt es bezüglich der abhängigen Wechselbeziehung von medial vermittelter Kommunikation und dem Umgang der daraus oder dadurch entstehenden Datenmengen bislang kaum Untersuchungen (vgl. Bischof und Heidt 2018, S. 52). Mit der sich ausbreitenden Datafizierung, als Triebkraft der Data Revolution, manifestiert sich jedoch abermals ein Umbruch in der medial vermittelten Kommunikation. Der von Livingstone erarbeitete Ansatz „mediation of everything" (Livingstone 2009) kennzeichnet mit den Quartärmedien zwar längst einen

---

[35]Unter Berücksichtigung der Raumkonzepte spricht van Looy zusätzlich von dem Ziel einer bestmöglichen Immersion. Damit wird der Effekt beschrieben, dem ein Nutzer durch virtuelle Stimuli ausgesetzt ist, um die virtuelle Realität als so real wie nur möglich zu empfinden und mit dieser sogar problemlos interagieren zu können. Vgl. van Looy 2017, S. 59.
[36]Eine analytische Themenerweiterung kann auch innerhalb des European Communication Monitors (ECM) verzeichnet werden, der seit 2008 die Entwicklungstrends der strategischen Kommunikation im Umgang mit Social Web und digitaler Kommunikation auf dem Kontinent vermisst. Seit 2014 verschiebt sich der Fokus ebenso auf Informations- und Datenflüsse und seit 2019 wird sogar künstliche Intelligenz in den Untersuchungen berücksichtigt. Vgl. European Communication Monitor 2007–2019.

6.4 Veränderung des Kommunikationsprozesses

Wandel, hinsichtlich der gegenwärtigen Entwicklungen reicht dieser jedoch nicht aus. Schließlich können durch die aktuellen Medienentwicklungen mit ihrem neuartigen Datenumgang neue Erkenntnisse für die medial vermittelte Kommunikation erlangt ebenso wie neue Einsatzgebiete erschlossen werden. Ferner beeinflussen die damit bedingten kommunikativen Veränderungen ganze Teilsysteme der Gesellschaft. Im Zuge dessen sollten die Theorien zu Medien als Mittel der Kommunikation erneut überdacht werden.

Mit Ausbreitung der Digitalisierung wurden bereits in der Vergangenheit mehrere wissenschaftliche Versuche einer möglichen Einteilung unterschiedlicher Kommunikationsformen unternommen. Castells differenziert beispielsweise zwischen „interpersonal" und „societal" Kommunikation. Ferner entwickelt er das Konzept der „mass self-communication" (Castells 2009), auf das im Späteren noch genauer eingegangen wird (vgl. Abschnitt 6.4.1). Krotz hingegen unterscheidet zwischen mediatisierte, interpersonale Kommunikation, standardisierter beziehungsweise allgemein adressierter Kommunikation und interaktiver Kommunikation als Kommunikation zwischen Mensch und „intelligenter" Software-Systeme (vgl. Krotz 2007, S. 92). Hepp teilt Kommunikation in direkte Kommunikation, wechselseitige Medienkommunikation, produzierte Medienkommunikation und virtualisierte Medienkommunikation ein (vgl. Hepp 2013b, S. 59).

Diese Versuche einer Differenzierung unterstützen die Annahme eines medialen Wandels, der neue oder zumindest erweiternde Ansätze in der Forschung bedarf. Dabei werden jedoch bisher relevante und fest verankerte Theorien der Medien- und Kommunikationswissenschaft meist außen vor gelassen. Wie allerdings bereits erwähnt, handelt es sich bei allen Medienentwicklungen nicht um kategorische Auflösungen, sondern immer um medieninnovative Ergänzungen. Die Existenz und das Wirken bestehender, zum Teil noch analoger Medienformen[37] und deren Verbindung zu neuen Medieninnovationen müssen zusätzlich in die Überlegungen einbezogen werden. Deshalb hält die Arbeit mit folgender Analyse der medial vermittelten Kommunikation durch Quintärmedien auch weiterhin an dem erweiternden Konzept des Wandels durch Medieninnovationen fest.

---

[37] Weiterhin zählen Individualkommunikation sowie Massenkommunikation zu den Tertiär- beziehungsweise als Zusammenschluss ebenso zu den Quartärmedien. Denn die vernetzten, interaktiven Medien der quartären Medientypologie ermöglichen es, dass Massenkommunikation um Interaktion und einen aktiven Rückkanal erweitert wird.

Es kann somit erneut auf Dogruels Auseinandersetzung mit Medieninnovationen und -prozessen verwiesen werden (vgl. Abschnitt 4.1 und Dogruel 2013, S. 302 ff.). Denn insbesondere der Indikator „kommunikative Folgen" kann sowohl zur Identifikation von objektbezogenen Veränderungen des medialen Artefakts als auch zur Erläuterung der kommunikativen Veränderungen und wirtschaftlichen, gesellschaftlichen sowie kulturellen Auswirkungen durch quintärmediale Medieninnovationen beitragen.

Zwar müssen zuerst die technologischen Entwicklungen herausgearbeitet werden, die die neuen Möglichkeiten für Kommunikation bereitstellen. Dazu zählt insbesondere der neuartige Datenumgang mit Medien, den unter anderem Big-Data- oder Machine-Learning-Ansätze fokussieren, sowie die intelligente Vernetzung unter Berücksichtigung des Internets der Dinge und Internets der Services. Jedoch sollen ebenfalls die Auswirkungen der Verdatung auf unterschiedliche Lebensbereiche erörtert werden.

Schließlich werden mit steigender Tendenz alle Aspekte des sozialen Lebens und der sozialen Interaktion in eine codierfähige Kommunikation und dadurch eine datenbasierte Umgebung verlagert (vgl. van Dijck 2014, S. 198). Diese Annahmen führen einerseits zu einer notwendigen Analyse der Datafizierung von Kommunikation (vgl. Abschnitt 6.4.1) und andererseits zur Erarbeitung einer durch die Quintärmedien entstandene, datengetriebene Rückkopplung (vgl. Abschnitt 6.4.2).

6.4.1 Die Datafizierung der Kommunikation

Obgleich sich bislang keine einheitliche, fächerübergreifende Bezeichnung des medial vermittelten Kommunikationswandels herausgebildet hat, lässt sich durchaus ein multidisziplinärer Konsens in Bezug auf den Wandel von „alten", analogen Medien zu den „neuen", digitalen Medien und damit erweiterten Kommunikationsmöglichkeiten erkennen. Der Auslöser dafür wurde bisher in den technologischen Entwicklungen, der Digitalisierung, aber auch in Rezeptionsmodi, wie der Auflösung der festen Rollen von Sender und Empfänger, gesehen (vgl. Faulstich 2000, S. 21, Krotz 2007, S. 97 ff., Dogruel 2013, S. 123, Schwabe 2015, S. 45). Daran anknüpfend, soll im Folgenden die Datafizierung als erneuter Auslöser für Medienentwicklung und erweiterte Veränderung eruiert werden. Die multimedial vernetzten, interaktiven Charakteristika der quartären Medien werden durch datenbasierte und datengetriebene Kommunikationsattribute der quintären

6.4 Veränderung des Kommunikationsprozesses

Medien erweitert. Es entsteht eine datafizierte Kommunikation. Hierbei soll angemerkt werden, dass der Entwicklungsprozess der Kommunikation ebenso wenig linear verläuft wie alle anderen kommunikativen Erweiterungs- und Veränderungsprozesse der bisherigen Medientypologien. Die Kontinuität dabei begründet sich lediglich in der Tatsache, dass es aufgrund der fünften Medientypologie zu einer erneuten Erweiterung kommt. Anhand dieses Übergangs von der vierten in die fünfte Medientypologie lassen sich die kommunikativen Folgen präzisieren.

Wie bereits gezeigt wurde (vgl. Abschnitt 5.1.4), vermischen sich mit dem Aufkommen der Quartärmedien die bislang klaren Grenzen von Massen- sowie Individualkommunikation und es etabliert sich ein Verständnis von Kommunikation als „doppelseitiges Geschehen" (vgl. Burkart 1998, S. 59 f., zitiert nach: Dittmar 2011, S. 21). Die Ausbreitung des Internets im menschlichen Alltag führt dazu, dass ab Mitte der 1990er-Jahre Kommunikation als interaktiver, vernetzter Prozess angesehen wird. Dabei handelt es sich nicht allein um einen Substitutionsprozess, sondern vielmehr um die Hinzunahme neuer Kommunikationsformen in ein hybrides Mediensystem (vgl. Chadwick 2013). Ferner liegt die Neuartigkeit und die Verwertbarkeit der vierten Medientypologie in der Möglichkeit des Wechselspiels zwischen Einzel- und Gruppenansprache. Die Sprünge von Einzelkommunikation (one-to-one), Gruppenansprache durch ein Individuum (one-to-many) oder eines Gruppengesprächs (many-to-many) kann zeitunabhängig und später durch mobile Endgeräte ebenso ortsunabhängig vorgenommen werden (vgl. Dittmar 2011, S. 42). Daraus ergeben sich signifikante kommunikative Folgen für das jeweilige Individuum.

„In der digitalen Kommunikation verschmelzen uni- und bidirektionale Kommunikationsformen, weder die Unterscheidung von Individual- und Massenkommunikation, noch die von Sender und Empfänger sind aufrecht zu erhalten" (Schwabe 2015, S. 45). Die erforderlichen Kenntnisse für die Decodierung der ersten drei Medientypologien reichten nicht mehr aus und mussten unter Berücksichtigung von kommunikativen Rahmenbedingungen wie Interaktivität, Vernetzung, Multimedialität und neuer raumzeitlicher Abhängigkeiten um den kybernetischen Raum sowie neuer mobilbedingter Zeitunabhängigkeit erweitert werden. Demzufolge verändert sich die einst klare Rollenverteilung von Empfänger beziehungsweise Rezipient und Sender. Es kommt zum Rezipienten, der sowohl empfängt als auch sendet. Faßler ergänzt aufgrund dessen Pross' Medientypologiemodell ebenso auf kommunikativer beziehungsweise interaktiver Ebene um eine vierte Kommunikationsform:

„Primäre (Angesicht-zu-Angesicht),
Sekundäre (auf einer Seite der Einsatz von Gerät oder Technik),
Tertiäre (Beidseitiger Einsatz von Technik) und
Quartäre Interaktion (interaktives Handeln in virtuellen Räumen)" (Faßler 1997, S. 196).

Im Zusammenhang mit diesem interaktiven Handeln als quartärmediale Erweiterung kann außerdem auf Castells „mass self-communication"[38] Bezug genommen werden. Die geschaffenen Partizipationsmöglichkeiten für das Individuum, durch beispielsweise YouTube oder Social-Media-Pattformen, sowie die Möglichkeit der selbstbestimmenden Auswahl aus der Menge von Kommunikationsmitteln durch das World Wide Web führen zu einer gesteigerten Interaktivität und Partizipation im Umgang mit Medien und Kommunikation.

Mit fortschreitender Entwicklung der Quintärmedien werden diese einstigen quartärmedialen Innovationen zum Ausgangspunkt der datafizierten Kommunikation. Doch Digitalisierung bedeutet nicht sofort Datafizierung. Erst mit der medieninnovativen Weiterverarbeitung von produzierten Daten durch Quintärmedien unterliegt die medial vermittelte Kommunikation datengetriebenen Prozessen. Infolge der inzwischen fest etablierten Technologien wie Social-Media-Anwendungen, sekundenschneller Schlagwortsuche, Ein-Klick-Online-Käufen und App-bedingter Standortzugriffe ist die Maschinerie der Datenakkumulation unermüdlich dabei, Daten zu generieren, zu speichern und weiter zu verarbeiten. Bezogen auf die fortlaufende intensivierte Mediatisierung innerhalb des Kommunikationsprozesses mittels Medien schließen Breiter und Hepp folgerichtig: "This means that in a moment when more and more media become digital they are not only means of communication but increasingly also of generating data" (Breiter und Hepp 2018a, S. 387).

Mit dieser Fokusverschiebung auf den Umgang von Daten innerhalb der medial vermittelten Kommunikation werden Faßlers vier Interaktionsformen hier um eine fünfte ergänzt: die quintäre Interaktion, datafiziertes Handeln im entgrenzten Raum. Dabei ist jedoch nicht nur die Kommunikation von Mensch zu Mensch mittels eines Mediums, sondern ebenso die Kommunikation von Mensch und Maschine durch das Internet der Dinge einschließlich der KI-Technologien impliziert, die auf der Datafizierung von Kommunikation beruhen. Gleichwohl

---

[38] Castells definiert „mass self-communication" wie folgt: "It is mass communication because it can potentially reach a global audience, as in the posting of a video on YouTube, a blog with RSS links to a number of web sources, or a message to a massive e-mail list. At the same time, it is self-communication the production of the message is selfgenerated, the definition of the potential receiver(s) is self-directed and the retrieval of specific messages or content from the World Wide Web and electronic communication is self-selected." Castells 2009, S. 55.

6.4 Veränderung des Kommunikationsprozesses

kann damit Faßlers Theorie des Zwischenraums innerhalb eines Kommunikationsprozesses weiter verfolgt und durch den entgrenzten Raum einmal mehr als ein wechselseitiger Prozess der „Vermittlung als mediales, symbolisches, normatives und offenes Verfahren" (Faßler 1997, S. 225) belegt werden.

Grundsätzlich lassen sich signifikante Unterscheidungen zwischen digitaler und datafizierter Kommunikation vornehmen. Quartärmedien fokussieren die Förderung von subjektbezogener, interaktiver, menschlicher Kommunikation, wohingegen Quintärmedien ebenso die reziproke Kommunikation mit dem Medium berücksichtigen. Zusätzlich ist die intelligente Verdatung der bisherigen, medial vermittelten Kommunikation als quintärmediale, kommunikative Folge zu verstehen, denn „we can now collect information that we couldn't before, be it relationships revealed by phone calls or sentiments unveiled through tweets" (Mayer-Schönberger und Cukier 2013, S. 30).

Mittlerweile versetzt die Datafizierung als Steuerwerkzeug Menschen in die Lage, raum- und zeitunabhängig physische Geräte zu bedienen und selbst mit ihnen in Kontakt zu treten. Neue Sprachassistenten ermöglichen es, auf Wissensbestände in Sekundenschnelle zuzugreifen, die das kognitive Wissen des Menschen nicht mehr umfassen kann. Diese dadurch erfolgende dauerhafte Datenerfassung lässt sich als ein Teil der medial vermittelten Kommunikation durch Quintärmedien identifizieren. So unterliegt Kommunikation nicht mehr nur dem Prozess der Digitalisierung, sondern wird durch Datafizierung beobachtbar und verwertbar. Anhand Viktor Mayer-Schönbergers und Kenneth Cukiers Beispiel des Mediums Buch wird der Wandel der medial vermittelten Kommunikation durch Datafizierung besonders sichtbar:

"First Google digitized text: every page was scanned and captured in a high-resolution digital image file that was stored on Google servers. The page has been transformed into a digital copy that could have easily been retrieved by people everywhere through the Web. Retrieving it, however, would have required either knowing which book had the information one wanted, or doing much reading to find the right bit. One could not have searched the text for particular words, or analyzed it, because the text hadn't been datafied. All the Google had were images that only humans could transform into useful information – by reading. [...] And so Google used optical character-recognition software that could take a digital image and recognize the letters, words sentences, and paragraphs on it. The result was datafied text rather than a digitized picture of a page. Now the information on the page was usable not just for human readers, but also for computers to process and algorithms to analyze" (Mayer-Schönberger und Cukier 2013, S. 83).

Derweil ermöglicht Google beziehungsweise Alphabet Inc. die Datafizierung von digitalen Bildern mithilfe von intelligenter Software. Zum einen können Bilder durch API-Modelle in tausende Kategorien eingeteilt und wieder auffindbar gemacht werden. Ferner sorgen Entwicklungen wie das Datenformat Exif Data (exchangeable image file format data) dafür, dass die Urlaubsfotos auf dem Mobiltelefon nicht mehr nur eine digitalisierte Version als Erinnerung repräsentieren, sondern zusätzliche Metadaten für weitere Auswertungen speichern. Neben Datum und Uhrzeit werden geografische Koordinaten und die Höhe über den Meeresspiegel in der Bilddatei gesichert. Darüber hinaus ist mittlerweile sogar die Personenerkennung inklusive einer Kontaktzuordnung allein durch eine Fotoaufnahme automatisiert durchführbar.

Zum anderen bietet Google Translate inzwischen die Möglichkeit einer optischen Übersetzung an, bei der durch die Kamera visuell erfasste Worte und Sätze direkt übersetzt und während des Live-Scans mit beispielsweise dem Mobiltelefon oder Tablet in beliebiger Sprache überschrieben werden. Dabei kommt vorzugsweise die bereits benannte starke KI-Technologie zum Einsatz, mit der die natürliche Sprache einschließlich Inhaltsklassifizierung, Sentiment-, Entitäts- und Syntaxanalyse analysiert und übersetzt wird. Zwar ist dieser Prozess oftmals noch fehlerbehaftet, allerdings hat es sich insbesondere das Unternehmen Alphabet Inc. zur Aufgabe gemacht, die Entwicklungen im Bereich der multilingualen Kommunikation und automatisierten Übersetzung weiter voranzutreiben und mithilfe von neuartigen Ansätzen des Machine Learnings kontinuierlich zu optimieren (vgl. Google Cloud 2019).

Innerhalb des letzten Jahrzehnts hat die Datafizierung dafür gesorgt, dass soziales Verhalten und damit verbundene Kommunikation durch das World Wide Web codiert und um algorithmus-faktische Verwertungsmöglichkeiten ergänzt wird. Die Datafizierung in Verbindung mit Medien und Kommunikation beruht erstens auf softwarebasierten Geräten, die aufgrund ihrer steigenden Konnektivität und omnipräsenter Verfügbarkeit Auswertungen von zusätzlichen Datenmengen vornehmen können. Zweitens offerieren die schnellen Einstellungsänderungen, beispielsweise zum Wechsel von öffentlicher und privater Kommunikation in IP-basierten Kommunikationsnetzen, ergänzende Zugriffsmöglichkeiten auf ausgespielte Daten (vgl. Seufert und Wilhelm 2013, S. 13). Drittens führen die technologischen Entwicklungen der Speicherkapazitäten, des Informationszugangs sowie der Wissensbestände zu einer realisierbaren und gezielt einsetzbaren datafizierten Kommunikation und damit zu einem neuen Pool an verwertbaren Daten.

Um welches Datenformat es sich dabei konkret handelt, ist für den Mediennutzer vorerst zweitrangig. Denn für ihn zählt zunächst einmal nur der

6.4 Veränderung des Kommunikationsprozesses

Datenfluss, der die eigentliche, medial vermittelte Kommunikation ermöglicht. In Hinblick auf eine weitere Verwertbarkeit ist das Datenformat allerdings von hoher Bedeutung, weshalb noch einmal auf den bilateralen Nutzen verwiesen (vgl. Abschnitt 6.3.1.2) und zwischen bewusster sowie unbewusster Datenabgabe während einer Kommunikation unterschieden werden kann.[39]

Erstere beinhaltet die gezielte Sammlung oder Weitergabe von Daten aus Mediennutzerperspektive, wie beispielsweise bei der Selbstvermessung oder dem Teilen von personalisierten Inhalten. Diesbezüglich wird auch vom „The Quantified Self" gesprochen, das das Ziel von „Self Knowledge through Numbers" verfolgt und dabei den Fokus auf die menschlichen Bedürfnisse (Schlaf, Ernährung, Sexualität), die Alltagsgestaltung (Stimmungen, Leistungsfähigkeit, Sportaktivitäten) sowie die Optimierungsmöglichkeiten legt (vgl. Vormbusch und Kappler 2018, S. 210). Die Datenbildung erfolgt hierbei durch Software und Apps, die extra für den Nutzer zur Datensammlung und -auswertung ausgelegt sind, genauso wie physische Geräte wie verbundene Aktivitätsarmbänder oder Körpersensoren zur Unterstützung von Sportaktivitäten, Schlafrhythmen und Ernährungsanalysen. Diese nutzerbedingten Datenerhebungen und -archivierungen können jedoch mit Abgabe an Dritte weiterverarbeitet werden und zur externen Einflussnahme auf die medial vermittelte Kommunikation führen. Damit gehen sie in die unbewusste Datenabgabe über, die für den Nutzer als unsichtbares Nebenprodukt erscheinen oder als digital traces als Restbestände der Mediennutzung zu verstehen sind.

Zu den Daten als Nebenprodukt zählen zusätzlich alle Datenprotokolle, die durch sozialen Kontakt über E-Mail, TikTok, WhatsApp, Facebook oder Instagram entstehen, ebenso wie Daten, die beispielsweise durch smarte Technologien in der Automobil- oder Haustechnikbranche anfallen. Digital traces beziehen sich innerhalb des Kommunikationsprozesses insbesondere auf alle Auswertungen der Suchanfragen oder Rankings von besuchten Webseiten. Aber auch Daten im Zusammenhang der raumzeitlichen Abhängigkeiten in Form von Online-Status, Zeitspeicherung, GPS-Daten und Standortmitteilungen führen zur Datenabgabe und damit zur Datafizierung eines Kommunikationsprozesses.

In Hinblick darauf kann erneut der „deep mediatization"-Ansatz angeführt werden. Schließlich geht es zum einen um die immer intensivere Durchdringung der sozialen Welt durch Innovationen einer neuen Medientypologie, zum anderen um einen automatisierten, medientechnologischen Prozess, der parallel zu dem menschlich wahrnehmbaren Kommunikationsprozess produziert wird (vgl. Hepp

---

[39] Andere Ansätze unterteilen diesbezüglich beispielsweise in „made data" und „found data". Vgl. Jensen 2014, S. 224.

2016, S. 230).[40] Ob bewusste oder unbewusste Datenabgabe, beide Formen führen zu einem neuen Datenumgang innerhalb eines Kommunikationsprozesses. Denn im Vergleich zu denen der klassischen Individual- oder Massenkommunikation der Sekundär- und Tertiärmedien liefern sie neuartige Aufschlüsse über die medial vermittelte Kommunikation. Bislang konnten erhobene Statistiken primär Aufschluss über Einschaltquoten, wie beim traditionellen Medium Fernsehen, über Besucherzahlen im Kino oder über Verkaufszahlen bei Printmedien geben. Diese Erkenntnisse sind zwar weiterhin für die etablierten Publikums- und Marktforschungen relevant, jedoch ist diese Datenerhebung, ob qualitativ oder quantitativ, erstens immer post festum feststellbar, zweitens richtet sie sich bei Radio und Fernsehen an ein anonym und dispers bleibendes (Massen-)Publikum und drittens geht damit nur ein sehr schemenhaftes abstraktes Wissen über das Publikum und dessen Bedürfnisse oder Interessen einher (vgl. Muhle 2018, S. 143 f.).

Im Gegensatz dazu können mittels der Quintärmedien Analysen zu vergleichsweise komplexen Motivstrukturen und Handlungsgewohnheiten ausgelesen werden. Sie können direkt sowie zeitlich unabhängig agieren, noch während des laufenden Kommunikationsprozesses erfolgen und sich auf diesen auswirken. Angesichts der pausenlos produzierten Daten wird nach Yvonne Hofstetter ein eigenes „Ökosystem künstlicher Intelligenzen" erzeugt, innerhalb dessen der Istzustand der Daten extrahiert und mit einem Sollzustand abgeglichen wird (vgl. Hofstetter 2017b, S. 37). Dabei geht es in erster Linie nicht um den Ersatz von klassischen, sozialwissenschaftlichen Verfahren der Datenerhebung und -analyse, sondern um die Etablierung und Optimierung neuer Technologien als Ergänzung. Datenerhebung, -auswertung und -weiterverarbeitung werden zum festen Bestandteil eines Kommunikationsprozesses. Die damit einhergehenden, innovativen Methoden der Datenerhebung, neben den bekannten Standards der Befragung, Inhaltsanalyse, (technischen) Messung und Beobachtung, spielen dafür eine ebenso wichtige Rolle. Sie orientieren sich im kommunikationswissenschaftlichen Kontext an den Methoden der Big-Data-Ansätze und modernen Online-Forschungsansätzen.

Zur Einordnung von Big-Data-Analysen können zwar die methodischen Ansätze von quantitativ vs. qualitativ und reaktiv vs. nicht reaktiv weiterhin bestehen bleiben, klare Abgrenzungen sind jedoch zunehmend diskutabel geworden (vgl. Baur und Blasius 2014, S. 41 ff., Schnell et al. 2011, S. 8 f., zitiert nach: Welker 2019, S. 534). Ferner wird der geringe methodische Reflexionsstandard

---

[40]Die „deep mediatization" soll in diesem Zusammenhang jedoch nicht alleinig auf die Datafizierung reduziert werden. Vielmehr wird sie hier, wie auch bei Hepp, als Kumulation unterschiedlicher Entwicklungen im medialen Wandlungsprozess angesehen.

6.4 Veränderung des Kommunikationsprozesses

im Umgang mit Big Data in unterschiedlichen wissenschaftlichen Auseinandersetzungen inzwischen kritisiert (vgl. Ruths und Pfeffer 2014, Schroeder und Taylor 2015, zitiert nach: Welker 2019, S. 534 und S. 542). Demnach hofft Maja Mahrt: „Die Banalisierung von theoretischen Konstrukten wird hoffentlich nicht das bestimmende Muster von Big Data in der Kommunikationswissenschaft sein" (Mahrt 2015, S. 34).[41]

Neben den Herausforderungen durch Big Data, wie der richtigen Kontextualisierung, kann dennoch ein enormes Potenzial in Big-Data-Ansätzen als empirischer sowie theoretischer Forschungsbereich beobachtet werden (vgl. Mayer-Schönberger und Cukier 2013, Townsend 2013). Schließlich können mithilfe der richtigen Methode die Kernbereiche der Datenerfassung, der Pflege sowie der Aufbereitung und Analyse der Datenmengen abgedeckt werden (vgl. Zeller 2014, S. 426). Im Vergleich zu sozialwissenschaftlichen Methoden der Datenauswertung werden für die Verarbeitung sowie Nutzung von Big Data allerdings zusätzliche Schritte im Forschungsprozess notwendig. Dazu zählen unter anderem die Datenaufbereitung infolge der anfallenden Datenmenge, die Datenspeicherung ebenso wie die Datenbereinigung (vgl. Welker 2019, S. 531 und S. 542).

In der Regel sind Big-Data-Analysen an automatisierte und algorithmische Modelle angelehnt. Frauke Zeller definiert Big Data als notwendige Erweiterung im bislang traditionellen, empirischen Forschungsprozess[42] (vgl. Zeller 2017, S. 399). Mit Rücksicht auf Wesler und Kollegen unterteilt sie in vier zusätzliche Schritte: Datensammlung, Parsing (Datenerschließung und -aufbereitung), Datenarchivierung sowie Datenabfrage (Query) beziehungsweise Textmining (vgl. Wesler et al. 2008, zitiert nach: Zeller 2017, S. 399).

Diese Ergänzung ist insofern relevant, als dass sich dadurch erweiternde Wandlungsprozesse ablesen lassen. Auf der einen Seite führt die fortlaufende Entwicklung von neuen Kommunikationstechnologien zu neuen Datenarten, auf der anderen Seite ergeben sich neue Formen der Datenerfassung und des interpretativen Umgangs (vgl. Zeller 2017, S. 401). Darüber hinaus entstehen mittels

---

[41] Mahrt sieht die Probleme von Big-Data-Studien in der Aussagekraft, den Messproblemen, fehlender Interdisziplinarität, keinen Anschlüssen an andere Disziplinen, fehlender Theoriebildung und -weiterentwicklung. Vgl. Mahrt 2015, S. 28 ff.

[42] „Üblicherweise beginnt der Forschungsprozess mit einem Phänomen der sozialen Realität, dass eine Fragestellung oder auch erst einmal ‚nur' ein generelles Forschungsinteresse hervorbringt. Dies wird durch eine oder mehrere konkrete(n) wissenschaftliche(n) Forschungsfrage(n) und gegebenenfalls Hypothesen spezifiziert. Nach der Festlegung des Forschungsdesigns und der Operationalisierung (Methode) der empirischen Erhebung wird die Stichprobe festgelegt und die Datenerhebung durchgeführt. Anhand der erhobenen Daten erfolgt dann die Datenanalyse und letztendlich wird ein Forschungsbericht erstellt." Zeller 2017, S. 399.

der wachsenden Vielfalt an Kommunikationskanälen ebenso zusätzliche Datentöpfe, die analysiert, bewirtschaftet, integriert und genutzt werden möchten (vgl. Zumstein und Kunischewski 2016, S. 320).

In der Mediatisierungsforschung ist die damit implizierte Konstruktion sozialer Wirklichkeit unter Einfluss von medial vermittelter Kommunikation eine weitverbreitete These (vgl. Hepp und Hasebrink 2017, S. 330). Denn mit dem Eintritt der Medien verändern sich ebenfalls die sozialen Konstruktionsprozesse. Demnach sind die Quintärmedien genauso als Teil der umfassenden Kommunikationsinfrastrukturen und „Mittel einer algorithmischen Wirklichkeitskonstruktion" (Hepp 2016, S. 230) zu interpretieren beziehungsweise tragen zur kommunikativen Konstruktion von Wirklichkeit bei (Krotz 2012, S. 45). Diesbezüglich liegt der Schwerpunkt besonders auf der Datenausschüttung während eines Kommunikationsprozesses und den darauffolgenden Verwertungsprozessen. „Beim Phänomen der Datafizierung geht es zusätzlich darum, dass wir ausgehend von diesen Möglichkeiten verstärkt die Produktion und Auswertung solcher Daten als Grundlage unserer sozialen Prozesse der Wirklichkeitskonstruktion akzeptieren" (Hepp 2016, S. 229).

Um anfallende Datenvolumina sinnvoll auswerten zu können, müssen die Daten jedoch kontextualisiert werden: "The data collected by the respective systems have to be linked with further, detailed information to make them socially meaningful. Only in this way do such data become a source of describing our present complex social world of datafication" (Breiter und Hepp 2018a, S. 399). Hierbei ist zu bedenken, welches Datenformat sowie welche Datenbildung (unbewusst oder bewusst) während des Kommunikationsprozesses entstehen, um die richtige Kontextualisierung weiterhin beizubehalten, oder wie Boyd und Crawford in Bezug auf Big-Data-Analysen einst treffend formulierten: "Taken out of context, Big Data loses its meaning" (Boyd und Crawford 2012, S. 670). Daten müssen daher wie Daten behandelt werden, sie sollten nicht entkontextualisiert und oder in falschen Kontext gebracht werden. Denn erst dadurch können neue Erkenntnisse aus dem datengetriebenen Kommunikationsprozess gewonnen werden.

Bruno Latour und Tommaso Venturini gehen in Bezug auf die soziale Wirklichkeitskonstruktion in ihrer Auseinandersetzung mit „social fabric" noch einen Schritt weiter. Für sie handelt es sich mittlerweile um eine „digital traceability" (dt.: digitale Rückverfolgbarkeit), die eine umfassende Analyse von sozialen Prozessen ermöglicht: "Being interested in the construction of social phenomena implies tracking each of the actors involved and each of the interactions between them" (Venturini und Latour 2010, S. 95). Demnach führen die Technologieentwicklungen dazu, dass beispielsweise aufgrund der Freundeslisten auf Facebook die Wahrscheinlichkeit der Homosexualität des Facebook-Profil-Besitzers berechnet werden kann (vgl. Jernigan und Mistree 2009). Ferner haben andere Datenauswertungen anhand von 509 Millionen Tweets auf der Plattform Twitter bereits bewiesen, dass die Stimmungslage von 2,4 Millionen Menschen in 84 Ländern trotz kultureller, politischer und sozialer Unterschiede ähnlichen täglichen und wöchentlichen Mustern folgt (vgl. Mayer-Schönberger und Cukier 2013, S. 83).

Angesichts dieser Möglichkeiten der Datenrückverfolgung ergeben sich neue Rahmenbedingungen und Kommunikationsmodalitäten in Bezug auf das skizzierte Modell eines medial vermittelten Kommunikationsprozesses. Quintärmedien führen zur Datafizierung der Kommunikation, indem Sender, Empfänger und Medium dazu beitragen, dass es zu einer datengetriebenen Konstruktion der sozialen Wirklichkeit kommt.

6.4.2 Der Rückkopplungskanal der Quintärmedien

Pross' Vision „Jeder Empfänger wird auch ein Sender sein, jeder sein eigner Produzent" (Pross 1972, S. 11) hat sich mit Beginn der Quartärmedien verwirklicht. Doch in der verschmolzenen Online-Offline-Welt offenbaren sich mit den Quintärmedien und der erneuten Rollen- und Machtverschiebung angesichts eines bilateralen Nutzens (vgl. Abschnitt 6.3.1.2) zusätzlich tiefgreifende Veränderungen des bisherigen Konzepts von Kommunikationsprozessen. Die Quintärmedien dringen zur aktiven Mitgestaltung immer weiter in die soziale Welt vor. Der Kommunizierende wird nicht mehr nur als Kommunikationssubjekt wahrgenommen, sondern aufgrund der Datafizierung des Prozesses für weitere Akteure zum Objekt seiner eigenen Kommunikation. Diesbezüglich spricht Yvonne Hofstetter in Anbetracht von Big-Data-Technologien von einem Dualismus von Subjekt und Objekt, da der Mensch ebenso zum Rohstoffträger für neue Prozesse wird (vgl. Hofstetter 2017a, S. 43).

Die vorherige Auseinandersetzung mit Datafizierung der Kommunikation hat bereits gezeigt, dass neben Sender und Rezipient ebenso Dritte Zugriff auf bewusst oder unbewusst abgegebene Daten erhalten. Daneben können automatisch generierte Daten oder digital traces mithilfe richtiger Kontextualisierung und algorithmischen Analyseprozeduren zu bedeutungsvollen Informationen werden. So helfen Algorithmen beispielsweise bei der Messung, Validierung und Neuzuordnung von Nachrichtenströmen, um daraus die besten Sendezeiten für zukünftige Posts zu berechnen und individuell aufzubereiten. Diese algorithmische Formatierung führt zur zielgenauen Aufbereitung von personalisierten Inhalten, auf

Grundlage derer weitere Entscheidungen getroffen werden können, die wiederum neue Daten generieren (vgl. Delisle und Weyer 2018, S. 90 f.). Demzufolge kann hier vom Beginn eines datengetriebenen Drehtüreffekts gesprochen werden. Diese datenfokussierte Schleife, die aufgrund der Datensammlung, -auswertung und -aufbereitung entsteht, soll hinsichtlich der Datafizierung von Kommunikation als Rückkopplungskanal der Quintärmedien beschrieben werden. Das Medium fungiert weiterhin als Mittel für Wahrnehmung, Verständigung und Verbreitung für Sender und Empfänger (vgl. Abschnitt 2.1.1), sendet jedoch, in Anlehnung an das klassische Sender-Empfänger-Modell und Maletzkes Ansatz des Massenkommunikationsmodells, ein weiteres, eigenes codiertes Feedback (vgl. Abbildung 6.4). Durch diese mediale Rückkopplung übernimmt das Medium eine zusätzliche Rolle im Kommunikationsprozess. Es wird zum externen Empfänger und ebenso Sender im Prozess. Diesbezüglich spricht Alexander Mehler von Artefakten, die sich zu vollgültigen Interaktionspartnern etablieren (vgl. Mehler 2010, S. 109). In Bezug auf das Medium als Interaktionspartner beziehungsweise als sozialer, eigenständiger oder kommunikativer Akteur wird auch von „künstlicher Interaktion" (Braun-Thürmann 2002) oder „künstlicher Kommunikation" (Krotz 2007, S. 125) gesprochen. Andere Theorien gehen von einer „virtualisierten Medienkommunikation" aus, die sich durch fortlaufende Datengenerierung weiter optimiert (vgl. Hepp 2013a, S. 64 ff., Höflich 2016, S. 179 ff., Krotz 2007, S. 90 ff., zitiert nach: Hepp 2016, S. 233), oder definieren diesbezüglich „interaktive Medien", die vom Menschen selbst als soziales Gegenüber konstruiert werden (vgl. Höflich 2016, S. 200, zitiert nach: Hepp 2016, S. 233).

Demzufolge wird das Interagieren mit und nicht nur durch Medien innerhalb der Gesellschaft immer beliebter und ältere kommunikationswissenschaftliche Ansätze der parasozialen Interaktion gewinnen an neuer Bedeutung (vgl. Horton und Wohl 1956). Jedoch spielt der technologische Entwicklungsstand für den Einsatz des medialen Rückkopplungskanals eine wichtige Rolle. Dabei muss sehr wohl zwischen den einzelnen Entwicklungsstufen, wie Deep Learning, Machine Learning, künstliche Intelligenz, sowie Entwicklungsformen, wie visuell, auditiv oder haptisch[43], der Medientechnologie differenziert werden.

Verfügt das Medium über Attribute künstlicher Intelligenz, werden zusätzliche Potenziale während des datafizierten Kommunikationsprozesses realisierbar. In Bezug auf künstliche intelligente Bots spricht Armin Sieber, unter Bezugnahme

---

[43] Hierbei kann zwischen unterschiedlichen Rückkopplungsformen wie zum Beispiel visuell durch personalisierte Werbung, auditiv durch einen Sprachassistenten oder haptisch wie bei der SmartHome-Technik unterschieden werden.

6.4 Veränderung des Kommunikationsprozesses

von Maletzkes Kommunikationsmodell, vergleichsweise von einer Aufhebung der bisherigen Trennung zwischen Medien und Kommunikation: „Das Medium beginnt scheinbar eigenständig, Botschaften zu generieren und individuell nach Lage der ihm vorliegenden Daten aufzuarbeiten und auszuspielen" (Sieber 2019, S. 25). Chatbots oder sogenannte Dialogroboter eignen sich daher als anschauliches Beispiel für die schriftliche oder auditive Rückkopplung mit dem Medium als Kommunikationsbeteiligter. Sie fördern eine auf natürliche Sprache basierende Kommunikation zwischen Mensch und Computer (vgl. Sieber 2019, S. 29).

Aus technologischer Sicht sind Bots aufgrund ihrer programmierten, eingeschränkten Möglichkeiten gegenwärtig noch näher mit der Volltextsuchmaschine verwandt, als dass sie zur KI-Technologie gezählt werden. Aufgrund der fortschreitenden Entwicklung von Sprachassistenten in Kombination mit steigender Rechnerleistungen werden die Datenbestände jedoch immer größer und neue Analysetools, insbesondere auf Big-Data-Basis, bieten sich an. Darüber hinaus arbeiten UX- und UI-Designer[44] angelehnt an die menschlichen Sinne an der selbsterklärenden Handhabe und intuitiv bedienbaren Benutzeroberfläche der modernen Geräte einschließlich der integrierten Software. Die Grenzen zwischen Mensch und Medium sind dadurch immer schwieriger zu trennen und neuartige KI-Technologien führen dazu, dass diese Medienformen autonomer handeln und mit dem Menschen interagieren können.

Die hier implizierte Autonomie des Mediums zählt zur weiteren kommunikativen Folge der Quintärmedien. Sie begründet sich in der technologischen Abkopplung der menschlichen Kontrollsphäre. „Der Handlungsraum, der vormals nur mit anderen Menschen sozial geteilt werden musste, trägt zunehmend auch technische Anteile und hat mit Technologien wie Drohnen oder Robotern neue ‚Mitspieler' erhalten" (Verbeek 2005, zitiert nach: Thimm 2019, S. 31). Mit der Verwendung des Terminus Autonomie in Verbindung mit Medien müssen jedoch Abgrenzungen vorgenommen werden. Das autonome Handeln von Medien bedeutet in diesem Fall nicht die Annahme, dass Medien in naher Zukunft in der Lage sind, kreative Entscheidungen zu treffen, für die sie nicht vorbereitet wurden oder an dieser Stelle die dystopische Vorstellung einer Übernahme von künstlichen Wesen vertreten wird. Obgleich Machine-Learning-Ansätze Erfolgversprechendes prognostizieren und dem Individuum in vielen Prozessen längst überlegen sind, kann der Mensch weiterhin in diese eingreifen. Insofern handelt es

---

[44] User Experience (UX, dt.: Nutzererlebnis) und User Interface (UI, dt.: Benutzerschnittstelle) sind Designkonzepte, die einerseits die sichtbare Oberfläche von technologischen Vorgängen optimieren und andererseits die Nutzung, beispielsweise einer App, angenehmer oder benutzerfreundlicher gestalten. Zu den Zielen solcher Verbesserungsvorgänge zählen unter anderem die intuitive Bedienbarkeit oder die Umsetzung von zielgruppenorientierten Grafiken.

sich nach wie vor um technologische Schöpfungen des Menschen. Quintärmedien als vermeintlich autonom agierende Systeme treffen keine eigenen Entscheidungen, sondern berechnen, gestalten und führen aufgrund vordefinierter Prozesse bestimmte Funktionalitäten aus.

Folglich geht es um eine begrenzte Form der Systemautonomie, bei der der Mensch nicht mehr dauerhaft die aktiv handelnde Rolle einnehmen muss, sondern das Medium mithilfe von Berechnungen begrenzt, aber eigenständig sowie effizient entscheidet und gleichzeitig verfügbare Ressourcen bestmöglich nutzt. Mit Fokus auf mediale Autonomie wird beispielsweise gegenwärtig daran geforscht, wie Paketdrohnen sich autonom durch den Stadtverkehr navigieren können, um leichte Pakete schnellstmöglich auszuliefern. Denn insbesondere für den medizinischen Transport könnte das autonome Fliegen von Drohnen aussichtsreiche Veränderungen mit sich bringen.[45]

In Zusammenhang mit diesen technologischen Übernahmen bislang menschlicher Handlungen wächst allerdings die gesellschaftliche Angst vor der menschlichen Ablösung. Caja Thimm (vgl. Thimm 2019) stellt diesbezüglich die These auf, dass der Mensch in vielerlei Hinsicht bald vollständig ersetzbar wird und eine Ablösung des Subjekts durch die Medien erfolgt:

> „Der Wissenskanon beispielsweise, den Google unter anderem durch die massenhafte Digitalisierung von Büchern monopolisiert hat, wird nicht mehr nur als kulturelles Gut vorgehalten, um menschliches Wissen und Kultur für zukünftige Generationen zu bewahren, sondern fungiert als Trainingsdatenbank für Maschinen, die aus dieser menschlichen Kreativität lernen. Ziel dabei ist also nicht, dass Menschen dauerhaft auf große Wissensbestände zugreifen können, sondern dass das Wissen der Menschheit die Maschinen klüger macht" (Thimm 2019, S. 36).

Ob diese Ablösung in naher Zukunft eintreten wird, bleibt erst einmal dahingestellt. Sicher ist, dass mit neuen Medienentwicklungen ebenso weitere Wandlungsprozesse einhergehen und die Datafizierung dadurch das Leben weiter beeinflusst. Die Ersetzung körperlicher und die Ablösung geistiger Tätigkeiten durch Technologien wird dabei eine wichtige Rolle spielen und zwangsläufig einschneidende Auswirkungen auf die gesellschaftlichen Sozialsysteme und wirtschaftlichen sowie politischen Machtgefüge haben (vgl. Kurz und Rieger 2015, S. 268, zitiert nach: Thimm 2019, S. 37). Mit dem medialen Rückkopplungskanal erreicht das Medium eine neue Ebene der medialen Eigenständigkeit, offenbart weitere medieninnovative Funktionalitäten für den Kommunikationsprozess und

---

[45] In Bezug auf autonomes Fliegen von Drohnen muss allerdings darauf hingewiesen werden, dass die Bedingungen und Regularien dafür gravierende, länderabweichende Unterschiede aufweisen. Deutschland hat seit 2017 eine Drohnenverordnung, die Bestimmungen für Freizeitflieger und kommerzielle Anwender unter anderem für Aufstiegsgewicht, Flughöhe, Kennzeichnung und Flugzeiten der Drohne vorschreibt. Vgl. Bundesgesetzblatt 2017, S. 683.

6.4 Veränderung des Kommunikationsprozesses

erfährt damit zunehmend gesellschaftliche Akzeptanz. „Hierüber entstehen soziale Konstruktionen, die zwar an menschliches Handeln rückgebunden sind, gleichzeitig aber in einer solchen Komplexität von Software und intelligenten Systemen vollzogen werden, dass letztere eine gewisse Eigenmächtigkeit entfalten" (Hepp und Hasebrink 2017, S. 332).

Demzufolge werden Machine-Learning-Ansätze, die die Kommunikationsmöglichkeiten erweitern, immer beliebter. Das Unternehmen DeepMind, 2014 von Google Inc. übernommen, realisiert beispielsweise lippenlesende KI-Technologie, basierend auf einem Machine-Learning-Ansatz, bei dem 4000 Stunden Videomaterial von englischen Sprechern eingesetzt wurden. Die Software kann 60 Prozent aller Wörter korrekt von den Lippen lesen, menschliche Lippenleser liegen gerade mal bei sieben bis 14 Prozent aller Wörter.[46] Ein weiteres Beispiel stellt GAN (generative adversarial network, dt.: erzeugende gegnerische Netzwerke) als spezifische KI-Technologie dar, die zur künstlichen Generierung von etwa Nahrungs-, Tier- und Naturaufnahmen dient. Die Ergebnisse dieser Bildaufnahmen sind für das menschliche Auge kaum noch von Fotografien der materiell existierenden Wirklichkeit zu unterscheiden.

Gegenwärtig bildet sich die medial bedingte Rückkopplung als zeitgenössische Prägekraft heraus, der die gesellschaftliche Kommunikation unterliegt. Im Sinne des Konzepts der „Prägekräfte von Medien" (Hepp 2010) wird hier ebenso von einem Druck auf die Kommunikation durch das jeweilige Medium ausgegangen. Aus medienhistorischer Perspektive zeichneten sich bislang die Prägekräfte oder der implizierte Druck beispielsweise beim Medium Print durch „komplexere Argumentationen", beim Medium Fernsehen durch stärkere visuelle Präsentation und beim Mobiltelefon durch dauerhaft kommunikative Konnektivität aus (vgl. Hepp 2013b, S. 49 f.). Mit Ausbreitung der Datafizierung fokussiert sich der Druck beziehungsweise die Prägekraft auf das medienautonome Feedback in Form des medialen Rückkopplungskanals, wobei auch an dieser Stelle die autonome Rückmeldung lediglich eingeschränkt durch die vorgegebenen medialen Rahmenbedingungen agieren kann, wie beispielsweise durch Datenanalysen, algorithmische Berechnungen oder datenbasierte Prozesse.

Mit der damit einhergehenden gesellschaftlichen Akzeptanz der neuen Quintärmedien und des medial vermittelten Kommunikationsprozesses entwickelt sich der bereits erwähnte fortlaufende Kreislauf von Datenausschüttung, -generierung und -weiterverarbeitung. Dieser kann ebenso als medialer Rückkopplungskanal interpretiert werden. Ohne hierfür die hochkomplexen Forschungsfelder und -ansätze der Informatik, Mathematik oder Physiktechnik weiter zu vertiefen (vgl. u. a. Geng 2017, S. 16, Dörn 2018, S. 7 f., Sedkaoui 2018, S. 67 ff., Düsing

---

[46]Weitere DeepMind-Entwicklungen. Vgl. Schreiner 2018.

2020, S. 25 ff.), lässt sich in Anlehnung an theoretische Datenanalysemodelle ein rückgekoppelter Datenanalyseprozess in folgende Schritte einteilen:

1. Datensammlung und -erfassung (engl.: data acquisition),
2. Datenaufbereitung einschließlich Datenextraktion und -bereinigung (engl.: extraction und cleaning),
3. Datenintegration (engl.: data integration),
4. Datenanalyse und -modellierung (engl.: data analytics and modelling),
5. Auswertung und Interpretation (engl.: evaluation and interpretation).

Anhand dessen kann eine Konkretisierung des medialen Rückkopplungskanals vorgenommen werden, die als theoretischer, medien- und kommunikationswissenschaftlicher Erklärungsversuch sowie als Ordnungshilfe dienen soll (vgl. Abbildung 6.4). Denn wie bei der Lasswell-Formel und dem Modell von Shannon und Weaver konnte trotz des ursprünglich angedachten mathematischen Ansatzes sehr wohl eine multidisziplinäre Übernahme erfolgen. Des Weiteren wird wie bei Maletzkes Modell primär ein Modell fokussiert, das als „eine vereinfachte, abstrahierende Präsentation eines Realitätsbereiches" dienen soll und das Ziel verfolgt, die unter einer konkreten Problemstellung relevanten Attribute überschaubar herauszustellen (vgl. Maletzke 1998, S. 56).

Grundlegend muss ein medialer Rückkopplungskanal als Teil der Quintärmedien dafür ausgelegt sein, Daten zu sammeln, zu speichern und auslesen zu können. Mit der Ausschüttung von Daten im medial vermittelten Kommunikationsprozess werden diese Daten akquiriert und auf weiteren Datenbanken ausgelagert gespeichert (1. Datensammlung und -erfassung). Die Auslagerung erfolgt in der Regel mittels des Einsatzes von Cloud-Computing oder weiteren externen Datenbankformen und Rechenzentren. Vorgegebene Speicherkapazitäten können in diesem Fall als Kanalreduktion interpretiert werden, sind aber angesichts der erläuterten ubiquitären IT-Infrastrukturen eher selten der Fall.

Darauf aufbauend, können die Daten durch Aufbereitungsprozesse sortiert (2. Datenaufbereitung) und je nach Datenform und Quelle gebündelt und in ein Verfahren integriert werden (3. Datenintegration). Erst dann können der eigentliche Prozess der Analyse sowie die Modellierung starten (4. Datenanalyse und -modellierung). Dabei kommen unterschiedliche Methoden zum Einsatz, die beispielsweise an den Methoden der Statistik angelehnt sind und KI-Technologien oder sogar neuronale Netze mit einbinden.

Erst wenn das zu Beginn definierte Ziel der Berechnung erreicht ist und gegebenenfalls ausreichend interpretiert wurde, wird das Ergebnis ausgewertet, eingespielt und an den eigentlichen Empfänger (zurück)gesendet (5. Auswertung

6.4 Veränderung des Kommunikationsprozesses

und Interpretation). In Bezug auf den medial vermittelten Kommunikationsprozess können sowohl der klassische Sender als auch der Empfänger durch den medialen Rückkopplungskanal adressiert werden.

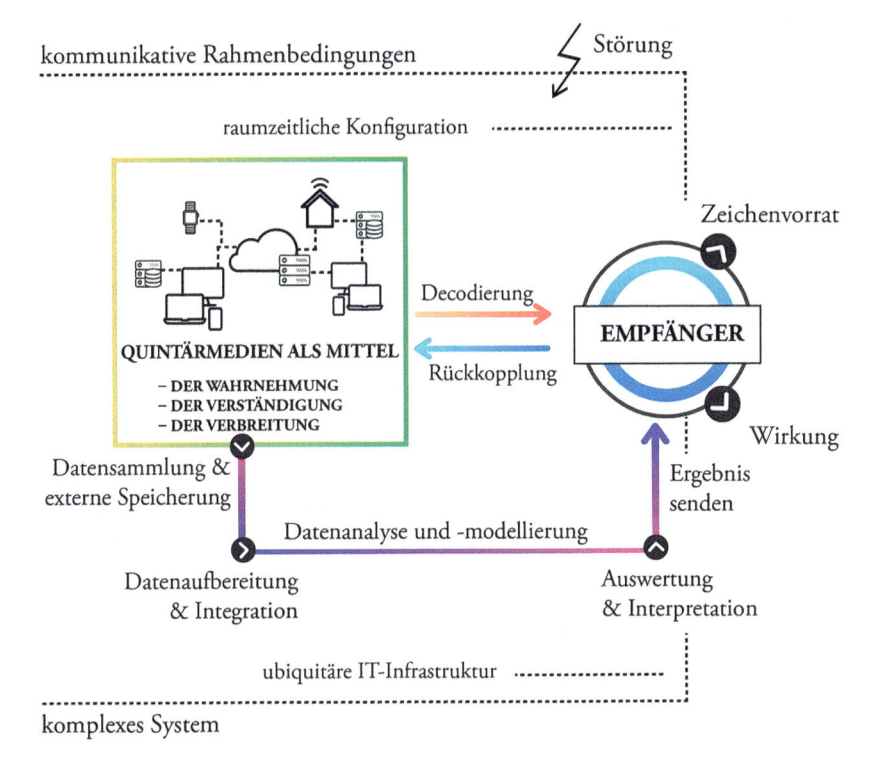

Abbildung 6.4 Medialer Rückkopplungskanal der Quintärmedien (eigene Darstellung).

Mithilfe dessen sind insbesondere sprachgesteuerte Assistenzsysteme wie Alexa oder Siri in der Lage, über eine mediale Rückkopplung zu agieren. Dabei können sie zusätzlich als Datenverarbeitungssysteme konkrete Informationen über einen kommunikativen Rückkanal zur Verfügung stellen. Seit 2018 kann Alexa Personen am Klang ihrer Stimme unterscheiden und dadurch andere Funktionalitäten starten, wie beispielsweise unterschiedliche Musik auf Basis der Hörgewohnheiten des jeweiligen Nutzers spielen. Darüber hinaus kann Siri seit 2019 sogar direkte Antworten auf Fragen geben und greift nicht mehr nur auf eine

Liste von Webseiten zu. So basieren diese Prozesse ebenfalls auf Datensammlungen, vergleichsweise durch Web-Abfragen oder Spotlight-Suche, die wiederum zur Weiterverarbeitung dienen können und die Datenakkumulation vorantreiben. Der Kommunikationsprozess beziehungsweise die datafizierte Rückkopplung des Mediums als Sender beziehungsweise Rezipient wirkt dadurch für den Nutzer vermenschlichter. Nach der „Computer als soziale Aktoren-Theorie" (CASA) führt diese digitalisierte Vermenschlichung dazu, dass der Nutzer das während der Kommunikation verwendete Medium zunehmend mit einem menschlichen Interaktionspartner gleichsetzt. "In short, we have found that individuals' interactions with computers, television, and new media are fundamentally social and natural, just like interactions in real life" (Reeves und Nass 1996, S. 5).

Dementsprechend sind die Entwickler von quintärmedialer Technologie vor allem daran interessiert, menschliche Eigenschaften wie rationales Handeln, logische Schlussfolgerung, kognitives Verhalten, Emergenz und Entscheidungsfähigkeit während eines Kommunikationsprozesses für das Medium zukünftig lesbar zu gestalten (vgl. Bogon 2013, S. 13). Erste erfolgreiche Schritte führten bereits zur Etablierung von ökonomisch-getriebenen Trends wie Conversational Commerce (Onlinekommunikation zur Kundenberatung und Kauf), Personal Butlers (digitale Assistenten), algorithmisches Marketing (Einbindung von Algorithmen in Teile des Digitalmarketings) und Conversational Office (Integration von Kommunikationsplattformen kombiniert mit Bots innerhalb von Unternehmensprozessen) (vgl. Gentsch 2018, S. 85). Gemäß dieser Technologieentwicklungen liegt neben einer flüssigen Kommunikation der Fokus auch auf einer für den Nutzer zufriedenstellenden syntaktischen und semantischen Gestaltung. Dabei sollen Dialogsysteme zukünftig mit der Fähigkeit einer „emotionalen Tiefe" ausgestattet werden, um Emotionen und Stimmungen des Gegenübers besser einordnen und schlussendlich glaubwürdiger simulieren zu können (vgl. Sieber 2019, S. 68).

Demnach haben die kommerziellen Auswirkungen der datafizierten Medien und ihrer medieninnovativen Kommunikationsentwicklungen einen wachsenden Einfluss auf die fest etablierten Medien. Sie unterliegen dem Druck des Wandels und müssen sich für den weiteren Bestand den neuen Gegebenheiten anpassen. Das wiederum hat zur Folge, dass langjährig etablierte oder sogar ursprünglich jahrhundertealte Medientypologien ebenso zum „Instrument der Datafizierung" werden (vgl. Hepp 2013, S. 233) und erst durch eine digitale Transformation und schließlich durch datafizierte Anpassungen zur Echtzeit-Datensammlung beitragen.

Im Fall eines Smart-TVs beispielsweise erweitern sich die einst massenmedialen Eigenschaften um einen medialen Rückkopplungskanal, der als quintäre Medieninnovation zu interpretieren ist. Sobald das Fernsehen datengetriebene Eigenschaften übernimmt, wird es Teil eines datafizierten Kommunikationsprozesses. Es führt zu Möglichkeiten der Datensammlung auf Basis des dauerhaft bestehenden Internetzugangs und der dadurch übermittelten Daten der Mediennutzung, wie Log-Ins auf On-Demand-Plattformen. Dieses Verfahren wiederum wirkt sich auf das Medium als komplexes System aus und verantwortliche, dritte Parteien erhalten Zugriff auf Daten, wie über Sendezeiten, Sendeprogramm und Zuschauerverhalten.

Ferner können neben dem Klick- und Schaltverhalten aufgezeichnete Sprachaufnahmen durch moderne Bild- und Tonsensoren des Fernsehers zu verbrauchbaren Daten formatiert werden. Persönliche Konversationen und empfindliche Informationen gelangen in den medialen Rückkopplungskanal und werden von Drittanbietern aufgezeichnet. Daran geknüpft, weist Alexander Filipovic in seiner Arbeit „Die Datafizierung der Welt" auf die Lizenzvereinbarungen von Samsungs Smart-Fernsehern hin, in dem geschrieben steht: „„Bitte seien Sie sich bewusst, dass Ihre gesprochenen Worte aufgezeichnet und an einen Drittanbieter geschickt werden"" (Samsung o. J., zitiert nach: Filipovic 2015, S. 12). Mit dieser grenzüberschreitenden Datensicherung könnte zeitnah personalisierte Werbung für das einst klassische Massenmedium Fernsehen realisierbar werden. Nach Filipovic führen solche und weitere Transformationen bestehender Medientypologien zur „Datenökonomie als Paradigma für sämtliche Kommunikations- und Medienprodukte", da Medien und Kommunikation zunehmend auf einer „ökonomischen, datengetriebenen Infrastruktur" stattfinden und das wirtschaftliche Interesse an diesen Daten dementsprechend steigt (vgl. Filipovic 2015, S. 11).

Mit dem wachsenden, öffentlichen Interesse und den technologischen Weiterentwicklungen im Umgang mit Daten soll allerdings darauf hingewiesen werden, dass die gesellschaftliche Angst um einen möglichen Datenmissbrauch wächst und sich die Forderungen nach höherem Datenschutz, insbesondere der Schutz von personenbezogenen Daten, häufen. Die notwendige Auseinandersetzung mit Medien- und Kommunikationsethik für alle Beteiligten und Verantwortlichen wird daher immer wichtiger (vgl. u. a. Zwitter 2014, Filipovic 2015, Heesen 2016, Zeilinger 2017, Beck 2019). Dabei stellen Quintärmedien keinen neuen, ethischisolierten Sonderbereich dar, denn grundsätzlich gelten die gleichen moralischen Normen und Regeln wie bei den vier anderen Medientypologien. Vielmehr geht es hierbei um die Weiterentwicklung dieser Normen und den Versuch der Transformation für eine zeitgemäße Anpassung an die neuen Bedingungen. Die damit verbundenen neuen Risiken, Herausforderungen, aber auch Potenziale können aufgrund der umfangreichen Thematik, die sich konkret auf den Schutz von Daten beziehen, in dieser Arbeit nicht ausreichend berücksichtigt werden. Diesbezüglich soll auf weiterführende Literatur verwiesen werden, die sich mit aktuellen sowie grundlegenden Themen des Datenschutzes und der Datensicherheit (vgl. Kammerer 2016, Moos et al. 2018), ethischen Fragestellungen (vgl. Beck 2019) oder zusammenhängenden Thematiken wie Transparenz, Privatsphäre und Anonymität beschäftigen (vgl. Steinebach et al. 2014, Grimm et al. 2015, Grimm und Krah 2016).

In Hinblick auf die erörterte Datafizierung von Kommunikation sowie den medialen Rückkopplungskanal als kommunikative Folgen von Medieninnovationen offenbaren die Quintärmedien eine bislang einzigartige Reichhaltigkeit für medial vermittelte Kommunikation. War es vor wenigen Jahren noch nicht möglich, ausgelesene Daten sinnhaft zu verwerten, können mit Big-Data-Ansätzen durchaus verwertbare Schlüsse gezogen werden. Dabei ist es erst einmal unerheblich, ob es sich um eine Individualkommunikation zwischen zwei Chatnutzern, um öffentliche Kommunikation auf Social-Media-Plattformen und in Blogs oder um traditionelle Massenkommunikationsansätze mithilfe von Fernsehern ergänzt durch datafizierte Funktionalitäten handelt. Die kommunikativen Folgen der Quintärmedien führen dazu, dass die Medien als fester Bestandteil der sozialen Wirklichkeit wahrgenommen und oftmals nicht einmal hinterfragt werden. Hepp formuliert diesbezüglich:

„Beim Phänomen der Datafizierung geht es zusätzlich darum, dass wir ausgehend von diesen Möglichkeiten verstärkt die Produktion und Auswertung solcher Daten als Grundlage unserer sozialen Prozesse der Wirklichkeitskonstruktion akzeptieren. Wir billigen es, dass uns Produkte aufgrund der Kaufentscheidungen anderer Menschen empfohlen werden oder dass die Verbreitung von Krankheiten durch Suchabfragen vorhergesagt und darüber journalistisch berichtet wird. Wir wählen die Schulen unserer Kinder nach aufbereiteten Daten aus oder legen unser Geld in Aktien und Fonds an, bei denen die Entscheidungen für Kauf und Verkauf auf datenbasierten Marktmodellen beruhen" (Hepp 2016, S. 289).

Aus wirtschaftlicher Perspektive gewinnt das bekannte Zitat des Cluetrain-Manifests „Märkte sind Gespräche" an neuer Bedeutung (vgl. Levine et al. 2000). Beispielsweise wird Social Media Monitoring[47] zu einer der sich gegenwärtig etablierenden Methoden gezählt, die aus Nutzungsdaten Informationen generieren, kategorisieren und weiterverarbeiten. Zudem versprechen Data-Mining- sowie Targeting-Ansätze, wie Geo-Targeting oder Behavioural-Targeting, großes Potenzial bei der Datenauslese, denn es können gesendete Inhalte nach bestimmten Kriterien kategorisiert und zielgruppenspezifisch oder individuell aufbereitet

---

[47]Social Media Monitoring meint die Aus- und Verwertung von großen Datenmengen, die bei der Social-Media-Verwendung täglich anfallen. Dazu zählt insbesondere User Generated Content wie Texte, Bilder, Videos oder Musik. Diese können weiterverarbeitet werden und helfen insbesondere Unternehmen oder Institutionen dabei, Erkenntnisse in Bezug auf Marktforschung, Vertrieb oder Produktgestaltung zu erlangen. Vgl. Dorschel 2015, S. 241.

werden (vgl. Muhle 2018, S. 144 f.). Geo-Targeting ermöglicht beispielsweise die Generierung von Vorschlägen in der Umgebung anhand der geografischen Lokationen von Sender- oder Empfängerstandort. Behavioural-Targeting optimiert in Echtzeit die Anzeigen auf Basis des User-Verhaltens auf Webseiten und sammelt dabei unaufhaltsam weitere Informationen. Diesbezüglich zeigt sich, dass die Etablierung solcher datengetriebenen Medieninnovationen inmitten der Gesellschaft angekommen ist und die datafizierte Kommunikation mit medialem Rückkopplungskanal immer relevanter wird.

Demzufolge lässt sich zusammenfassen, dass es erstens zu einer autonomen Einflussnahme der Medien durch „Gratifikationen ohne ein Zutun von weiteren Kommunikationsbeteiligten" (vgl. Höflich 2016, S. 179), zweitens zu einer verstärkten Übernahme der Sender- beziehungsweise Empfängerrolle und drittens zu medial rückgekoppelten Informationen parallel zur Sender-Empfänger-Kommunikation durch Quintärmedien kommt. Mit Verständnis dieser komplexen Wandlungsprozesse soll daher erwogen werden, die Lasswell-Formel (Lasswell 1948) infolge der aktuellen Medienentwicklungen anzupassen und zu fragen: Who says what in which channel to whom with what effect and what media impact?

6.5 Der datafizierte Wandel und seine Auswirkungen

„In datengetriebenen Zeiten sollte die Kommunikations- und Medienwissenschaft so vielfältig sein wie der Kommunikations- und Medienwandel, mit dem wir konfrontiert sind" (Hepp 2016, S. 241). Gegenwärtig sind es die datengetriebenen Technologien, die, in materieller sowie immaterieller Gestalt, eine neue Ordnung eröffnen, neue Rahmenbedingungen konstruieren und neue Abhängigkeitsgefüge für das gesellschaftliche Gesamtsystem schaffen. Viele der Neuartigkeiten, die vor einigen Jahren noch den digitalen Wandel der Quartärmedien repräsentierten, gehören mit dem datafizierten Wandel der Quintärmedien längst zum festen kommunikativen Repertoire. Mit Blick auf die einzelnen Medientypologien sowie die datenfokussierten Medienentwicklungen zeigt sich schließlich, dass die Welt in einer datafizierten Ära angekommen ist.

Bereits im Jahr 1972 stellt Harry Pross fest, dass der Wandel der Medien und die damit implizierten, neuen Techniken auch neue Herausforderungen mit sich bringen: „Was man mit Medien machen kann, wie man mit Medien Geld verdient, Wähler an die Urnen treibt, Bewußtsein bildet – das sind gewiß Methoden des Angriffs auf Lebensprobleme; aber sie schaffen ständig neue, und die neuen sind nicht weniger schwierig als die alten, insbesondere deshalb nicht, weil sie mit immer raffinierteren Techniken zustande kommen" (Pross 1972, S. 9).

Demnach etablieren sich mit den gegenwärtigen Medienentwicklungen ebenso neue, komplexe Methoden des Angriffs, die als Potenziale, Herausforderungen, aber auch als Risiken für die Wirtschaft, Politik und Gesellschaft interpretiert werden können. So verspricht sich allein die deutsche Wirtschaft von KI-Technologien eine Steigerung von über elf Prozent des Bruttoinlandprodukts bis zum Jahr 2030 (das entspricht einer Wertschöpfung von rund 430 Millionen Euro; [vgl. PricewaterhouseCoopers 2018, S. 4]). Daran anknüpfend, werden KI-Technologien bereits seit einigen Jahren als die Schlüsseltechnologien in weltweit unterschiedlichen politischen Vorhaben deklariert. Diverse politische Vertreter erhoffen sich durch den Einsatz von (semantischen) KI-Lösungen eine gewinnbringende Wahlkampfführung[48] und durch Smart-Technologien nachhaltige Konzepte für den Umwelt- und Klimaschutz. Die umfangreichen Einsatzmöglichkeiten und damit einhergehenden Risiken von KI-Technologien im Militärkontext hier bewusst außen vorgelassen.

Anhand dieser interdisziplinären Überlegungen der Auswirkungen von Medieninnovationen wird ersichtlich, dass sich innerhalb der Gesellschaft ebenso ein Bewusstsein von medialen Wandlungsprozessen entwickelt hat. Nach Marshall McLuhans Gutenberg-Galaxis und Faßlers Medien-Galaxien (vgl. Faßler 1997, S. 131) ist die Gesellschaft in der Verdatung der Menschheit und somit in einer Daten-Galaxis angekommen.

Ob telefoniert, online eingekauft, gechattet oder ziellos durch das Internet gesurft wird, in allen Bereichen fallen täglich Daten an. Selbst der Kühlschrank, das Auto oder die Kleidung sind mittlerweile in der Lage, durch eine intelligente Vernetzung konstant Daten zu produzieren. Aufgrund dessen wird von Daten als Währung im digitalen Zeitalter, als Rohstoff des 21. Jahrhunderts oder vom neuen Gold der Wirtschaft gesprochen. Die Relevanz von Daten hat dabei nicht nur technologische Effekte, sondern weitreichende Folgen auf das Selbst- sowie Weltverständnis.

Zur Veranschaulichung dieses datafizierten Wandels sollen im Folgenden einzelne interdisziplinäre Auswirkungen durch Quintärmedien herausgestellt und in einzelne Potenziale, Herausforderungen und Risiken zusammengefasst werden. Zuvor soll allerdings zur Vervollständigung der medientypologischen Gegenüberstellung die Tabelle um die Quintärmedien ergänzt werden. Schließlich kann

---

[48] Barack Obama zum Beispiel verwendete in seinem Wahlkampf 2012 Social-Media-Datenauswertungen für die Bestimmung von relevanten Regionen und Ted Cruz schaltete individualisierte Wahlwerbung im Jahr 2015. Vgl. Otto 2017, S. 20.
Aber auch das Unternehmen Cambridge Analytica kann stellvertretend hier für die neuartigen Versuche von Datensammlung innerhalb von Wahlkämpfen angeführt werden.

6.5 Der datafizierte Wandel und seine Auswirkungen

Tabelle 6.2 Die fünf Medientypologien im Überblick (eigene Darstellung).

	Primärmedien	Sekundärmedien	Tertiärmedien	Quartärmedien	Quintärmedien
Medium als Mittel	die Mittel des menschlichen Elementarkontaktes	ein Gerät als Mittel	beiderseits ein Gerät mit Kopplung als Mittel	beiderseits ein multimediales Gerät als Mittel	beiderseits ein Gerät mit medialer Rückkopplung als Mittel
Wahrnehmung	sinnlich kognitiv	einseitig	sender- und empfängerseits, reziprok	netzwerktechnologisch (bis Web 2.0)	netzwerktechnologisch (bis Web 3.0 und 4.0)
Verständigung	Präsenzmedium	Trägermedium	Massenmedium & Individualmedium	digitale Medien	datafizierte Medien
Verbreitung	kommunikatives Gedächtnis	materielle Bedingtheit	elektronische Übertragungstechnik	kabellose Netzwerktechnologie	Allesnetz
Technik	körperlich	technisch	elektronisch	digital codiert	datafiziert
Speicher, Information, Wissen	Körpergedächtnis	Schriftgedächtnis	elektronische Speicherung	digital codierte datenverarbeitende Systeme	ubiquitäre IT-Infrastruktur
Zeit	synchrone Zeitgebundenheit	asynchrone Zeitungebundenheit	asynchrone oder synchrone Zeitgebundenheit	asynchrone oder synchrone Zeitgebundenheit oder -ungebundenheit	entgrenzte Zeit
Raum	sinneswahrnehmbarer Raum	medialer Raum	elektronischer Raum	kybernetischer Raum	entgrenzter Raum
Interaktion	primäre Interaktion: von Angesicht zu Angesicht	sekundäre Interaktion: einseitig gesteuertes Handeln	tertiäre Interaktion: beidseitig gesteuertes Handeln	quartäre Interaktion: interaktives Handeln im virtuellen Raum	quintäre Interaktion: datafiziertes Handeln im entgrenzten Raum
Revolution		Writing/Printing Revolution	Mass Media Revolution	Digital Revolution	Data Revolution
Verwertbarkeit	grundlegender Informationsaustausch	raumunabhängiger Informationsaustausch	Fernanwesenheit	Vernetzung und Konvergenz	intelligente Vernetzung und bilateraler Nutzen
Kommunikative Folgen	(De-)Codierungsmöglichkeiten mit Wirkung	mediale Externalisierung	eigenbestimmtes Feedbak durch Rückkopplung	Interaktivität und Partizipation	Datafizierung der Kommunikation und medialer Rückkopplungskanal
Beispiel	Mimik, Gestik, Laute	Rauch, Schrift, Bild	Radio, Fernsehen, Telefon	Chat, Social Media, Videokommunikation	Big Data, Internet der Dinge, Internet der Services, KI

mithilfe der Beschreibung gegenwärtiger Medienentwicklungen des datafizierten Zeitalters ein umfassender Wandel belegt werden, der zu einer fünften Medientypologie führt (vgl. Tabelle 6.2):

6.5.1 Interdisziplinäre Folgen

Mit dieser fünften Modellerweiterung und dem Verständnis des zuvor skizzierten Innovationsprozesses (vgl. Abschnitt 3.2) lassen sich deutlich eine erneute Verkürzung der zeitlichen Intervalle für die Entwicklung, Etablierung und Kommerzialisierung von Medieninnovationen sowie die weitere Verschmelzung einzelner Märkte belegen. Darüber hinaus sind der Medienentwicklung genauso wie den damit bedingten kommunikativen Rahmenbedingungen kaum noch Grenzen gesetzt. Demgemäß kann auf die Theorie der „Innovation-als-Baustein", einer unendlichen Möglichkeit der Neukombinationen, von Erik Brynjolfsson und Andrew McAfee verwiesen werden:

> „Diese Abfolge zeigt deutlich, dass die digitale Innovation ganz eindeutig auf Neukombination beruht. Jede Entwicklung wird zum Baustein künftiger Innovationen. Fortschritt hört nicht auf, er kumuliert sich. Und die digitale Welt kennt keine Grenzen. Sie greift auf die physische Welt über, was zu automatisch gesteuerten Autos und Flugzeugen führt, zu Druckern, die Gegenstände produzieren, und so weiter. Das Moore'sche Gesetz sorgt dafür, dass sich Computertechnik und Sensoren mit der Zeit exponentiell verbilligen und in immer mehr Produkte, vom Türknauf bis zur Großkarte, wirtschaftlich eingebaut werden können. Die Digitalisierung stellt enorme Datensammlungen für fast jede Lebenslage zur Verfügung, und diese Informationen lassen sich unbegrenzt reproduzieren und wiederverwenden, weil keine Rivalität vorliegt. Infolge dieser beiden Kräfte explodiert die Anzahl potenziell wertvoller Bausteine weltweit, und die Möglichkeiten vervielfachen sich wie nie zuvor" (Brynjolfsson und McAfee 2015, S. 100 f.).

Die Einordnung von Innovationen als Bausteine unterstützt die hier vertretene Annahme, dass vorherige Medientypologien trotz sich neu entwickelnder Medienformate nie aussterben oder vollständig abgelöst werden. Schließlich können die Erweiterungen durch Neukombinationen ebenfalls der Datafizierung zugehörig sein.

6.5.1.1 Das datengetriebene Wirtschaftssystem

Für viele Unternehmen besteht eine der größten Herausforderungen in der Geschwindigkeit, mit denen sich die Technologien entwickeln, obgleich die flexiblen und anpassungsfähigen Technologien hohes Potenzial von Agilität und Nachhaltigkeit schon mit Beginn, während und nach Abschluss eines Innovationsprozesses versprechen. Ferner können Datenauswertungen wie beispielsweise auf Crowdfunding-Plattformen frühzeitig Aufschluss darüber geben, welche Arten von Projekten aktuell auf großes Interesse der potenziellen Zielgruppe stoßen, wie sich die Entwicklung von ähnlichen Projekten gestaltet oder welche Schwarmfinanzierungsmethode die erfolgreichste ist.

In Bezug auf die moderne Unternehmensentwicklung sollen jedoch Risiken nicht außen vor gelassen werden. Die Big-Data-Industrie wird als „game changer" prognostiziert, die sich die „kreative Zerstörung" zum Ziel gemacht hat. Neuzeitigen Medienentwicklungen wird daher teilweise ein disruptiver Charakter der Veränderung nachgesagt. Schließlich sollen maximale Freiheit angestrebt und bewährte Strukturen außer Kraft gesetzt werden (vgl. Hofstetter 2017a, S. 42). Gleichzeitig gehen andere wissenschaftliche Ansätze davon aus, dass mit der zunehmenden Etablierung von Big Data verstärkt Wahrscheinlichkeiten anstatt Theorien vertraut wird. Die systematische Handlungsfreiheit und Autonomie wird mittels Vorhersagealgorithmen aus dem menschlichen Verhalten berechnet und Spontanität ist bereits antizipiert (vgl. Filipovic 2015, S. 13 f.). Demzufolge warnen Mayer-Schönberg und Cukier vor einer Welt „[...] in which individual choice and free will have been eliminated, in which our individual moral compass has been replaced by predictive algorithms and individuals are exposed to the unencumbered brunt of collective fait. If so employed, big data threatens to imprison us – perhaps literally – in probabilities" (Mayer-Schönberger und Cukier 2013, S. 163).

Schumpeters Verständnis der „kreativen Zerstörung" ist durch Quintärmedien erneut von Relevanz. In Hinblick auf den hier verfolgten interdisziplinären Ansatz kann festgehalten werden, dass der Zerstörungsprozess während der datafizierten Gegenwart zu neuen Konstruktionen führt und nach erfolgreich durchlaufendem Innovationsprozess schlussendlich in einem neuartig gestalteten Gleichgewicht mündet. Sowohl für Wirtschaft, Politik, Kultur als auch für die Gesellschaft führt diese zerstörerische Dynamik, angetrieben durch die datafizierten Medieninnovationen, allerdings zu notwendigen Anpassungen und grundlegenden Neuordnungen der einzelnen Teilsysteme.

Für die traditionell marktwirtschaftlich orientierten Massenmedien, wie das Fernsehen, erfordert dies unter anderem ein Umdenken bei der wichtigsten Einnahmequelle Werbung. Alternative Finanzierungsmaßnahmen, crossmediale

Strategien und angepasste Reichweiten-Logiken sind Teil des durch die Datafizierung begründeten Wandels. Aus diesem Grund geht auch hier der Trend in Richtung personalisierter Werbung. Einige der größten Medienunternehmen wie Disney, AT&T, Comcast, Discovery, Hearst, Turner, NBC Universal, CBS und AMC haben sich zusammengeschlossen und das Projekt Open Addressable Ready (OAR) gegründet. Gemeinsam wird an einem technologischen TV-Standard gearbeitet, der eine zielgruppenspezifische Werbeschaltung in linearem und On-Demand-Format ermöglicht (vgl. Balderston 2019). Bis das Projekt in Deutschland etabliert wird, vergeht voraussichtlich noch Zeit. Ähnliche Ansätze, wie datenbasierte, individuelle Bannereinblendung mithilfe von Datenauswertungen durch Gerätestandorte, gibt es bereits vereinzelt (vgl. Winterbauer 2017).

Obwohl der deutschen Medienlandschaft im internationalen Vergleich der Technologieentwicklung oftmals ein Rückstand nachgesagt wird (vgl. Doll und Siems 2019), wie zum Beispiel im internationalen Vergleich von Breitbandinternet (vgl. Brien 2019), kann innerhalb des letzten Jahrzehnts dennoch ein deutlicher Wandel verzeichnet werden. Insbesondere im Unternehmenskontext hat sich in den letzten Jahren viel getan. Agilere Arbeits- und Organisationsformen durch Business Analytics[49] oder Predictive Analytics[50] führen zu datafizierten Unternehmensoptimierungen und durch Cloud-Infrastrukturen sowie Smart Contracts[51] sinken beziehungsweise werden die wirtschaftlichen Barrieren (Kosten und Zugang) optimiert.

Auf internationaler Ebene kann von einer deutlichen Monopolstellung einiger Digitalunternehmen ausgegangen werden, die zukünftig zu einem steigenden Ungleichgewicht der Rollen- und Machtverteilungen führen können. Denn durch ihre wachsenden Datenmonopole bauen insbesondere diese Unternehmen ihre Informations- und Wissensvorsprünge unaufhaltsam weiter aus. Sie beanspruchen, aber erreichen auch über ihre medialen Kanäle, vom Händler bis Endverbraucher,

---

[49] Von Business Analytics wird in der Regel gesprochen, wenn die Sammlung, Analyse und Auswertung von Unternehmensdaten zur Prognose von Trends oder zur Berechnung für noch in der Zukunft liegende Ziele verwendet wird.

[50] Predictive Analytics beziehen sich auf den Umgang von historischen Daten, die die Berechnung zukünftiger Ereignisse ermöglichen. Dieser analytische Datenumgang wird in verschiedenen Kontexten verwendet und kann auf unternehmerischer Ebene beispielsweise in Marketing- oder Vertriebsprozesse eingesetzt werden.

[51] Smart Contracts, in Anlehnung an die Blockchain-Technologie, unterstützen die Erstellung von digitalen Verträgen, basierend auf Computerprotokollen. Sie können als selbstausführende Verträge interpretiert werden, die ohne das menschliche Zutun Bedingungen einer Vertragsaufsetzung durchführen, prüfen und mit Abschluss weiterverarbeiten. Dabei sind zum Beispiel auch Verträge zwischen anonymen Parteien möglich, ohne dass ein weiterer menschlicher Vermittler benötigt wird.

alle Anspruchsgruppen und stellen dabei selbst ihre eigenen institutionalisierten Normen sowie Regeln auf. Drei der erfolgreichsten Unternehmen mit großem Einfluss auf die Digitalwirtschaft sind wohl Google (mittlerweile Alphabet Inc.), Facebook und Amazon.[52]

Ferner ist Amazon in den vergangenen Jahren zum erfolgreichsten börsennotierten Unternehmen herangewachsen. Grund dafür ist unter anderem die steigende Relevanz des Cloud-Services, bei dem Amazon nach Untersuchungen der Synergy Research Group einen Marktanteil von 40 Prozent in den Teilmärkten IaaS (Infrastructure as a Service) sowie PaaS (Platform as a Service) besitzt. Im Vergleich dazu haben Microsoft, Google und IBM zusammen gerade einmal 23 Prozent (vgl. Sendler 2018, S. 194). Des Weiteren macht Amazon seit 2011 in den USA und seit 2014 in Deutschland den fest etablierten Mediensystemen mit dem Video-on-Demand-Service Video Prime zusätzlich Konkurrenz. Hierbei werden, wie bei Netflix, personenbezogene Daten über das individuelle Sehverhalten gespeichert und für weitere Prozesse verwertbar aufbereitet.

Daneben basieren große Teilbereiche des Geschäftsmodells von Alphabet Inc. beziehungsweise deren Tochterunternehmen ebenso auf der Vermarktung von, mit und durch Daten. Der Verkauf von Bannerwerbung oder Ranking-Platzierungen ähnelt der Werbeplatzierung von klassischen Mediensystemen von Rundfunk, Print und Fernsehen. Allerdings bezahlt der Nutzer hier einen anderen Preis. Ist der Gebrauch der Google-Suchmaschine scheinbar kostenlos oder die Nutzung von Services einer Plattformen mit einem gebührenfreien Account verbunden und beispielsweise nicht durch eine staatlich verordnete Haushaltsabgabe mit finanziert, so besteht die Bezahlung in der Aushändigung von privaten Informationen und Daten, die sich nur schwer in Dollar oder Euro umrechnen lassen. Ulrich Sendler kritisiert in diesem Zusammenhang, dass diese Entwicklung die Freiheit des Individuums ernsthaft bedrohen könnte (vgl. Sendler 2018, S. 155).

Eines der erfolgreichsten Unternehmen in Bezug auf Datenmonetarisierung ist jedoch Facebook. Allein durch den strategischen Fokus der Vernetzung von Menschen durch Profile, die regelmäßig vom Nutzer selbst in vielfältiger Form von Daten beziehungsweise Informationen zur Verfügung gestellt werden, wird das Unternehmen mit dem wohl aktuell begehrtesten Rohstoff Daten dauerhaft durch seine Nutzer beliefert. Im Grunde liegen die Erlösquellen von Facebook im

---

[52] Im Jahr 2010 zählten, gemessen am Markenwert, noch Unternehmen wie Coca-Cola, Marlboro, McDonalds, China Mobile, Vodafone oder General Electric zu den zehn wertvollsten Unternehmen. Vgl. Brown 2010. Im Vergleich dazu ist im Jahr 2019 nur noch McDonalds unter den ersten zehn erfolgreichsten Unternehmen, das keinen digitalen Ursprung verzeichnet. Vgl. Bloomberg 2019.

direkten Zusammenhang mit gesammelten Nutzerdaten, ein Modell, dem immer mehr Unternehmen folgen (vgl. Sendler 2018, S. 196).

Dementsprechend nutzt auch Apple die Daten seiner iOS-Nutzer, um nach eigenen Angaben das „Nutzererlebnis zu verbessern" (Apple 2020). Der Nutzer gewährt mit seiner Apple-ID den Zugriff auf gleich mehrere Apple-Dienste, wie die iCloud, iTunes Store, App Store, iMessage, FaceTime oder Apple-Karten. Ferner gibt er personenbezogene Daten über die Verwendung des Sprachassistenten Siri, über den digitalen Fingerabdruck oder die Gesichtserkennung zur Entsperrung der Geräte ab.

Seit 2018 versuchen Maßnahmen, wie die Datenschutz-Grundverordnung (DSGVO), die Zulässigkeit der personenbezogenen Datenverarbeitung in der Europäischen Union zu regulieren. Die weltweit unterschiedlichen Datenschutzrechtssysteme stellen jedoch weiterhin ein Risiko für die mediale Entwicklung dar. Einige der internationalen, datenfokussierten Geschäftsmodelle wurden zum Beispiel in Silicon Valley entwickelt und erst später nach Europa überführt. Da dort jedoch ein liberaleres Verständnis des Wirtschaftens vorherrscht und das europäische Verständnis von Datenschutz ein anderes ist (vgl. Hofstetter 2017b, S. 44), sollte dies frühzeitig im Innovationsprozess nicht europäischer Medieninnovationen berücksichtigt werden. So ist die kommerzielle Nutzung von Daten durch Dritte im internationalen Vergleich noch immer rechtlich unterschiedlich geregelt. Eine der Herausforderungen von Regulierung liegt daher in der länderübergreifenden Abstimmung von Rechten und Pflichten, um mehr Schutz für das globalisierte Internetzeitalter zu gewährleisten. Zu beachten ist dabei, dass Unternehmen außerhalb der Europäischen Union womöglich einen Wettbewerbsvorteil infolge des nicht so restriktiven Datenschutzes in ihrem Land vermerken können.

Das wirtschaftliche Wachstum und die anhaltende Konjunktur werden damit ebenso von den neuen, einhergehenden Bedingungen der Quintärmedien geprägt. Im Zuge der Globalisierung und der intelligenten Vernetzung werden diese zur wichtigen Quelle für die Wirtschaft. Neben der erläuterten Verschmelzung der Märkte aufgrund von steigenden Innovationen und digitaler Transformationen (vgl. Kapitel 3), des Internets der Dinge und der Aufrüstung durch digitale Schnittstellen hat die Wirtschaft es mit einer zunehmenden „Spaltung in Hardware- und Softwareindustrie" zu tun (vgl. Sendler 2018, S. 140). Diese Trennung begründet Sendler in der Hardware-Sättigung, die gegenwärtig auf dem globalen Markt stattfindet. Konnten vor einigen Jahren insbesondere die Smartphone-Anbieter mit immer neueren Leistungen und Features ihre Kunden von sich überzeugen, sehen viele Menschen mittlerweile nur noch unzureichende Verbesserung in der aktuellen Hardware-Entwicklung, als dass sie bereits in kürzester Zeit ein neues Gerät erwerben möchten (vgl. Sieber 2019, S. 75); große

6.5 Der datafizierte Wandel und seine Auswirkungen

Anhänger von Hardware-Unternehmen, wie die Apple User Groups, einmal außen vor gelassen. Diese Annahme des Rückgangs von Hardware-Käufen wird ebenfalls von der Statistik des weltweiten Smartphonemarktes unterstützt. War mit Beginn der 2010er-Jahre noch ein starkes Wachstum zu verzeichnen, ist in den letzten Jahren ein Rückgang zu erkennen. Die weltweit verkaufte Anzahl von Smartphones belief sich im Jahr 2016 auf 1,47 Milliarden Stück, im Jahr 2017 auf 1,466 Milliarden und im Jahr 2018 auf 1,405 Milliarden (vgl. Business Wire 2019).

Demnach werden Hersteller reiner Hardware zu austauschbaren Händlern von immer kostengünstigeren Endgeräten. Sie bieten lediglich die Grundlage der eigentlich profitablen Geschäfte, nämlich dem Vertrieb von Apps, Software und neuen datafizierten Features. Prognosen gehen davon aus, dass bis 2021 der weltweite Umsatz allein mit Apps auf rund 139 Milliarden US-Dollar ansteigen wird (vgl. App Annie 2017). Infolgedessen sind primär Geräte inklusive datenbasierter und -fokussierter Software für Unternehmen, Produzenten und Händler interessant. Andernfalls bemühen sich Unternehmen mit Digitalbezug ebenfalls, ihre eigenen Entwicklungen von Software, Apps und digitalisierten, datafizierten Dienstleistungen voranzutreiben. Denn die Markteintrittsbarrieren können bei der Programmierung einer App im Gegensatz zu den Entwicklungs- und Produktionskosten eines materiellen Prototyps vergleichsweise gering gehalten werden.

Darüber hinaus verschiebt sich der unternehmerische Fokus zusätzlich auf Geschäftsmodelle und -zweige, die mit oder durch Datenanwendungen einen Zusatznutzen versprechen. Diesbezüglich kann auf eine Datenökonomie verwiesen werden, mithilfe derer neuartige Wertschöpfungsprozesse, Tauschlogiken und sozioökonomische Verhältnisse für Unternehmer sowie Verbraucher beziehungsweise Kunden entstehen (vgl. Hess und Lamla 2019, S. 1). Denn durch die medieninnovativen Eigenschaften bieten Quintärmedien zentrale Infrastrukturen für die Entwicklung und Aufrechterhaltung der mediengeprägten Lebensbereiche und werden damit zum elementaren Bestandteil der technologiegetriebenen, digitalen Wertschöpfungsnetzwerke.

Schon mit der Etablierung des Internets lösen sich die bisherigen, seriellen Wertschöpfungsketten, die die Industrie bislang prägen, weiter auf. Damit ist jedoch nicht das Ende der Wertschöpfung gemeint, sondern lediglich der Zeitpunkt, an dem die bisherige Wertschöpfung sich den digitalen Gegebenheiten anpasst. Auslöser dafür können beispielsweise in den technologischen Entwicklungen von Internetanbindungen der Hard- und Software sowie in dem damit einhergehenden Umgang mit speicherbaren und verwertbaren Daten gesehen werden (vgl. Sendler 2018, S. 213). Zu weiteren Gründen für die Veränderung der

Wertschöpfung zählen zudem die neue Macht des Konsumenten beziehungsweise der bilaterale Nutzen oder die steigende Etablierung von intelligenten Maschinen, die eine fortschreitende Automatisierung von Wirtschaft sowie Gesellschaft forcieren (vgl. Kirchner et al. 2018, S. 28).

Zur Veranschaulichung dieser datengetriebenen Wertschöpfung dient das Internet der Dinge. Aus Kundensicht kann es mittels einer intelligenten Vernetzung von Objekten mit vergleichsweise passender Auslesesoftware oder -app zum frühzeitigen Erkennen von möglichen Komplikationen und damit zu einer schnellen Problembehebung kommen. Aus Unternehmenssicht können Daten nicht nur in Bezug auf den Nutzer neue Erkenntnisse bringen, sondern für weitere Entwicklungsansätze und eine nächste Generation an Produktinnovationen hilfreich sein (vgl. Sendler 2018, S. 213 ff.). Das wiederum führt dazu, dass immer mehr Medienformate entwickelt werden, die von Beginn an für die Sammlung und Analyse von Daten ausgelegt sind.

Ein durch die Quintärmedien geprägter Wertschöpfungsprozess kann unter Berücksichtigung bisheriger wissenschaftlicher Analysen und in Anlehnung an eine Big-Data-Wertschöpfung skizziert werden. Dafür wird sich an das Modell von Arnold Picot, Yvonne Berchtold und Rahild Neuburgers (vgl. Picot et al. 2018) orientiert, die nach Porter (vgl. Porter 1985) in primäre (direkte) Wertschöpfungsaktivitäten sowie unterstützende (indirekte) Komponenten unterscheiden. Letzteres meint die Komponenten Technologie[53], Infrastruktur[54] und Sicherheit[55], die die primären Wertschöpfungsaktivitäten erst gewähren (vgl. Picot et al. 2018, S. 324). Die elementaren Bestandteile der Big-Data-Wertschöpfung definieren sie in sechs primäre Aktivitäten (vgl. Tabelle 6.3):

---

[53] Big-Data-Technologien meinen hier sowohl Hardware als auch Software, die die Arbeit mit großen Datenmengen ermöglicht. Vgl. Picot et al. 2018, S. 324.

[54] Big-Data-Infrastruktur wird nach Picot et al. in zwei Klassen unterteilt: „operativ und analytisch; operative Technologielösungen (z. B. von Teradata) unterstützen interaktive Vorgänge in Echtzeit, in welchen primär Daten gesammelt und gespeichert werden. Anbieter analytischer Infrastrukturlösungen […] dagegen liefern die Fähigkeiten komplexer Analysen." Picot et al. 2018, S. 324.

[55] Mit dem Begriff Sicherheit ist hier die aufgrund des kontinuierlichen Datenanstiegs relevantere Datensicherheit gemeint, wozu unter anderem Systemstabilität und Nutzersicherheit zählen. Vgl. Picot et al. 2018, S. 324.

[56] Inhalt und Literaturquellen übernommen aus Tabelle „Erklärung der elementaren Bestandteile der Big-Data-Wertschöpfung". Picot et al. 2018, S. 325

Tabelle 6.3 Die sechs primären Aktivitäten der Big-Data-Wertschöpfung (eigene Darstellung)[56].

Primäre Aktivitäten	Definition
Collection	Generierung und Sammlung neuer Daten sowie Digitalisierung analoger Datenbestände (Bitkom 2013, Klein et al. 2013)
Integration	Integration (Aufbereitung der Daten in einheitlicher Form), Data-Cleaning (Identifikation von fehlerhaften, unvollständigen und unangemessenen Daten) und Entfernung von Redundanzen (Entfernen von doppelten Daten) (Chen et al. 2014)
Aggregation	Sammlung und Darstellung von Daten in zusammenfassender Form für weitere Analysen oder Reports (Experton Group 2014)
Visualization	Aufbereitung der Daten mithilfe unterschiedlicher Visualisierungswerkzeuge (Beispiel: Darstellung von Verbraucherdaten auf Plattformen für einen besseren Überblick über Performance und Kosten)
Analysis	Technologien und Techniken, um große Datenmengen zu analysieren und hinsichtlich versteckter Muster, unbekannter Zusammenhänge und Informationen zu untersuchen (Russom 2011, Miller 2011, Kapdoskar et al. 2015)
Usage	Anwendung der Daten und der Analyseergebnisse in domänenspezifischen Fällen

Neben diesen sechs datenverarbeitenden und -aufbereitenden Elementen, die zur Wertschöpfung durch Quintärmedien beitragen, müssen einerseits die steigende Einflussnahme von externen Akteuren, andererseits die sich neu herausbildenden, spezifischen Akteure (vgl. Abschnitt 6.3.1.1) innerhalb eines Wertschöpfungsnetzwerkes berücksichtigt werden. Schließlich können durch den aktiven Austausch echte Wettbewerbsvorteile entstehen und bestenfalls agile und flexible Innovationsprozesse gestaltet werden. Die datengetriebene Wertschöpfung wird somit zum entscheidenden Vorteil für viele junge technologiefokussierte Unternehmen.

6.5.1.2 Der Einsatz von datafizierten Medien in weiteren Teilsystemen

Spätestens seit Edward Snowdens Enthüllung im Jahr 2013 kann nachgewiesen werden, dass Quintärmedien insbesondere für Politik und Staat ebenso relevant sind wie für die Wirtschaft. Dennoch ist auch weiterhin das Ausmaß der massenhaften Datenerhebungen sowie -auswertungen von Geheimdiensten oder Ländern nicht bekannt. Stattdessen wird von politischer Seite angesichts der terroristischen

Anschläge immer öfter die Ausweitung von Überwachungsmaßnahmen legitimiert (vgl. Otto 2017, S. 15). Die Cyberkriminalität[57] genauso wie der Missbrauch von Daten steigt nach polizeilich erfassten Fällen allein in Deutschland kontinuierlich an (vgl. Bundeskriminalamt 2019b). Demzufolge dienen Maßnahmen wie die Vorratsdatenspeicherung oder Mindestdatenspeicherung als kriminalpolitische Instrumente dazu, die über Telekommunikationsdienste erhobenen Daten zur Feststellung von Straftaten zu verwenden.

Tatsächlich unterstützt der Einsatz von datafizierten Medien im staatlichen Kontext die Berechnung von Kriminalitätsprognosen. Denn aufgrund der digital traces können zum einen die individuelle Handlung und der raumzeitliche Aufenthalt festgehalten und zum anderen mithilfe von Algorithmen und zur Verfügung stehender weiterer Datensätze potenziell zukünftige Handlungen und Aufenthalte berechnet werden. Das sogenannte „Pre Crime Observation System" ist eine Software für Kriminalitätsprognose, oder „Predictive Policing" genannt. Insbesondere in den USA wird die Software bereits seit 2011 erfolgreich eingesetzt und hilft dabei, Diebstähle zu mindern und die Trefferquote bei Festnahmen zu steigern. Damit wird der Einsatz und die Wirkung der Quintärmedien für vorausschauende Berechnungen mit vergleichsweise Predictive Analytics für die öffentliche Sicherheit immer relevanter. Mit der richtigen Kontextualisierung von Daten wird damit präventiv, aber auch zielgenau vorgegangen.

In diesem Zusammenhang kann ebenso die moderne Medizin dank datenorientierter Medieninnovationen große Fortschritte in der Forschung und Praxis vermerken. Neben der ökonomischen Seite der Pharmaindustrie, die insbesondere die kommerziellen Vorteile der Datafizierung für sich nutzt, kann die konkrete Datenauslese bei der medizinischen Vorbereitung gegen Krankheitswellen und sogar bei der Entwicklung von Gegenmitteln unterstützen (vgl. Wiencierz 2018, S. 110). Insgesamt steigen das Investment und der Umsatz digitaler Formate des weltweiten Gesundheitsmarktes seit 2013 unaufhörlich an (vgl. Little 2014, StartUp Health 2019).

Ein weiteres Beispiel im medizinischen Kontext stellt Watson von IBM dar, der mittlerweile auf medizinische Bereiche adaptiert und dafür genutzt wird, Ärzte bei Diagnosen zu helfen. Der Computer wird mit weltweit veröffentlichten

---

[57] Auch Cybercrime genannt, meint nach Angabe des Bundeskriminalamts die Durchführung, bei der „Elemente der elektronischen Datenverarbeitung (EDV) wesentlich für die Tatausführung sind". Vgl. Stengel et al. 2017, S. 6.
Im Jahr 2018 wurden über 87.000 Fälle von Cybercrime allein in Deutschland behandelt. Die Dunkelziffer bei Cyberkriminalität liegt allerdings sehr viel höher. Vgl. Bundeskriminalamt 2019a.

medizinischen Informationen gefüttert und soll Symptome, Genese und Untersuchungsergebnisse einzelner Patienten abgleichen, um mithilfe dessen einen idealen Behandlungsplan zu entwickeln. Durch die riesigen Datenmengen, die zu Informationen werden, erlangt die Medizin neues Wissen sowie neue Erkenntnisse. Der Supercomputer Watson soll jedoch nicht den Arzt ersetzen, sondern vielmehr durch die KI-Technologie die zielgenaue Diagnostik verbessern (vgl. Brynjolfsson und McAfee 2015, S. 115).

Neben dem Medizinsektor verspricht der Einsatz der datafizierten Medien einen gesellschaftlichen Mehrwert in Bezug auf die Problematik der heutigen Landflucht. Das Leitbild Smartness mit Konzepten von SmartCity, SmartHome und SmartOffice[58] bietet dabei ein echtes Potenzial für umweltfreundlichere Maßnahmen sowie Verbesserungen des individuellen Alltags. So bestätigen Umfragen, dass immer mehr Menschen sich wünschen, in einer Kleinstadt oder auf dem Land zu leben (vgl. ARD, Infratest dimap 2018), jedoch aufgrund der besseren Infrastruktur häufig das Stadtleben bevorzugen. Mithilfe der Datafizierung und autonomer Systeme können zukünftig neue Strukturen geschaffen werden, die das berufliche ebenso wie das private Leben auf dem Land um ein Vielfaches vereinfachen. So können unkomplizierte Arztkonsultationen virtuell verlaufen, es kann im Vorfeld ermittelt werden, ob ein Empfänger für eine Lieferung zu Hause ist oder autonomes Fahren von Personen oder Gütern könnte zukünftig Arbeit und Zeit einsparen (vgl. Kuhn und Liggesmeyer 2019, S. 32 ff.).

Die Datafizierung der Gesellschaft vollzieht sich damit in großen Schritten. Dementsprechend sollen die Ansätze von „mediation of everything" sowie „deep mediatization" mit den Quintärmedien um den Ansatz von „datafication of everything" erweitert werden. Schließlich sind alle benannten Anwendungsbereiche und Zukunftsprognosen von moderner Datenverarbeitung, Deep-Learning-Ansätzen oder KI-Technologie abhängig. Aus Verbraucherperspektive können diese Datenprozesse allerdings oftmals nur unzureichend nachvollzogen werden. Ab wann der Ausleseprozess, beispielsweise der mediale Rückkopplungskanal, einsetzt und welche Daten, ob bewusst oder unbewusst, schlussendlich verwendet werden, lässt sich für den einfachen Nutzer, sofern er nicht gewillt ist, engagiert nachzuforschen, kaum noch erfassen.

Diesbezüglich kann exemplarisch die Datafizierung eines noch ungeborenen Kindes oder die „Mediatisierung der Elternschaft" (Damkjaer 2015) angeführt werden. Das „Tracken" (dt.: nachverfolgen) von Daten beginnt durch moderne

---

[58] Mit dem Begriff SmartOffice wird zum einen die Implementierung von digitalen Lösungen für die moderne Büroausstattung gemeint, zum anderen können darunter auch Entwicklungen für bessere Arbeitsbedingungen von zu Hause aus, auch unter dem Anglizismus Homeoffice bekannt, verstanden werden.

„Schwangerschafts-Apps" schon während der Schwangerschaft, die die Entwicklung des noch ungeborenen Kindes datafiziert festhalten. Geschlecht, Alter und ethnische Herkunft können problemlos durch die gespeicherten Daten berechnet werden. Durch das rege Teilen von Ultraschallbildern in Chats oder Social-Media-Beiträgen sowie durch Suchanfragen der zukünftigen Eltern hinterlässt das Baby bereits vor dem ersten Lebenstag digitale Spuren. Daraus lässt sich in Anlehnung an Breiter und Hepp (vgl. Breiter und Hepp 2018b) eine kaum noch zu überschauende, automatisierte Konstruktion sozialer Wirklichkeit durch Quintärmedien schlussfolgern:

> „Datafizierung trägt damit zu einer zunehmenden Komplexität der sozialen Welt bei, indem mit ihr eine neue Ebene der auf Software delegierten Sinnkonstruktion besteht: ‚Hinter' der Ebene der eigenen Praktiken und den schon nur schwer abschätzbaren Folgen des eigenen Handelns schleicht sich eine weitere, in ihren Prinzipien kaum für die Akteure erfassbare Ebene ein, nämlich die der automatisierten Konstruktion sozialer Wirklichkeit durch Algorithmen. Eine besondere Komplexität im Sinne der Unbestimmbarkeit ergibt sich dabei durch den Umstand, dass deren Konstruktionsprinzipien für die Akteure kaum identifizierbar und damit nicht abschätzbar sind" (Breiter und Hepp 2018b, S. 28).

Demnach kann der Einsatz von Quintärmedien die Wahrnehmung auf das individuelle Umfeld verändern und sogar beeinflussen. Dieses fehlende Einschätzungsvermögen, möglicher Kontrollverlust und Manipulation sind deutliche Risiken, die mit den neuartigen Medienentwicklungen einhergehen. Dadurch wächst die Angst der Ablösung des Individuums durch Medien für viele Menschen konstant weiter. Jeroen van den Hoven fordert deshalb mehr verantwortungsvolle Innovationen und demokratische Technologien für die Gesellschaft: „Es ist daher wichtig zu verstehen, dass unsere Werte sich in den Dingen ausdrücken, die wir schaffen. Umgekehrt formt das technologische Design die Zukunft unserer Gesellschaft (‚code is law'). Falls diese Werte eigennützig, diskriminierend oder im Gegensatz zu den Idealen von Freiheit oder dem Schutz der Privatsphäre und Menschenwürde stehen, dann schadet dies unserer Gesellschaft" (van den Hoven 2017, S. 46).

Eine weitere Herausforderung für das zunehmende datafizierte Leben besteht darin, dass sich durch die steigende Selbstvermessung, die konstante Erreichbarkeit durch die omnipräsenten Medien sowie die autonome, mediale Einflussnahme ein kaum noch zu bewältigender Druck auf das Individuum entwickelt. Demzufolge ist es gegenwärtig um so wichtiger geworden, die Vorteile des datafizierten Selbst positiv zu nutzen und die Chance dieser neuen Subjektbezogenheit, der intelligenten Medienergänzungen und Selbstvermessungsfunktionalitäten nachhaltig zu gestalten.

Im kulturellen Kontext gibt es mittlerweile genügend Beispiele, die zeigen, dass Quintärmedien ebenso dabei behilflich sein können, gesellschaftliche Werte widerzuspiegeln, zu transportieren oder bei kulturellen Differenzen zu unterstützen. So kann der Datenpool einer Bevölkerung eines Gebietes oder einer Stadt dazu genutzt werden, Analysen nach demografischen Kriterien vorzunehmen. Anhand dessen können kommunale Kultur- und Bildungsangebote gezielter eingesetzt und auf die lokale Gesellschaftsstruktur angepasst werden. Zusätzlich werden mithilfe weiterer Datensätze Korrelationen ersichtlich, die zuvor mit herkömmlichen Statistiken nicht erkannt wurden (vgl. Otto 2017, S. 14).

Ein weiteres interkulturförderndes Beispiel ist die Überwindung von sprachlichen Barrieren durch den Einsatz von automatisierten Übersetzungsprogrammen auf Basis von Deep Learning beziehungsweise „Deep Language". In dem Fall werden keine Dolmetscher mehr benötigt, sondern ein geschriebenes oder gesprochenes Wort kann in Sekundenschnelle und in beliebig viele Sprachen übersetzt werden. Mithilfe dessen können Sprach- und Dialekterkennungssoftware bei dem Umgang mit Migranten und zur Feststellung der Nationalität assistieren, beispielsweise kann das Bundesamt für Migration und Flüchtlinge dadurch in bürokratischen und verwaltungsrelevanten Angelegenheiten unterstützt werden (vgl. Wangler und Botthof 2019, S. 134 f.). Desgleichen können im beruflichen Kontext solche und ähnliche Anwendungssoftware zur Steuerung und Zusammenarbeit von internationalen Teams nützlich sein, ebenso wie im privaten Leben oder bei einer Reise im Ausland.

Hinsichtlich dessen kann durchaus davon ausgegangen werden, dass mit der gegenwärtigen Weiterentwicklung von datafizierten Medien die tiefgreifende Globalisierung und Vernetzung einer Datengesellschaft vorangetrieben wird. Krotz spricht im Zusammenhang solcher medialen Wandlungsprozesse von einer radikalen Verdichtung der Vergesellschaftlichung (vgl. Krotz 2017, S. 28) und Livingstone von einer Vermittlung jeder Dimension von Gesellschaft durch die digitalen Informations- und Kommunikationstechnologien (vgl. Livingstone 2009, S. 1 f.).

6.5.2 Potenziale, Herausforderungen und Risiken

Unter Berücksichtigung dieser Medienentwicklungen, beginnend bei den Primärmedien bis hin zu den heutigen Quintärmedien, lässt sich konstatieren, dass mit jedem Fortschritt und jeder Medieninnovation neue Chancen und Potenziale auf Gesellschaft, Politik und Wirtschaft warten, aber damit genauso neue Herausforderungen, Probleme, Risiken verbunden sind. Obwohl einige Ausmaße der Quintärmedien noch nicht vollständig ersichtlich sind, können in Bezug auf den datafizierten Wandel längst genügend Veränderungen sowie absehbare Resultate identifiziert werden. Zwar zeigt die medial geprägte Vergangenheit, dass der technologische Wandel unterschiedliche Auswirkungen auf die jeweiligen Teilsysteme, Gruppen und das Individuum hat, jedoch können mithilfe des interdisziplinären Ansatzes durchaus sowohl für die Vergangenheit als auch für die Gegenwart fächerübergreifende Veränderungen durch Medien herausgestellt werden. Folglich lassen sich für die Entwicklung der fünften Medientypologie ebenfalls einzelne Potenziale, Herausforderungen und Risiken gesondert anführen:

Potenziale

Agilität und Nachhaltigkeit: Im 21. Jahrhundert bedeutet Agilität einerseits die Fähigkeit, sich im Zuge des Wandels kontinuierlich anzupassen, und andererseits, dabei proaktiv und vorausschauend zu handeln. Damit geht für viele Unternehmen ein notwendiges Umdenken der bisherigen Unternehmensstrukturen sowie Arbeitsprozesse einher. Mit anpassungsfähigen und schnellen Analysetools der Quintärmedien können zielgenaue Datenanalysen von internen Strukturen über Marketing, Vertrieb bis hin zur Kundenbetreuung optimiert, Kosten eingespart sowie Umsätze gesteigert werden. Für die Politik gilt es, verantwortungsvoll mit der damit verbundenen Dynamik der Datafizierung umzugehen und die agilen Prozesse für politische Handlungen nachhaltig zu nutzen.

Datengetriebene Wertschöpfung: Die Quintärmedien führen zu neuartigen Modellen der Wertschöpfung. Geprägt von der intelligenten Vernetzung, der Sammlung und Verarbeitung von großen Datensätzen sowie den digitalen Transformationen von Produkten oder Prozessen, eröffnen sich insbesondere neue Potenziale für eine technologiebetriebene Wertschöpfung. Hierbei bedarf es schnellen anpassungsfähigen Geschicks, um unter Rücksichtnahme der Einflussgruppen und des sich rasant veränderten Marktes noch während des Innovationsprozesses langfristig produktive Tätigkeit zu erzielen. Es gilt, frühzeitig Variablen zu schaffen, weitere Expertise von Experten und Spezialisten einzuholen und die Dynamik des Umfelds zu berücksichtigen. Infolgedessen können die Potenziale der Quintärmedien umfangreich genutzt werden, um mithilfe innovativer Wertschöpfung sowohl neue Märkte und Kunden zu gewinnen als auch einflussreich die soziale Wirklichkeit mitzugestalten.

Globale Konnektivität: Wurden im Zuge der Digitalisierung und Globalisierung als Grundstein der Quartärmedien von einer personenbezogenen Vernetzung gesprochen, kommt es durch die erneuten medientypologischen Veränderungen zu einer Intensivierung sowie grenzüberschreitenden Vernetzung. Die globale Konnektivität sorgt dafür, dass der Mensch auf seine Medien nicht mehr verzichten möchte, da sie zum wichtigen Teil des Lebens und Zusammenlebens geworden sind. War vor wenigen Jahrzehnten lediglich dem Individuum eine medial vermittelte Kommunikation und eine damit verbundene Wissens- sowie Informationsbeschaffung zugänglich, die Zugriff auf einzelne Formen der Medien besaßen, getreu der Feststellung des Journalisten A. J. Liebing, „die Pressefreiheit [ist] auf diejenigen beschränkt [...], die eine Presse besitzen" (Brynjolfsson und Mcafee 2015, S. 119), haben mit steigender Tendenz inzwischen mehr als die Hälfte (57,5 Prozent) der Weltbevölkerung Zugriff auf eine digitale Druckerpresse in Form des Internets (vgl. Internet World Stats. 2019).

Leitbild Smartness: Mit dem Leitbild Smartness werden alle Smart Services und Smart Objects verstanden, die aufgrund von moderner Technologie intelligente Hardware mit Software verknüpfen und einen individualisierten Mediennutzen zur Verfügung stellen. Durch die intelligenten, datafizierten Angebote, die durch die Erhebung, Speicherung und Auswertung von Daten ermöglicht werden, können Quintärmedien sich auf die Situation oder den Bedarf des Nutzers individuell einstellen. Aus ökonomischer Perspektive entwickeln sich dadurch Vorteile in einer besseren Skalierbarkeit, Personalisierung und Nachhaltigkeit sowie niedrigeren Eintrittsbarrieren für neue Unternehmen. Diesbezüglich erhöht sich allerdings ebenfalls der Wettbewerbsdruck und die stärkere Einbindung weiterer Akteure.

Kollektive Vereinzelung: Mit dem bilateralen Nutzen der Quintärmedien kann sowohl die Masse als auch das Individuum angesprochen werden. Das Potenzial der Datenverarbeitung liegt in einer neuen Form der gezielten Ansprache des Nutzers und der Berücksichtigung individueller Kundenwünsche. Einerseits kann der einzelne Nutzer persönlich, teils sogar durch moderne Codierung namentlich direkt adressiert werden, andererseits ist er gleichzeitig Teil einer potenziell großen, angesprochenen Gruppe. Die kollektive Vereinzelung, das Herunterbrechen auf eine Person bei gleichbleibender Gruppenzugehörigkeit, kann daher wirtschaftlich ebenso wie politisch als Chance angesehen werden.

Herausforderungen

Kontextualisierung: Die individuellen, anpassungsfähigen und gleichzeitig bereits teilweise autonom agierenden Medien scheinen vielversprechend. Schnell können neue Visionen entwickelt werden, die die Unabhängigkeit und Selbstbestimmung der Systeme fördern oder den Einsatz in noch komplexere Umgebungen anstreben. Dabei soll angemerkt werden, dass auch in naher Zukunft die Medien nur das leisten können, wofür sie ausgelegt ist. Autonome Systeme werden keine Entscheidungen treffen können, für die sie nicht vorbereitet sind. Sie werden vorerst den Rahmen ihrer Programmierung nicht verlassen (vgl. Kuhn und Liggesmeyer 2019, S. 29). Die Vorstellung von übergreifender und menschlich nicht mehr steuerbarer Technologie bleibt vorerst Utopie. Die größte Herausforderung besteht daher in der von Beginn an richtigen Kontextualisierung, wie der Kombination aus Problemstellung und problemlösendem Algorithmus. Erst dann können beispielsweise Machine-Learning-Prozesse erfolgreich verlaufen, neue Regeln aufgestellt oder Lösungen gefunden werden.

Datafiziertes Leben: Aufgrund des Wandels von Kommunikation, Interaktion und Informationsbeschaffung durch Quintärmedien steht das Individuum vor der Herausforderung, sich selbst nicht durch die allgegenwärtige Datafizierung zu verlieren. Neben möglichen Identitätskrisen, die in Bezug auf die Quartärmedien, vor allem mit Verwendung von Social-Media-Plattformen, ausgelöst werden, wächst durch die berechneten, personalisierten Vorschläge infolge der Datafizierung des Selbst sowie der Datafizierung des Subjekts durch Dritte weiterhin der Druck auf das Individuum. Die Gefahr, in den Strudel des dauerhaften Vergleichs mit der Außenwelt zu gelangen, scheint für viele dadurch zu steigen. Zudem führen die dauerhafte Erreichbarkeit, die vielen Ablenkungsmöglichkeiten und die allgemeine Informationsflut durch die Medienentwicklungen zu zusätzlichem Stress (vgl. Schwenninger Krankenkasse 2019). Im 21. Jahrhundert wird demnach „maximale Selbstverantwortung" gefordert (vgl. Hofstetter 2017a, S. 40) und zu digitalem Detox aufgerufen, um den Druck des datafizierten Alltags bewusst entgegenzuwirken.

Geschwindigkeit: Für alle vergangenen, gegenwärtigen und zukünftigen Medieninnovationen besteht eine der größten Herausforderungen in der richtigen Handhabung der exponentiell steigenden Geschwindigkeit. Davon sind alle Bereiche gleichermaßen betroffen, denn mit jeder neuen Medieninnovation steigt der Druck auf den Markt, die Politik muss reagieren und die Gesellschaft sich anpassen. Das Tempo der einzelnen Medieninnovationsprozesse lässt sich anhand der Plattform TikTok veranschaulichen. Aus wirtschaftlicher Perspektive hat die App TikTok mehr als 33 Millionen Installationen allein im ersten Quartal 2019 erzielt und überholte damit im App Store sogar YouTube, Instagram, WhatsApp oder Facebook (vgl. Sensor Tower 2019). Aus soziologischer Perspektive ermöglicht die App zudem eine neue Form von vermeintlicher Freiheit, insbesondere für chinesische Jugendliche und junge Erwachsene, da Facebook und Instagram in China von der Regierung gesperrt sind. Diesbezüglich lässt sich jedoch anmerken, dass in weiten Teilen auch diese App dem Einfluss der chinesischen Regierung unterliegt. Trotzdem begünstigt die steigende Geschwindigkeit solche neuartigen Entwicklungen und zwingt gleichzeitig große, bestehende Medieninstitutionen sowie staatliche Einrichtungen zum schnellen (Re-)Agieren.

Regulierung: Die steigende Geschwindigkeit der Medienentwicklung geht mit der technologisch bedingten Herausforderung einer ausreichenden Medienregulierung einher. Es verlagert sich der Schwerpunkt von Informations- und Medienbildung weg von den klassischen Massenmedien hin zu den datengetriebenen, interaktiven Services (vgl. Schaar 2017, S. 109). In Deutschland basiert die Regulierung der Onlinemedien im Wesentlichen noch immer auf dem Staatsvertrag für Rundfunk und Telemedien, dem Telemediengesetz des Bundes und dem Jugendmedien-Schutz-Staatsvertrag, die in Verbindung mit den Vorgaben der EU-Richtlinie für audiovisuelle Mediendienste stehen (vgl. Beck 2018a, S. 349). Dabei müssen demokratische Staaten, wie im Falle des Rundfunks, die zukünftigen, neuen Medien ebenfalls mit besonderen Rechten und Pflichten ausstatten, um mehr Schutz für das Internetzeitalter zu gewährleisten (vgl. Adolf und Deicke 2017, S. 45).

Sicherheit und Vertrauen: Da ein regulierter Umgang mit Daten immer relevanter wird, nicht zuletzt, weil sich die meisten publizierten Inhalte im Internet noch nach Jahren mit etwas Aufwand wiederfinden lassen, muss ein sensibler Umgang mit Daten konstant und bedingungslos erfolgen. Ansonsten können unzureichende Kommunikation und fehlende Transparenz bei der Sammlung von Nutzerdaten, Datenlecks oder Hackerangriffe einzelne Medieninnovationen negativ beeinflussen oder zu frühzeitigem Vertrauensverlust in der Mediennutzung führen. Demgemäß liegt die Herausforderung für datafizierte Medien und Kommunikation ebenso in Sicherheit und Vertrauen, denn das Bewusstsein für einen adäquaten Umgang mit den eigenen Daten steigt auch beim Individuum unaufhaltsam an.

Risiken

Ablösung des Individuums: Mit der Entwicklung der Quintärmedien erhöht sich die mediale Leistungsfähigkeit. Auf der einen Seite gab es noch nie zuvor eine bessere Zeit für Angestellte mit speziellen technologischen Kompetenzen oder der passenden Ausbildung zur Bedienung spezifischer Technologien. Auf der anderen Seite gab es noch nie eine schlechtere Zeit für Arbeitskräfte, deren Tätigkeitsfeld zunehmend von Computern oder anderen technologiebetriebenen Maschinen übernommen wird (vgl. Brynjolfsson und Mcafee 2015, S. 20). Die Gründe dafür sind offensichtlich, denn durch Medien können Aufgaben effektiver, objektiver, kosten-

und zeitsparender ausgeführt werden, Ausfälle sind unwahrscheinlich und Kompetenzen oder weitere Fähigkeiten entwickeln sich in beispielloser Geschwindigkeit.

Datenschutz: Neben den zahlreichen Potenzialen in Bezug auf die Datafizierung droht ebenso der Verlust der Privatsphäre und der informellen Selbstbestimmung. Ferner steigen der Datenmissbrauch und die Manipulationsmöglichkeiten. Dazu zählen unter anderem Entwicklungen des Darknets und Deepnets, in denen längst nicht mehr nur Waffen und Kinderpornografie vertrieben werden, sondern das Interesse am illegalen Handel mit Daten gleichermaßen wächst. Zusätzlich können in Bezug auf den Datenschutz Risiken infolge von Entscheidungen basierend auf Big-Data-Analysen, wie vergleichsweise Diskriminierungseffekte, entstehen. Datenschutz ist demzufolge keine Gerechtigkeitsfrage (vgl. Schaar 2017, S. 120), sondern er muss sich parallel zu den technologischen Entwicklungen konstant transformieren.

Die Währung Daten: Eine der potenziellen Folgen der Datenökonomie ist es, dass das Individuum unaufhörlich mit Daten bezahlt, ohne sich dessen immer darüber bewusst zu sein. Die Gesellschaft erkennt nur langsam, dass das „Tor zur Kommunikation" nur geöffnet wird, wenn sie sich auf den Deal mit den Daten einlässt (vgl. Filipovic 2015, S. 11 f.). Sicher ist, dass Daten sowohl für die Entwicklung von neuen Innovationen als auch für die Anpassung bestehender Medien benötigt werden. Das Problem besteht allerdings darin, dass Nutzer über die Bezahlung mit ihren eigenen Daten nicht ausreichend informiert werden und die Auswirkungen für viele nicht abzusehen sind. Gleichzeitig kann es zu illegalen Geschäften oder Handel mit Daten kommen, genauso wie zum Datenmissbrauch führen.

Kontrolle und Manipulation: Mit steigender Verdatung aller Lebensbereiche steigt das Risiko, dass der berufliche wie private Alltag kontrolliert und manipuliert wird. Die digitale Überwachung durch Dritte weitet sich immer weiter aus. Am Arbeitsplatz können mithilfe von Zeitmanagement- und Analysetools[59] oder im privaten Kontext mittels des Lesefortschritts auf dem E-Book-Reader Zeiten getrackt sowie Verläufe kontrolliert werden. Außerdem kann das individuelle Wissen durch Verschlagwortung, Datenverarbeitung und Targeting kontrolliert beziehungsweise beeinflusst werden. Die Gefahr wächst, dass nicht mehr genügend Transparenz und demokratische Kontrolle vorhanden sind und insbesondere Wirtschaft und Politik an den Hebeln der neuen Steuerungsparameter sitzen.

---

[59]RescueTime ist beispielsweise ein Zeitmanagement- und Analysetool, das einerseits für das individuelle Tracken von Zeiten verwendet werden kann. Andererseits wird es von Arbeitgebern eingesetzt, um Zeiterfassungen und Arbeitsprozesse zu kontrollieren.

Störungen: Wie bei allen Medientypologien zuvor, kann es bei den Quintärmedien ebenfalls zu Störungen in der medial vermittelten Kommunikation kommen. Aufgrund der steigenden Abhängigkeit von Arbeitsprozessen, aber auch privaten Aktivitäten, wächst das Risiko von möglichen Konsequenzen durch Störung oder sogar durch Ausfall des Mediums. Zu den häufigsten Störfaktoren zählen dabei Hardware- und Software-Fehler, Datenmissbrauch durch nicht befugte dritte Parteien oder individuelle Probleme der Bedienung.

Disruptiver Charakter der Veränderung: Aufgrund der gegenwärtigen Medienentwicklungen wird der Kampf um Aufmerksamkeit härter und die Marktnormalisierung beziehungsweise das wirtschaftliche Gleichgewicht tritt schneller ein. Aus medienökonomischer Perspektive besteht einerseits ein erhöhtes Risiko in der richtigen und umfassenden Anpassung an die wandelnden Rahmenbedingungen. Andererseits lösen die disruptiven Technologien verstärkt Druck auf gerade erst erfolgreich etablierte Medieninnovationen aus. Verantwortliche müssen daher weiterhin ausreichend Risikobereitschaft zeigen, um sowohl langfristig überzeugen zu können als auch genügend Sicherheit und Vertrauen für die Mediennutzer zu signalisieren.

6.5.3 Die datafizierte Lebenswelt

Unter Berücksichtigung dieser Potenziale, Herausforderungen und Risiken darf jedoch das allgegenwärtige Ganze nicht außer Acht gelassen werden. Der gelebte Datenraum erweitert sich unermüdlich und obwohl die geografische Fläche nicht weiter anwächst, dehnt sich die IT-Infrastruktur sowie die intelligente Vernetzung weiter aus. Die vielschichtige Lebenswelt des Einzelnen wird immer umfangreicher mithilfe digitaler Datenanalyseverfahren und KI-Technologien untersucht und ausgebaut. Schumpeters „Mann der Tat" ist im datafizierten Zeitalter konstant auf der Suche nach neuen Bedürfnissen, die befriedigt werden möchten. Darüber hinaus spiegeln Algorithmen die Suche nach Perfektion und Effizienz wider. Als Lösungsvorschriften stoßen sie mit ihren Berechnungen in Bereiche vor, die das Individuum bislang nur seinem eigenen Verstand zugetraut hat (vgl. Mülling 2019, S. 34).

Nicht zuletzt zeigt die Entwicklung der Citizen Scores (Sozialkreditsystem) in China, dass eine Vermessung der Bürger und damit eine allgegenwärtige Überwachung der Gesellschaft immer realistischer wird. Würde der Ansatz eines algorithmusgetriebenen Ratingsystems auf Deutschland übertragen werden, dann wären die Säulen der Demokratie endgültig einbruchgefährdet. Eine solche Gesellschaftssteuerung würde das Ideal des selbstverantwortlichen Bürgers nicht nur gefährden, sondern nach Helbing und Kollegen zu einem „Untertan im Sinne eines Feudalismus 2.0" führen (vgl. Helbing et al. 2017, S. 8).

Demzufolge kann in Anlehnung an Klaus Mainzers „Die Berechnung der Welt" (Mainzer 2014) festgehalten werden, dass auf der einen Seite Entwicklungen durch wachsende Rechnerpower und vielfältige Speicheroptionen zwar elaboriert kalkuliert werden können, auf der anderen Seite es jedoch erst unter Berücksichtigung von bewährten Grundlagen, bestehenden Theorien, Gesetzen sowie der Geschichte, die die Welt zu der heutigen geformt hat, zu tatsächlichem Fortschritt kommen kann. Schließlich helfen Medikamente in der Medizin nur temporär, solange lediglich auf kurzfristige Dateneffekte gesetzt wird und nicht gleichzeitig der Ursache nachgegangen wird. Die Wirtschaft gerät in die nächste Krise, wenn sich alleinig auf unverstandene Formeln und Daten verlassen wird. Die Berechnung von Terror und Kriminalität kann nur dann unterstützend wirken, sofern die vorliegenden sozialen Ursachen und Wirkungszusammenhänge begriffen werden. Demzufolge gilt weiterhin: Theorien ohne Daten sind zwar leer, aber Daten ohne Theorien sind blind (vgl. Mainzer 2017, S. 68 f.).

Mit Blick auf die gegenwärtige Medienentwicklung konnten einerseits bereits eine ganze Reihe von gesellschaftlichen, wirtschaftlichen, aber auch politischen Problemen gelöst und in vielfältigen Bereichen neue Einsichten eröffnet werden. Andererseits dringen die Entwicklungen in die intimsten Bereiche des Privatlebens vor und die staatsbürgerlichen Rechte sowie Freiheiten scheinen bedroht. Somit gilt, wie schon Boyd und Crawford einst formulierten: "While the phenomenon is taking place in an environment of uncertainty and rapid change, current decisions will shape the future" (Boyd und Crawford 2012, S. 664).

Neue Ideen, Trends, Entwicklungen oder Erfindungen werden weiterhin den medialen Wandel vorantreiben, die Gesellschaft prägen, das wirtschaftliche Gleichgewicht aus der Balance bringen und die Politik vor neue Entscheidungen stellen. Obwohl die Technologie inzwischen in der Lage ist, vieles selbst zu berechnen, so bleibt die Zukunft weiterhin nur bedingt kalkulier- und damit absehbar. Sieber vergleicht die gegenwärtigen Entwicklungen mit denen des Verbrennungsmotors zum Ende des 19. Jahrhunderts. Das Wissen, damit Fahrkraft für ein Auto zu erzeugen, war bereits bekannt. Allerdings konnte die transformatorische Kraft nur erahnt werden (vgl. Sieber 2019, S. 3). Ähnlich sieht es mit dem Datafizierungszeitalter aus. Genügend Indizien konnten zusammengetragen werden, um einen erneuten medialen Wandel zu beweisen. Doch steht die Gesellschaft auch diesmal erst am Beginn des komplexen Veränderungsprozesses und die kompletten Ausmaße sind noch nicht ausreichend abzusehen.

Dennoch bliebt die Gewissheit, dass unabhängig von den künftig verlaufenden Medienentwicklungen das Interesse, die Begierde und das Bedürfnis an neuen Medieninnovationen nicht abnehmen werden. Weiterhin werden Neuartigkeit und Verwertbarkeit in Form von neuen Medien für die Gesellschaft bereitstehen, kommunikative Folgen mit sich bringen und zu ökonomischen, politischen, kulturellen sowie sozialen Wandlungen führen. Medien waren schon immer, sie sind und werden auch zukünftig integraler Bestandteil der menschlichen Existenz sein.

Schluss 7

Sowohl Pross als auch Faßler prognostizierten für die medialen Entwicklungen im 21. Jahrhundert drastische Veränderungen. Beide sollten recht behalten. Pross' Visionen lassen sich bereits mit der Etablierung der Quartärmedien und schließlich umfassend mit den Quintärmedien konstatieren: „Elektronische Informationsbänke sollen das Wissen der Welt speichern und jedermann frei zugänglich machen. Post, Zeitschrift und Zeitung werden elektronisch zugestellt. Alle sind mit allen verbunden. Jeder Empfänger wird auch ein Sender, jeder sein eigener Produzent" (Pross 1972, S. 11). Desgleichen kann Faßlers Prophezeiung mittels der Quintärmedien ausreichend belegt werden: „Wenn mediale Welten zu existentiellen und strukturellen Umgebungen in Beruf, Lebenswelt, Ausbildung, Lehre; Lernprozessen geworden sind, müssen alle Netz- und Medienprozesse als ‚kulturelle Aktivitäten in Gänze' erkannt und beobachtet werden" (Faßler 1997, S. 254).

Die Gesellschaft ist in einem Zeitalter angekommen, in dem Medien nicht nur als ein Mittel zur Verständigung, Wahrnehmung und Verbreitung von Botschaften fungieren sowie die Überschreitung von territorialen Grenzen oder das zeitunabhängige Abrufen von Inhalten unterstützen. Sie sind zu komplexen, interaktionsfördernden, autonom agierenden Elementen herangewachsen. Als physische sowie virtuelle Artefakte, versehen mit medieninnovativen Eigenschaften, verbinden sie sich mit den Menschen und fördern dauerhaft und zuverlässig die medial vermittelte Kommunikation.

Indes haben sich neben den fest etablierten Medien neuartige Technologieentwicklungen zu einer neuen Gruppe herausgebildet, die den Umgang mit Medien und Kommunikation erneut revolutionieren. Sie sind zu Jägern und Sammlern von Daten geworden. Als datafiziertes Phänomen haben sie es sich zur Aufgabe gemacht, riesige Datenvolumina zu speichern, zu analysieren und schließlich erfolgreich für weitere Zwecke und Funktionalitäten zu verwerten. Dabei formen und beeinflussen sie die Kommunikation zwischen Sender und Rezipienten nachhaltig. Sie konstruieren die soziale Wirklichkeit, gestalten das berufliche und private Leben und verändern dadurch Wirtschaft, Politik, Kultur und Gesellschaft.

Die datafizierten Medien sind zu allgegenwärtigen Konstrukten herangewachsen, die sich infolge von Medieninnovationen als Wandel zu einer neuen Medientypologie herausgebildet haben. Mit der vorliegenden Arbeit konnte bewiesen werden, dass Medieninnovationen als Anstoß sowie Triebkraft für mediale Wandlungsprozesse zuständig und damit für eine neue, in der Wissenschaft noch nicht untersuchte, fünfte Medientypologie verantwortlich sind, die der Quintärmedien. In Anbetracht dessen wird eine letzte Zusammenfassung der zentralen Erkenntnisse dieser Untersuchung als sinnvoll erachtet.

Von Beginn an unterlag die Arbeit der These, dass Innovationen, konkret Medieninnovationen, für mediale Wandlungsprozesse verantwortlich sind, die gegenwärtig zu neuartigen Medien sowie medial vermittelter Kommunikation führen. Jedoch vollzieht sich der Wandel nicht nur anhand von aktuellen Technologien, sondern wird als tiefgreifender Veränderungsprozess sowie als Grund für Medienentwicklung verstanden.

Des Weiteren wurde mit medien- und kommunikationswissenschaftlichem Schwerpunkt der Arbeit eine medientheoretische Ergänzung der von Harry Pross (vgl. Pross 1972) aufgestellten und von Manfred Faßler (vgl. Faßler 1997) erweiterten Klassifikation von Medientypologien verfolgt, einer in der Forschung fest etablierten, anerkannten Differenzierung von Medien. Noch nie zuvor wurde diese Medieneinteilung mithilfe eines interdisziplinären Ansatzes einschließlich einer Analyse des damit einhergehenden Medienwandels durch Medieninnovationen in einen medienwissenschaftlichen Sinnzusammenhang gebracht.

Demzufolge musste vorerst der Frage nachgegangen werden, wie es grundsätzlich dazu kommt, dass Medieninnovationen als Wandel für Medien und Kommunikation verantwortlich gemacht werden können. Dafür wurde ein Konzept von Innovationen, insbesondere Medieninnovationen, als Grund für mediale Wandlungsprozesse erarbeitet, um zu belegen, dass Medieninnovationen schon in der Vergangenheit zur Bildung von inzwischen fest etablierten Medien und damit sukzessiv durch Bündelung zu einer Medientypologie führten.

Darauffolgend sollte untersucht werden, welche Auswirkungen ein solcher Wandel im vorliegenden Fall auf das Modell der Klassifikation von Medientypologien hat und ob es aufgrund der aktuellen Entwicklungen nicht längst an der Zeit ist, im Sinne von Pross' und Faßlers Medieneinteilung eine neue, fünfte Medientypologie zu definieren. Damit galt es ebenso zu beweisen, dass die Quintärmedien

7 Schluss

längst in der Mitte der Gesellschaft angekommen sind und die Entwicklungen des neuen, datafizierten Zeitalters weiter vorantreiben.

Für eine stringente Argumentation von Medieninnovationen als Wandel der Medientypologien mitsamt einer ausführlichen Erarbeitung der fünften Form war es allerdings bedeutsam, zuvor eine ausreichende, theoretische Grundlage zu schaffen. Dadurch ergab sich eine Zweiteilung der Arbeit, die sich im ersten theoretischen Teil (vgl. Kapitel 2 bis 5) mit etablierten Forschungen zu Medien und medial vermittelter Kommunikation, dem Verständnis von Innovation mit anschließender Präzisierung von Medieninnovation und schließlich mit einer angereicherten Darstellung der bereits wissenschaftlich erfassten vier Medientypologien befasste. Darauf aufbauend, wurde der zweite Teil der Arbeit (vgl. Kapitel 6) der umfangreichen Analyse von gegenwärtigen Medienentwicklungen als potenziell fünfte Medientypologie gewidmet.

Für ein konsistentes Verständnis von Medien und Kommunikation (vgl. Kapitel 2) wurden zunächst die wichtigsten medien- und kommunikationswissenschaftlichen Theorien zusammengetragen (vgl. Abschnitt 2.1) und davon ableitend eine modellhafte Darstellung des medial vermittelten Kommunikationsprozesses sowie des Mediums als zentrales Element der Kommunikation erarbeitet (vgl. Abschnitt 2.2). Das Modell diente im späteren Verlauf der Arbeit als Grundlage für weitere spezifischere Darstellungen der Medientypologien, insbesondere im Kontext der Quintärmedien. In Bezug auf das linear skizzierte Modell soll nochmals ausdrücklich erwähnt werden, dass es nicht um die Verallgemeinerung dieser komplexen Thematik ging, sondern vielmehr um eine differenzierte Darstellung der relevanten Bestandteile eines medial vermittelten Kommunikationsprozesses. Es diente daher lediglich als Orientierung, um das Konstrukt Medium als mehrdimensionales Phänomen mit spezifischen, kommunikativen Rahmenbedingungen zu erfassen.

Folglich wurde erstens das Medium als Mittel zum Zweck der Kommunikation mit dem medientechnologischen beziehungsweise semiotischen Blick von Pross und der Ergänzung von Mock dargestellt (vgl. Abschnitt 2.2.1). Hierbei konnte zum einen die Unterteilung des Mediums als Wahrnehmung, Verständigung und Verbreitung vorgenommen werden. Zum anderen wurden Medien als Ort für Speicherung, Verbreitung und Verarbeitung von symbolischen Codierungen, als Transformation von Information und schließlich als Verarbeitungs- und Bereitstellungsmedien für Wissen interpretiert. Speicher, Information und Wissen sind somit grundsätzlich als relevante Elemente für die Bestimmung von Medien zu verstehen.

Zweitens wurde, mit kommunikationssoziologischer Perspektive durch Saxers Theorien, das Medium als komplexes System erörtert (vgl. Abschnitt 2.2.2), um die mehrteilige Rolle von Medien als „komplexe, institutionalisierte Systeme um organisierte Kommunikationskanäle von spezifischem Leistungsvermögen" (Saxer 2012, S. 52) zu begreifen. Anhand dessen konnte der Einfluss von Medien auf das gesellschaftliche Regelsystem und auf die Konstruktion von sozialer Wirklichkeit beziehungsweise sozialem Handeln erläutert werden. Zudem fungierte die Ausführung als Grundlage für das zum späteren Zeitpunkt in der Arbeit erläuterte Medieninnovationssystem (vgl. Abschnitt 4.1).

Drittens wurde durch multidisziplinäre, medien- und kommunikationswissenschaftliche Theorieansätze das Medium als raumzeitliche Abhängigkeit erarbeitet. Dabei wurden vier Raumkonzepte (sinneswahrnehmbarer, medialer, elektronischer und kybernetischer Raum) in Anlehnung an Faßlers „Raumschichtungen" beschrieben (vgl. Faßler 1997, S. 106 ff.) sowie medial bedingte Zeitunterschiede herausgestellt. Raum und Zeit konnten dadurch als konstitutive Größen für Medien und medial vermittelte Kommunikation definiert werden.

Mit dieser grundlegenden Analyse von Medien und Kommunikation manifestierte sich die Annahme, dass Medien nicht nur technologische Vermittlungsträger der Kommunikation sind, sondern als „konstruierende und aktionale Gegenstandsbereiche" (Faßler 1997, S. 129) bestimmt werden müssen.

Letztlich gelang es, mit der theoretisch fundierten Auseinandersetzung mit Medien und medial vermittelter Kommunikation die ersten Kategorien für die spätere Gegenüberstellung der Medientypologien abzuleiten (*Medium als Mittel, Verständigung, Wahrnehmung, Verbreitung, Technik, Speicher-Information-Wissen, Zeit, Raum* und *Interaktion*).

Im Gegensatz zu der jahrzehntealten, eindeutig differenzierbaren Forschung des Abhängigkeitsgefüges von Medien und Kommunikation, lag die Herausforderung für das zweite theoretische Fundament der Arbeit darin, eine aus medien- und kommunikationswissenschaftlicher Sicht ausreichende Analyse von Innovation zu konzipieren (vgl. Kapitel 3), um im weiteren Verlauf die Spezifizierung von Medieninnovation vornehmen zu können. Hierfür wurde sich wegen des Mangels an innovationstheoretischen Ansätzen in der Medienwissenschaft vorerst an wirtschaftswissenschaftlichen Untersuchungen zur Innovation bedient.

Zur Begriffsdefinition und historischen Herleitung der Innovationsthematik wurde Schumpeters Theorie der wirtschaftlichen Entwicklung herangezogen und mithilfe weiterer wirtschaftlich orientierter Ansätze, wie jene von Hauschildt und Salomo, angereichert (vgl. Abschnitt 3.1). Im Anschluss daran erfolgte unter Berücksichtigung von ausgewählten medien- sowie kommunikationswissenschaftlichen Forschungsansätzen die Entwicklung eines klassischen phasenorientierten Innovationsprozesses einschließlich der Einteilung in Ideen-, Entwicklungs- und

7 Schluss

Etablierungsphase (vgl. Abschnitt 3.2). Diesbezüglich soll noch einmal die Doppelrolle von Innovation beziehungsweise Medieninnovation benannt werden, denn Innovation wird nicht nur als neue Medienform oder -produkt verstanden, sondern inkludiert auch den Prozess der Veränderung. Daran anknüpfend, konnte eine Unterscheidung von analogen und digitalen Innovationen und eine Abgrenzung zu digitalen Transformationen getroffen werden (vgl. Abschnitt 3.3), die für eine erste medientypologische Unterscheidung und Erläuterung von disruptiven Veränderungsprozessen unterstützend wirkte.

Infolge dieser Auseinandersetzung mit Innovation wurde ein Modell entwickelt, das über die Arbeit hinaus als theoretische Basis für zukünftige innovationsfokussierte Forschungsansätze dienen kann. Darüber hinaus bot der skizzierte Innovationsprozess inklusive der benannten Innovationsmechanismen (Abhängigkeit der technologischen Wissensbestände, Schnelligkeit, externe Einflussfaktoren und rechtliche Aspekte) ein hilfreiches Fundament für die darauf folgende Erörterung von Medieninnovation als Wandel und der späteren Analyse von Quintärmedien beziehungsweise des bilateralen Nutzens der datafizierten Medien.

Anschließend an die erläuterten Forschungsfelder von Innovation, Medien und Kommunikation, konnte eine Zusammenführung dieser Bereiche als Basis für die Analyse von Medieninnovationen als Grund für Wandel erfolgen (vgl. Kapitel 4). Die Untersuchung von Medieninnovationen stützte sich insbesondere auf die Arbeiten von Leyla Dogruel (vgl. Dogruel 2012, Dogruel 2013), die mit ihrer Analyse von Medieninnovation einen wichtigen Beitrag für die Medien- und Kommunikationswissenschaft geleistet hat. Denn meist wurden diese lediglich als technische Neuerungen untersucht, anstatt das komplexe, über die Jahre entwickelte, teils fächerübergreifende Verständnis von Medien bei der Analyse von Medieninnovationen zu berücksichtigen.

So eigneten sich die Theorien von Dogruel erstens als idealer Ausgangspunkt für die Darstellung von Medieninnovationen einschließlich der Herausstellung der Indikatoren von Medieninnovationen (vgl. Abschnitt 4.1). Zweitens konnten dadurch Medieninnovationen als System erläutert und drittens konnte auf die Relevanz des Prozesscharakters hingewiesen werden. Schließlich galt es, Medieninnovationen und ihre Rolle als Träger von medialen Wandlungsprozessen herauszustellen und gleichzeitig einen Prozess des Wandels zu begründen.

Von diesem Medieninnovationskonzept ging ebenso ein Verständnis von Medieninnovationen als Grund für Medienentwicklung einher (vgl. Abschnitt 4.2).

Es wurde verdeutlicht, dass Medieninnovationen nicht erst seit Beginn des digitalen Zeitalters als Ursache für ökonomischen, kulturellen und gesellschaftlichen Wandel betrachtet werden können, sondern bereits für die Herausbildung von analogen Medien verantwortlich sind. Um einen weiteren Beleg freizulegen, wurde sich der Annahme mit einem revolutionstheoretischen Ansatz angenähert. Anhand dessen konnten die medieninnovativ bedingten Umbrüche als Teil des medialen Wandels betont werden. Außerdem wurde die Medienentwicklung als komplementäre Entwicklung und ausdrücklich nicht als ein verdrängender Prozess von oder durch Medien veranschaulicht. Somit gelang es durch die Hinzunahme des Revolutionsansatzes, für den weiteren Verlauf der Arbeit auf einzelne medienhistorisch prägende Entwicklungen gesondert aufmerksam zu machen und die an dieser Stelle noch zu beweisende Existenz der Quintärmedien durch die spätere Benennung der Data Revolution weiter zu stärken.

Zur abschließenden Erörterung der Medieninnovationen als Wandel wurde sich auf das Konzept der Mediatisierung, insbesondere durch die Theorien von Krotz, Hartmann und Hepp, gestützt (vgl. Abschnitt 4.3). Somit konnte der interdisziplinäre Ansatz der Arbeit mit dem Fokus auf Medien und Kommunikation weiter beibehalten und auf fächerübergreifende Veränderungsprozesse in Wirtschaft, Politik und Gesellschaft hingewiesen werden, die sich parallel und bedingt durch den medialen Wandel vollziehen. Insbesondere für die Darstellung der bekannten vier Medientypologien war das damit einhergehende Verständnis von übergreifenden Wandlungsprozessen aufschlussreich.

Demzufolge war bereits als Zwischenbilanz festzuhalten, dass Medieninnovationen mit erfolgreich durchlaufendem Innovationsprozess als Auslöser für mediale Wandlungsprozesse betrachtet werden und gleichzeitig als zentrale Triebkraft für weitreichende Veränderungen sowie Neugestaltungen auf technologischer, wirtschaftlicher, politischer und gesellschaftlicher Ebene sorgen. Daraus ergab sich ein idealer Übergang zur differenzierten Darstellung der vier Medientypologien und dem Verlauf der medialen Gesamtentwicklung (vgl. Kapitel 5), bevor der Schwerpunkt im zweiten Teil der Arbeit auf die Auseinandersetzung mit der fünfte Medientypologie gelegt wurde.

Von Anfang an war es ein zentrales Anliegen der Arbeit, einen medien- und kommunikationswissenschaftlichen Beitrag zu der bekannten Klassifikation der Medientypologien von Pross mit einer Erweiterung durch Faßler zu leisten. Dementsprechend wurde sich für die theoretisch erweiterte Beschreibung an den herausgearbeiteten Merkmalen durch die Analysen von Medien und Kommunikation sowie Medieninnovation als Wandel orientiert. Angestrebtes Ziel war eine inhaltliche Ergänzung zu den bekannten Hauptmerkmalen der Primär-, Sekundär-, Tertiär- und Quartärmedien (vgl. Abschnitt 5.1.1 bis 5.1.4) sowie eine tabellarische Gegenüberstellung einzelner Charakteristika (vgl. Abschnitt 5.2).

7 Schluss

In Hinblick auf weitere mögliche Ergänzungen lässt sich erwähnen, dass die weiten Felder der Medien- und Kommunikationswissenschaft sowie der angrenzenden Forschungsgebiete schier unendliche, potenziell verwertbare, weitere Ansätze und Theorien offenbaren, die für noch detailliertere Auseinandersetzungen der einzelnen Medientypologien denkbar wären. Diesbezüglich könnten vornehmlich die umfangreichen Arbeiten zu Massenmedien, wie auch zu digitalen Medien, weitere interessante Zusatzinformationen bereitstellen. Ferner liegen aus medienökonomischer Perspektive in der Unterscheidung von Medientypologien noch einige erwähnenswerte Ansätze verborgen. Für die Stringenz der Arbeit war es allerdings umso wichtiger, dass sich an dieser Stelle auf die Argumentation der medien- und kommunikationsspezifischen Charakteristika sowie die medieninnovativen Merkmale mit historisch-revolutionärer Einordnung und einzelner Beispiele beschränkt wurde. Dadurch konnte das Modell der Medientypologie von Pross und Faßler ausreichend aufgeschlüsselt und dennoch umfangreich ergänzt werden. Des Weiteren ließ sich dadurch der beschleunigte Wandel der Medienentwicklungen mit jeder etablierten Medienform und die steigende Ausbreitung durch die Erweiterung von Medien und der medial vermittelten Kommunikation hervorheben.

Bis heute sind alle benannten Medientypologien in dem gesellschaftlichen Alltag fest verankert und konstruieren die soziale Wirklichkeit mit. Sie überzeugen durch ihre einzigartige mediale Beschaffenheit und ihre individuellen Rollen im medial vermittelten Kommunikationsprozess. Dabei können Medien erstens konstant als Vermittlungsträger sowie konstruierende und aktionale Gegenstandsbereiche, zweitens als Teil der Darstellungs- und Erhaltungsbedingung sozialer Systeme und drittens als Machtspeicher verstanden werden, die von den Verfügungsrechten oder Verfügungsmöglichkeiten ihrer Nutzung, Erwerb und Verbreitung abhängig sind (vgl. Faßler 1997, S. 129 und S. 131 f.).

Die Analyse der Quartärmedien bestätigte schließlich die zu Beginn der Arbeit formulierte Annahme, dass die vierte Medientypologie als Klassifikation zur Abdeckung der neuen Medienentwicklungen nicht mehr genügt und Faßlers einstige Ergänzung nach über 20 Jahren selbst eine Erweiterung erfahren muss. Damit diente der erste theoretisch fundierte Teil der Arbeit primär zur Annäherung der einzelnen Themenfelder, zur (Weiter-)Entwicklung relevanter Modelle und ermöglichte einen interdisziplinären Forschungszusammenschluss.

Zusammenfassend lassen sich Medieninnovationen als Grund für die Herausbildung signifikanter Medientechnologien identifizieren, die sich über einen erfolgreich durchlaufenden Innovationsprozess ihren Weg in die Gesellschaft gebahnt haben und aufgrund ihrer medienspezifischen Merkmale in unterschiedliche Medientypologie gefasst werden können.

Erst mithilfe dieses erarbeiteten Verständnisses konnte sich mit den gegenwärtigen Medienentwicklungen auseinandergesetzt und gleichzeitig dem Beleg der aufgestellten Hauptthese begründet nachgegangen werden (vgl. Kapitel 6). Hierfür erwies sich die zuvor geleistete Analyse der Quartärmedien als logischer Ausgangspunkt für die Beschreibung des Übergangs der Digitalisierung in die Datafizierung und damit des Wandels von Quartär- zu Quintärmedien (vgl. Abschnitt 6.1).

War es zu Zeiten Pross' noch möglich, eine erste offensichtliche Unterscheidung der Mediengeräte lediglich durch ihre physische, materielle Beschaffenheit vorzunehmen, müssen sich im 21. Jahrhundert die Methoden der Medienforschung ihren zu untersuchenden, komplexen Phänomenen mit wachsender rein virtueller Eigenart anpassen. Demnach war es umso relevanter, eine umfassende Analyse der Quintärmedien durchzuführen.

Diesbezüglich soll ein weiteres Mal verdeutlicht werden, dass sowohl die quartären als auch die quintären Medien auf der technologischen Verarbeitung von binären Codes beruhen. Erst mit der Fokusverschiebung, weg von der einfachen digitalen Infrastruktur hin zu datengetriebenen Algorithmen sowie eines modernen, intelligenten Datenumgangs, wurden die medientypologischen Unterschiede ersichtlich.

Im Wesentlichen fokussierte die Analyse der Quintärmedien nicht nur die Skizzierung von datengetriebenen, technologischen Prozessen zur Kommunikation und des Konsums von Inhalt. Vorrangig war es ein Anliegen der Untersuchung, über die reine Beschreibung der neuen Medien als Übersetzung der Welt in ein plausibles digitales Datenformat hinaus auf die sich gegenwärtig ausbreitenden, datafizierten Medieninnovationen aufmerksam zu machen, die infolge ihrer neuartigen Beschaffenheit zu umfangreichen Veränderungen im gesellschaftlichen Gesamtsystem geführt haben und in absehbarer Zukunft noch beitragen werden. Damit konnte bewiesen werden, dass sich der Übergang von den vernetzten, interaktiven, multimedialen Quartärmedien, die seit mehreren Jahren fester Bestandteil des sozialen, kulturellen sowie wirtschaftlichen Gefüges sind, zu den datafizierten, intelligenten und rückgekoppelten Quintärmedien so gut wie vollzogen hat.

Mit den fortschreitenden Technologien offenbaren die Quintärmedien eine neue Dimension der Datenerfassung und des Datenumgangs. Diese neue Datenfokussiertheit von Medien und Kommunikation galt es, in der Arbeit anhand einzelner Medienentwicklungen herauszustellen und zu untersuchen (vgl. Abschnitt 6.2). Das Hauptaugenmerk wurde dabei auf die Datafizierung und die damit einhergehende Übertragung sozialer Wirklichkeit in computerbasierte, bearbeitbare Datenstrukturen und -sätze gelegt. Diesbezüglich war es besonders

7 Schluss

bedeutsam, auf technologische Neuartigkeiten der Sammlung, Produktion, Bearbeitung, Auswertung und Weiterverarbeitung von Daten durch Medien einzugehen und dadurch ein interdisziplinäres Verständnis für diese neuen Medien und ihre verwendeten Mechanismen zu entwickeln. Erst auf Basis dessen konnten der datafizierte Wandel und seine Auswirkungen ausreichend belegt werden.

Neben der Unterscheidung in die durch die Datafizierung veränderten Umgangsformen mit und durch Daten (bewusste Datensammlung, digital traces, Daten als (Neben)Produkt für Dritte und autonome Datenverarbeitung), mittels derer sich, rückblickend betrachtet, bereits die ersten neuartigen Funktionsweisen der Quintärmedien abzeichneten, schaffte eine weitere Differenzierung in die webbasierte Einteilung des Internets von Web 1.0 bis 4.0 eine noch deutlichere Abgrenzung von den Quartärmedien. Mit der thematischen Schwerpunktsetzung auf Big Data (vgl. Abschnitt 6.2.1), der Darstellung von KI-Technologien einschließlich einiger Erläuterungen zur vielfältigen Einsetzbarkeit, dem Internet der Dinge sowie dem Internet der Services als Sammelstellen für Daten und datenbasierte Verarbeitungsprozesse (vgl. Abschnitt 6.2.2) zeichnete sich ein erstes Bild der Quintärmedien und einer damit verbundenen medial vermittelten Kommunikation ab.

Für weitere Untersuchungen beziehungsweise exemplarische Ausführungen der Quintärmedien wurde vereinzelt auf Machine-Learning- sowie Deep-Learning-Ansätze eingegangen. Allerdings ist das weite Feld des maschinellen und tiefgehenden algorithmusgetriebenen Lernens derart facettenreich und unterliegt insbesondere aktuell in Kombination mit KI-Technologien unzähligen technologischen Neuerungen, dass aufgrund dessen und eines ansonsten zusätzlich benötigten Umfangs an Zeit und Papier nur einzelne, exemplarische Besonderheiten in der Untersuchung berücksichtigt werden konnten. In diesem Zusammenhang wären allerdings weitere Analysen beispielsweise in Verbindung mit der Semantik und des semantischen Webs ebenfalls aufschlussreich.

Folglich wurde sich vornehmlich mit dem modernen Datenumgang von großen Datenvolumina beschäftigt, die inzwischen durch die Quintärmedien in fast allen Lebensbereichen sowie in den privaten individuellen Sphären anfallen. Hinsichtlich dessen soll jedoch noch einmal angelehnt an Boyd und Crawford (vgl. Boyd und Crawford 2012) betont werden, dass nur mithilfe der richtigen Werkzeuge und der richtigen Kontextualisierung tatsächlich eine Verwertbarkeit von Daten generiert werden kann. Andernfalls können Daten, die es heutzutage wie Sand am Meer gibt, womöglich zu Treibsand werden, in dem die Gesellschaft immer weiter versinkt (vgl. Saint-Mont 2013, S. 87).

Retrospektiv betrachtet, zeigten sich mit der ersten Skizzierung der Quintärmedien bereits Ansätze der Medienerweiterung, die wiederum mithilfe des zuvor erarbeiteten Verständnisses von Medieninnovation als Wandel sowie des Mediatisierungsansatzes zu einer fokussierten Analyse von einzelnen datafizierten Medieninnovationen führten. Dabei wurde eine zusätzliche Besonderheit in der bisherigen Stringenz der medialen Gesamtentwicklung ersichtlich (vgl. Abschnitt 6.3). Im Zeitalter der Datafizierung und des disruptiven Charakters der Data Revolution unterlag die Medienentwicklung keinem einfachen Erweiterungsprozess mehr, sondern es entstanden parallel zum komplementären Ansatz entgrenzende Dimensionen der bisherigen kommunikativen Rahmenbedingungen der Medien. Dazu zählen insbesondere die ubiquitäre IT-Infrastruktur (vgl. Abschnitt 6.3.2.1) und die neue raumzeitliche Konfiguration (vgl. Abschnitt 6.3.2.2). Bevor sich jedoch den neuen Bedingungen für Speicher, Information und Wissen sowie eines neuen Raum- und Zeitkonzepts gewidmet werden konnte, galt es zuvor, die intelligente Vernetzung (vgl. Abschnitt 6.3.1.1) und den bilateralen Nutzen (vgl. Abschnitt 6.3.1.2) als medieninnovative Merkmale der Quintärmedien zu begründen.

Denn was mit der letzten Jahrtausendwende noch als medieninnovativ erschien, wie die durch Social-Media-Plattformen geförderte Vernetzung, zunehmende Konvergenz und die neuartigen Partizipationsmöglichkeiten, gilt im Datafizierungszeitalter längst als fester Bestand. Mit den neuen Technologien der Quintärmedien bildete sich die globale Vernetzung als Standardisierung heraus und durch die quintärmedialen Medieninnovationen auf Basis des Web 3.0 und Web 4.0 folgte eine intelligente Erweiterung. Das Internet der Dinge und das Internet der Services mit ihren API-Schnittstellen, Sensoren, dauerhafter WiFi-Verbindung und immer stärkeren Rechnerleistungen als technologische Voraussetzung ermöglichten schließlich diese neuartige, intelligente Vernetzung von Sender, Rezipient und materiellen beziehungsweise immateriellen Medien. Der Wortzusatz „Smartness" wird zum Leitbild dieser Technologie und symbolisiert gleichzeitig eine der neuartigen Verwertbarkeitsmöglichkeiten mit dem Einsatz von Medien. Die Entwicklung der KI-Technologien mit den unterschiedlichen Variationen spielt dabei eine ebenso wichtige Rolle wie die Ausmaße, die mit den neuzeitigen, distinkten Rechen- und Verarbeitungslogiken korrelieren. Schließlich können die neuen datengetriebenen Entwicklungen der Plattformökonomie und die omnipräsente Konnektivität durch Smart Products und Smart Services geradezu zum Beförderungsinstrument für weitere Medieninnovationen werden. Mit enormer Geschwindigkeit weiten sich diese kommunikativen Rahmenbedingungen unaufhaltsam weiter aus, wodurch das daraus resultierende Allesnetz zu einer Verschmelzung der virtuellen und realen Welt führt.

Unterdessen förderten Ansätze von Big Data, Linked Open Data, Algorithmen und damit verbundene Datenanalysen neue Arten und Weisen der Mediennutzung.

7 Schluss

In Hinsicht auf die bisherigen Rollenverteilungen von großen Medieninstitutionen, über einzelne Organisationen bis hin zum Individuum zeigte sich schon mit der Erläuterung der Quartärmedien eine erste Verschiebung der Rollen- und Machtverteilung, die mit der Analyse des Mediennutzens der datafizierten Medien allerdings eine neue Intensivität des Wandels sowie eine weitere Verschiebung erfährt. Anhand des bilateralen Nutzens der Quintärmedien konnte in der Datafizierung des Selbst und der Datafizierung des Subjekts durch Dritte unterschieden werden.

Ersteres impliziert die neue Entscheidungsfreiheit, die dem Individuum durch die Verwendung der gegenwärtigen Medien zugesprochen wird. Mit den autonomen Individualisierungs- und Self-Tracking-Möglichkeiten erlebt der Rezipient beziehungsweise Prosument eine neue Ausprägung der Selbstbestimmung ebenso wie Kontrolle über die eigene Mediennutzung sowie -gestaltung. In Bezug auf den höheren Machtanspruch der Individuen konnte zudem vermerkt werden, dass diese als Vertreter der externen Einflussgruppe, neben der eigenverantwortlichen Steuerung der Mediennutzung, bereits während des Medieninnovationsprozesses den Entwicklungsprozess aktiv beeinflussen. Denn ihre individuellen Meinungen und einzelnen Stimmen werden für die Vertreter der Medienentwicklung und schließlich für Schumpeters „Mann der Tat" stets relevanter. So könnte aus Markenforschungs- und Marketingperspektive in zukünftigen Forschungsarbeiten auch über eine neue Dimension der Pull-Kommunikation nachgedacht werden.

Während dem Individuum wachsende Möglichkeiten der eigenen Entfaltung offeriert werden, bieten sich durch die datafizierten Medien ebenso neue Einsatz- und Einflussmöglichkeiten für dritte Parteien. Unter Berücksichtigung der Subjektivierungsforschung wurde die Datafizierung des Subjekts durch Dritte erläutert, bei der das Individuum auf Basis der modernen Berechnungslogiken einem extrinsischen Einfluss unterliegt. Demzufolge präsentiert sich das Subjekt zum auserlesenen Ziel der Datafizierung. Insbesondere für Unternehmen liegen in der Verfügbarkeit von personenbezogenen Daten vielversprechende Potenziale für Optimierungsprozesse genauso wie für die aktive Einflussnahme in die datafizierte Umwelt. Mit entsprechenden intelligenten Datenanalyseprozessen können zusätzliche Erkenntnisse gewonnen werden, die als Umkehrschluss mit dem richtigen Einsatz weiterer, datengetriebener Medientechnologien externen Zugriff auf subjektbezogene Praktiken, Wissens- und Kommunikationsprozesse bereitstellen. Insofern kann die Datafizierung des Subjekts als moderner, neuartiger Nutzen für Medieninnovationssysteme und die damit einhergehenden Chancen können als neue Institutionalisierungsprozesse gedeutet werden.

Mit der Erörterung des bilateralen Nutzens und der intelligenten Vernetzung als zwei der Herausstellungsmerkmale von Quintärmedien geriet die Analyse an diesem Punkt allerdings an eine Schnittstelle der bislang vertretenen Erweiterungslogik der Medientypologien. Durch disruptive Veränderungsanzeichen wie der medialen Omnipräsenz oder steigenden Konnektivität der Quintärmedien war eine Auseinandersetzung mit möglichen Auflösungen der bisherigen Rahmenbedingungen ebenfalls notwendig. Dabei wurde sich primär auf die ubiquitäre IT-Infrastruktur und die neue raumzeitliche Konfiguration konzentriert. Denn unabhängig von der Innovationsdichte der gegenwärtigen Entwicklungen können sich sowohl fest etablierte als auch zukünftige Medien ausschließlich innerhalb des technologisch-bedingten Rahmens, bestimmt durch Speicher, Information und Wissen sowie die raumzeitlichen Abhängigkeiten, entfalten und medial vermittelte Kommunikation realisieren. Mittlerweile wird dies einerseits durch die kostengünstige oder sogar kostenlose Möglichkeit der Speicherung riesiger Datenmengen, einer Demokratisierung des Zugangs zur Information und dem unermüdlichen Wachstum von Wissensbeständen befördert. Andererseits lösen sich durch die Entmaterialisierung einzelner Hardware, mittels beispielsweise Cloud-Lösungen, sowie die Vernetzung von Geräten ohne Administratoren-Abhängigkeit diese Rahmenbedingungen durch die Beschaffenheit der Quintärmedien weiter auf.

In Zusammenhang der ubiquitären IT-Infrastruktur und den entgrenzenden Bedingungen für Speicher, Information und Wissen rückten zudem Algorithmusverfahren ins Zentrum der Betrachtung. Diesbezüglich konnte erläutert werden, dass algorithmusgetriebene Prozesse als ein treibendes Element der Quintärmedien kontextualisierte Daten zu Informationen aufbereiten und darüber hinaus zu Wissen weiterverarbeiten. Sie fungieren dabei zum einen als datafiziertes Werkzeug zur Modifikation von Information und Wissen, zum anderen als Analysemittel für neue Erkenntnisse über soziale Handlung oder Interaktion.

Zur Präzisierung dieser Annahme wurde sich speziell auf Cardons „four types of algorithmic calculation within the ecosystem of the web" (Cardon 2016, S. 96 ff.) bezogen, anhand dessen algorithmusgetriebene Ausleseverfahren von digitalen Informationen exemplarisch und differenziert veranschaulicht werden konnten, ohne dafür in das komplexe Feld der Informatik und Mathematik eindringen zu müssen. Ferner wurde hervorgehoben, dass die durch Algorithmus bestimmten Medien nicht nur zur reinen Informationsverarbeitung dienen, sondern als neuer Weg zur Berechnung der Gesellschaft interpretiert werden können (vgl. Cardon 2016, S. 103).

Cardon, ebenso wie die erwähnten Arbeiten von Gillespie (vgl. Gillespie 2014, Gillespie 2016) oder einiger in der Arbeit gestützten Big-Data-Untersuchungen (vgl. u. a. Wiencierz 2018, McAfee und Brynjolfsson 2012, Boyd und Crawford 2012, Mayer-Schönberger und Cukier 2013, van Dijck 2014, Reichert

2018a) unterstreichen das hier vertretene, mehrteilige Verständnis von Medien und Kommunikation. Schließlich wäre in Bezug auf die Quintärmedien, wie bei der Darstellung der vier Medientypologien auch, eine Erläuterung der Medien als rein technologische Kommunikationsmittel oder datengetriebene Geräte als zu trivial für den hier aufgestellten, vielschichtigen Gegenstandsbereich anzusehen. Demnach müssen die datengetriebenen Medien ebenfalls als komplexe Systeme begriffen werden, die im reziproken Verhältnis mit allen Teilsystemen stehen. Sie sind für die soziale Integration, aber auch Inklusion, mit wachsendem Ausmaß konstitutiv. Denn ein medialer Verzicht könnte teilweise eine Exklusion aus dem sozialen Umfeld und den Verlust von Interaktion oder Partizipation bedeuten (vgl. Houben und Prietl 2018, S. 355).

In Anlehnung an die Erörterung des semantischen Webs, als Ort der Verarbeitung von Daten und Zeichen sowie als medieninnovative Möglichkeit der Erschließung von Bedeutungszusammenhängen erstmals durch ein Medium selbst, soll Pross mit seiner zeichentheoretischen Aussage mehr als jemals zuvor recht behalten: „Es führt kein Weg von Mensch zu Mensch, von ihm zu anderen Lebewesen und zur Natur als über Zeichen" (Pross 1996, S. 32).

Mit dem herausgestellten neuen Grad an Autonomie der Quintärmedien, unter anderem aufgrund der steigenden KI-Forschungen inklusive Machine-Learning-Ansätzen, werden Medien befähigt, unabhängig vom Menschen, Schlussfolgerungen und Entscheidungen zu treffen sowie weiteres Wissen zu generieren. Dabei stehen jedoch sowohl die neuen Berechnungslogiken als auch die menschlichen Zugriffsmöglichkeiten auf Information und Wissen vor einem ähnlichen datafizierten Problem, nämlich einem durch die Technologie bedingten, hohem Maße an Veränderbarkeit und Fragmentierung dieser Informations- und Wissensbestände. Deshalb wurden in der Untersuchung zwar besonders die neuartigen Vorteile durch die neuen Technologien herausgestellt, allerdings soll an dieser Stelle wiederholt angemerkt werden, dass, trotz der Demokratisierung von Information und der neuen Rollen- und Machtverteilung, das Informationsmonopol weiterhin zu großen Stücken von großen, international vertretenen Unternehmen und staatlichen Einrichtungen gesteuert wird.

Gleichwohl die Markteintrittsbarrieren sinken und das potenziell freie Publizieren von Inhalten mittlerweile erleichtert wird, sind es noch immer die großen Medienorganisationen aus dem Presse- und Rundfunksektor, die beispielsweise in Deutschland den Markt mit ihren Angeboten anführen (vgl. Beck 2018a, S. 396).[1] Ebenso heben sich Unternehmen wie Amazon, Apple, Facebook und Co. weiter

---

[1] Zwar gibt es mittlerweile genügend Organisationen sowie Institutionen, die professionellen Content rein digital bereitstellen, jedoch zählen zu den meisten besuchten Webseiten in

von der Konkurrenz ab und dominieren den globalen Markt um Speicherkapazitäten, Informationszugriff und Wissensbestände. Das kann vor allem darauf zurückgeführt werden, dass diese Unternehmen die Vorteile der Datafizierung voll ausschöpfen und gleichzeitig weiter vorantreiben. Die ubiquitäre IT-Infrastruktur umhüllt wie eine unsichtbare Schicht aus Daten alle Teile der Welt und das darin stattfindende soziale Leben.

Unterstützt wird diese Ausbreitung zusätzlich durch die neue raumzeitliche Konfiguration. Die Quintärmedien als Echtzeitmaschinen, angetrieben durch die steigende Geschwindigkeit der Internetnutzung sowie die intelligente Vernetzung und Verschmelzung von realer und virtueller Welt, eröffnen neue medieninnovative Wirkungsweisen in Bezug auf Raum und Zeit. Mit der Minimierung des Signalaufwands durch orts- und zeitunabhängige Omnipräsenz der Quintärmedien entwickelt sich eine Grenzauflösung der bisherigen raumzeitlichen Abhängigkeiten. Damit ist allerdings kein Entfall eines der eruierten und bislang getrennten Raumkonzepte impliziert, sondern eine Verschmelzung dieser. Hinsichtlich dessen wurde der Begriff des entgrenzten Raumes etabliert. Die reale Welt mit ihrem physikalischen Raum ist weiterhin an eine unvergängliche Materialität geknüpft, verschmilzt jedoch mit dem kybernetischen Raum mittels der Hinzunahme von datafizierten Technologien und der bislang analogen Geräte, die, jetzt mit digitalen Schnittstellen ausgestattet, ebenfalls intelligent vernetzt sind.

Ähnliche Grenzauflösungen ergaben sich bei der Untersuchung der zeitlichen Rahmenbedingungen durch Quintärmedien. Zeitkomprimierung, stetige Aktualität und konstante Synchronisation sind nur drei der gesellschaftlichen Begierden in Hinblick auf den modernen Umgang mit Medien. Davon leiten sich für die Quintärmedien verstärkt Automatisierungsprozesse, intelligente simultane beziehungsweise zeitlose Kommunikationstools und algorithmische Prozesse für Prognosen ab. Infolgedessen wurde in der Arbeit das Konzept der entgrenzten Zeit erarbeitet. Dauerhafter Zugriff und umfassende Archivierungsmöglichkeiten sorgen dafür, dass der Faktor Zeit, zumindest betreffend die datafizierte Mediennutzung, immer entgrenzter wirken kann; den steigenden, individuellen Druck, der durch die dauerhafte Erreichbarkeit intensiviert wird, einmal außen vor gelassen.

Des Weiteren sorgt die neue raumzeitliche Konfiguration dafür, dass das Individuum in eine Sphäre hineinschreitet, in der generierte Informationen des virtuellen Raums den realen Raum beständig ergänzen. Das hat zur Folge, dass es durch die Quintärmedien neben dem orts- und zeitunabhängigen Zugang zu Informationen

---

Deutschland immer noch Axel Springer SE mit Spiegel-Online.de und Hubert Burda Media mit Focus.de oder Bunte.de. Vgl. comScore 2019.

7 Schluss

und Wissensbeständen zusätzlich zu einer Dopplung der Ereignisse beziehungsweise einer „Verdopplung der Welt" kommt (Lindemann 2015, S. 47). Jeder gegenwärtige Moment existiert nicht nur aktuell, sondern besteht als datiertes Momentum, solange es durch moderne Technologien datafiziert übertragen wird. Die dauerhafte Omnipräsenz der Medien führt zu einem konstanten Handeln und Wirken in Echtzeit.

Mit der Einsicht, dass gegenwärtige Medienentwicklungen sich über die bisherigen medientypologischen Grenzen hinweg immer rasanter ausbreiten, war es für eine umfassende Analyse der Quintärmedien anlässlich des zuvor erarbeiteten Verständnisses von medial vermittelter Kommunikation ebenso bedeutsam, die kommunikativen Folgen durch die neuen Medieninnovationen zu untersuchen und gesondert herauszustellen (vgl. Abschnitt 6.4). Denn trotz des steigenden Fokus auf Daten in den medien- und kommunikationswissenschaftlichen Forschungen wurden bislang kaum Untersuchungen zur Relevanz der Datafizierung für Kommunikation vorgenommen. Insofern konnte insbesondere mittels der Datafizierung eine neuartige, einzigartige Verbindung von Medien und Kommunikation und ihrer Stellung in der Gesellschaft identifiziert werden.

Die Datafizierung der Kommunikation formt sich zum datengetriebenen Prozess, der parallel zur menschlich wahrnehmbaren Kommunikation verläuft und das soziale Verhalten umfangreich ergänzt und gleichzeitig auswertet. Dabei führt besonders das Allesnetz mit steigender Konnektivität von Mensch und Medium sowie des allgegenwärtigen Informationszugriffs, unter anderem durch die entgrenzten Speicherkapazitäten, zur kontinuierlichen Datenausschüttung bei privater sowie öffentlicher Kommunikation und zu neuzeitigen Verwertungsprozessen. Die dadurch anfallenden Daten können zur Grundlage für die Konstruktion von sozialer Wirklichkeit werden, sofern sie mit richtiger Kontextualisierung und algorithmischen Analyseprozeduren zu bedeutungsvollen Informationen prozessiert werden.

Dementsprechend wurde die Datafizierung von Kommunikation (vgl. Abschnitt 6.4.1) als intensivere Durchdringung der sozialen Welt interpretiert, als es bislang beispielsweise mit einzelnen Mediatisierungsansätzen möglich war (vgl. Krotz 2007, Livingstone 2009, Hartmann und Hepp 2010a). Das in diesem Zusammenhang entwickelte Verständnis von „datafication of everything" breitet sich mittels der raum- und zeitunabhängigen Steuerung von datengetriebenen Anwendungen immer weiter aus. Hierbei prägen datafizierte Medien nicht nur die menschliche Interaktion und Handlung, sie werden zum Ort für diese. Davon abgeleitet, konnten die von Faßler beschriebenen vier Stufen der Interaktion angesichts der vier Medientypologien um die quintäre Interaktion, das datafizierte Handeln im entgrenzten Raum, als fünfte Stufe erweitert werden.

Darüber hinaus wurde ein neuer Grad an aktiver Mitgestaltung der sozialen Welt durch die Quintärmedien festgestellt, der die Analyse schließlich zur Erörterung des medialen Rückkopplungskanals (vgl. Abschnitt 6.4.2), der quintärmedialen Erweiterung des zuvor erarbeiteten medial vermittelten Kommunikationsprozesses, führte. Bei Einsatz der medialen Rückkopplung wird das Individuum nicht mehr nur als Kommunikationssubjekt wahrgenommen, sondern infolge der Mediennutzung und -beschaffenheit zum datafizierten Subjekt innerhalb des Kommunikationsprozesses. Demzufolge konnte das zu Beginn der Arbeit entwickelte Modell einer medial vermittelten Kommunikation unter Berücksichtigung der zu diesem Zeitpunkt bereits geleisteten Auseinandersetzung mit Quintärmedien um einen weiteren Rückkopplungskanal ergänzt werden.

Jedoch unterliegt dieser zusätzliche Kanal anderen Bedingungen als beispielsweise dem (codierten) Feedback als Rückkopplung vom Rezipienten zurück zum Sender. Er repräsentiert vielmehr einen fortlaufenden Kreislauf von Datenerstellung, -generierung und -weiterverarbeitung, der, bewusst oder unbewusst angefragt, zusätzliche Informationen zu dem Kommunikationsprozess beisteuert. Davon bedingt ist sowohl das autonome Handeln des Mediums als auch das direkte Interagieren von Mensch und Medium.

Aus wissenschaftlicher Perspektive war es ratsam, die mediale Autonomie noch einmal einzugrenzen sowie eine Differenzierung der Rückkopplung vorzunehmen. Grundsätzlich kann bei dem medialen Rückkopplungskanal von einer technologischen Ablösung der Kontrollsphäre der Kommunizierenden ausgegangen werden. War bei den vier Medientypologien zuvor zumindest eine der beiden Kommunikationsseiten für die Bestimmung der Botschaft zuständig, kommt es mit den Quintärmedien zu einer neuen Ebene von medialer Autonomie. Das Medium agiert eigenständig, offenbart weitere medieninnovative Funktionalitäten für den Kommunikationsprozess und bestimmt über einen Datenanalyseprozess hinweg die Nachricht. Aufgrund der hierbei gegenwärtigen Technologieentwicklungen wie Sprachassistenten, Bots und Maßnahmen der smarten Objekte wird dem medialen Rückkopplungskanal zunehmend gesellschaftliche Akzeptanz zugesprochen.

Diesbezüglich wurde die mediale Rückkopplung als quintärmediale Prägekraft gemäß der bisherigen Prägekräfte von Medien (vgl. Hepp 2010) identifiziert. Sie wird zum festen Bestand der sozialen Wirklichkeit und kann ebenso auf kommerziell verwertbare Prozesse übertragen werden. Im Vordergrund dieser Analyse stand allerdings eine erstmals vorgenommene medienwissenschaftliche Erfassung des medialen Rückkopplungskanals als autonome Einflussnahme der Medien, wodurch Botschaften ohne das menschliche Zutun gesendet werden können.

7 Schluss

Insgesamt zeigt sich mit der Untersuchung der datafizierten Medien, dass sich längst eine fünfte Medientypologie im gesellschaftlichen Gesamtsystem etabliert hat. Die Quintärmedien eröffnen durch ihre einzigartige Beschaffenheit eine neue Ordnung im bisherigen Regelsystem, beeinflussen die Konstruktion der sozialen Wirklichkeit, führen zu neuen kommunikativen Rahmenbedingungen, schaffen sogar Dimensionen der Entgrenzung und wachsen langsam, aber sicher zu einem menschlich ebenbürtigen Informationslieferanten und akzeptierten Interaktionspartner heran. Mit Rücksicht auf die Analyse der Hauptcharakteristika der Quintärmedien war es schließlich möglich, die tabellarische Gegenüberstellung der vorherigen vier Medientypologien durch eine umfassende, fünfte Ebene zu komplementieren (vgl. Abschnitt 6.5). Diese Vervollständigung wird als weiterer Beleg für die Existenz der Quintärmedien interpretiert. Sie repräsentieren das Ergebnis eines erneuten medialen Wandels der Medientypologien durch Medieninnovationen. Damit müssen diese Medienentwicklungen sich ab diesem Zeitpunkt als fünfte Medientypologie in Wissenschaft und Praxis behaupten.

Die Analyse der Quintärmedien schließt mit der Untersuchung des datafizierten Wandels und der damit einhergehenden ökonomischen, politischen, kulturellen und gesellschaftlichen Auswirkungen ab (vgl. Abschnitt 6.5.1). Schließlich war es für die Untersuchung noch einmal von besonderer Relevanz, im Sinne von Saxers Medienverständnis sowie des Mediatisierungsansatzes auf die damit bedingten Veränderungen für das gesellschaftliche Gesamtsystem einzugehen. Diesbezüglich wurde das wechselseitige Abhängigkeitsverhältnis der einzelnen Teilsysteme und der technologischen Veränderungen besonders hervorgehoben. Zwar konnten zur Veranschaulichung der datafizierten Medien innerhalb der unterschiedlichen Teilbereiche nur einzelne Beispiele benannt werden, allerdings kann festgehalten werden, dass insbesondere aus wirtschaftlicher Perspektive umfangreiches Potenzial in der gegenwärtigen Medienentwicklung verborgen liegt (vgl. Abschnitt 6.5.1.1 und 6.5.1.2).

Dahin gehend wäre mit Blick auf zukünftige wissenschaftliche Auseinandersetzungen beispielsweise ebenso ein analytischer Exkurs zur Coronavirus-Pandemie bedeutsam, da einzelne datengetriebene sowie speziell für die Situation entwickelte Technologien als Teil der Quintärmedien gezielt zur Bekämpfung von COVID-19 eingesetzt wurden. In Bezug auf eine medienwissenschaftliche Analyse könnten beispielsweise der Abgleich der Pandemieausbreitung mit dem Google-Nutzerverhalten als Big-Data-Studie, die Corona-Warn-App oder mögliche Anwendungsszenarien für KI-Technologien zur Unterstützung der Medizin sehr aufschlussreich sein. Aufgrund des potenziellen Umfangs einer solchen Untersuchung sowie der unzureichend geprüften wissenschaftlichen Belege konnte dieser vielversprechende Themenbereich zur Darstellung der Quintärmedien nicht näher berücksichtigt werden, obgleich selbst der rasante Anstieg von Fake News im Zusammenhang mit dieser weltweiten Virusausbreitung für weitere medien- und kommunikationswissenschaftliche Analysen eine ideale Basis für interessante Überlegungen offerieren würde.

Immerhin wurde mit der erwähnten und belegten Integration einzelner quintärmedialer Innovationen im Medizinsektor zumindest schnell erkennbar, dass die datengetriebenen Medieninnovationen ebenso als Medieninnovationssystem zu begreifen sind und gleichzeitig eine wichtige Triebkraft für Wirtschaft, Politik, Kultur und Gesellschaft darstellen. Anhand anderer Beispiele wurde auf die Möglichkeiten der politischen Verwertbarkeit, den zunehmenden gesellschaftlichen Mehrwert und die Chancen für die kulturelle Förderung durch Quintärmedien aufmerksam gemacht. Daneben offenbarten sich insbesondere auf medienökonomischer Ebene bedeutsame Entwicklungen zur weiteren Spezifizierung und Veranschaulichung der Quintärmedien, wie an der Erörterung der neuen Wertschöpfung angesichts der Datenökonomie deutlich wurde. Nicht nur neue Geschäfts- und Wertschöpfungsmodelle sind die Folge, auch neue Märkte und der Wandel bestehender Segmente unterliegen dem Einfluss der Quintärmedien.

Schließlich wurde mit der umfangreichen Analyse und Darstellung einzelner systemübergreifenden Auswirkungen zum einen ersichtlich, dass der datengetriebene Wandel bereits vor Jahren seinen Ursprung fand und die Medienentwicklung seitdem noch rasanter fortschreitet. Grundsätzlich kann sich inzwischen jedes Gerät potenziell zu einem quintären Medium entwickeln und dabei den Prozessen der Datafizierung unterliegen. Ökonomische, politische und soziale Veränderungen sind nur die logische Konsequenz. Zum anderen war es letztendlich möglich, die zu Beginn der Arbeit aufgestellten Fragen nach weitreichenden Potenzialen, Herausforderungen und Risiken für Wirtschaft, Politik und Gesellschaft hinreichend zu beantworten (vgl. Abschnitt 6.5.2).

Infolgedessen konnte festgehalten werden, dass es die Welt mit Eintritt in das Datafizierungszeitalter im Sinne von Pross' und Faßlers Medieneinteilung längst mit einer neuen, fünften Medientypologie zu tun hat. Hohe Potenziale wie Agilität, Nachhaltigkeit, aber auch Kosteneinsparung und Umsatzsteigerung durch die neuen Möglichkeiten der Wertschöpfung werden in diesen neuen Medienformen gesehen. Das Leitbild Smartness, die globale Konnektivität und die kollektive Vereinzelung versprechen zusätzliche Chancen für den Erfolg der Quintärmedien. Ebenso muss sich den neuen Herausforderungen von richtiger Kontextualisierung, der steigenden Technologiegeschwindigkeit, notwendigen Regulierungen, Sicherheit und Vertrauen gestellt werden. Nicht zu unterschätzen ist dabei ebenso der allgegenwärtige Einfluss der Datafizierung auf das individuelle Leben. Ansonsten können die Ablösung des Individuums, Daten als Währung, die Notwendigkeit der regelmäßigen Anpassung des Datenschutzes, Manipulation und Missbrauch einige der risikoreichen Folgen auf das gesamte Sozialsystem und das Machtgefüge von Wirtschaft, Politik und Gesellschaft darstellen – weitere mögliche Störungen des medial vermittelten Kommunikationsprozesses oder disruptive Veränderungen mit eingeschlossen.

Mit Abschluss der Arbeit (vgl. Abschnitt 6.5.3) lässt sich schließlich vermerken, dass es mit dem vollzogenen Wandel der letzten Jahre längst zu neuen Aushandlungsprozessen für die Medien aller Medientypologien und damit bedingten Kommunikationsmöglichkeiten gekommen ist. Dadurch werden nicht nur die gegenwärtigen Medieninnovationen immer populärer, sondern auch digitale Transformationen und somit bekannte Medienformen anderer Typologien erfreuen sich weiterhin großer Beliebtheit, wie es beispielsweise beim gegenwärtigen Boom von Podcasts oder dem anhaltenden Erfolg des Fernsehens[2] der Fall ist.

In Anlehnung an Krotz, der einst sagte: „der Versuch, Kommunikation umfassend und abschließend für alle Zeiten zu definieren, ist vermutlich generell zum Scheitern verurteilt" (Krotz 2007, S. 61), war eine abschließende Definition hierbei ebenso wenig das Hauptanliegen der Arbeit. Das Bestreben bestand vielmehr darin, Medien und Medieninnovationen als elementare Bestandteile für die Kommunikation und letztlich für die menschliche Existenz darzustellen. Begonnen mit dem gesprochenen Wort, das sich zur Schrift, zum audiovisuellen Bild hin zum digitalen Format und schließlich zum datafizierten Phänomen gewandelt hat, wird wohl auch zukünftig der Prozess des medialen Wandels und der Medienentwicklung nicht abbrechen.

Wohin diese Entwicklung jedoch konkret gehen wird und welche medial geprägte Revolution als Nächstes auf die Menschheit wartet, kann nur vermutet und an dieser Stelle nicht ausreichend belegt werden. Sicher ist, dass es mit der Bildung der fünften Medientypologie zu einer bislang engsten Annäherung an das durch den britischen Mathematiker Alan Turing einst formulierte mediale Ideal kommt. Dieser sah das Ziel der Entwicklung eines Computersystems darin verborgen, dass das Individuum eines Tages derart natürlich mit dem Computer kommunizieren kann, sodass dieser die Künstlichkeit des Systems nicht mehr bemerkt (vgl. Turning 1950, zitiert nach: Quiring und Schweiger

---

[2]Das Medium Fernsehen ist aktuell mit knapp vier Stunden am Tag immer noch das am meisten genutzte Medium der Deutschen. Dabei ist allerdings anzumerken, dass die Grenzen der multimedialen Nutzung durch digitale Endgeräte immer weiter verschwimmen und das Fernsehen sich kontinuierlich den quartären beziehungsweise quintären Bedingungen anpasst. Vgl. SevenOne Media 2019.

2006, S. 10). In Anbetracht der gegenwärtigen Entwicklungen von Sprachassistenten durch Machine-Learning-Technologien scheint dies keine allzu weit entfernte Zukunftsprognose mehr zu sein.

Allerdings bleibt eine Einschränkung vorerst bestehen: trotz des Einsatzes von KI-Technologien, den neuen Chancen der Berechnung durch Algorithmen und des steigenden Handels mit Daten können menschliche Kreation, aber genauso menschliche Zerstörungskraft nur bedingt durch Medien berechnet werden. Die universelle Formel zur Berechnung der Welt bleibt weiterhin verwehrt. Dennoch können infolge des datafizierten Zeitalters Daten als das Öl der Zukunft[3] interpretiert werden, bei dem der erfolgreich zu durchlaufende Innovationsprozess die dazugehörige Raffinerie abbildet. Schon jetzt repräsentieren die aktuellen Medieninnovationen der Quintärmedien die neue Triebkraft für weitere mediale Wandlungsprozesse; und wer weiß, vielleicht sind diese bereits der Anstoß für eine zukünftige sechste Medientypologie.

---

[3] Die Aussage „Data is the new oil" wurde erstmals von dem britischen Mathematiker Clive Humby im Jahr 2006 beim ANA Senior marketer's summit, Kellogg School, formuliert. Vgl. Palmer 2006.

Literaturverzeichnis

Adelmann, Ralf (2018): Plattformen zwischen regulativen Modellen und dezentralen Praxen. In: Mämecke, Thorben/Passoth, Jan-Hendrik und Wehner, Josef (Hrsg.): Bedeutende Daten. Modelle, Verfahren und Praxis der Vermessung und Verdatung im Netz. Wiesbaden: Springer VS. S. 35–50.

Adolf, Marian (2014): Involuntaristische Mediatisierung. Big Data als Herausforderung einer informationalisierten Gesellschaft. In: Ortner, Heike/Pfurtscheller, Daniel/Rizzolli, Michaela und Wiesinger, Andreas (Hrsg.): Datenflut und Informationskanäle. Innsbruck: innsbruck university press. S. 19–36.

Adolf, Marian und Deicke, Dennis (2017): Vernetzte Individualität als Modus der Integration im hybriden Mediensystem. In: Jandura, Olaf/Wendelin, Manuel/Adolf, Marian und Wimmer, Jeffrey (Hrsg.): Zwischen Integration und Diversifikation. Medien und gesellschaftlicher Zusammenhalt im digitalen Zeitalter. Wiesbaden: Springer VS. S. 33–48.

Albers, Sönke und Gassmann, Oliver (2011): Handbuch Technologie- und Innovationsmanagement. Strategie – Umsetzung – Controlling. Wiesbaden: Springer Gabler.

Amelingmeyer, Jenny und Harland, Peter E. (2005): Technologiemanagement & Marketing: Herausforderungen eines integrierten Innovationsmanagements. Wiesbaden: Deutscher Universitäts-Verlag.

Annie, App (2017): Umsatz mit mobile Apps weltweit in den Jahren 2015 und 2016 sowie eine Prognose für 2017 und 2021 (in Milliarden US-Dollar). Statista GmbH, unter: https://de.statista.com/statistik/daten/studie/550222/umfrage/umsatz-mit-apps-weltweit/ [abgerufen am: 09.04.2020].

Apple (2020): Apple-ID und Datenschutz. Apple, unter: https://support.apple.com/de-de/HT208650 [abgerufen am: 09.04.2020].

ARD, Infratest dimap (2018): Würden Sie unabhängig von Ihrem persönlichen Wohnort gerne in der Kleinstadt, in einem Dorf oder in der Großstadt leben?, Statista GmbH, unter: https://de.statista.com/statistik/daten/studie/901079/umfrage/bevorzugter-wohnort-in-der-stadt-oder-auf-dem-land/ [abgerufen am: 09.04.2020].

ARD&ZDF (2019): Anzahl der Internetnutzer in Deutschland in den Jahren 1997 bis 2019 (in Millionen). Statista GmbH, unter: https://de.statista.com/statistik/daten/studie/36146/umfrage/anzahl-der-internetnutzer-in-deutschland-seit-1997/ [abgerufen am: 09.04.2020].

Arnold, Dirk und Donges, Patrick (2019): Medienpolitik in hybriden Mediensystemen. In: Krone, Jan und Pellegrini, Tassilo (Hrsg.): Handbuch Medienökonomie. Wiesbaden: Springer VS. S. 1–19.

Arnold, Klaus und Neuberger, Christoph (2005): Alte Medien – neue Medien. Theorieperspektiven, Medienprofile, Einsatzfelder. Festschrift für Jan Tonnemacher. Wiesbaden: VS Verlag.

Assmann, Aleida (1999): Erinnerungsräume. Formen und Wandlungen des kulturellen Gedächtnisses. München: C.H. Beck.

Assmann, Aleida (2001): Das Archiv und die neuen Medien des kulturellen Gedächtnisses. In: Stanitzek, Georg und Voßkamp, Wilhelm (Hrsg.): Schnittstelle Medien und kulturelle Kommunikation. Köln: DuMont. S. 268–281.

Assmann, Aleida und Assmann, Jan (1994): Das Gestern im Heute. Medien und soziales Gedächtnis. In: Merten, Klaus/Schmidt, Siegfried J. und Weischenberg, Siegfried (Hrsg.): Die Wirklichkeit der Medien. Eine Einführung in die Kommunikationswissenschaft. Wiesbaden: Springer. S. 114–140.

Aufermann, Jörg (1971): Kommunikation und Modernisierung. Meinungsführer und Gemeinschaftsempfang im Kommunikationsprozeß. Berlin: Verlag für Dokumentation.

Bala, Christian und Müller, Klaus (2014): Der gläserne Verbraucher: Wird Datenschutz zum Verbraucherschutz? Düsseldorf: Verbraucherzentrale NRW.

Balderston, Michael (2019): Project OAR Created To Establish Addressable Ad Standard. Top media and technology companies agree to collaborate on standard., tvtechnology.com, unter: https://www.tvtechnology.com/news/project-oar-created-to-establish-addressable-ad-standard [abgerufen am: 09.04.2020].

Ballsun-Stanton, Brian (2010): Asking about data: Experimental philosophy of information technology. In: 5th International conference on computer sciences and convergence information technology. 1 (5), S. 119–124.

Barthel, Jochen (2001): Standardisierung in Innovationsprozessen: Möglichkeiten für eine entwicklungsbegleitende Koordination. München/Mering: Hampp Verlag.

Baudrillard, Jean (1978): Requiem für die Medien. In: Baudrillard, Jean (Hrsg.): Kool Killer oder der Aufstand der Zeichen. Berlin: Merve Verlag. S. 83–118.

Baur, Nina und Blasius, Jörg (2014): Methoden der empirischen Sozialforschung. Ein Überblick. In: Baur, Nina und Blasius, Jörg (Hrsg.): Handbuch Methoden der empirischen Sozialforschung. Wiesbaden: Springer VS. S. 41–64.

Beck, Klaus (1994): Medien und die soziale Konstruktion von Zeit. Über die Vermittlung von gesellschaftlicher Zeitordnung und sozialem Zeitbewußtsein. Opladen: Westdeutscher Verlag.

Beck, Klaus (2003): Neue Medien – neue Theorien? Klassische Kommunikations- und Medienkonzepte im Umbruch. In: Löffelholz, Martin und Quandt, Thorsten (Hrsg.): Die neue Kommunikationswissenschaft. Theorien, Themen und Berufsfelder im Internet-Zeitalter. Eine Einführung. Wiesbaden: Westdeutscher Verlag. S. 71–88.

Beck, Klaus (2006): Computervermittelte Kommunikation im Internet. München: R. Oldenbourg Verlag.

Literaturverzeichnis

Beck, Klaus (2010a): Ethik der Online-Kommunikation. In: Schweiger, Wolfgang und Beck, Klaus (Hrsg.): Handbuch Online-Kommunikation. Wiesbaden: VS Verlag. S. 130–156.

Beck, Klaus (2010b): Soziologie der Online-Kommunikation. In: Schweiger, Wolfgang und Beck, Klaus (Hrsg.): Handbuch Online-Kommunikation. Wiesbaden: VS Verlag. S. 15–35.

Beck, Klaus (2012): Das Mediensystem Deutschlands. Strukturen, Märkte, Regulierung. Wiesbaden: Springer VS.

Beck, Klaus (2015a): Harry Pross – Signalökonomie und „neue Kommunikationspolitik". In: Medien & Kommunikationswissenschaft. 63 (4), S. 557–575.

Beck, Klaus (2015b): Kommunikationswissenschaft. Konstanz/München: UVK/Lucius.

Beck, Klaus (2018a): Das Mediensystem Deutschlands. Strukturen, Märkte, Regulierung. Wiesbaden: Springer VS.

Beck, Klaus (2018b): Die soziale Konstruktion der Mediatisierung. Ein Plädoyer aus sozialkonstruktivistischer Perspektive. In: Reichertz, Jo und Bettmann, Richard (Hrsg.): Kommunikation – Medien – Konstruktion. Braucht die Mediatisierungsforschung den Kommunikativen Konstruktivismus? Wiesbaden: Springer VS. S. 63–92.

Beck, Klaus (2019): Ethik der Online-Kommunikation. In: Schweiger, Wolfgang und Beck, Klaus (Hrsg.): Handbuch Online-Kommunikation. Wiesbaden: Springer VS. S. 131–164.

Bentele, Günter und Beck, Klaus (1994): Information – Kommunikation – Massenkommunikation. Grundlage und Modelle der Publizistik- und Kommunikationswissenschaft. In: Jarren, Otfried (Hrsg.): Medien und Journalismus 1. Eine Einführung. Opladen: VS Verlag für Sozialwissenschaften. S. 15–50.

Berners-Lee, Tim (2006): Linked Data. w3.org, unter: https://www.w3.org/DesignIssues/LinkedData.html [abgerufen am: 09.04.2020].

Berners-Lee, Tim und Fischetti, Mark (1999): Weaving the Web. San Francisco: Harper.

Berners-Lee, Tim/Hendler, James et al. (2001): The Semantic Web: a new form of Web content that is meaningful to computers will unleash a revolution of new possibilities. In: Scientific American. S. 29–37.

Beth, Hanno und Pross, Harry (1976): Einführung in die Kommunikationswissenschaft. Stuttgart: Kohlhammer.

Bischof, Andreas und Heidt, Michael (2018): Die Verkomplizierung des Komplexen. Die Technisierung von Kommunikation in der Genese von Medientechnik In: Katzenbach, Christian/Pentzold, Christian/Kannengießer, Sigrid/Adolf, Marian und Taddicken, Monika (Hrsg.): Neue Komplexitäten für Kommunikationsforschung und Medienanalyse: Analytische Zugänge und empirische Studien. Berlin: Digital Communication Research. S. 51–71.

BITKOM (2013): Management von Big-Data-Projekten. Berlin: Bundesverband Informationswirtschaft Telekommunikation und neue Medien e. V.

Blake, Brian M./Cabral, Liliana et al. (2012): Introduction. In: Blake, Brian M./Cabral, Liliana/Ries-König, Birgitta/Küster, Ulrich und Martin, David (Hrsg.): Semantic Web Services. Advancement through Evaluation. Heidelberg et al.: Springer. S. 1–16.

Bloomberg, Kantar (2019): Ranking der Top-50 Unternehmen weltweit nach ihrem Markenwert im Jahr 2019. Statista GmbH, unter: https://de.statista.com/statistik/daten/studie/162524/umfrage/markenwert-der-wertvollsten-unternehmen-weltweit/ [abgerufen am: 09.04.2020].

Blumer, Herbert (1986): Symbolic Interactionism: Perspective and Method. Berkeley: University of California Press.

Blumer, Herbert (2013): Symbolischer Interaktionismus: Aufsätze zu einer Wissenschaft der Interpretation. Berlin: Suhrkamp.
BMBF (2013): Zukunftsbild „Industrie 4.0". Bonn: Bundesministerium für Bildung und Forschung.
Bogon, Tjorben (2013): Agentenbasierte Schwarmintelligenz. Wiesbaden: Springer Vieweg.
Bonfadelli, Heinz (1999): Medienwirkungsforschung I. Grundlagen und theoretische Perspektiven. Konstanz: UVK.
Bormann, Inka/John, René et al. (2012): Indikatoren des Neuen. In: Bormann, Inka/John, René und Aderhold, Jens (Hrsg.): Indikatoren des Neuen. Innovation als Sozialmethodologie oder Sozialtechnologie? Wiesbaden: Springer VS. S. 7–16.
Boyd, Danah und Crawford, Kate (2012): Critical Questions for Big Data. In: Information, Communication & Society. 15 (5), S. 662–679.
Braun-Thürmann, Holger (2002): Künstliche Interaktion. Wie Technik zur Teilnehmerin sozialer Wirklichkeit wird. Wiesbaden: Westdeutscher Verlag.
Braun-Thürmann, Holger (2005): Innovation. Bielefeld: transcript Verlag.
Breiter, Andreas und Hepp, Andreas (2018a): The Complexity of Datafication: Putting Digital Traces in Context. In: Hepp, Andreas/Breiter, Andreas und Hasebrink, Uwe (Hrsg.): Communicative Figurations. Transforming Communications in Times of Deep Mediatization. Cham: Palgrave Macmillan. S. 387–406.
Breiter, Andreas und Hepp, Andreas (2018b): Die Komplexität der Datafizierung: zur Herausforderung, digitale Spuren in ihrem Kontext zu analysieren. In: Katzenbach, Christian/Pentzold, Christian/Kannengießer, Sigrid/Adolf, Marian und Taddicken, Monika (Hrsg.): Neue Komplexitäten für Kommunikationsforschung und Medienanalyse: Analytische Zugänge und empirische Studien. Berlin: Digital Communication Research. S. 27–48.
Brien, Jörn (2019): Hinter Panama: Deutschland bei schnellem Internet nur Mittelmaß. t3n.de, unter: https://t3n.de/news/deutschland-internet-mittelmass-1185291/ [abgerufen am: 09.04.2020].
Brockhoff, Klaus (1999): Forschung und Entwicklung. München und Wien: Oldenbourg.
Brown, Kantar Millward (2010): Markenwert der zwanzig wertvollsten Marken im Jahr 2010. Statista GmbH, unter: https://de.statista.com/statistik/daten/studie/74721/umfrage/markenwert-der-wertvollsten-marken-2010/ [abgerufen am: 09.04.2020].
Bruce, Annette und Jeromin, Christoph (2016): Agile Markenführung. Wie Sie Ihre Marke stark machen für dynamische Märkte. Wiesbaden: Springer Gabler.
Bruhn, Manfred (2014): Integrierte Unternehmens- und Markenkommunikation: strategische Planung und operative Umsetzung. Stuttgart: Schäffer-Poeschel.
Bründl, Simon/Matt, Christian et al. (2016): Daten als Geschäft – Rollen und Wertschöpfungsstrukturen im deutschen Markt für persönliche Daten. In: Wirtschaftsinformatik & Management. 6, S. 78–83.
Brynjolfsson, Erik und McAfee, Andrew (2015): The Second Machine Age. Kulmbach: Börsenmedien.
Bundesgesetzblatt (2017): Verordnung zur Regelung des Betriebs von unbemannten Fluggeräten. In: Teil 1, S. 683.
Bundeskriminalamt (2019a): Cybercime. Wiesbaden: Bundeslagebild 2018.
Bundeskriminalamt (2019b): Polizeilich erfasste Fälle von Cyberkriminalität im engeren Sinne in Deutschland von 2005 bis 2018. Statista GmbH, unter: https://de.statista.com/statistik/daten/studie/295265/umfrage/polizeilich-erfasste-faelle-von-cyberkriminalitaet-im-engeren-sinne-in-deutschland/ [abgerufen am: 09.04.2020].

Literaturverzeichnis

Burger, Harald (1984): Sprache der Massenmedien. Berlin/New York: Walter de Gruyter.
Burkart, Roland (1998): Kommunikationswissenschaft. Grundlagen und Problemfelder. Umrisse einer interdisziplinären Sozialwissenschaft. Wien/Köln/Weimar: Böhlau.
Burkart, Roland (2002): Kommunikationswissenschaft. Wien/Köln/Weimar: Böhlau.
Burkart, Roland und Hömberg, Walter (1992): Kommunikationstheorien. Wien: new academic press.
Burkhardt, Marcus (2015): Digitale Datenbanken. Eine Medientheorie im Zeitalter von Big Data. Bielefeld: transcript Verlag.
Burr, Wolfgang (2004): Innovation in Organisationen. Stuttgart Kohlhammer.
Burrows, Roger John (2009): Afterword: Urban informatics and social ontology. In: Foth, Marcus (Hrsg.): Handbook of research in urban informatics. Hershey: Information Science Reference. S. 450–454.
Buschauer, Regine (2010): Mobile Räume. Medien- und diskursgeschichtliche Studien zur Tele-Kommunikation. Bielefeld: transcript Verlag.
Cardon, Dominique (2016): Deconstructing the algortihm: four types of digital information calculations. In: Seyfert, Robert und Roberge, Jonathan (Hrsg.): Algorithmic Cultures. Essays on meaning, performance and new technologies. New York: Routlegde. S. 95–110.
Cassirer, Ernst (1953): Philosophie der symbolischen Formen. Darmstadt: Wissenschaftliche Buchgesellschaft.
Castells, Manuell (1996): The Rise of the Network Society. Malden MA/Oxford: Blackwell Publishing.
Castells, Manuell (2001): Der Aufstieg der Netzwerkgesellschaft. Leverkusen: Leske und Budrich Verlag.
Castells, Manuell (2009): Communication Power. Oxford: Oxford University Press.
Chadwick, Andrew (2013): The Hybrid Media System. Oxford: Oxford University Press.
Chen, Min/Moa, Shiwen et al. (2014): Big Data: A Survey. In: Mobile Networks and Applications. 19 (2), S. 171–209.
Christakis, Nicholas A. (2012): A new kind of social science for the 21st century. Edge, unter: https://www.edge.org/conversation/a-21st-century-change-to-social-science [abgerufen am: 09.04.2020].
Christensen, Clayton M. (1997): The Innovator's Dilemma. When new technologies cause great firms to fail. Boston: Harvard Business Review Press.
Cloud, Google (2019): Produkte für künstliche Intelligenz und maschinelles Lernen. Google, unter: https://cloud.google.com/products/ai/ [abgerufen am: 09.04.2020].
comScore (2019): Top 20 Webseiten in Deutschland nach der Anzahl der Unique Visitors im August 2019 (in Millionen). Statista GmbH, unter: https://de.statista.com/statistik/daten/studie/180570/umfrage/meistbesuchte-websites-in-deutschland-nach-anzahl-der-besucher/ [abgerufen am: 09.04.2020].
Couldry, Nick und Hepp, Andreas (2017): The mediated construction of reality. Cambridge: Polity.
Culkin, John (1967): A schoolman's guide to Marshall McLuhan. In: The Saturday Review. S. 51–53, S. 70–72.
Daimler (2019): Automatisiertes und autonomes Fahren. Rechtlicher Rahmen. Daimler, unter: https://www.daimler.com/innovation/case/autonomous/rechtlicher-rahmen.html [abgerufen am: 09.04.2020].

Damkjaer, Maja Sonne (2015): Becoming a parent in a digitized age: Facebook as an agent of change? – Performative, dialogical, and preservative Facebook strategies in the transition to parenthood. Kopenhagen: Nordmedia.

Daniel, Claus (1981): Theorien der Subjektivität. Frankfurt am Main: Campus.

Dänzler, Stefanie und Heun, Thomas (2014): Marke und digitale Medien: Der Wandel des Markenkonzepts im 21. Jahrhundert. Wiesbaden: Springer.

DataReportal, We are Social, Hootsuite (2019): Ranking der größten sozialen Netzwerke und Messenger nach der Anzahl der monatlich aktiven Nutzer (MAU) im Januar 2019 (in Millionen). Statista GmbH, unter: https://de.statista.com/statistik/daten/studie/181086/umfrage/die-weltweit-groessten-social-networks-nach-anzahl-der-user/ [abgerufen am: 09.04.2020].

Delisle, Marc und Weyer, Johannes (2018): Datengenerierung. In: Kolany-Raiser, Barbara/Heil, Reinhard/Orwart, Carsten und Hoeren, Thomas (Hrsg.): Big Data und Gesellschaft. Eine multidisziplinäre Annäherung. Wiesbaden: Springer VS. S. 84–101.

Dingler, Annika und Enkel, Ellen (2016): Cross-Industry Innovation. Die Rolle von Kommunikation, Interaktion und Sozialisierung in Innnovationskollaborationen. In: Abele, Thomas (Hrsg.): Die frühe Phase des Innovationsprozesses. Neue, praxiserprobte Methoden und Ansätze. Wiesbaden: Springer Gabler. S. 109–122.

Dittmar, Jakob F. (2011): Grundlagen der Medienwissenschaft. Berlin: Universitätsverlag der TU Berlin.

Dogruel, Leyla (2012): Medieninnovationen und die Bestimmung des Wandels von Kommunikation. In: John, René/Aderhold, Jens/Bormann, Inka und Braun-Thürmann, Holger (Hrsg.): Indikatoren des Neuen. Innovation als Sozialmethodologie oder Sozialtechnologie? Wiesbaden: Springer VS. S. 99–118.

Dogruel, Leyla (2013): Eine kommunikationswissenschaftliche Konzeption von Medieninnovationen. Begriffsverständnis und theoretische Zugänge. Wiesbaden: Springer VS.

Doll, Nikolaus und Siems, Dorothea (2019): Wie Deutschland seinen digitalen Rückstand aufholen soll. welt.de, unter: https://www.welt.de/wirtschaft/article186831556/Welt-Wirtschaftsgipfel-Deutschland-hinkt-bei-Digitalisierung-hinterher.html [abgerufen am: 09.04.2020].

Döring, Jörg und Thielmann, Tristan (2008): Einleitung: Was lesen wir im Raume? Der Spatial Turn und das geheime Wissen der Geographen. In: Döring, Jörg und Thielmann, Tristan (Hrsg.): Spatial Turn: Das Raumparadigma in den Kultur- und Sozialwissenschaften. Bielefeld: transcript Verlag. S. 7–48.

Dörn, Sebastian (2018): Programmieren für Ingenieure und Naturwissenschaftler. Intelligente Algorithmen und digitale Technologien. Wiesbaden: Springer Vieweg.

Dorschel, Joachim (2015): Praxishandbuch Big Data. Wiesbaden: Springer.

Dosi, Giovanni (1988): The nature of the innovative process. In: Dosi, Giovanni/Freeman, Christopher/Nelson, Richard R./Silverberg, Gerald und Soete, Luc (Hrsg.): Technical change and economic theory. London/New York: Pinter. S. 221–238.

Düsing, Roland (2020): Big Data Analytics – Begriff, Prozess und Ausrichtung. In: Steven, Marion und Künder, Timo (Hrsg.): Big Data: Anwendung und Nutzungspotenziale in der Produktion. Stuttgart: Kohlhammer. S. 21–36.

Eisenstein, Elizabeth (1979): The Printing Press as an Agent of Change: Communication and Cultural Transformations in Early-Modern Europe. Cambridge: Cambridge University Press.

Elsner, Monika/Gumbrecht, Hans Ulrich et al. (1994): Zur Kulturgeschichte der Medien. In: Merten, Klaus/Schmidt, Siegfried J. und Weischenberg, Siegfried (Hrsg.): Die Wirklichkeit der Medien. Eine Einführung in die Kommunikationswissenschaft. Opladen: Westdeutscher Verlag. S. 163–187.

Eppler, Martin J. und Mengis, Jeanne (2004): The concept of information overload: A review of literature from organization science, accounting, marketing, MIS and related disciplines. In: The Information Society. 20 (5), S. 325–344.

etventure (2018): Studie Digitale Transformation 2018. Hemmnisse, Fortschritte, Perspektiven. Berlin: etventure.

Facebook (2019): Anzahl der monatlich aktiven Facebook Nutzer weltweit vom 1. Quartal 2009 bis zum 3. Quartal 2019 (in Millionen). Statista GmbH, unter: https://de.statista.com/statistik/daten/studie/37545/umfrage/anzahl-der-aktiven-nutzer-von-facebook/ [abgerufen am: 09.04.2020].

Facebook (2020): Was sind Aktivitäten außerhalb von Facebook?, Facebook, unter: https://www.facebook.com/help/2207256696182627 [abgerufen am: 09.04.2020].

Fasel, Daniel und Meier, Andreas (2016): Was versteht man unter Big Data und NoSQL? In: Fasel, Daniel und Meier, Andreas (Hrsg.): Big Data. Grundlagen, Systeme und Nutzungspotenziale. Wiesbaden: Springer Vieweg. S. 3–16.

Faßler, Manfred (1996): Mediale Interaktion. Speicher, Individualität, Öffentlichkeit. München: Wilhelm Fink Verlag.

Faßler, Manfred (1997): Was ist Kommunikation? München: Wilhelm Fink Verlag.

Faßler, Manfred (1999): Alle möglichen Welten: Virtuelle Realität – Wahrnehmung – Ethik der Kommunikation. München: Wilhelm Fink Verlag.

Faßler, Manfred (2005): Netzwerke und/oder neue Wissensregime? In: Gendolla, Peter und Schäfer, Jörgen (Hrsg.): Wissensprozesse in der Netzwerkgesellschaft. Bielefeld: transcript Verlag. S. 55–82.

Faßler, Manfred (2011): Universität – Next Generation. In: Meyer, Torsten/Tan, Wey-Han/Schwalbe, Christina und Appelt, Ralf (Hrsg.): Medien & Bildung. Institutionelle Kontexte und kultureller Wandel. Wiesbaden: VS Verlag. S. 221–246.

Faßler, Manfred (2012): Kampf der Habitate. Neuerfindungen des Lebens im 21. Jahrhundert. Wien/NewYork: Springer.

Faßler, Manfred (2019): Vom Subjekt zum User – und zurück? In: Gentzel, Peter/Krotz, Friedrich/Wimmer, Jeffrey und Winter, Carsten (Hrsg.): Das vergessene Subjekt. Subjektkonstitutionen in mediatisierten Alltagswelten. Wiesbaden: Springer VS. S. 185–206.

Faulstich, Werner (2000): Grundwissen Medien. München: Wilhelm Fink Verlag.

Faulstich, Werner (2002): Zeit in den Medien – Medien in der Zeit. München: Wilhelm Fink Verlag.

Filipovic, Alexander (2015): Die Datafizierung der Welt. Eine ethische Vermessung des digitalen Wandels. In: Communicatio Socialis. 48 (1), S. 6–15.

Flessner, Bernd (1997): Die Welt im Bild. Wirklichkeit im Zeitalter der Virtualität. Freiburg: Rombach.

Floridi, Luciano (2015): Die 4. Revolution: Wie die Infosphäre unser Leben verändert. Berlin: Suhrkamp.

Flusser, Vilém (1989): Ins Universum der Technischen Bilder. Göttingen: European Photography.

Fornäs, Johan/Becker, Karin et al. (2007): Consuming Media. Communication, Shopping and Everyday Life. Oxford/New York: Berg.

Frank-Job, Barbara (2010): Medienwandel und der Wandel von Diskurstraditionen. In: Sutter, Tilmann und Mehler, Alexander (Hrsg.): Medienwandel als Wandel von Interaktionsformen. Wiesbaden: VS Verlag S. 27–46.

Frees, Beate und Koch, Wolfgang (2018): ARD/ZDF-Onlinestudie 2018: Zuwachs bei medialer Internetnutzung und Kommunikation. In: Media Perspektiven. 9, S. 398–413.

Fromm, Guido (2000): Vergangene Zukunft – die Neuen Medien der „ersten Generation" in Deutschland. In: Media Perspektiven. 6, S. 258–265.

Fuhse, Jan Arendt (2016): Soziale Netzwerke – Konzepte und Forschungsmethoden. Konstanz: UVK.

Füssel, Stephan (2012): Medienkonvergenz – Transdisziplinär. Berlin/Boston: Walter de Gruyter.

Gandomi, Amir und Haider, Murtaza (2015): Beyond the hype: Big data concepts, methods, and analytics. In: International Journal of Information Management. 35, S. 137–144.

Garncarz, Joseph (2016): Medienwandel. Konstanz/München: UVK/Lucius.

Gartner, o.V. (2013): Big Data. Gartner IT Glossary, unter: https://www.gartner.com/it-glossary/big-data [abgerufen am: 09.04.2020].

Geng, Hwaiyu (2017): Internet of Things and Data Analytics in the Cloud with Innovation and Sustainability. In: Geng, Hwaiyu (Hrsg.): Internet of Things and Data Analytics Handbook. Hoboken: John Wiley & Sons. S. 3–28.

Gentsch, Peter (2018): Künstliche Intelligenz für Sales, Marketing und Service. Mit AI und Bots zu einem Algorithmic Business – Konzepte, Technologien und Best Practices. Wiesbaden: Springer.

Gentzel, Peter und Koenen, Erik (2012): Moderne Kommunikationswelten – von den „papiernen Fluten" zur „Mediation of Everything". In: Medien & Kommunikationswissenschaft. 60 (2), S. 197–217.

Gentzel, Peter/Krotz, Friedrich et al. (2019a): Das vergessene Subjekt: Subjektkonstitutionen in mediatisierten Alltagswelten. Wiesbaden: Springer VS.

Gentzel, Peter/Krotz, Friedrich, et al. (2019b): Einführung: Das vergessene Subjekt in der Kommunikationswissenschaft. In: Gentzel, Peter/Krotz, Friedrich/Wimmer, Jeffrey und Winter, Rainer (Hrsg.): Das vergessene Subjekt. Subjektkonstitutionen in mediatisierten Alltagswelten. Wiesbaden: Springer VS. S. 1–16.

Giesecke, Michael (1992): Sinnenwandel, Sprachwandel, Kulturwundel: Studien zur Vorgeschichte der Informationsgesellschaft. Frankfurt am Main: Suhrkamp.

Giesecke, Michael (2006): Aufsätze, Rundfunkbeiträge und Dialoge zur Kulturgeschichte des Buchdrucks 1990–2004. Frankfurt am Main: Suhrkamp.

Gillespie, Tarleton (2014): The relevance of algorithms. In: Gillespie, Tarleton/Boczkowski, Pablo J./Jackson, Steven J. und Foot, Kristen A. (Hrsg.): Media technologies. Essays on communication, materiality, and society. Cambridge: MIT Press. S. 167–194.

Gillespie, Tarleton (2016): Algorithm. In: Peters, Benjamin (Hrsg.): Digital Keywords – A Vocabulary of Information Society and Culture. Princeton/Oxford: Princeton University Press. S. 18–30.

Gitelman, Lisa und Jackson, Virginia (2013): "Raw data" is an oxymoron. Cambridge: MIT Press.

Literaturverzeichnis

Goertz, Lutz (1995): Wie interaktiv sind Medien? Auf dem Weg zu einer Definition von Interaktivität. In: Rundfunk und Fernsehen. 43 (4), S. 477–493.

Goldhar, Joel L. (1980): Some modest Conclusions. In: Management of Research and Innovation. Amsterdam et al.: North-Holland. S. 283–284.

Graefe, Andreas und Haim, Mario (2018): Automatisierter Journalismus. Anwendungsbereiche, Formen und Qualität. In: Nuernbergk, Christian und Neuberger, Christoph (Hrsg.): Journalismus im Internet. Wiesbaden: Springer VS. S. 139–160.

Graumann, Carl-Friedrich (1972): Interaktion und Kommunikation. In: Graumann, Carl-Friedrich (Hrsg.): Handbuch der Psychologie. Göttingen: Verlag für Psychologie Hogrefe. S. 1109–1262.

Grimm, Petra/Keber, Tobias O. et al. (2015): Anonymität und Transparenz in der digitalen Gesellschaft. Stuttgart: Franz Steiner Verlag.

Grimm, Petra und Krah, Hans (2016): Privatsphäre. In: Heesen, Jessica (Hrsg.): Handbuch Medien- und Informationsethik. Stuttgart: J. B. Metzler. S. 178–187.

Grimm, Rüdiger und Delfmann, Patrick (2017): Digitale Kommunikation. Sprache, Protokolle und Datenformate in offenen Netzen. Berlin/Boston: Walter de Gruyter.

Gross, Bertram M. (1965): The Managing Organizations: The Administrative Struggle. New York: Free Press of Glencoe.

Group, Experton (2014): Big Data Vendor Benchmark 2014. Hardware-Anbieter, Software-Anbieter und Dienstleister im Vergleich. Frankfurt am Main: Information Services Group.

Hagenah, Jörg und Meulemann, Heiner (2008): Alte und neue Medien. Zum Wandel der Medienpublika und Deutschland seit den 1950er Jahren. Berlin: LIT Verlag.

Hagenhoff, Svenja (2017): Medieninnovationen und Medienrevolutionen. Von Gutenberg zu Berners Lee. In: Krone, Jan und Pellegrini, Tassilo (Hrsg.): Handbuch Medienökonomie. Wiesbaden: Springer. S. 1–24 [E–Book].

Haisch, Philipp T. (2011): Bedeutung und Relevanz der Onlinemedien in der Marketingkommunikation. In: Theobald, Elke und Haisch, Philipp T. (Hrsg.): Brand Evolution: moderne Markenführung im digitalen Zeitalter. Wiesbaden: Gabler. S. 79–94.

Hamidian, Kiumars und Kraijo, Christian (2013): DigITalisierung – Status quo. In: Keuper, Frank/Hamidian, Kiumars/Verwaayen, Eric/Kalinowski, Torsten und Kraijo, Christian (Hrsg.): Digitalisierung und Innovation. Planung – Entstehung – Entwicklungsperspektiven. Wiesbaden: Springer Gabler. S. 1–24.

Hartmann, Maren und Hepp, Andreas (2010a): Die Mediatisierung der Alltagswelt. Wiesbaden: VS Verlag.

Hartmann, Maren und Hepp, Andreas (2010b): Mediatisierung als Metaprozess: Der analytische Zugang von Friedrich Krotz zur Mediatisierung der Alltagswelt. In: Hartmann, Maren und Hepp, Andreas (Hrsg.): Die Mediatisierung der Alltagswelt. Wiesbaden: VS Verlag. S. 9–22.

Hasebrink, Uwe und Krotz, Friedrich (1996): Die Fernsehzuschauer als Regisseure. Individuelle Muster der Fernsehnutzung. Baden-Baden: Nomos Verlag.

Hauschildt, Jürgen (1993): Innovationsmanagement. München: Vahlen

Hauschildt, Jürgen (1997): Innovationsmanagement. München: Vahlen.

Hauschildt, Jürgen und Salomo, Sören (2011): Innovationsmanagement. München: Vahlen.

Health, StartUp (2019): Gesamtvolumen der Investmentdeals im Bereich Digital Health weltweit in den Jahren von 2010 bis 2018 (in Milliarden US-Dollar). Statista GmbH, unter: https://de.statista.com/statistik/daten/studie/419712/umfrage/gesamtvolumen-der-investmentdeals-im-bereich-digital-health/ [abgerufen am: 09.04.2020].

Heesen, Jessica (2016): Handbuch Medien- und Informationsethik. Stuttgart: J. B. Metzler.

Heise, Nele (2016): Algorithmen. In: Heesen, Jessica (Hrsg.): Handbuch Medien- und Informationsethik. Stuttgart: J. B. Metzler. S. 202–209.

Helbing, Dirk/Frey, Bruno S. et al. (2017): Digitale Demokratie statt Datendiktatur. In: Könneker, Carsten (Hrsg.): Unsere digitale Zukunft. In welcher Welt wollen wir leben? Wiesbaden: Springer. S. 3–23.

Hennen, Leonhard (1992): Technisierung des Alltags. Ein handlungstheoretischer Beitrag zur Theorie technischer Vergesellschaftung. Opladen: VS Verlag für Sozialwissenschaften.

Henze, Nicola (2006): Personalisierbare Informationssysteme im Semantic Web. In: Pellegrini, Tassilo und Blumauer, Andreas (Hrsg.): SemanticWeb. Wege zur vernetzten Wissensgesellschaft. Berlin/Heidelberg: Springer. S. 135–146.

Hepp, Andreas (2010): Mediatisierung und Kulturwandel: Kulturelle Kontextfelder und die Prägkräfte der Medien. In: Hartmann, Maren und Hepp, Andreas (Hrsg.): Die Mediatisierung der Alltagswelt. Wiesbaden: VS Verlag. S. 65–84.

Hepp, Andreas (2013a): Cultures of mediatization. Cambridge: Polity.

Hepp, Andreas (2013b): Medienkultur. Wiesbaden: Springer VS.

Hepp, Andreas (2016): Kommunikations- und Medienwissenschaft in datengetriebenen Zeiten. In: Publizistik. 61 (3), S. 225–246.

Hepp, Andreas/Breiter, Andreas et al. (2018): Communicative Figurations. Transforming Communications in Times of Deep Mediatization. Cham: Palgrave Macmillan.

Hepp, Andreas und Hasebrink, Uwe (2017): Kommunikative Figurationen. Ein konzeptioneller Rahmen zur Erforschung kommunikativer Konstruktionsprozesse in Zeiten tiefgreifender Mediatisierung. In: Medien & Kommunikationswissenschaft. 65 (2), S. 330–347.

Hepp, Andreas und Hasebrink, Uwe (2018): Researching Transforming Communications in Times of Deep Mediatization: A Figurational Approach. In: Hepp, Andreas/Breiter, Andreas und Hasebrink, Uwe (Hrsg.): Communicative Figurations. Transforming Communications in Times of Deep Mediatization. Cham: Palgrave Macmillan. S. 15–49.

Hepp, Andreas/Krotz, Friedrich et al. (2005): Globalisierung der Medienkommunikation. Wiesbaden: VS Verlag.

Hess, Thomas und Lamla, Jörn (2019): Einführung: Die Zukunft der Datenökonomie. Zwischen Geschäftsmodell, Kollektivgut und Verbraucherschutz. In: Ochs, Carsten/Friedewald, Michael/Hess, Thomas und Lamla, Jörn (Hrsg.): Die Zukunft der Datenökonomie. Zwischen Geschäftsmodell, Kollektivgut und Verbraucherschutz. Wiesbaden: Springer VS. S. 1–10.

Hettler, Uwe (2010): Social Media Marketing. Marketing mit Blogs, Sozialen Netzwerken und weiteren Anwendungen des Web 2.0. München: Oldenbourg.

Hickethier, Knut (2002): Synchron. Gleichzeitigkeit, Vertaktung und Synchronisation der Medien. In: Faulstich, Werner und Steininger, Christian (Hrsg.): Zeit in den Medien – Medien in der Zeit. München: Wilhelm Fink Verlag. S. 111–130.

Hickethier, Knut (2003): Einführung in die Medienwissenschaft. Weimar/Stuttgart: J. B. Metzler.

Hilbert, Martin (2012): How Much Information is There in the "Information Society"? In: Significance. 9 (4), S. 8–12.

HMD (2010): Glossar zu Web 3.0 & Semantic Web. In: HMD Praxis der Wirtschaftsinformatik. 47 (1), S. 115–116.

Hoffmann, Dagmar (2013): Funktionen, Dynamiken und Paradoxien der Wissensaneignung in Zeiten der Mediatisierung von Gesellschaft. In: Wolf, Philipp (Hrsg.): Medieninnovationen: Internet, Serious Games, TV. Leipzig: Leipziger Universitätsverlag. S. 179–190.

Höflich, Joachim R. (2016): Der Mensch und seine Medien. Mediatisierte interpersonale Kommunikation. Eine Einführung. Wiesbaden: Springer VS.

Hofstetter, Yvonne (2017a): Digitale Revolution und gesellschaftlicher Umbruch. Eine Technikfolgenbewertung. In: Schröder, Michael und Schwanebeck, Axel (Hrsg.): Big Data – In den Fängen der Datenkraken. Baden-Baden: Nomos Verlag. S. 39–48.

Hofstetter, Yvonne (2017b): Wenn intelligente Maschinen die digitale Gesellschaft steuern. In: Könneker, Carsten (Hrsg.): Unsere digitale Zukunft. In welcher Welt wollen wir leben. Berlin: Springer Verlag. S. 37–38.

Holzer, Horst (1994): Medienkommunikation. Einführung in handlungs- und gesellschaftstheoretische Konzeptionen. Wiesbaden: Springer VS.

Hömberg, Walter (2008): Wissen ist Macht?! Medien – Kommunikation – Wissen. In: Raabe, Johannes/Stöber, Rudolf/Theis-Berglmair, Anna M. und Wied, Kristina (Hrsg.): Medien und Kommunikation in der Wissensgesellschaft. Konstanz: UVK Verlagsgesellschaft. S. 25–45.

Hörisch, Jochen (1998): Einleitung. In: Luder, Peter (Hrsg.): Einführung in die Medienwissenschaft. Entwicklungen und Theorien. Berlin: Erich Schmidt Verlag. S. 11–32.

Hörtnagl, Jakob (2019): Subjektivierung in datafizierten Gesellschaften – Dividualisierung als Perspektive auf kommunikative Aushandlungsprozesse in datengetriebenen Zeiten. In: Gentzel, Peter/Krotz, Friedrich/Wimmer, Jeffrey und Winter, Rainer (Hrsg.): Das vergessene Subjekt. Subjektkonstitutionen in mediatisierten Alltagswelten. Wiesbaden: Springer VS. S. 135–158.

Horton, Donald und Wohl, Richard R. (1956): Mass communication and para-social interaction: Observations on intimacy at a distance. In: Psychiatry. 19 (3), S. 215–229.

Houben, Daniel und Prietl, Bianca (2018): Strukturdynamiken, Reproduktionsmechanismen und Subjektformen der Datengesellschaft. In: Houben, Daniel und Prietl, Bianca (Hrsg.): Datengesellschaft. Einsichten in die Datafizierung des Sozialen. Bielefeld: transcript Verlag. S. 323–382.

Jäckel, Michael (2008): Medienwirkungen. Ein Studienbuch zur Einführung. 4. Aufl. Wiesbaden: VS Verlag.

Jensen, Klaus Bruhn (2014): Audiences, audiences everywhere – Measured, interpreted and imagined. In: Patriarche, Geoffroy/Bilandzic, Helena/Jensen, Jakob Linaa und Jurisic, Jelena (Hrsg.): Audience research methodologies. Between innovation and consolidation. New York: Routledge. S. 227–239.

Jernigan, Carter und Mistree, Behram F.T. (2009): Gaydar: Facebook friendships expose sexual orientation. First Monday, unter: https://firstmonday.org/article/view/2611/2302 [abgerufen am: 09.04.2020].

John, René (2012): Erfolg als Eigenwert der Innovation. In: Bormann, Inka/John, René und Aderhold, Jens (Hrsg.): Indikatoren des Neuen. Innovation als Sozialmethodologie oder Sozialtechnologie? Wiesbaden: Springer VS. S. 77–98.

Kammerer, Dietmar (2016): Überwachung. In: Heesen, Jessica (Hrsg.): Handbuch Medien- und Informationsethik. Stuttgart: J. B. Metzler. S. 188–194.

Kapdoskar, R./Gaonkar, S. et al. (2015): Big Data Analytics. In: International Journal of Advanced Research in Computer and Communication Engineering. 4 (10), S. 518–520.

Kaschny, Martin/Nolden, Matthias et al. (2015): Innovationsmanagement im Mittelstand. Strategien, Implementierung, Praxisbeispiele. Wiesbaden: Springer Fachmedien.

Kergel, David (2018): Kulturen des Digitalen. Postmoderne Medienbildung, subversive Diversität und neoliberale Subjektivierung. Wiesbaden: Springer VS.

Kieser, Alfred und Walgenbach, Peter (2003): Organisation. Stuttgart: Schäffer-Poeschel.

Kinnebrock, Susanne/Schwarzenegger, Christian et al. (2015): Theorien des Medienwandels – Konturen eines emergierenden Forschungsfeldes? In: Kinnebrock, Susanne/Schwarzenegger, Christian und Birkner, Thomas (Hrsg.): Theorien des Medienwandels. Köln: Herbert von Halem Verlag. S. 11–29.

Kirchner, Kathrin/Lemke, Claudia et al. (2018): Neue Formen der Wertschöpfung im digitalen Zeitalter. In: Barton, Thomas/Müller, Christian und Seel, Christian (Hrsg.): Digitalisierung in Unternehmen. Von den theoretischen Ansätzen zur praktischen Umsetzung. Wiesbaden: Springer Vieweg. S. 27–48.

Kitchin, Rob (2014): The Data Revolution: Big Data, Open Data, Data Infrastructures and Their Consequences. Los Angeles et al.: Sage.

Kittler, Friedrich A. (2003): Aufschreibesysteme 1800/1900. München: Wilhelm Fink Verlag.

Klaus, Lutz (2019): Data-Driven Marketing und der Erfolgsfaktor Mensch. Schlüsselfaktoren und Kernkompetenzen für das Marketing der Zukunft. Wiesbaden: Springer Gabler.

Klein, Dominik/Tran-Gia, Phuoc et al. (2013): Big Data. In: Informatik Spektrum. 36 (3), S. 319–323.

Klima, Rolf (1978): Subjekt. In: Fuchs-Heinritz, Werner/Klimke, Daniela/Lautmann, Rüdiger/Rammstedt, Otthein/Wienold, Hanns und Staäheli, Urs (Hrsg.): Lexikon zur Soziologie. Opladen: Westdeutscher Verlag. S. 664.

Kneidinger-Müller, Bernadette (2018): Die neue Mehrdimensionalität interpersonaler Kommunikation. In: Katzenbach, Christian/Pentzold, Christian/Kannengießer, Sigrid/Adolf, Marian und Taddicken, Monika (Hrsg.): Neue Komplexitäten für Kommunikationsforschung und Medienanalyse: Analytische Zugänge und empirische Studien. Berlin: Digital Communication Research. S. 161–180.

Kolany-Raiser, Barbara/Heil, Reinhard et al. (2018): Big Data und Gesellschaft. Eine multidisziplinäre Annäherung. Wiesbaden: Springer VS.

Kolo, Castulus (2013): Implementierung von Wachstumsstrategien in Zeiten des Medienwandels. In: Schneider, Martin (Hrsg.): Management von Medienunternehmen. Wiesbaden: Springer Gabler. S. 185–224.

Krämer, Sybille (2002): Verschwindet der Körper? Ein Kommentar zu computererzeugten Räumen. In: Maresch, Rudolf und Werber, Niels (Hrsg.): Raum – Wissen – Macht. Frankfurt am Main: Suhrkamp. S. 49–68.

Krankenkasse, Schwenninger (2019): Was genau stresst Sie an digitalen Medien?, Statista GmbH, unter: https://de.statista.com/statistik/daten/studie/1078748/umfrage/str essgruende-durch-digitale-medien-bei-jugendlichen-und-jungen-erwachsenen/ [abgerufen am: 09.04.2020].

Kravčík, Miloš/Ullrich, Carsten et al. (2019): Künstliche Intelligenz in Bildungs- und Arbeitsräumen. Internet der Dinge, Big Data, Personalisierung und adaptives Lernen. In: Hirsch-Kreinsen, Hartmut und Karačić, Anemari (Hrsg.): Autonome Systeme und

Arbeit. Perspektiven, Herausforderungen und Grenzen der Künstlichen Intelligenz in der Arbeitswelt. Bielefeld: transcript Verlag. S. 47–68.

Krech, Hartmut (1998): Der Weltgeist: 1350 Petabytes. Wieviel Wissen gibt es auf der Welt? Kognitionsforscher wagen eine quantitative Antwort. In: Die Zeit. 46 (5), S. 46.

Krotz, Friedrich (1992): Kommunikation als Teilhabe. Der „Cultural Studies Approach". In: Rundfunk und Fernsehen. 40 (3), S. 421–431.

Krotz, Friedrich (1995): Elektronisch mediatisierte Kommunikation. In: Rundfunk und Fernsehen. 43 (3), S. 445–462.

Krotz, Friedrich (2001): Die Mediatisierung kommunikativen Handelns: Der Wandel von Alltag und sozialen Beziehungen, Kultur und Gesellschaft durch die Medien. Wiesbaden: Westdeutscher Verlag.

Krotz, Friedrich (2005): Einführung: Mediengesellschaft, Mediatisierung, Mythen – Einige Begriffe und Überlegungen. In: Rössler, Patrick und Krotz, Friedrich (Hrsg.): Mythen der Mediengesellschaft – The Media Society and its Myths. Konstanz: UVK. S. 9–30.

Krotz, Friedrich (2007): Mediatisierung: Fallstudien zum Wandel von Kommunikation. Wiesbaden: VS Verlag.

Krotz, Friedrich (2011): Rekonstruktion der Kommunikationswissenschaft: Soziales Individuum, Aktivität, Beziehung. In: Hartmann, Maren und Wimmer, Jeffrey (Hrsg.): Digitale Medientechnologien. Vergangenheit – Gegenwart – Zukunft. Wiesbaden: VS Verlag. S. 27–52.

Krotz, Friedrich (2012): Von der Entdeckung der Zentralperspektive zur Augmented Reality. In: Krotz, Friedrich und Hepp, Andreas (Hrsg.): Mediatisierte Welten. Forschungsfelder und Beschreibungsansätze. Wiesbaden: Springer VS. S. 27–58.

Krotz, Friedrich (2014): Einleitung: Projektübergreifende Konzepte und theoretische Bezüge der Untersuchung mediatisierter Welten. In: Krotz, Friedrich/Despotovic, Cathrin und Kruse, Merle-Marie (Hrsg.): Die Mediatisierung sozialer Welten. Synergien empirischer Forschung. Wiesbaden: Springer VS. S. 7–34.

Krotz, Friedrich (2017): Mediatisierung: Ein Forschungskonzept. In: Krotz, Friedrich/Despotovic, Cathrin und Kruse, Merle-Marie (Hrsg.): Mediatisierung als Metaprozess Transformationen, Formen der Entwicklung und die Generierung von Neuem. Wiesbaden: Springer VS. S. 13–33.

Krotz, Friedrich (2019): Wie konstituiert das Kommunizieren den Menschen? Zum Subjektkonzept der Kommunikationswissenschaft im Zeitalter digital mediatisierter Lebensweisen. In: Gentzel, Peter/Krotz, Friedrich/Wimmer, Jeffrey und Winter, Carsten (Hrsg.): Das vergessene Subjekt: Subjektkonstitutionen in mediatisierten Alltagswelten. Wiesbaden: Springer VS. S. 17–38.

Krotz, Friedrich und Hepp, Andreas (2012): Mediatisierte Welten: Forschungsfelder und Beschreibungsansätze. Wiesbaden: VS Verlag.

Krüger, Kira (2020): Digitale Innovationsprozesse – Was moderne Markenführung von digitaler Innovation lernen kann. In: Dänzler, Stefanie und Heun, Thomas (Hrsg.): Marke und digitale Medien. Wiesbaden: Springer. S. 93–117.

Kubicek, Herbert (1997): Das Internet auf dem Weg zum Massenmedium? Ein Versuch, Lehren aus der Geschichte alter und neuer Medien zu ziehen. In: Werle, Raymund und Lang, Christa (Hrsg.): Modell Internet? Entwicklungsperspektiven neuer Kommunikationsnetze. Frankfurt am Main/New York: Campus. S. 213–239.

Kucklick, Christoph (2014): Die granulare Gesellschaft. Berlin: Ullstein.

Kuehl, Daniel T. (2009): From Cyberspace to Cyberpower: Defining the Problem. In: Kramer, Franklin D./Starr, Stuart H. und Wentz, Larry K. (Hrsg.): Cyberpower and National Security. Washington D. C.: National Defense University Press. S. 24–42.

Kuhn, Thomas und Liggesmeyer, Peter (2019): Autonome Systeme. Potenziale und Herausforderungen. In: Hirsch-Kreinsen, Hartmut und Karačić, Anemari (Hrsg.): Autonome Systeme und Arbeit. Perspektiven, Herausforderungen und Grenzen der Künstlichen Intelligenz in der Arbeitswelt. Bielefeld: transcript Verlag. S. 27–46.

Künzler, Matthias (2005): Das schweizerische Mediensystem im Wandel: Eine Einleitung. In: Künzler, Matthias (Hrsg.): Das schweizerische Mediensystem im Wandel. Herausforderungen, Chancen, Zukunftsperspektiven. Bern: Haupt. S. 9–32.

Künzler, Matthias/Wassmer, Christian et al. (2013): Medien als Institutionen und Organisationen: Anachronismus in der Onlinewelt? In: Künzler, Matthias/Oehmer, Franziska/Puppis, Manuel und Wassmer, Christian (Hrsg.): Medien als Institutionen und Organisationen. Institutionalistische Ansätze in der Publizistik- und Kommunikationswissenschaft. Baden-Baden: Nomos Verlag. S. 13–28.

Kurz, Constanze und Rieger, Frank (2015): Arbeitsfrei. Eine Entdeckungsreise zu den Maschinen, die uns ersetzen. München: Goldmann.

Laney, Doug (2001): 3D Data Management: Controlling Data Volume, Velocity, and Variety. META Group, unter: https://blogs.gartner.com/doug-laney/files/2012/01/ad949-3D-Data-Management-Controlling-Data-Volume-Velocity-and-Variety.pdf [abgerufen am: 09.04.2020].

Larbig, Christine/Böhrer, Nikola et al. (2012): Systeminnovationen – Die zukünftige Herausforderung für Unternehmen. In: Nagel, Erik (Hrsg.): Forschungswerkstatt Innovation: Verständnisse – Gestaltung – Kommunikation. Stuttgart: Lucius & Lucius Verlagsgesellschaft. S. 5–22.

Lasswell, Harold Dwight (1948): The structure and function of communication in society. In: Bryson, Lyman (Hrsg.): The Communication of Ideas. A Series of Addresses. New York: Cooper Square Publishers. S. 37–51.

Latzer, Michael (2013): Medienwandel durch Innovation, Ko-Evolution und Komplexität: Ein Aufriss. In: Medien & Kommunikationswissenschaft. 61 (2), S. 235–252.

Leitgeb, Christoph (2015): Kommunikation – Gedächtnis – Raum: Orientierungen im spatial turn der Kulturwissenschaften. In: Csáky, Moritz und Leitgeb, Christoph (Hrsg.): Kommunikation – Gedächtnis – Raum. Kulturwissenschaften nach dem „Spatial Turn". Bielefeld: transcript Verlag. S. 7–10.

Lepa, Steffen/Krotz, Friedrich et al. (2014): Vom ›Medium‹ zum ›Mediendispositiv‹. Metatheoretische Überlegungen zur Integration von Situations- und Diskursperspektive bei der empirischen Analyse mediatisierter sozialer Welten. In: Krotz, Friedrich/Despotovic, Cathrin und Kruse, Merle-Marie (Hrsg.): Die Mediatisierung sozialer Welten. Synergien empirischer Forschung. Wiesbaden: Springer VS. S. 115–144.

Lerg, Wilfried B. (2002): Verdrängen oder ergänzen die Medien einander? Innovation und Wandel in Kommunikationssystemen. In: Haas, Hannes und Jarren, Otfried (Hrsg.): Mediensysteme im Wandel. Struktur, Organisation und Funktion der Massenmedien. Wien: Braumüller. S. 89–97.

Levine, Rick/Locke, Christopher et al. (2000): The cluetrain manifesto: the end of business as usual. Cambridge: Perseus.

Levinson, Paul (2009): New New Media. Boston: Pearson.

Liebl, Franz (2016): Strategisches Marketing in der Innovationsgesellschaft. In: Rammert, Werner/Windeler, Arnold/Knoblauch, Hubert und Hutter, Michael (Hrsg.): Innovationsgesellschaft heute. Perspektiven, Felder und Fälle. Wiesbaden: Springer VS. S. 175–191.

Lindemann, Gesa (2015): In der Matrix der digitalen Raumzeit: Das generalisierte Panoptikum. In: Süssenguth, Florian (Hrsg.): Die Gesellschaft der Daten: Über die digitale Transformation der sozialen Ordnung. Bielefeld: transcript Verlag. S. 41–66.

Link, Jürgen (2006): Versuch über den Normalisums. Wie Normalität produziert wird. Göttingen: Vandenhoeck & Ruprecht.

Little, Arthur D. (2014): Umsatzprognose zum weltweiten digitalen Gesundheitsmarkt nach Segmenten in den Jahren von 2013 bis 2020 (in Milliarden US-Dollar). Statista GmbH, unter: https://www.statista.com/statistik/daten/studie/321867/umfrage/umsatzprognose-zum-weltweiten-digitalen-gesundheitsmarkt-nach-segmenten/ [abgerufen am: 09.04.2020].

Livingstone, Sonia (1998): Making Sense of Television. The Psychology of the Audience Interpretation. London/New York: Routledge.

Livingstone, Sonia (2009): On the mediation of everything. In: Journal of Communication. 59 (1), S. 1–18.

Lix, Barbara und Reiner, Bernd (2014): Revolution Big Data. PricewaterhouseCoopers AG, unter: https://www.pwc.de/de/publikationen/paid_pubs/pwc_revolution_big_data_2014.pdf [abgerufen am: 09.04.2020].

Löffelholz, Martin und Quandt, Thorsten (2003): Die neue Kommunikationswissenschaft. Theorien, Themen und Berufsfelder im Internet-Zeitalter – eine Einführung. Wiesbaden: Westdeutscher Verlag.

Luhmann, Niklas (1987): Soziale Systeme: Grundriß einer allgemeinen Theorie. Frankfurt am Main: Suhrkamp.

Luhmann, Niklas (1988): Wie ist Kommunikation an Bewusstsein beteiligt? In: Gumbrecht, Hans Ulrich und Pfeiffer, Ludwig K. (Hrsg.): Materialität der Kommunikation. Frankfurt am Main: Suhrkamp. S. 884–905.

Luhmann, Niklas (1993): Gesellschaftsstruktur und Semantik. Frankfurt am Main: Suhrkamp.

Luhmann, Niklas (1996): Die Realität der Massenmedien. Opladen: Westdeutscher Verlag.

Luhmann, Niklas (1997): Die Gesellschaft der Gesellschaft. Frankfurt am Main: Suhrkamp.

Lundby, Knut (2009): Mediatization: Concept, Changes, Consequences. New York: Peter Lang.

Lundby, Knut (2014): Handbook mediatization of communication. Berlin/Boston: Walter de Gruyter.

Mahrt, Merja (2015): Mit Big Data gegen das „Ende der Theorie"? In: Maireder, Axel/Ausserhofer, Julian/Schumann, Christina und Taddicken, Monika (Hrsg.): Digitale Methoden in der Kommunikationswissenschaft. Berlin: FU Berlin, Institut für Publizistik- und Kommunikationswissenschaft. S. 23–37.

Mainzer, Klaus (2014): Die Berechnung der Welt. Von der Weltformel zu Big Data. München: C. H. Beck.

Mainzer, Klaus (2017): Big Data und die Macht der Algorithmen. Ein Plädoyer für mehr Urteilskraft. In: Schröder, Michael und Schwanebeck, Axel (Hrsg.): Big Data – In den Fängen der Datenkraken. Die (un-)heimliche Macht der Algorithmen. Baden-Baden: Nomos Verlag. S. 49–70.

Maireder, Axel/Ausserhofer, Julian et al. (2015): Digitale Methoden in der Kommunikationswissenschaft: Ansätze zur Analyse öffentlicher Kommunikation im Internet. In: Maireder, Axel/Ausserhofer, Julian/Schumann, Christina und Taddicken, Monika (Hrsg.): Digitale Methoden in der Kommunikationswissenschaft. Berlin: FU Berlin, Institut für Publizistik- und Kommunikationswissenschaft. S. 9–19.

Maletzke, Gerhard (1963): Psychologie der Massenkommunikation: Theorie und Systematik. Hamburg: Hans-Bredow-Institut.

Maletzke, Gerhard (1998): Kommunikationswissenschaft im Überblick. Grundlagen, Probleme, Perspektiven. Opladen/Wiesbaden: Westdeutscher Verlag.

Mansell, Robin (2002): Inside the Communication Revolution: Evolving Patterns of Social and Technical Interaction. Oxford: Oxford University Press.

Maresch, Rudolf (2010): Die kommende Gesellschaft: Von der Wissensgesellschaft 2.0 zur postmedialen Gesellschaft. In: Selke, Stefan und Dittler, Ullrich (Hrsg.): Postmediale Wirklichkeiten aus interdisziplinärer Perspektive. Hannover: Heise. S. 9–26.

Marin, Bernd und Mayntz, Renate (1991): Policy Networks: Empirical Evidence and Theoretical Considerations. Frankfurt am Main: Campus.

Markhoff, John (2006): Entrepreneurs See a Web Guided by Common Sense. The New York Times, unter: https://www.nytimes.com/2006/11/12/business/12web.html?ex=1320987600&en=254d%20697964cedc62&ei=5088 [abgerufen am: 09.04.2020].

Mau, Steffen (2017): Das metrische Wir. Über die Quantifizierung des Sozialen. Berlin: Suhrkamp.

Mayer-Schönberger, Viktor (2010): Delete. Die Tugend des Vergessens in digitalen Zeiten. Berlin: Berlin University Press.

Mayer-Schönberger, Viktor und Cukier, Kenneth (2013): Big Data. A Revolution That Will Transform How We Live, Work and Think. London: John Murray.

McAfee, Andrew und Brynjolfsson, Erik (2012): Big data: The management revolution. In: Harvard Business Review. 90 (1), S. 60–68.

McKelvey, Fenwick (2014): Algorithmic Media Need Democratic Methods: Why Publics Matter. In: Canadian Journal of Communication. 39 (4), S. 597–613.

McLuhan, Marshall (1962): The Gutenberg Galaxy: The Making of Typographic Man. London: Routledge & Paul.

McLuhan, Marshall (1964): Understanding Media: The Extensions of Man. New York: Mentor.

McQuail, Denis (2010): McQuail's Mass Communication Theory. Los Angeles et al.: Sage.

Mead, George H. (1980): Gesammelte Aufsätze. Frankfurt am Main: Suhrkamp.

Media, SevenOne (2019): Durchschnittliche tägliche Nutzungsdauer ausgewählter Medien in Deutschland im Jahr 2019 (in Minuten). Statista GmbH, unter: https://de.statista.com/statistik/daten/studie/165834/umfrage/taegliche-nutzungsdauer-von-medien-in-deutschland/ [abgerufen am: 09.04.2020].

Mehler, Alexander (2010): Artifizielle Interaktivität. Eine semiotische Betrachtung. In: Sutter, Tilmann und Mehler, Alexander (Hrsg.): Medienwandel als Wandel von Interaktionsformen. Wiesbaden: VS Verlag. S. 107–134.

Mell, Peter und Grance, Timothy (2011): The NIST Definition of Cloud Computing. Gaithersburg: National Institute of Standards and Technology.

Merten, Klaus (1993): Die Entbehrlichkeit des Kommunikationsbegriffs – oder: Systemische Konstruktion von Kommunikation. In: Bentele, Günter und Rühl, Manfred (Hrsg.): Theorien öffentlicher Kommunikation. Problemfelder, Positionen, Perspektiven. München: Ölschläger. S. 188–201.

Merten, Klaus (1994): Evolution der Kommunikation In: Merten, Klaus/Schmidt, Siegfried J. und Weischenberg, Siegfried (Hrsg.): Die Wirklichkeit der Medien. Eine Einführung in die Kommunikationswissenschaft. Opladen: Westdeutscher Verlag. S. 141–162.

Merten, Klaus (1999): Grundlagen der Kommunikationswissenschaft. Einführung in die Kommunikationswissenschaft. Münster: Lit.

Mertens, Artur (2019): Markenorientierte digitale Transformation. Wie Sie Ihr Unternehmen erfolgreich in das digitale Zeitalter führen. Wiesbaden: Springer Gabler.

Meyer, John W./Boli, John et al. (1987): Ontology and Rationalization in the Western Cultural Account. In: Thomas, Georg M./Meyer, John W./Ramirez, Francisco O. und Boli, John (Hrsg.): Institutional Structure. Constituting State, Society, and the Individual. Newbury Park et al.: Sage. S. 12–37.

Michelis, Daniel (2014): Der vernetzte Konsument. Grundlagen des Marketing im Zeitalter partizipativer Unternehmensführung. Wiesbaden: Springer Gabler.

Miller, Vincent (2011): Understanding Digital Culture. Los Angeles et al.: Sage.

Mock, Thomas (2006): Was ist ein Medium? Eine Unterscheidung kommunikations- und medienwissenschaftlicher Grundverständnisse eines zentralen Begriffs. In: Publizistik. 51(2), S. 183–200.

Monitor, European Communication (2007–2019): Reports. EUPRERA, unter: https://www.communicationmonitor.eu/european-communication-monitor-all-reports/ [abgerufen am: 09.04.2020].

Monroe, Burt L. (2013): The Five Vs of Big Data Political Science. Introduction to the Virtual Issue on Big Data in Political Science Political Analysis. In: Political Analysis. 21(5), S. 1–9.

Moos, Flemming/Schefzig, Jens et al. (2018): Die neue Datenschutz-Grundverordnung: Mit Bundesdatenschutzgesetz 2018. Berlin/Boston: Walter de Gruyter.

Mühl-Benninghaus, Wolfgang (2020): Marken – Netze – Netzwerke. In: Dänzler, Stefanie und Heun, Thomas (Hrsg.): Marke und digitale Medien. Wiesbaden: Springer Gabler. S. 371–389.

Muhle, Florian (2018): Stochastically Modelling the User. Systemtheoretische Überlegungen zur ‚Personalisierung' der Werbekommunikation durch Algorithmen. In: Mämecke, Thorben/Passoth, Jan-Hendrik und Wehner, Josef (Hrsg.): Bedeutende Daten. Modelle, Verfahren und Praxis der Vermessung und Verdatung im Netz. Wiesbaden: Springer VS. S. 143–170.

Müller, Robert Casper (2018): Konsumentenbilder als produktive Fiktionen. Eine theoretische und ethnographische Untersuchung. Wiesbaden: Springer Gabler.

Mülling, Eric (2019): Big Data und der digitale Ungehorsam. Wiesbaden: Springer VS.

Münker, Stefan (2008): Was ist ein Medium? Ein philosophischer Beitrag zu einer medientheoretischen Debatte. In: Münker, Stefan und Roesler, Alexander (Hrsg.): Was ist ein Medium. Frankfurt am Main: Suhrkamp. S. 322–337.

Nagel, Erik (2012a): Forschungswerkstatt Innovation: Verständnisse – Gestaltung – Kommunikation. Stuttgart: Lucius & Lucius Verlagsgesellschaft.

Nagel, Gero (2012b): Was ist eine Innovation und wie kommt die Idee in die Welt? Abschlussbericht. Berlin: Internet & Gesellschaft Collaboratory e. V.

Neuberger, Christoph (2013): Onlinemedien als Institutionen. In: Künzler, Matthias/Oehmer, Franziska/Puppis, Manuel und Wassmer, Christian (Hrsg.): Medien als Institutionen und Organisationen. Institutionalistische Ansätze in der Publizistik- und Kommunikationswissenschaft. Baden-Baden: Nomos Verlag. S. 97–116.

Neverla, Irene (2002): Das Netz – Eine Herausforderung für die Kommunikationswissenschaft. In: Haas, Hannes und Jarren, Otfried (Hrsg.): Mediensysteme im Wandel. Struktur, Organisation und Funktion der Massenmedien. Wien: Braumüller. S. 147–159.

Oren, Eyal und Schenk, Simon (2011): Semantic Web Basics. In: Troncy, Raphael/Huet, Benoit und Schenk, Simon (Hrsg.): Multimedia Semantics. Hoboken: John Wiley & Sons. S. 81–97.

Oswald, Gerhard und Krcmar, Helmut (2018): Digitale Transformation. Fallbeispiele und Branchenanalysen. Wiesbaden: Springer Gabler.

Otto, Philipp (2017): Leben im Datenraum – Handlungsaufruf für eine gesellschaftlich sinnvolle Nutzung von Big Data. In: Hill, Hermann/Kugelmann, Dieter und Martini, Mario (Hrsg.): Perspektiven der digitalen Lebenswelt. Baden-Baden: Nomos Verlag. S. 9–36.

Palmer, Michael (2006): Data is the New Oil. unter: https://ana.blogs.com/maestros/2006/11/data_is_the_new.html [abgerufen am: 09.04.2020].

Patentamt, Europäisches (12. März 2019): Mehr Patentanmeldungen von europäischen Unternehmen und Erfindern. unter: https://www.epo.org/news-issues/news/2019/20190312_de.html [abgerufen am: 09.04.2020].

Peirce, Charles Sanders (1974): Zur Soziologie der symbolischen Formen. Frankfurt am Main: Suhrkamp.

Peirce, Charles Sanders (1986): Semiotische Schriften. Herausgegeben und eingeleitet von Christian Kloesel und Helmut Pape. Frankfurt am Main: Suhrkamp.

Pentland, Alex (2014): Social physics: How good ideas spread – The lessons from a new science. New York: Penguin.

Peskoller, Helga (2014): Körperlicher Raum. In: Wulf, Christoph und Zirfas, Jörg (Hrsg.): Handbuch Pädagogische Anthropologie. Wiesbaden: Springer VS. S. 395–402.

Picot, Arnold/Berchtold, Yvonne et al. (2018): Big Data aus ökonomischer Sicht: Potenziale und Handlungsbedarf. In: Kolany-Raiser, Barbara/Heil, Reinhard/Orwart, Carsten und Hoeren, Thomas (Hrsg.): Big Data und Gesellschaft. Eine multidisziplinäre Annäherung. Wiesbaden: Springer VS. S. 309–416.

Piller, Frank/Möslein, Kathrin M. et al. (2017): Interaktive Wertschöpfung kompakt. Open Innovation, Individualisierung und neue Formen der Arbeitsteilung. Wiesbaden: Springer Gabler.

Porombka, Stephan (1998): Ankunft im Unverdrängten: Datenbanken als Verkörperung der Phantasie vom virtuell vollständigen Gedächtnis. Deutsche Vierteljahresschrift für Literaturwissenschaft und Geistesgeschichte. 72, Sonderheft: Medien des Gedächtnisses. S. 313–328.

Porter, Michael E. (1985): Competitive Advantage: Creating and Sustaining Superior Performance. New York: The Free Press.

PricewaterhouseCoopers, PWC (2013): Big Data – Bedeutung. Nutzen. Mehrwert. PricewaterhouseCoopers.

PricewaterhouseCoopers, PWC (2018): Auswirkungen der Nutzung von künstlicher Intelligenz in Deutschland. PricewaterhouseCoopers.

PricewaterhouseCoopers, PWC (2019): Ergebnisse: Bevölkerungsbefragung zur Nutzung von Online-Medienangeboten. PricewaterhouseCoopers.

Prietl, Bianca und Houben, Daniel (2018): Einführung. Soziologische Perspektiven auf die Datafizierung der Gesellschaft. In: Prietl, Bianca und Houben, Daniel (Hrsg.): Datengesellschaft. Einsichten in die Datafizierung des Sozialen. Bielefeld: transcript Verlag. S. 7–34.

Prior, Arthur (1957): Time and Modality. Oxford: Oxford University Press.

Pross, Harry (1974): Politische Symbolik. Theorie und Praxis der öffentlichen Kommunikation. Stuttgart: Kohlhammer

Pross, Harry (1976): Der Kommunikationsprozeß. In: Beth, Hanno und Pross, Harry (Hrsg.): Einführung in die Kommunikationswissenschaft. Stuttgart et al.: Kohlhammer. S. 70–123.

Pross, Harry (1977): Kommunikationspolitik und neue Medien. In: Reimann, Helga und Reimann, Horst (Hrsg.): Information. Soziale Probleme 6. München: Wilhelm Goldmann. S. 21–36.

Pross, Harry (1980): Holocaust mit Werbespots. Bedeutungsschwund in den Medien. 45, 98 ff., Vorgänge, unter: https://www.harrypross.de/lebensthemen/01-2/holocaust-mit-werbespots/ [abgerufen am: 09.04.2020].

Pross, Harry (1981): Signalökonomie und Sensationsmacherei. Die Zeit. 43, unter: https://www.zeit.de/1981/43/signaloekonomie-und-sensationsmacherei [abgerufen am: 09.04.2020].

Pross, Harry (1987): Magie der Massenmedien. In: Zingerle, Arnold und Mongardini, Carlo (Hrsg.): Magie und Moderne. Berlin: Guttandin & Hoppe. S. 155–171.

Pross, Harry (1991): Medien: Signale und Orientierung. In: Baden, Landesbildstelle (Hrsg.): Information und Beispiel. Medienpädagogische Beiträge. Landesbildstellen der Bundesrepublik Deutschland 91/92. Karlsruhe: Landesbildstelle Baden. S. 151–161.

Pross, Harry (1993): Universum der technischen Bilder. In: König, Wolfgang und Landsch, Marlene (Hrsg.): Kultur und Technik. Zu ihrer Theorie und Praxis in der modernen Lebenswelt. Frankfurt am Main: Peter Lang. S. 139–158.

Pross, Harry (1996): Der Mensch im Mediennetz. Orientierung in der Vielfalt. Düsseldorf/Zürich: Artemis & Winkler.

Pross, Harry (1997): Kommunikationstheorie für die Praxis. In: Kutsch, Arnulf und Pöttkler, Horst (Hrsg.): Kommunikationswissenschaft – autobiographisch. Zur Entwicklung einer Wissenschaft in Deutschland. Opladen: Westdeutscher Verlag. S. 120–138.

Pross, Harry (1998): Signalökonomie und Bildung. In: Spektrum der Wissenschaft. 3, S. 48.

Pross, Harry (1972): Medienforschung. Film, Funk, Presse, Fernsehen. Darmstadt: Carl Harbel Verlag.

Quiring, Oliver und Schweiger, Wolfgang (2006): Interaktivität – ten years after. Bestandaufnahme und Analyserahmen. In: Medien & Kommunikationswissenschaft. 54 (1), S. 5–24.

Rammert, Werner (1997): Innovation im Netz. Neue Zeiten für technische Innovationen: heterogen verteilt und interaktiv vernetzt. In: Soziale Welt. 48 (4), S. 397–416.

Rammert, Werner (2000): Technik aus soziologischer Perspektive 2: Kultur – Innovation – Virtualität. Wiesbaden: Springer VS.

Rammert, Werner (2008): Technik und Innovation. In: Maurer, Andrea (Hrsg.): Handbuch der Wirtschaftssoziologie. Wiesbaden: VS Verlag. S. 291–319.

Rapoport, Anatol (1972): Bedeutungslehre: eine semantische Kritik. Darmstadt: Darmstädter Blätter.

Reeves, Byron und Nass, Clifford (1996): The Media Equation: How People Treat Computers, Television, and New Media like Real People. Cambridge: Cambridge University Press.

Reichert, Ramón (2014): Big Data: Medienkultur im Umbruch. In: Ortner, Heike/Pfurtscheller, Daniel/Rizzolli, Michaela und Wiesinger, Andreas (Hrsg.): Datenflut und Informationskanäle. Innsbruck: innsbruck university press. S. 37–54.

Reichert, Ramón (2018a): Big Data als Boundary Objects. Zur medialen Epistemologie von Daten. In: Mämecke, Thorben/Passoth, Jan-Hendrik und Wehner, Josef (Hrsg.): Bedeutende Daten. Modelle, Verfahren und Praxis der Vermessung und Verdatung im Netz. Wiesbaden: Springer VS. S. 17–34.

Reichert, Ramón (2018b): Governing by Data. Zur historischen Medienkulturanalyse der Datengesellschaft. In: Houben, Daniel und Prietl, Bianca (Hrsg.): Datengesellschaft. Einsichten in die Datafizierung des Sozialen. Bielefeld: transcript Verlag. S. 281–298.

Reinheimer, Stefan (2017): Industrie 4.0. Herausforderungen, Konzepte und Praxisbeispiele. Wiesbaden: Springer Vieweg.

Reinsel, David/Ganz, John et al. (2018): Data Age 2025. The Digitization of the World. From Edge to Core. IDC White Paper.

Research, Google (2020): Semantic Experiences. Experiments in understanding language. Google, unter: https://research.google.com/semanticexperiences/ [abgerufen am: 09.04.2020].

Rheingold, Howard (1995): Die Zukunft der Demokratie und die vier Prinzipien der Computerkommunikation. In: Bollmann, Stefan (Hrsg.): Kursbuch Neue Medien. Trends in Wirtschaft und Politik, Wissenschaft und Kultur. Mannheim: Bollmann Verlag. S. 189–197.

Richter, Hans (2006): Das Handbuch zur integralen InnovationsStrategie. Berlin: Eigenverlag, und eBook.

Rifkin, Jeremy (2011): Die dritte industrielle Revolution: Die Zukunft der Wirtschaft nach dem Atomzeitalter. Frankfurt am Main/New York: Campus.

Roberge, Jonathan und Seyfert, Robert (2016): What are algorithmic cultures? In: Seyfert, Robert und Roberge, Jonathan (Hrsg.): Algorithmic Cultures. New York: Routledge. S. 1–25.

Roesler, Alexander (2003): Medienphilosophie und Zeichentheorie. In: Münker, Stefan/Roesler, Alexander und Sandbothe, Mike (Hrsg.): Medienphilosophie. Beiträge zur Klärung eines Begriffs. Frankfurt am Main: Fischer Taschenbuch Verlag. S. 34–52.

Roesler, Alexander und Stiegler, Bernd (2005): Grundbegriffe der Medientheorie. Paderborn: Wilhelm Fink Verlag.

Roetzel, Peter Gordon (2018): Information overload in the information age: a review of the literature from business administration, business psychology, and related disciplines with a bibliometric approach and framework development. In: Business Research. 11 (1), S. 1–44.

Rogers, M. Everett (1983): Diffusion of Innovations. New York: The Free Press.

Röpke, Jochen und Stiller, Olaf (2006): Einführung zum Nachdruck der 1. Auflage Joseph A. Schumpeters „Theorie der wirtschaftlichen Entwicklung". In: Schumpeter, Joseph A.

(Hrsg.): Theorie der wirtschaftlichen Entwicklung. Nachdruck der 1. Auflage von 1912. Berlin: Duncker & Humblot. S. V–XLIII.

Rosa, Hartmut (2005): Beschleunigung: Die Veränderung der Zeitstrukturen in der Moderne. Frankfurt am Main: Suhrkamp.

Rosa, Hartmut (2015): Social Acceleration: A New Theory of Modernity. New York: Columbia University Press.

Röser, Jutta/Müller, Kathrin Friederike et al. (2019): Das mediatisierte Zuhause im Wandel. Eine qualitative Panelstudie zur Verhäuslichung des Internets. Wiesbaden: Springer VS.

Röser, Jutta und Peil, Corinna (2012): Das Zuhause als mediatisierte Welt im Wandel. Fallstudien und Befunde zur Domestizierung des Internets als Mediatisierungsprozess. In: Krotz, Friedrich und Hepp, Andreas (Hrsg.): Mediatisierte Welten. Forschungsfelder und Beschreibungsansätze. Wiesbaden: Springer VS. S. 137–166.

Roth-Ebner, Caroline (2015): Der effiziente Mensch. Zur Dynamik von Raum und Zeit in mediatisierten Arbeitswelten. Bielefeld: transcript Verlag.

Rothe, Friederike (2006): Zwischenmenschliche Kommunikation. Eine interdisziplinäre Grundlegung. Wiesbaden: Deutscher Universitäts-Verlag.

Rowley, Jennifer (2007): The wisdom hierarchy: representations of the DIKW hierarchy. In: Journal of Information Science. 33 (2), S. 163–180.

Rühl, Manfred (1993): Kommunikation und Öffentlichkeit. In: Bentele, Günter und Rühl, Manfred (Hrsg.): Theorien öffentlicher Kommunikation. München: Ölschläger. S. 77–102.

Russom, Philip (2011): Big Data Analytics. TDWI Research, unter: https://vivomente.com/wp-content/uploads/2016/04/big-data-analytics-white-paper.pdf [abgerufen am: 09.04.2020].

Ruths, Derek und Pfeffer, Jürgen (2014): Social media for large studies of behavior. Large-scale studies of human behavior in social media need to be held to higher methodological standards. In: Science. 346, S. 1063–1064.

Saint-Mont, Uwe (2013): Die Macht der Daten. Wie Information unser Leben bestimmt. Wiesbaden: Springer Spektrum.

Samsung (o.J.): Samsung Global Privacy Policy – SmartTV Supplement. Samsung, unter: https://www.samsung.com/uk/info/privacy-SmartTV/ [abgerufen am: 08.04.2020].

Saxer, Ulrich (1975): Das Buch in der Medienkonkurrenz. In: Göpfert, Herbert G./Meyer, Ruth/Muth, Ludwig und Rüegg, Walter (Hrsg.): Lesen und Leben. Frankfurt am Main: Buchhändler-Vereinigung. S. 206–243.

Saxer, Ulrich (1980): Grenzen der Publizistikwissenschaft. Wissenschaftswissenschaftliche Reflexionen zur Zeitungs-/Publizistik-/Kommunikationswissenschaft seit 1945. In: Publizistik 25. 4, S. 525–543.

Saxer, Ulrich (1989): Medieninnovation und Medienakzeptanz. In: Mahle, Walter A. (Hrsg.): Medienangebot und Mediennutzung. Berlin: Wissenschaftsverlag Volker Spiess. S. 145–174.

Saxer, Ulrich (1997a): Konstituenten einer Medienwissenschaft. In: Schanze, Helmut und Luder, Peter (Hrsg.): Qualitative Perspektiven des Medienwandels. Positionen der Medienwissenschaft im Kontext „Neuer Medien". Opladen: Westdeutscher Verlag. S. 15–26.

Saxer, Ulrich (1997b): Medien als problemschaffende und problemlösende Systeme: Zur Notwendigkeit der Annäherung der Medienforschung an ihren Gegenstand. In: Publizistik. 42 (1), S. 73–82.

Saxer, Ulrich (2002): Der gesellschaftliche Ort der Massenkommunikation. In: Haas, Hannes und Jarren, Otfried (Hrsg.): Mediensysteme im Wandel. Struktur, Organisation und Funktion der Massenmedien. Wien: Braumüller. S. 1–14.

Saxer, Ulrich (2012): Mediengesellschaft. Eine kommunikationssoziologische Perspektive. Wiesbaden: VS Verlag.

Schaar, Peter (2017): Wie die Digitalisierung unsere Gesellschaft verändert. In: Schröder, Michael und Schwanebeck, Alex (Hrsg.): Big Data – In den Fängen der Datenkraken. Die (un-)heimliche Macht der Algorithmen. Baden-Baden: Nomos Verlag. S. 105–122.

Schell, Ralf (2006): ‚Medienumbrüche' – Konfigurationen und Konstellationen. In: Schell, Ralf (Hrsg.): MedienRevolution. Bielefeld: transcript Verlag. S. 7–12.

Schenk, Michael (1995): Kommunikationstheorien. In: Noelle-Neumann, Elisabeth (Hrsg.): Fischer Lexikon: Publizistik, Massenkommunikation. Aktualisierte, vollst. überarb. Neuausg. Frankfurt am Main: Fischer Taschenbuch Verlag. S. 171–187.

Schnell, Rainer/Hill, Paul B. et al. (2011): Methoden der empirischen Sozialforschung. München: Oldenbourg.

Schramm, Wilbur (1954): How communication works. In: Schramm, Wilbur (Hrsg.): The process and effects of mass communication. Urbana: University of Illinois Press. S. 3–26.

Schrape, Jan-Felix (2014): Neue Demokratie im Netz? Eine Kritik an den Visionen der Informationsgesellschaft. Bielefeld: transcript Verlag.

Schrape, Klaus (1995): Kultur und Professionalisierung von Mediendienstleistungen. In: Bullinger, Hans-Jörg (Hrsg.): Dienstleistungen der Zukunft. Märkte, Unternehmen und Infrastruktur im Wandel. Wiesbaden: Gabler. S. 253–274.

Schreiner, Maximilian (2018): Künstliche Intelligenz: Fünf spannende KI-Apps aus Googles Forschungslabor. unter, https://mixed.de/kuenstliche-intelligenz-fuenf-spannende-ki-apps-aus-googles-forschungslabor/ [abgerufen am: 09.04.2020].

Schroeder, Ralf und Taylor, Linnet (2015): Big data and Wikipedia research: Social science knowledge across disciplinary divides. In: Information, Communication & Society. 18 (9), S. 1039–1056.

Schulz, Winfried (1971): Kommunikationsprozeß. Medium (Massenmedium). In: Noelle-Neumann, Elisabeth und Schulz, Winfried (Hrsg.): Das Fischer-Lexikon Publizistik. Frankfurt am Main: Fischer. S. 89–105.

Schulz, Winfried (1994): Kommunikationsprozeß. In: Noelle-Neumann, Elisabeth/Schulz, Winfried und Wilke, Jürgen (Hrsg.): Publizistik/Massenkommunikation. Frankfurt am Main: Fischer. S. 140–171.

Schulz, Winfried (2004): Reconstructing Mediatization as an Analytical Concept. In: European Journal of Communications. 19 (1), S. 81–101.

Schulze, Gerhard (1990): Die Erlebnisgesellschaft. Frankfurt am Main/New York: Campus.

Schumpeter, Joseph A. (1932): Entwicklung: Festschrift zum 50. Geburtstag von Emil Lederer. Hedtke, Ulrich, unter: www.schumpeter.info [abgerufen am: 09.04.2020].

Schumpeter, Joseph A. (1970): Das Wesen und der Hauptinhalt der theoretischen Nationalökonomie. Berlin: Duncker & Humblot.

Schumpeter, Joseph A. (1972): Kapitalismus, Sozialismus und Demokratie. München: Francke.

Schumpeter, Joseph A. (2006): Theorie der wirtschaftlichen Entwicklung. Nachdruck der 1. Auflage von 1912. Berlin: Duncker & Humblot.

Schumpeter, Joseph A. (2010): Konjunkturzyklen: Eine theoretische, historische und statistische Analyse des kapitalistischen Prozesses. Göttingen/Oakville: Vandenhoeck & Ruprecht.

Schwabe, Astrid (2015): Ein Blick über den disziplinären Tellerrand. Über die Potenziale eines kommunikationswissenschaftlichen Medienverständnisses für die geschichtsdidaktische Mediendiskussion im digitalen Wandel. In: Pallaske, Christoph (Hrsg.): Medien machen Geschichte. Neue Anforderungen an den geschichtsdidaktischen Medienbegriff im digitalen Wandel. Berlin: Logos-Verlag. S. 37–51.

Schwanebeck, Alex (2017): Gefangen im Netz. Medialer Wandel und kontinuierliche Überwachung in digitalen Welten. In: Schröder, Michael und Schwanebeck, Alex (Hrsg.): Big Data – In den Fängen der Datenkraken. Die (un-)heimliche Macht der Algorithmen. Baden-Baden: Nomos Verlag. S. 9–38.

Sedkaoui, Soraya (2018): Data Analytics and Big Data. London: ISTE.

Sendler, Ulrich (2018): Das Gespinst der Digitalisierung. Menschheit im Umbruch – auf dem Weg zu einer neuen Weltanschauung. Wiesbaden: Springer.

Sesink, Werner (2008): Neue Medien. In: Sander, Uwe/Gross, Friederike von und Hugger, Kai-Uwe (Hrsg.): Handbuch Medienpädagogik. Wiesbaden: VS Verlag. S. 407–414.

Seufert, Wolfgang und Wilhelm, Claudia (2013): Wie stark verdrängen oder ergänzen sich (neue und alte) Medien? In: Medien & Kommunikationswissenschaft. 61 (4), S. 568–593.

Seyfert, Robert und Roberge, Jonathan (2016): Algorithmic Cultures: Essays on Meaning, Performance and New Technologies. New York: Routledge.

Sieber, Armin (2019): Dialogroboter. Wie Bots und künstliche Intelligenz Medien und Massenkommunikation verändern. Wiesbaden: Springer VS.

Simmel, Georg (1992 [1908]): Soziologie. Über die Formen der Vergesellschaftung. Frankfurt am Main: Suhrkamp.

Simon, Herbert A. (1994): Die Wissenschaft vom Künstlichen. Wien/New York: Springer.

Sommer, Vivien (2018): Erinnern im Internet. Der Online-Diskurs um John Demjanjuk. Wiesbaden: Springer VS

Sowa, John F. (2000): Ontology, Metadata, and Semiotics. In: Ganter, Bernhard und Mineau, Guy W. (Hrsg.): Conceptual Structures: Logical, Linguistic, and Computational Issues. Berlin/Heidelberg/New York: Springer. S. 55–81.

Specht, Günter und Beckmann, Christoph (1996): F&E-Managment. Stuttgart: Schäffer-Poeschel.

Statista (2019): Anzahl der jährlich versendeten E-Mails (ohne Spam) in Deutschland in den Jahren 2000 bis 2018 (in Milliarden). Statista GmbH, unter: https://de.statista.com/statistik/daten/studie/392576/umfrage/anzahl-der-versendeten-e-mails-in-deutschland-pro-jahr/ [abgerufen am: 09.04.2020].

Stats., Internet World (2019): Schätzung zum Anteil der Internetnutzer weltweit nach Regionen im Jahr 2018. (09.04.2020), Statista GmbH, unter: https://de.statista.com/statistik/daten/studie/162074/umfrage/penetrationsrate-des-internets-nach-regionen-im-jahr-2010/ [abgerufen am: 09.04.2020].

Staudenmaier, John M. (1985): Technology's Storytellers: Reweaving the Human Fabric. Cambridge/MA: MIT Press.

Stehr, Nico (1994): Knowledge Societies. London: Thousand Oaks.

Steinebach, Martin/Halvani, Oren et al. (2014): Big Data und Privatheit. Stuttgart: Fraunhofer-Institut für Sichere Informationstechnologie SIT.

Steininger, Christian (2002): Zeit als kulturwissenschaftliche Schlüsselkategorie. Ein Überblick zum Stand der Forschung. In: Faulstich, Werner und Steininger, Christian (Hrsg.): Zeit in den Medien – Medien in der Zeit. München: Wilhelm Fink Verlag. S. 9–44.

Stengel, Oliver (2017): Zeitalter und Revolutionen. In: Stengel, Oliver/van Looy, Alexander und Wallaschkowski, Stephan (Hrsg.): Digitalzeitalter – Digitalgesellschaft. Das Ende des Industriezeitalters und der Beginn einer neuen Epoche. Wiesbaden: Springer VS. S. 17–50.

Stengel, Oliver/van Looy, Alexander et al. (2017a): Digitalzeitalter – Digitalgesellschaft. Das Ende des Industriezeitalters und der Beginn einer neuen Epoche. Wiesbaden: Springer VS.

Stengel, Oliver/van Looy, Alexander et al. (2017b): Einleitung: Digitalzeitalter – Digitalgesellschaft. In: Stengel, Oliver/van Looy, Alexander und Wallaschkowski, Stephan (Hrsg.): Digitalzeitalter – Digitalgesellschaft. Das Ende des Industriezeitalters und der Beginn einer neuen Epoche. Wiesbaden: Springer VS. S. 1–16.

Stöber, Rudolf (2008a): Epochenvergleiche in der Medien- und Kommunikationsgeschichte. In: Melischek, Gabriele/Seethaler, Josef und Wilke, Jürgen (Hrsg.): Medien & Kommunikationsforschung im Vergleich. Wiesbaden: VS Verlag. S. 27–42.

Stöber, Rudolf (2008b): Innovation und Evolution: Wie erklärt sich medialer und kommunikativer Wandel? In: Winter, Carsten/Hepp, Andreas und Krotz, Friedrich (Hrsg.): Theorien der Kommunikations- und Medienwissenschaft. Grundlegende Diskussionen, Forschungsfelder und Theorieentwicklungen. Wiesbaden: VS Verlag. S. 139–156.

Stöhr, Carsten/Janssen, Monika et al. (2018): Smart Services. In: Procedia – Social and Behavioral Sciences. 238, S. 192–198.

Stuart, David (2011): Facilitating Access to the Web of Data. A guide for librarians. London: Facet Publishing.

Sutter, Tilmann (2010): Der Wandel von der Massenkommunikation zur Interaktivität neuer Medien. In: Sutter, Tilmann und Mehler, Alexander (Hrsg.): Medienwandel als Wandel von Interaktionsformen. Wiesbaden: VS Verlag. S. 83–106.

Tapscott, Don und Tapscott, Alex (2016): Blockchain Revolution: How the Technology Behind Bitcoin Is Changing Money, Business, and the World. New York: Penguin.

Thimm, Caja (2019): Die Maschine – Materialität, Metapher, Mythos: Ethische Perspektiven auf das Verhältnis zwischen Mensch und Maschine. In: Thimm, Caja und Bächle, Christian Thomas (Hrsg.): Die Maschine: Freund oder Feind? Mensch und Technologie im digitalen Zeitalter. Wiesbaden: Springer VS. S. 17–40.

Thomaß, Barbara (2013): Mediensysteme im internationalen Vergleich. Konstanz/München: UVK/Lucius.

Thye, Iris (2013): Kommunikation und Gesellschaft – systemtheoretisch beobachtet. Sprache, Schrift, einseitige Massen- und digitale Online-Medien. Wiesbaden: Springer VS.

Toffler, Alvin (1980): The Third Wave. The Classic Study of Tomorrow. New York: Bantam Books.

Tower, Sensor (2019): Top Apps Worldwide for Q1 2019 by Downloads. sensortower.com, unter: https://sensortower.com/blog/top-apps-worldwide-q1-2019-downloads [abgerufen am: 09.04.2020].

Townsend, Anthony M. (2013): Smart cities: Big data, civic hackers, and the quest for a new utopia. New York: WW Norton.

Turkle, Sherry (1995): Life on the Screen. Identity in the Age of Internet. New York: Simon and Schuster.

Turning, Alan (1950): Computing Machinery and Intelligence. In: Mind. 59, S. 433–460.

Turow, Joseph (2011): The daily you: How the new advertising industry is defining your identity and your worth. New Haven: Yale University Press.

Ultes-Nitsche, Ulrich (2010): Web 3.0 – wohin geht es mit dem World Wide Web? Grundlagen zum Social Semantic Web. In: HMD Praxis der Wirtschaftsinformatik. 47 (1), S. 6–12.

van den Hoven, Jeroen (2017): Demokratische Technologien und verantwortungsvolle Innovation. In: Könneker, Carsten (Hrsg.): Unsere digitale Zukunft. In welcher Welt wollen wir leben? Berlin: Springer. S. 45–48.

van Dijck, Jose (2014): Datafication, dataism and dataveillance: Big Data between scientific paradigm and ideology In: Surveillance & Society. 12 (2), S. 197–208.

van Looy, Alexander (2017): Der digitale Raum: Augmented und Virtual Reality. In: Stengel, Oliver/van Looy, Alexander und Wallaschkowski, Stephan (Hrsg.): Digitalzeitalter – Digitalgesellschaft. Das Ende des Industriezeitalters und der Beginn einer neuen Epoche. Wiesbaden: Springer VS. S. 51–62.

Venturini, Tommaso und Latour, Bruno (2010): The Social Fabric: Digital Traces and Qualiquantitative Methods. In: Chardronnet, Ewen (Hrsg.): Proceedings of Future en Seine. Paris: Editions Future en Seine. S. 87–101.

Venturini, Tommaso/Latour, Bruno et al. (2015): Eine unerwartete Reise. In: Süssenguth, Florian (Hrsg.): Die Gesellschaft der Daten. Über die digitale Transformation der sozialen Ordnung. Bielefeld: transcript Verlag. S. 17–40.

Verbeek, Peter-Paul (2005): What things do. Philosophical reflections on technology, agency and design. University Park: The Pennsylvania State University Press.

Virilio, Paul (1992): Rasender Stillstand. München/Wien: Carl Hanser Verlag.

von Lucke, Jörn (2015a): Maßnahmen für den Aufbau einer Open Data-Kultur. OGD-DACHLI Kooperation: Friedrichshafen: Zeppelin Universität, The Open Government Institute.

von Lucke, Jörn (2015b): Smart Government. Wie uns die intelligente Vernetzung zum Leitbild „Verwaltung 4.0" und einem smarten Regierungs- und Verwaltungshandeln führt Friedrichshafen: Zeppelin Universität, The Open Government Institute.

Vormbusch, Uwe und Kappler, Karolin (2018): Leibschreiben. Zur medialen Repräsentation des Körperleibes im Feld der Selbstvermessung. In: Mämecke, Thorben/Passoth, Jan-Hendrik und Wehner, Josef (Hrsg.): Bedeutende Daten. Modelle, Verfahren und Praxis der Vermessung und Verdatung im Netz. Wiesbaden: Springer VS. S. 207–232.

Voß, Jakob (2013): Was sind eigentlich Daten? Berlin: Humboldt-Universität zu Berlin.

Voßkamp, Rainer (2002): Innovationsökonomik II. In: Erlei, Mathias und Lehmann-Waffenschmidt, Marco (Hrsg.): Curriculum Evolutorische Ökonomik. Marburg: Metropolis. S. 57–84.

VuMA (2019): Anzahl der Nutzer von Smartphones in Deutschland bis 2019. VuMA, Bitcom Research, unter: https://de.statista.com/statistik/daten/studie/198959/umfrage/anzahl-der-smartphonenutzer-in-deutschland-seit-2010/ [abgerufen am: 09.04.2020].

W3C (2014): Resoruce Description Framework (RDF). W3C Semantic Web, unter: https://www.w3.org/RDF/ [abgerufen am: 09.04.2020].

Wagner, Hans (1997): Erfolgreich Kommunikationswissenschaft (Zeitungswissenschaft) studieren. Einführung in das Fach und das Studium. München: Reinhard Fischer Verlag.

Wangler, Leo und Botthof, Alfons (2019): E-Governance: Digitalisierung und KI in der öffentlichen Verwaltung In: Wittpahl, Volker (Hrsg.): Künstliche Intelligenz. Berlin/Heidelberg: Springer. S. 122–141.

Welker, Martin (2019): Computer- und onlinegestützte Methoden für die Untersuchung digitaler Kommunikation. In: Schweiger, Wolfgang und Beck, Klaus (Hrsg.): Handbuch Online-Kommunikation. Wiesbaden: Springer VS. S. 531–573.

Wesler, Howard T./Smith, Marc et al. (2008): Distilling digital traces: Computational social science approaches to studying the internet. In: Fielding, Nigel/Lee, Raymond M. und Blank, Grant (Hrsg.): The Sage handbook of online research methods. Los Angeles et al.: Sage. S. 116–140.

Wessling, Eward (2010): Medialer Wandel und digitale Revolution. In: Selke, Stefan und Dittler, Ullrich (Hrsg.): Postmediale Wirklichkeiten aus interdisziplinärer Perspektive. Hannover: Heise. S. 27–48.

Westley, Bruce und MacLean, Malcom (1957): A conceptual model for mass communication research. Journalism Quarterly. 34, S. 31–38.

Weyer, Johannes (1997): Konturen einer netzwerktheoretischen Techniksoziologie. In: Weyer, Johannes/Kirchner, Ulrich/Riedl, Lars und Schmidt, Johannes F. K. (Hrsg.): Technik, die Gesellschaft schafft. Soziale Netzwerke als Ort der Technikgenese. Berlin: edition sigma. S. 23–52.

Whalen, Thomas (2000): Data Navigation, Architectures of Knowledge. Banff: Banff Summit on Living Architectures: Designing for Immersion and Interaction. Banff New Media Institute.

Wiencierz, Christian (2018): Vertrauen in gemeinwohlorientierte Big Data-Anwendungen. Ethische Leitlinien für eine datenbasierte Organisationskommunikation. In: Liesem, Kerstin und Rademacher, Lars (Hrsg.): Die Macht der Strategischen Kommunikation. Medienethische Perspektiven der Digitalisierung. Baden-Baden: Nomos Verlag. S. 109–128.

Wikidata (2020): Wikidata: Einführung. Wikidata.org, unter: https://www.wikidata.org/wiki/Wikidata:Introduction/de [abgerufen am: 09.04.2020].

Winkler, Helmut (2008): Basiswissen Medien. Frankfurt am Main: Fischer Taschenbuch Verlag.

Winter, Carsten (2000): Internet/Online-Medien. In: Faulstich, Werner (Hrsg.): Grundwissen Medien. München: Wilhelm Fink Verlag. S. 274–295.

Winter, Carsten/Hepp, Andreas et al. (2008): Theorien der Kommunikations- und Medienwissenschaft. Grundlegende Diskussionen, Forschungsfelder und Theorieentwicklungen. Wiesbaden: VS Verlag.

Winterbauer, Stefan (2017): Personalisierte TV-Werbung bei ProSiebenSat.1: „Wir haben gar nicht vor, klassische Werbeblöcke gegen Adressable TV zu tauschen." meedia.de, unter: https://meedia.de/2017/06/06/personalisierte-tv-werbung-bei-prosiebensat-1-wir-haben-gar-nicht-vor-klassische-werbeblöcke-gegen-adressable-tv-zu-tauschen/ [abgerufen am: 09.04.2020].

Wire, Business (2019): Absatz von Smartphones weltweit in den Jahren 2009 bis 2018 (in Millionen Stück). Statista GmbH, unter: https://de.statista.com/statistik/daten/studie/173049/umfrage/weltweiter-absatz-von-smartphones-seit-2009/ [abgerufen am: 09.04.2020].

Wolan, Michael (2018): Digitale Innovation. Schneller. Wirtschaftlicher. Nachhaltiger. Göttingen: BusinessVillage.

Wolf, Gary (2010): The Data-Driven Life. New York Times Magazine, unter: https://www.nyt imes.com/2010/05/02/magazine/02self-measurement-t.html [abgerufen am: 09.04.2020].

Wolling, Jens/Will, Andreas et al. (2011): Medieninnovationen als Forschungsfeld. In: Wolling, Jens/Will, Andreas und Schumann, Christina (Hrsg.): Medieninnovationen. Wie Medienentwicklungen die Kommunikation in der Gesellschaft verändern. Konstanz: UVK. S. 11–21.

Wurm, Karin-Gratiana (2012): Phänomen Zeit – Medien als Zeittreiber. Medieninduzierte Moralvorstellungen und Erwartungshaltungen im Bezug auf die Zeit. In: Bukow, Gerhard/Fromme, Johannes und Jörissen, Benjamin (Hrsg.): Raum, Zeit, Medienbildung. Wiesbaden: Springer VS. S. 101–118.

Zeilinger, Thomas (2017): Brauchen Algorithmen eine eigene Ethik? In: Schröder, Michael und Schwanebeck, Axel (Hrsg.): Big Data – In den Fängen der Datenkraken. Die (un-)heimliche Macht der Algorithmen. Baden-Baden: Nomos. S. 137–154.

Zeller, Frauke (2014): Online-Forschung und Big Data. In: Welker, Martin/Taddicken, Monika/Schmidt, Jan-Hinrik und Jackob, Nikolaus (Hrsg.): Handbuch Online-Forschung. Köln: Herbert von Halem Verlag. S. 424–451.

Zeller, Frauke (2017): Soziale Medien in der empirischen Forschung. In: Schmidt, Holger und Taddicken, Monika (Hrsg.): Handbuch Soziale Medien. Wiesbaden: Springer VS. S. 389–407.

Zerfaß, Ansgar (2009): Kommunikation als konstitutives Element im Innovationsmanagement. Soziologische und kommunikationswissenschaftliche Grundlagen der Open Innovation. In: Zerfaß, Ansgar und Möslein, Kathrin M. (Hrsg.): Kommunikation als Erfolgsfaktor im Innovationsmanagement – Strategien im Zeitalter der Open Innovation. Wiesbaden: Gabler. S. 23–55.

Zillien, Nicole (2006): Digitale Ungleichheit. Neue Technologien und alte Ungleichheiten in der Informations- und Wissensgesellschaft. Wiesbaden: VS Verlag.

Zumstein, Darius und Kunischewski, Dirk (2016): Design und Umsetzung eines Big Data Service im Zuge der digitalen Transformation eines Versicherungsunternehmens. In: Fasel, Daniel und Meier, Andreas (Hrsg.): Big Data. Grundlagen, Systeme und Nutzungspotenziale. Wiesbaden: Springer Vieweg. S. 319–346.

Zwitter, Andrej (2014): Big Data ethics. In: Big Data & Society. 1 (2), S. 1–6.

Zydorek, Christoph (2018): Grundlagen der Medienwirtschaft. Algorithmen und Medienmanagement. Wiesbaden: Springer Gabler.

Printed by Printforce, the Netherlands